昆玉河畔·首都师范大学哲学学术丛书

本书由北京市属市管高等学校人才强教计划项目PHR（IHLB）资助

树蕙集·外篇

梅剑华 盛珂 黄志军 叶磊蕾 编

华夏出版社
HUAXIA PUBLISHING HOUSE

图书在版编目（CIP）数据

树蕙集. 外篇 / 梅剑华等编. --北京：华夏出版社，2017.1
ISBN 978-7-5080-9015-3

Ⅰ. ①树… Ⅱ. ①梅… Ⅲ. ①哲学－文集 Ⅳ. ①B-53

中国版本图书馆 CIP 数据核字（2016）第 262868 号

树蕙集·外篇

编　　者	梅剑华 等
责任编辑	罗　庆
出版发行	华夏出版社
经　　销	新华书店
印　　刷	三河市少明印务有限公司
装　　订	三河市少明印务有限公司
版　　次	2017 年 1 月北京第 1 版 2017 年 1 月北京第 1 次印刷
开　　本	670×970　1/16 开
印　　张	27.5
字　　数	369 千字
定　　价	59.00 元

华夏出版社　地址：北京市东直门外香河园北里 4 号　邮编：100028
网址：www.hxph.com.cn　电话：（010）64663331（转）

若发现本版图书有印装质量问题，请与我社营销中心联系调换。

总　序

如果给哲学以一个意象，那么"水"或许是最自然的选择。无论在最早的希腊哲学家泰利斯那里，还是在很早的中国哲学著作《管子》那里，"水"都被认为是万物的始基或本原。它是印度的"四大"（地、水、火、风）、中国的"五行"（水、火、木、金、土）和希腊的"四元素"（水、火、土、气）之一。水是生命的源泉，生命都是从水中成长起来的。水是文明的源泉，人类所有古老的文明都是在一些大河流域内诞生的。甚且，水是人类借以自我意识的中介，在人类没有发明镜子前，水正是人类从中发现自我形象的自然的镜子。哲学是人类自我意识的表征，是人类思想和不断再思想的学科。也许正是由于这一缘故，水被人们和哲学家们所关注，乃至"水"成为最古老的哲学范畴或最古老的哲学范畴之一。在《圣经·旧约全书》"创世记"第一章中，神（上帝）创造一切，但却没有创造水。水跟神（上帝）一样原始。当代科学证明了：地球最宝贵的资源是蔚蓝色的水。假如水资源耗竭殆尽，人类的末日也就真正来临了。换句话说，只要在任何一颗星球上发现了水，就有了生命的前景，也有了智慧和爱的希望……

我们已经步入这样一个时代：通过全球卫星定位系统，你我在地球任一位置上，均可即时寻找到对方的位置。现在我告诉你：中国·北京……在我们国家的首都，水资源的匮乏已经给人们带来了深切忧患。但是，在两个湖泊——昆明湖和玉渊潭间，流淌着一条这样的河流，她的名字叫作"昆玉河"。我们在昆玉河畔生活、工作和学习。在喧嚣和骚动的闹市中，有一群人沉思着，迷恋着，像昆玉河一样静静地流淌，默默地流淌……

在现代社会,哲学已经被边缘化。但任何关于"哲学终结"的理论却全都没有实际地"终结哲学"。哲学附着并渗透于人类的生活中。人类具有理性,经常并习惯于思考生活,这就是哲学存在的前提。在哲学所发源的希腊古典时代,人们认定人类的目的是追求幸福生活,认定幸福的生活就是德性的和理性的生活,认定哲学的生活方式就是理性的和德性的生活方式。所谓德尔斐神庙的箴言:"认识你自己"和"万勿过度",正是这个意思。哲学正是这样获得了自由、高贵和光荣。如今,哲学应当回到古典精神中去,首先并且主要成为一种生活方式。哲学既不仅仅是一种学业,谋取学历和学位;也不仅仅是一种职业,谋取职务和职称。哲学不是"饭碗",不是为了"吃饭"所谋求的种种指标体系。而今,献身于哲学事业的人们,尤其应当"在无名中生存",从权力、金钱和名声的浮躁中解放出来,生活着并且理性地思考着自己的和人类共同的生活。

但是,哲学并不限制于唯一现实的世界,而是开辟了种种可能的世界。哲学是一张比任何地图都更加复杂、更加丰富的地图。在这张地图上,你有你的位置,我有我的位置。你有你的世界,我有我的世界。位置不仅存在于你我所生活的物质世界中,而且存在于你我所生活的精神世界中。是的,我们正在致力于自我定位的尝试。编选"昆玉河畔·首都师范大学哲学学术丛书"的宗旨是:弘扬首都师范大学哲学学科学术成就,系统推出具有一定学术知名度和公共影响力的老中青学者学术代表作,推动首都师范大学哲学学科学术研究。丛书采用"昆玉河畔"名称,以便提炼特色,打造品牌。入选书目既包括个人学术自选集,也包括集体学术自选集;既包括学者文库,也包括学生文库,以及学科手册等。我们计划分3批出版,每批共出版10种。这套丛书正像这条河流一样,映照着我们自己的存在。

从20世纪80年代中期以来,首都师范大学哲学学科经历了两代人甚至三代人的发展。第一代学者的治学体现了理论联系实际以及史论结合的学风,他们那种敢于直面现实的理论勇气、敢于破除教条的思想锐气,反映了20世纪80年代以来思想解放的时代风气。第二代学者治学,或阐释、或考证、或梳理,其严谨、其细致、其精微,既注意思想资源的开发,又注意当代价值的挖掘,他们这种治学态度,无不反映了20世纪90年代以来学术转向的时代风气。近几年来,通过人才的引进、整合和培养,首都师范大学哲学学术队伍不断壮大,尤其第三代学者的崛起,必将带来新的前景、新的希望。

当然,首都师范大学哲学学术团队依然处于幼年时期,许多成果不够成熟,甚至充满稚气。推出这套丛书,等于一次亮相。但是,序曲已经奏响,序幕已经拉开,演出已经开始,我们期待的是理解、热情和公正的批评。

"昆玉河畔·首都师范大学哲学学术丛书"编委会

| 目录 |

陈德中　国家作为分配社会善的封闭单位　/1

高连福　马克思实践哲学的另一个维度：人的存在与自我
　　　　改变　/19

魏海香　关于马克思主义世界历史理论当代重构的方法论
　　　　思考　/39

刘春晓　恩格斯"劳动创造了人本身"与达尔文生物进化
　　　　论——再读恩格斯《自然辩证法》　/53

袁凌新　"斯密问题"：伪问题与真问题　/63

李淑敏　论马一浮文化保守主义的个性特征　/83

于占杰　先秦和同之辨的源流及思想史意义　/97

林国荣　恺撒的归恺撒，上帝的归上帝——评伊萨克·多伊
　　　　彻的《先知三部曲》　/107

陈治国　哈贝马斯科学技术意识形态理论探析　/121

崔存明　荀子思想研究模式的反思与重构　/133

王　伟　巫统与血统：萨满教的祖神与祖先观念　/145

张　起　从商谈伦理到商议民主之困境——基于哈贝马斯
　　　　的思想　/155

李军政　《保训》之"中"应训为"常"　/169

樊沁永	陆九渊哲学思想新探 /179
马成昌	论德里达对海德格尔之尼采解释的批判 /219
周广友	王船山的贲卦阐释及其文饰礼政思想 /233
郭洪水	"存在—时间"、"技术—时间"与时间技术的现代演变 /249
荣　鑫	资本主义生产机制的现代转型及其社会效应 /263
杨　浩	宗密《原人论》三教关系之探析 /281
张宏斌	"道之大原出于天"——董仲舒天命信仰下的王道理想 /293
戴木茅	孝：从家庭伦理到政治义务——基于《孝经》的分析 /315
赖尚清	朱子、张栻等"《仁说》之辩"书信序次详考 /329
闫　恒	美育与建国——新文化运动的美育迷思 /343
余　露	道德判断如何可能？——从"旁观者"透视斯密晚期的伦理学 /359
陈国清	进步观念与中国——一个观念史的考察 /371
王志强	"自恋"的出场澄清——对弗洛伊德"自恋"理论的文本考察 /381
吴小安	内格尔"论死亡" /401
赵　林	奥斯汀的偏离——《劝导》第二部第九章解读 /415

编后记 /429

国家作为分配社会善的封闭单位

陈德中

作者简介：

陈德中，1968年8月出生于河南省南阳市，中国社会科学院哲学博士，曾在首都师范大学从事博士后研究，现供职于中国社会科学院哲学所，主要研究领域为英美分析哲学、政治哲学与道德哲学。撰写《政治现实主义的逻辑》等专著多部，在《哲学研究》《世界哲学》《现代哲学》等期刊发表论文近二十篇。

自近代主权国家出现以来，国家已经逐步演化成为了分配社会善的封闭单位。而且，在当代和可以预见的将来，现代国家仍然是保障一国公民安全与福祉的最为有效和最为经济的途径，现代世界仍将由这样一种基本的单元所构成，不同国家之间的边界仍将以这样或那样的方式被强化和保护，完全开放的自由边界仍遥不可及。对于这里所描绘的这样一个事实，流行的诸多政治哲学理论，尤其是自由主义诸理论（大都视封闭特性为敌，故而）采取了一种忽视乃至敌视的态度，因此失去了解释这样一个基本政治现实的能力与机会。要想回答国家何以作为分配社会善的封闭单位这样一个现实的问题，最好的方法，还是需要回到政治现实主义的解释路径中来。

本文借鉴B.威廉姆斯（他被认为是最近几十年来政治哲学中的政治现实主义理论的代表性人物）的几个重要的理论判断，来重新理解由马克斯·韦伯（这个政治现实主义大家）在一百年前所做的关于国家的经典定义。通过这种重新理解，我们将有望得到一个比韦伯自己的原有定义更为丰富的理论解释。在这样一个新的解释中,韦伯国家定义中所包含的"至上性"、"疆域性"与"正当性"这三个要素将被突出和强化,而且将有效解释我们这里所关心的国家的封闭性问题。对应于这三个要素,一个饱满意义的现代国家将同时满足"足够强大、足够统一、足够规范"这三个标准。

一、为什么是"国家"？何以要选择"现实主义"？

要想回答国家何以以一种封闭形式分配社会善,我们需要先回答,什么样的一些社会善需要由国家来分配？因为,本文标题所做出的判断,会让一部分人误以为国家是以一种封闭的形式包揽所有社会善的分配。而事实上,诸多社会善可以通过其他制度与机制来更好地完成分配,比如家庭、友谊、教会、慈善机构、兴趣团体、市场,以及非政府组织等等。国家则只是通过选择分工,肩负起了它不得不去完成的一些特殊的社会善的分配。

正是考虑到了这样一种情况,我们前边的追问也就需要进一步转化为对于下述另外一个问题的追问:什么样的社会善不得不由国家来完成？这样一种追问考虑和照顾到了社会善的其他分配形式,但是同时以一种倒逼的形式,将一些"不得不"由国家来完成的社会善的分配形式廓清开来。考虑到国家是政治的一种特殊的制度化产物,因此,上述问题就可以再进一步后退,变成追问:为什么政治是一个我们不得不面对的独立领域？或者说,为什么我们穷尽了各种可能,却仍然不得不将一些问题纳入到政治领域来考虑？这一追问,已经触及到了"政治的自主性"的问题。我们不妨将人类穷尽所有其他可能,仍不得不保留"政治"这样一个独立领域的主张,称作关于政治存在的"硬核论"主张。这种主张认为,政治生活所处理的,就是作为一种硬核被保留下来,无法被人类其他制度建制或其他生活形式来加以有效处理的问题。这些问题因其特殊性而被保留下来,我们只能够通过国家这样一种特殊的建制来处理这些问题。

这也就意味着，我们需要区分开那些"依赖于特殊的政治建制（在本文中，我们特别考虑到通过'国家'）而进行分配的社会善"和"不依赖于特殊的政治建制而进行分配的社会善"。我们因此也就做出判断，主张国家不就所有的社会善进行分配，但是它仍就相当多的社会善而进行分配。而本文所讨论到的，就是那些"不得不"依赖于政治而进行分配的社会善。需要特别交待的是，本文只就这样一种社会善分配得以可能的典型的形式特征即其封闭性展开讨论，而将与此问题相关联的善清单问题，政治的自主性问题等留待其他合适的地方来加以处理。

在当代政治哲学研究中，的确有不少研究者没有能够意识到社会善分配具有上述讨论到的多样性。因此，他们经常会拿人类摸索出的其他善分配的形式来否定或诘难政治存在的必要性。比较典型的和为我们大家所熟悉的就是，人们经常会以市场进行社会善分配的有效性来否认政治存在的必要性。很显然，这两种不同的善分配的形式是共生互补关系，并非彻底的相互替代关系。我们有理由优先选择更少社会代价的善分配形式，但是我们也有必要认真面对一个"不得不"被选择的"国家"这样一种特殊的政治制度形式。

本处需要先交待的另外一个问题，就是本文采纳的是政治现实主义的立场。这样一种立场对以理性主义与道德主义为特征的自由主义立场采取一种批评的态度。因为，政治现实主义主张政治要考察"权力"以及其规范对应物如"正当性"等问题。如何看待和处理权力以及权力的冲突与竞争，被现实主义认为是政治的本然之意。而回避谈论这样一种本然之物，转而去谈论理性与道德，或者去谈论如何以一种理性主义与道德主义的方式去消弭权力冲突与权力竞争，在现实主义者看来，都是在用一种"去政治"的方式谈论政治。很显然，政治现实主义持有一种"冲突论"的政治主张，而理性主义与道德主义则持有一种"和谐论"的政治主张。我们采纳政治现实主义的立场，就是要围绕"权力"及其规范对应物"正当性"来展开对于近代国家的理解。

通过后文的分析我们就可以发现,只有采纳政治现实主义的立场,才能够正面去面对和说明国家本身所具有的"疆域性"特征,并且将国家本身同时所具有的"至上性"与"正当性"特征给出一个更为妥善的处理。可以说,近代国家所具有的"封闭性"特征首先需要"疆域性"和"至上性"才能够得到充分说明。而所有的自由主义理论都不愿意面对近代以来国家所具有的这样一种"封闭性"特征。因此,才出现了"疆域性"特征长期不被理论讨论所重视的情况。而且,在这样一种现实主义的视野中,传统上特别为自由主义所重视的"正当性"特征,也只有在与"疆域性"与"至上性"嵌套在一起进行讨论时,才能够发挥其对现代政治生活的更为充分与更为妥当的解释。

二、霍布斯与"至上性",洛克与"正当性"

B. 威廉姆斯提出"霍布斯问题是政治的首要问题"。这样一个判断是一个典型的政治现实主义立场的判断,其目的是要回到谈论政治的本然之物"权力"上来。这样一个判断自然牵涉复杂的理论争议。我们这里暂时搁置这些争议,径直运用这样一个判断来理解近代国家。我们首先来看,顺着威廉姆斯的这样一种判断,我们可以如何来重新理解近代以来的政治理论。

根据公认的理解,霍布斯问题即如何解决人与人之间的猜忌与冲突,实现和维护政治秩序的问题,为此,霍布斯理论提出自然状态理论,认为自然状态就是"每一个人对每一个人的战争状态"。为了结束这样一种战争状态,霍布斯提出,需要一个使得大家都慑服的"共同权力"。"要建立这样一种能抵御外来侵略和制止相互侵害的共同权力,以便保障大家能通过自己的辛劳和土地的丰产为生并生活得很满意。"[1]这样一种共同

---

[1] 霍布斯:《利维坦》,黎思复、黎廷弼译,商务印书馆,1985,第131页。

权力,即"至上权力(sovereign power)",其最终的抽象物,就是我们后来所熟悉的"主权(sovereignty)"。至上权力的基本特点即至大无外,也就是说其威慑能力应该能够覆盖至每一个人。在霍布斯这里,这样一种至上权力的存在,是人类摆脱自然状态、进入公民社会的开端条件。但它仅仅是一个条件而不是故事的全部。霍布斯的目的,是要以这样一种非理性的条件为前提,强制推行一套规则体系。他将这样一套规则体系称作"主权者的命令"或"主权者的意志"。我们现代人都知道,他所说的这样一套规则体系,就是一套法律体系。因此,霍布斯完整意义上的政治理论,是要以至上权力为后盾,强制推行一套法律规范。用一句通俗的话来解释,霍布斯给出的政治理论,其基本特征就是"强制说理"。

但是很显然,这样一种解释违反了我们现代人的基本直觉。我们的直觉通常认为:"强制不说理,说理不强制"。但是霍布斯的理论告诉我们,一套可以推行开来的说理规则,必然是以一个具有非理性特征的强力为后盾。它因此可以说是一套政治制度得以可能的必要条件。霍布斯本人甚至认为它是一套政治制度得以可能的充分必要条件。很显然,为了能够接受霍布斯意义上的对于政治特性的理解,我们就必然需要修正我们的直觉。

以强力为后盾强制推行一套规则体系,这可以被认为是霍布斯对于政治的基本理解。在这样一种理解中,霍布斯的理论具有两个方面的独特贡献。第一,以强力抑制人类激情中可能的破坏力量。在这样一个贡献中,有理论家认为霍布斯需要提供一种关于人性的基本假设,但是也有理论家认为无须这样一种假设。后一种观点最典型地体现在《利维坦》中所阐发的"先发制人"的主张中。按照这样一种主张,不是因为人性的恶造成了人与人之间的战争状态,而是由于对于他人行为预期的不确定性造成了个人的恐惧,从而促使每个人不得不预先处于一种防备状态。这样一种主张事关人的心理状态,但是并不需要预设人性的善恶。"先发制人"源于恐惧,而恐惧的不当指向造成人与人之间的相互防备。而主权

（即至上权力）的出现，就是结束个体的人之间的破坏力量涌现的一种改进方案。因此，在这个意义上说，霍布斯的主权学说是对于人类政治面貌的一种深刻的真理性认识，这一学说的出现为近代以来的政治制度的建构奠定了基石。主权的出现，使得人类生活即便暂时还没有规则，起码已经可以产生基本的秩序。第二，同样深刻的是，霍布斯的主权理论进一步主张了一种"强制推行的规则体系"的主张。这里所说的强制性，已经相当于我们所处理的"任意性（arbitrary）"，其重心是要说明规则体系与规则推行得以可能的开端的关系。这种关系是说，以强力为后盾，一套完整的规范体系得以可能构设与推广。这一主张最终促成了霍布斯的法学思想。法律规范是主权者的意志或主权者的命令，就其开端来说，它是任意的，但它显然又不是随意的。

霍布斯的理论自然是自上而观之，重点考察权力的集中使用（即主权）在形成人类政治生活秩序中的作用。而稍后于霍布斯的洛克，则为我们提供了自下而观之的政治理解，也即考察对于权力集中使用的限制，从而提供了一种关于政治的规范对应物即"正当性"的理解。我们也都承认，基于"正当性"来谈论对于政府权力的限制，是洛克对于政治理论的重要贡献。

洛克主张一种古典意义的自然法思想，认为自然状态是美好的，认为人类在有政治生活之前，存在着社会生活。这些主张都与霍布斯有所差异。但是，洛克也同样主张应该有政府的存在，主张有权力的集中使用即有至上权力的存在。不过，洛克对于权力集中的使用给出了诸多限制，比如说他认为这一政治权力应该用于公共善，尤其是需要得到人们的同意。任何未经同意的权力都是不正当的。因此，"谁企图将另一个人置于自己的绝对权力之下，谁就同那人处于战争状态"。[①] 我们可以将洛克所定义的"战争状态"与霍布斯所定义的战争状态进行对比。我们发现，洛克意

[①] 洛克：《政府论》（下篇），叶启芳、瞿菊农译，商务印书馆，1996，第13页。

义的战争状态起码包含两层含义:第一,每一个人对每一个人的战争状态;第二,个体公民对政府的战争状态。前一种战争状态与霍布斯的战争状态定义外延一致,且解决这样一种战争状态同样需要诉诸霍布斯意义上的"至上权力"。因此,我们可以对洛克的理论贡献进行紧缩,认为他的主张贡献是提出了"个体公民对政府的战争状态",而其解决方案则是"至上权力"的使用需要"正当性"要求。

这里我们要插入 B. 威廉姆斯的第二个政治判断:政治正当性是分级的。在威廉姆斯看来,"我们可以接受支持正当性是分级的这样一种主张。在正当/不正当之间作出截然二分,这是一种人为的划分,只能服务于特定的目的"。① 这个主张将人们对于政治正当性的要求进行分级,认为存在着满足"基本合理的正当性要求"的国家,也存在着满足"充分合理的正当性要求"的国家。无法想象一种政治制度要么是正当的,要么就是不正当的。这样一种截然二分无法解释历时意义上的不同时期的政治制度,同样也无法解释共时意义上的有着不同实际表现的现实的政治制度。而一个合理的政治正当性概念应该是一个可以区分不同等级要求的概念。

如果用这样一种思想来反观洛克的主张,我们会说洛克对于近代的政治制度提出了一个"最低限度的政治正当性要求"。也就是说,洛克实际上是想说,一个政治制度对于被集中起来的权力的使用起码应该满足"最低限度的政治正当性要求"。我们也可称其为"基本合理的正当性要求"。对应于这样一个概念,我们有望设想一种"充分合理的正当性要求"。

对于"正当性是分级的"这样一种主张,我们暂时抛开其对于"正当性"概念的考察不论,专门运用其"分级"考察的主张。可以说,这样一种

---

① Williams, B., *In the Beginning was the Deed*, Princeton University Press, 2005, p. 10.

分级考察的观念同样适用于霍布斯结束自然状态的方案。也就是说,当霍布斯提出以"至上权力"为手段结束人与人之间的战争状态时,他也首先提出了一个"最低限度"的要求。为了分别结束两人所担忧的战争状态,人类政治生活同时需要满足"最低限度的至上权力"与"最低限度的正当性要求"。我们分别将这两个需要满足的基本条件称作"霍布斯条件"与"洛克条件"。"霍布斯条件"是人类政治生活得以可能的开端条件,但它同时也是政治生活内部的调整性条件。而"洛克条件"则仅仅是政治生活内部的调整性条件。这样,我们就有理由主张,"霍布斯条件"对于人类政治生活的可能具有优先性。但是,这两个条件本身应该相互限制、相互约束。鉴于这两个条件本身的相互限制与相互约束存在着此消彼长的相互牵制特性,因此,如何审慎地在这两个条件之间寻找合适的平衡,就是一件政治理论家与政治实践家都需要认真处理的技艺性工作。这样一种审慎特性,正是政治现实主义所特别强调的政治美德。

总之,"霍布斯条件"与"洛克条件"相互约束,构成了近代以来国家观念的底线主张。这样一种主张已经基本符合了后来马克斯·韦伯所定义的国家概念:"国家是这样一个人类团体,它在一定疆域之内(成功地)宣布了对正当使用暴力的垄断权。……其他机构或个人被授予使用暴力的权利,只限于国家允许的范围之内。国家被认为是暴力使用'权'的惟一来源。"①但是,上述分析只是涉及了马克斯·韦伯国家定义三个基本要素中的一些要素,却仍然明显忽略了另外一些要素。我们有必要在下文中进一步展开讨论。

三、借助"此时此地"主张找回"疆域性"

在马克斯·韦伯的国家定义中,集中出现了作为现代政治核心特征

---

① 马克斯·韦伯:《学术与政治》,冯克利译,三联书店,1998,第55页。

的三个关键词汇:疆域、正当性,以及因暴力垄断使用而形成的主权。这三个词汇对应着韦伯对于现代国家三个关键性要素的强调。也即:A. 至上性(Supremacy);B. 疆域性(Territoriality);C. 正当性(Legitimacy)。

在本文看来,只有分别地与交互地理解了这三个要素的基本含义,才能够对于现代国家的封闭性特征给出一个饱满的、充分的解释。对照这三个要素可以看出,我们上述关于霍布斯与洛克理论的分析分别处理了"至上性"问题与"正当性"问题。也可以说,我们是对马克斯·韦伯的国家定义中所包含的现代国家应该"足够强大"与"足够规范"这两点做出了一个交待。但是三个要素中的"疆域性"即"足够统一"的问题并不在我们上述的分析中。那么,"疆域性"哪里去了?我们如何从理论讨论中找回"疆域性"?是什么样的理论预设造成了我们对于"疆域性"特征的忽视乃至回避?如何才能够从理论的讨论中找回被忽视了的"疆域性"?

本文认为,我们可以从政治现实主义对于理性主义的批评中找回"疆域性"。忽视乃至回避"疆域性",乃是理性主义理论自身缺陷的必然后果。为了找回"疆域性",我们需要引出威廉姆斯"此时此地(here and around now)"的主张。

威廉姆斯对当代康德主义者科斯嘉思想中所包含的"康德时刻"(Kantian moment)(Korsgaard, 1996)主张提出了严肃批评。这里提到的"康德时刻",说的是理性主义者在思考哲学问题时,尤其是在思考实践哲学的问题时的一种理论假定。这种假定认为,我们人类都是有理性能力的,即便是某些人在某些时候还不能够就特殊的问题达成理解,但是在抽去了特定人的特定时期的理解之后,我们能够想象,只要人们充分运用自己的理性能力,那么在某个特定的极限时刻,人们注定会就某些问题达成一致的、无差异的结论。

柯斯嘉曾经提出,我们可以设想,在我们的反思平衡中,或者说在经过了人类的多次博弈选择后,我们有希望达到一个相对稳定的平衡点。在现实的人类选择中,任何人都有可能希望得到起码不低于该平衡点的对待。我们把这个起码不能再低的平衡点称作社会公平的观念,也即正义观念。这样一种观念将蕴涵着普遍无差异的道德要求,柯斯嘉把可以通过这样一种推理过程而获得理解的理性观念称为"无条件的理性观"。①

在这里,我们面临着两种不同的思考方式。当我们去考虑"某些人在某些时候还不能够就特殊的问题达成理解"时,我们是在讨论人们"此时此地"的状况和问题。而当我们讨论假想中的"在某个特定的极限时刻,人们注定会就某些问题达成一致的、无差异的结论"时,我们是在诉诸一种"彼时彼地(then and around there)"的观点。

在实际的讨论中,所有的康德主义者和理性主义者都会最终诉诸"彼时彼地"的观点。当有人提出实际的状况是有的人持有某种终极立场,而有些人就是持有现在这样一种立场时,大部分康德主义者就会说,我们讨论的不是这种实际情况,而是某种可以想象的理想状况。在那种状况下,因为人们拥有理性能力,并且只要我们给予他们更多的耐心,让我们多等待他们一会儿,他们早晚都会就这样的一些问题达成一种共同的认识。需要注意的是,当代持康德主义立场的人,其立场态度的强弱程度是不一样的。有部分的人持一种强立场,坚持认为人类理性活动最终可以解决所有问题。而另外相当多的一部分人则在康德立场与所观察到的现实的人类实践活动之间犹豫,他们注意到人类实践是这样的,而康德主义的处理方式是那样的。依凭直觉,他们也承认人类实践似乎的确有无法完全通过康德主义加以处理的问题。

康德主义者所坚持的这样一种无条件的理性观对于人的假设就是:人是一种理智的动物。紧随着这个假设的第二个假设就是:理智反思的

---

① Christine, M. Korsgaard by Herlinde Pauer – Studer, *in Constructions of Practical Reason: Interviews on Moral and Political Philosophy*, edited by Herlinde Pauer – Studer. Stanford: Stanford University Press, 2003.

产物要比不经反思而展开的活动更可取。在这样两个假设的前提下,得出的结论就是:未经反思的生活不是好生活。这是一种在人类思想史上源远流长的"理智主义(intellectualism)"传统。正如其名称所体现的那样,它的麻烦就在于,它过于强调了理智在人类生活和理解人类生活过程中的作用,以至于认为所有未经理智审视的生活都不是好生活。并且最终假设,人必有理智,且必然能够通过运用理智达成对于指导人类实践的道德规范与法律和政治规范的根本理解。当然,这种根本理解本身还应该是普遍无差异的。也就是说,从认识者角度来说,每个人都能达到这样一种无差异的统一理解。而从规范的角度来说,这种规范最终也会无差异地同等适用于每一个人。非常明显,这样一种观点预设了人在理智生活这件事情上的地位和能力的平等。柏拉图显然是这种传统的代表。当代持有这种立场的人经常私下会说:不诉诸人的理智或理性,我们又能怎么样呢?这种看法的假设就是,无法想象不运用理智来审视的人类状况。

当然,在涉及实践哲学的问题时,理智主义的确还为其他不同立场的持有者留下了讨论的可能基点。这个基点就是,目前为止我们现实生活中所遇到的理智主义者,还基本上都承认在某个特定的时间地点,人们的实际认识可能是千差万别、参差不齐的。与其他立场的区别在于,理智主义者认为这是一个需要我们最终加以克服的基本事实。

理智主义对于人的这些假设,再加上前边讲到的站在"彼时彼地"立场而坚持的一种"无条件的理性观",就构成了理性主义者心目中讨论人类道德生活与政治生活的基本期许。这个期许的结果,就是设定存在着一种理想主义的道德目的王国或政治理想国。在那样一个时刻,在那样一个地方,人们可以运用自己的理性能力认识到这样一种理想状态的存在,并且可以运用自己的理性能力认识到与理想王国得以可能的配套的规则体系。这些规则体系就是理想王国本身得以可能的基本保证。

很显然,(尽管我们在康德那里也看到了关于德福不匹配问题的讨论,不过,在哲学史的讨论中)这种理性主义经常与善良意志论配套运用。

它假定人有善良意志,并且假定人们可以通过善良意志的运用达成社会和谐。而人的理性能力则是达成这种社会和谐的另外一种前提保证。

威廉姆斯把与这样一种传统所对应的政治哲学主张称作"柏拉图问题",并在此基础上提出了与"柏拉图问题"完全不同的另外一个问题。这个问题被威廉姆斯称作"马基雅维利问题":"从柏拉图那里继承下来的好人的概念产生了好人根本上如何才能有所作为的问题,而马基雅维利的现实世界的概念则提出了任何人面对这个世界如何才能有所作为的问题。('现实主义'的一个流行含义就是从如下事实中得到了其力量的:即使第一个问题没有答案,但第二个问题是有某些答案的。)"[①]威廉姆斯这里所提到的现实世界是一个"此时此地"的世界。这个世界面对的是具有个体差异的个人,是一个既有理性反思能力,也有情感、意志、气质、禀赋,并且生活在一定的文化系统,同时向偶然性洞开的个人。因此,威廉姆斯要处理的是一个并不诉诸理性可达到的极限的、"此时此地"的、现实世界中的问题。

威廉姆斯的主张反对理智主义假设,而且可以说是系统地反对理智主义假设。威廉姆斯认为"马基雅维利问题"才是一种真正的政治问题的开端。因为,假如人类真的都能像理智主义者所主张的那样最终都达成一种理性可及的极限状态,则分歧与差异就都会消失。然而,一个无歧异的理智人的世界不是一个政治世界,而是一个哲学王的理想世界。而政治问题要想可能,政治哲学要想可能,就需要抛弃"彼时彼地"的主张,现实地面对"此时此地"的人及"此时此地"的问题。

"此时此地"的主张,不可避免地要让我们面对一个价值多元的世界。而理性主义的"无条件的理性观"必然主张价值的一元化。或者说,理性主义者可以策略性地接受价值本身的多元存在的局面。但是理性主义的假设必然是,这只是我们开始工作的起点,通过运用人类的理智,我

---

① 威廉姆斯:《道德运气》,徐向东译,上海译文出版社,2007,第96页。

们最终可以达到价值和规范的一元。因此我们可以做出判断说,理性主义归根结底是一种一元论。

政治现实主义的"此时此地"主张,其思考问题的方法是描述的、视觉的与当下的。当下感意味着时间与空间双重意义上的承认。当下感也意味着我们首先要处理一个"是"这样的问题,而不是处理一个"应当"如何的问题。当我们在面对一个"当下"的事实,提出一个"应当"的要求时,我们就是在同时否定当下,主张一种超越当下的未来状态。这种否定是时间和空间的双重否定。在时间意义上,"应当"向我们承诺了一个未来,"应当"状态的呈现也只能够在未来得以兑现。因为,现在已经被"是"这样的一个事实占据了。在这个意义上,对于既有状态的否定的方案,注定都只能够是"理想主义"的。"理性主义"和"道德主义"为我们所承诺的解决方案和可解决方案都注定是"理想主义"的。"这里就是罗德岛,就在这里跳舞吧。"面对现实主义者的这样一种嘲讽,理想主义者给出的解决方案注定只能够是指向未来的。

因此,当且仅当在接受了一个可以看到的,作为现状而被观察到的对象时,我们才能够把一个单纯理论的问题与人类实践相关联的现实问题结合到一起。也只有在这样一个时候,才出现了一个需要且只能被政治地加以解决的问题。这样一种对于现状,或者说对于"既定状态"的接受,被人们称作"现实主义"。而当我们"接受了一个可以看到的,作为现状而被观察到的对象"时,我们实际上已经在充分强调被处理对象的"空间性"与"视域化"特征。或者说,当我们强调"此时此地"的主张时,我们以一种特殊的方式留驻了被处理对象的"空间性"特征与"视域化"特征。(同样,"他者"概念本身就是一个具有"空间性"与"视域化"特征的基本概念。)尽管我们还要加上一句,基于一种审慎的美德,不可过分强调这两个特征的排他性。

"此时此地"主张在面对国家问题时,必然就会突出主权概念中的"疆域性"。如果不是政治现实主义,我们就不可能采取这样一种接受和强调既定状态的主张,也就不可能把"既定状态"作为我们必须严肃面对和接受的政治问题。自由主义不愿意接受"既定状态",自由主义的世界主义主张甚至轻率地无视"既定状态"。只有接受了现实主义,我们才能将"既定状态"作为一个严肃的现实存在接受下来,并且进一步将其作为一个严肃的政治问题加以处理。在这里,我们把"此时此地"的主张视为我们能够理智地接受"国家作为分配社会善的封闭单位"的一个必要条件。

如前所述,"至上性"说明了(在政治意义上的)权力的至大无外,也就是我们所说的至上权力(sovereign power)或主权(sovereignty),落实为规则体系或治理的原则,就是一套融通的、封闭的、对内普遍适用的法律体系。与霍布斯以来的政治现实主义主张密切关联,法律实证主义(霍布斯本人就是法律实证主义的先驱)对于法律性质的刻画,均是以承认至上权威的存在为基本前提。在法律实证主义者眼里,法律体系是封闭的、自主的与自洽的。因而也就表现为对内的普遍一致性。"至上性"体现了现代国家在法理意义上的封闭性。

而"疆域性"则关联于政治现实主义者所特别强调的"既定状态"概念,是在空间意义上和"此时此地"意义上承认一种既有事实。只有至上性本身虽然构成一个规则封闭,但是并不构成一个有形的具体封闭。一个有形的具体封闭观念依赖于我们这里所做的对于政治问题的现实主义方法的植入。这个植入就是把我们在"此时此地"所具体形成的人,以及此时此地具体形成的政治现状加入到我们的考量。只有在接受现状如此时,我们才有了一个可以看到的封闭单元。这个封闭单元才是一个政治的单元,而非一个被窄化后的理性主义的单元。

传统政治理论与政治哲学,都忽略了"疆域性"这样一种观念的重要性。这些理论一直把"疆域性"作为一个不得已而需要提及的底线概念。而在经过了我们的解释之后,加上了我们对"至上性"相关的一些概念含义(强制说理)特征作出强调说明之后,就可以将国家定义为一个有地域限制的、封闭的治理体系。或者说，构成一个"现实的"封闭性概念。

四、国家定义三要素之相互嵌套

在本文看来，在韦伯的国家定义三要素中，"至上性"塑造了现代国家形态，"疆域性"落实了现代国家边界，"正当性"则充实了现代国家观念。或者说，"至上性"提供了现代国家法理意义上的（de jure）封闭性，而"疆域性"则提供了现代国家事实意义上的（de facto）封闭性，这两点合在一起，就已经构成了现代国家的实质性封闭。也即既有一套封闭实行的法律规则体系，通过主权者的至上权力为后盾在一个国家内强制推行；同时也有一个完整清晰的疆域概念，通过一种现实主义的态度，不同国家彼此相互承认。并且也通过主权国家的至上权力来确保这样一种事实上的疆域封闭。一个国家只在其内部行事对其公民社会善的再分配。

但是，只有 A + B，就只能够说这是一种关于现代国家的消极意义上的封闭性解释。只有当 A + B + C 之后，才能够构成一个关于现代国家的完满意义上的封闭性概念。也就是说，只有加入"正当性"的考量，我们才能够获得对于国家封闭性的一个好的说明，或者说，我们才能够获得一个充实的封闭性。受到马克斯·韦伯的启发，我们都承认现代世界进入了一个自我合理化的过程。而与合理性概念相关以后，正当性概念可以被看作是一种我们所期望的善清单。这样的善，既与人类欲望的多样性相关，也与价值的多元性相关。

这里需要注意的是，韦伯的"正当性"概念如果与他的"合理性"概念或"合理化"概念结合起来，本身本来就可以构成一种具有动态特性的现代国家概念。但是近代以来的"正当性"概念被不少的自由主义者解释为一种静态的概念，即一种要么正当要么不正当的二分。因此，在这里我们才提出，有必要引入一个 B. 威廉姆斯意义上的"正当性是分级的"这样一种特殊主张。

从文献上看,威廉姆斯这一主张并不直接针对韦伯而发,但是威廉姆斯与韦伯主张关系密切,他对于韦伯见解的赞赏几近于他对尼采的欣赏。因此,我们可以推断说,威廉姆斯的主张是对韦伯合理性主张的明确化。同时,如果把威廉姆斯关于"评价、价值、规范(性的来源)"以及"有历史的哲学"等主张结合起来考量,我们事实上可以得出一个清晰的关于"合理性分级"的主张。而且,一个更为激进的方案,就是将关于人类实践的评价问题全部化解为关于价值规范的来源问题。从而,所谓实践理性问题,不过就是一种合乎人类规范的"合理性"问题。而公共生活的合理性问题,则其本身就注定是属于特定历史的,因此是分级的和动态变化的。

威廉姆斯的主张不但与韦伯的主张有关联,而且可以强化韦伯所说的"脱魔世界"中的"合理化"主张与价值竞争主张。可以说,威廉姆斯所表现出的对于韦伯的欣赏与接受是无条件的,他们都主张在一个完全世俗化的世界里,谈论一个价值相互竞争(都接受人类竞争与冲突是永恒的),没有外在评判标准存在的人类状况。因此,他们对于近代以来这样一种基于人类自身的制度成果都是接受的。而且,在方法上,他们都是描述的。在结果上,他们都对人类实践合理性这样一种内在化的标准给予充分强调。而正是这样一些特性,决定了他们是现实主义的而不是理想主义的。

加入威廉姆斯"正当性是分级的"这样一种概念主张,是想要说明上述 A + B + C 是动态的,而如果只有 A + B,则这样一种概念通常容易被理解为是一种静态的。某种意义上,我们可以说,威廉姆斯的这些新近主张再次挑明了韦伯主张中"正当性"概念与"合理性"概念的关系。威廉姆斯的贡献就在于,既然合理性概念是依赖于人类价值旨趣的评价性概念,则它必然是历史的和分层级的。一种截然二分的正当性概念不过是一些理性主义的自由主义思想家的一种偷懒。

如果合理性是分级的,从而正当性是分级的,那么近代以来的国家概念就应该可以被理解为,它是一种可以从一种薄版本的国家概念向一种厚版本的国家概念滑动(shift)的过程。这样一种滑动,符合我们现代人对于国家的更多要求。韦伯之后一百年以来的现代世界的发展,已经表明我们人类的确是对现代国家应该发挥的功能有了更多的要求。自1948年联合国成立以来,联合国大部分的成员国都签署和接受了三个版本的不同的"人权公约",我们国家更是将"保护人权"写入了宪法。

如果再加入新近为政治理论界所关注和讨论的"失败国家"与"成功国家"的概念,我们就可以发现,失败国家就是自身连基本的政治秩序都无法保证的国家。而且,不但其自身无法完成维护其基本秩序的功能,就是在有外力介入的情况下,仍然无法完成这样一种基本要求。也就是说,失败国家就是一个无法满足"霍布斯条件"的国家。而一个正常的"成功国家"应该具备韦伯国家定义中的上述基本功能。一个饱满的"成功国家"则进一步成功地发展出了自我创新能力,不但自身能够持续成功,而且能够带动关联国家持续发展。因此,成功国家实现了包括"洛克条件"但不限于"洛克条件"所提出的诸多现代功能。可以说,我们已经为现代国家的"正当性"注入了越来越丰富的内在含义。而正是"正当性"现代含义的不断丰富,才为我们不断撑开了我们自身对于现代国家应该发挥的功能的理解。

以"至上性"和"疆域性"为特征的现代政治主张,是对以"国家"为基本单位的现实政治所具有特征的一种真理性认识。在可以预见的未来,由这两种特征为代表的现代国家将继续表现为一种"封闭的"治理单元。这样一种"封闭性"仍然是对现代政治现实特征的一种真理性认识。相对于这两个特征本身所表现出的事实性特征,"正当性"特征可以说是现代国家的一种规范性特征。现代国家如果无法满足"正当性"这样一种规范性要求,则其本身一定只能是一种干瘪的、最低限度的底线国家。而只有在不断满足人们对于现代国家的这样一种规范性的要求的基础上,才能够使得现代国家的内涵变得更加的饱满与充实。

我们可以把马基雅维利看作是"疆域性",即"事实意义上的封闭性"

主张的代表,把霍布斯看作是"至上性"即"法理意义上的封闭性"主张的代表,而把洛克看作是正当性即我们后来所说的社会通向善改进主张的代表。只有将这三个基本要素相互嵌套在一起进行理解,我们才能够获得关于现代国家封闭性的充分说明,也才能够理解国家何以通过封闭方式强制分配社会善。

我们提出,现代国家事实上可以从三个方面为我们大家所期望。也就是说,我们期望现代国家应该"足够统一、足够强大、足够规范"(国内学者任剑涛在其近期的论文中注意到了现代国家的这三个标准①)。它们分别对应着本文所分析的"疆域性"、"至上性"与"正当性"。一个理想的现代国家,应该是"大政府、大社会",而不是"大政府、小社会"。大政府不是臃肿,而是应该拥有与其现代功能搭配精当的强大能力。它应该足够强大,足以保证社会秩序与社会规则体系的推行,同时也足以保证既有领土的完整性。但是它也应该足够规范,足以让其疆域内的公民能够更愿意接受其本身疆域内的现有生活模式,而不是采取以脚投票的方式,另寻他们心目中的希望之乡。

(原载《哲学研究》2015 年第 7 期)

---

① 任剑涛:《建国三个时刻:马基雅维利、霍布斯与洛克的递进展现》,《社会科学战线》,2013(02)。

马克思实践哲学的另一个维度：
人的存在与自我改变

高连福

作者简介

高连福,1969年11月出生于山东省济宁市,首都师范大学哲学博士及博士后,现供职于淮北师范大学政法学院,主要研究领域为马克思主义人学。主持博士后科学基金项目,在《哲学研究》、《哲学动态》等期刊发表论文近十篇。

以"每个人的自由发展"为价值中核的实践,作为人们能动地改变世界的活动,在马克思那里于内心世界扎根为"人的自我改变"的实践,于现实世界生发为"改变环境"的实践。但长期以来,由于社会变革的现实需要以及时代变迁所引起的误读,人们更多关注和强调的是马克思的改变自然尤其是改变社会的实践思想,而"人的自我改变"的实践思想却未能得到应有的重视,甚至被根本淡忘或遮蔽了。因此,对"人的自我改变"这一勿可轻弃的实践维度作必要的探究,并提升到人的解放和发展的高度予以阐释,将有助于深化对马克思实践哲学思想的整全性理解,激发其思想魅力,彰显其现代价值。

一、"人的自我改变"的主体性意向

就人的生命存在而言,马克思认为"人双重地存在着,主观上作为他自身而存在着,客观上又存在于自己生存的这些自然无机条件之中"。① 这一论述揭示了人的生命存在具有两个相互不可替代的向度,即客观的有待性向度和主观的无待性向度。所谓有待性向度,是指人是"自然存在物"和"社会存在物",自然和社会的一体存在构成人生存的现实世界或环境;人在现实世界展示自己本质的实践活动总是不同程度地有赖于自然和社会诸条件的成全,或受制于既有的环境条件,人的生命的这一向度可称之为生命的有待性向度。所谓无待性向度,是指人是"有意识的存在物"和"有思想的存在物",因而有属于自己的内心世界或精神世界;人在内心世界展示自己本质的实践活动,意味着人自身的默证人之为人的素养、能力的发展,它主要体现为人的精神的自我完善和丰盈、心灵的自觉督责和反省、境界的自我纯洁和高尚;因它并不受制于外在的条件,而根本在于人自身的自觉努力,故而这一生命向度可称之为无待性向度。人的存在的二重向度可以从孟子所谓的"求则得之,舍则失之;是求有益于得也,求在我者也。求之有道,得之有命,是求无益于得也,求在外者也"②和"有天爵者,有人爵者。仁义忠信,乐善不倦,此天爵也;公卿大夫,此人爵也"③获得确切的理解。"求在我者"指的是每个人都有作为自身而存在着的、贵而在己的人格品操。人的生命在这一重向度的求取,意味着人之为人的风骨气节的贞立、德性品格的涵厚和精神境界的陶铸,从而让自己尊严地活着。因其所求在其自身,无待于外部条件的成全或不受制于外部条件,因而人格品行的实现全在于每个人自身的努力求取,不仅"求则得之,舍则失之",而且"求"与"得"总是成正比。每个人也总能在切己的力行中、在自律性的提升中润泽那祈向神圣的高尚心灵,趋于崇高和完美,成其为人。"求在外者"指的是存在于自身之外的、并非人能

---

① 《马克思恩格斯全集》第46卷(上),人民出版社,1979,第491页。
② 《孟子·尽心上》。
③ 《孟子·告子上》。

够自主的名利富贵,或属于"赵孟之所贵,赵孟能贱之"的"公卿大夫"之"人爵"。人在这一生存向度的求取可以使人幸福地活着。因其所求在外,因而对富贵的求取不仅要"求之有道",而且"得之有命",即受外部条件的制约,这有待(外部条件)的制约决定了许多情形下的"求无益于得",求未必就一定能得。人总是有所求的,"求之在外者"可以理解为人生存的"必然王国",构成人的生命的有待性向度,人在这一重向度的求取体现出人对幸福价值的追求;"求之在内者"可以理解为人生存的"自由王国",构成人的生命的无待性向度,人在这一重向度的求取体现出人对高尚价值的追求。幸福与高尚是人类生活永恒的价值祈向。

人的双重存在表明,"现实的、有生命的个人"既现实地生活在客观的自然和社会之中,又现实地生活在主观的意识和思想之中,因而总是现实地生活在现实世界和内心世界的内在张力之中。现实世界和内心世界的一体存在构成人生活的整全世界。既然人双重地存在着,那么人的实践作为人能动地改变世界的活动,就既要改变客观的现实世界,也要改变人主观的内心世界。只有改变现实世界,人才能客观地展开自己的本质力量,获得自身的现实性,实现多样性的发展;只有改变内心世界,人才能澄明那灵动不息的自然本性,提升生命的品位和境界,开辟博厚高明的精神天地,从而超然于流俗,卓拔于尘世,心中坦荡荡而正大光明,正气盈于胸而卓越不凡。而在以往的理解中,实践只是被一味地强调为改变现实的客观世界,而相当程度上忽视了人的内心世界的改变,甚至根本遮蔽了人的自我改变以成其为"人"的实践。

依马克思之见,人的自我改变的实践之所以是必要的,是因为:

其一,人作为有意识的存在物,总能有意识地自觉调控自身的需要和行为。因此,这就必须在自我改变的实践中不断改善人的自我意识,以便更好地把自己的需要和满足需要的方式当做自己的对象自觉地予以观照,把自己的生命活动当做对象自主地予以处理,从而把自身的需要自觉提升为"具有人的本性"的需要,把自身的行为自觉变成"合乎人性"的行为,使之具有文化的特性和人的品位。在马克思看来,由于人具有意识,人的需要已"不是纯粹的自然需要,而是历史上随着一定的文化水平而发生变化的自然需要"。①亦即,人的需要已经具有了"文化上的特征"。就人的最自然的生理欲求而言,如食欲、性欲,如果一个人只考虑"生理上的要求",而不考虑"文化上的特征",那就会沦为纯粹的动物机能,正如马克思所言:"吃、喝、性行为等等,固然也是真正的人的机能;但是,如果使这些机能脱离了人的其他活动,并使它们成为最后的和唯一的终极目的,那么,在这种抽象中,它们就是动物的机能。"②正是因为"他的意识代替了他的本能,或者说他的本能是被意识到了的本能"③,意识对人的生理本能进行了自觉的调控,人的食欲、性欲等生理欲求才脱离了动物的属性而具有了属人的性质,失去了本能的意义而具有了自觉的性质。因此,历史上才有了广为传颂的"廉者不饮盗泉之水"、"志者不食嗟来之食"等警醒人的美谈,男女之间的关系才真正直接表明了"人的整个教养程度","表明人的自然的行为在何种程度上成了人的行为,……人具有的需要在何种程度上成了人的需要"。④众所周知,人的需要是多样性的,且具有层级性。然而,人的不同层级的需要之间难免会发生矛盾和冲突,甚至会出现"义"与"利"不可兼得的两难抉择。这就需要人具有相当的自我意识和人生境界,以便在两种不同的需要之间作出审慎的抉择。而在自我改变的提升中具有高度自我意识和人生境界的人,总能以"先立乎其大"的志求、胸襟和意志,舍弃低层级的需要而选择高层级的需要,以维护人格尊严、实现理想价值。孔子曾说:"志士仁人,无求生以害仁,有杀生以成仁。"⑤孟子承其旨而倡言:"生,亦我所欲也;义,亦我所欲也。二者不可

---

① 《马克思恩格斯全集》第47卷,人民出版社,1979,第52页。
② 《马克思恩格斯全集》第42卷,人民出版社,1979,第94页。
③ 《马克思恩格斯选集》第1卷,人民出版社,1995,第82页。
④ 《马克思恩格斯全集》第42卷,第119页。
⑤ 《论语·卫灵公》。

得兼,舍生而取义者也。生亦我所欲,所欲有甚于生,故不为苟得也。死亦我所恶,所恶有甚于死者,故患有所不辟也。"①这些都深刻地表达了面临需要或人生价值的两难抉择时,人所当有的决断,也反映出一个人内在的人格品位和精神境界。这也就是马克思为什么能够坦然于物质的清贫而以毕生的精力孜孜以求于"人类的幸福和我们自身的完美"的道理所在。

其二,人的自我意识是人的实践的前导,引领着人的改变世界的实践。马克思认为,"推动人去从事活动的一切,都要通过人的头脑,甚至吃喝也是由于通过头脑感觉到饥渴而开始,并且同样由于通过头脑感觉到饱足而停止"。② 因此,虽然"蜜蜂建筑蜂房的本领使人间的许多建筑师感到惭愧。但是,最蹩脚的建筑师从一开始就比最灵巧的蜜蜂高明的地方,是他在用蜂蜡建筑蜂房以前,已经在自己的头脑中把它建成了。劳动过程结束时得到的结果,在这个过程开始时就已经在劳动者的表象中存在着,即已经观念地存在着"。③ 这表明,在每一次实践地改变自己的存在对象之前,人总是先以内心图像的方式在自己的头脑中把它观念地创造出来。这观念地创造出来的内心图像是人对事物未来结果的自觉的意识构建,是眼界、胸襟、情趣、意志、审美、价值祈向等人的内心世界要素的有机集成,同时体现着人的科学观念、艺术观念、道德观念、人生信仰、文化教养、需求品味、精神境界等符合自己本性需要的内在尺度,确证着在自我改变中个人的自我意识所达到的格位或层级。这观念地创造出来的内心图像作为人的理想追求、价值目标,引领着人的改变世界的实践,或者说,正因为有了这观念地创造出来的内心图像,人的实践才脱去了盲目性,而有了可依的理想标准、可循的价值目标。"人们总是通过每一个人追求他自己的、自觉预期的目的来创造他们的历史。"④可见,人的意识并

---

① 《孟子·告子上》。
② 《马克思恩格斯选集》第4卷,人民出版社,1995,第232页。
③ 《马克思恩格斯全集》第23卷,人民出版社,1972,第202页。
④ 《马克思恩格斯选集》第4卷,第248页。

不就是对人的既有现实对象的当下影像,它更多地是自觉地创造自己的对象,从而为人的实践提供精神动力和价值引导。正如马克思所言:"创造是一个很难从人民意识中排除的观念。"①也正是因为人的有意识,人才能够在实践中不仅"按照任何一个种的尺度"来生产,而且"懂得怎样处处都把内在的尺度运用到对象上去","按照美的规律来建造"②,创造着作为自己存在对象的自然和社会,也创造着人自身,并在他所创造的世界中直观自身。这样,就确保了实践自始至终都不曾脱开内在其中的真、善、美等价值理性,而免于沦为委身利害得失、溺于事功成败的实用化了的工具理性。可以说,一个人的"头脑"、"观念"等意识决定着人的实践行为所当具有的人的品位。因此,人的实践是具有自我意识的人的实践,是在意识指导下的自觉的感性活动,离开人的自我意识而任由生理冲动的活动就已经不再是堪以"实践"相称的人的实践。

其三,人是有思想的存在物。作为有思想的"现实的个人",总是以自己的方式生产着自己的思想、观念、意识。马克思指出,从物质劳动和精神劳动分离的时候起,"意识才能摆脱世界而去构造'纯粹的'理论、神学、哲学、道德等等"③,"人们的观念和思想是关于自己和关于人们的各种关系的观念和思想,是人们关于自身的意识,关于一般人们的意识(因为这不是仅仅单个人的意识,而是同整个社会联系着的单个人的意识),关于人们生活于其中的整个社会的意识。人们在其中生产自己生活的并且不以他们为转移的条件,与这些条件相联系的必然的交往形式以及由这一切所决定的个人的关系和社会的关系,当它们以思想表现出来的时候,就不能不采取观念条件和必然关系的形式,即在意识中表现为从一般人的概念中、从人的本质中、从人的本性中、从人自身中产生的规定。人

---

① 《马克思恩格斯全集》第42卷,第129页。
② 《马克思恩格斯全集》第42卷,第97页。
③ 《马克思恩格斯选集》第1卷,人民出版社,1995,第82页。

们是什么,人们的关系是什么,这种情况反映在意识中就是关于人自身、关于人的生存方式或关于人的最切近的逻辑规定的观念。"① 而"意识在任何时候都只能是被意识到了的存在,而人们的存在就是他们的现实生活过程"②,因此,"人们按照自己的物质生产率建立相应的社会关系,正是这些人又按照自己的社会关系创造了相应的原理、观念和范畴"。③ 这样,"外部世界对人的影响表现在人的头脑中,反映在人的头脑中,成为感觉、思想、动机、意志,总之,成为'理想的意图',并且以这种形态变成'理想的力量'"。④ 可见,人们的思想、观念并不就是对人的现实世界、人的社会关系和人自身的机械影像,而是在意识中按照内在尺度加以升华而创造出来的,它表达的是人对人的自然、社会和自身的科学认知和价值判断,蕴含着把自然、社会和自身向着更加美好的境地予以成全的价值祈向、理想追求和人生信念。人作为有意识的存在物,必然在实践中处处都把内在的尺度运用到对象上去。这样,由于人的本质力量的客观地展开的丰富性,人便有了自身的多重对象性关系。人的现实存在也就不只是单一的对象性存在,而是由多重对象性关系构成的整体存在。人的意识作为"被意识到了的存在",也便有了与诸多对象性关系相应的科学、艺术、宗教、道德、伦理、教育、政治、法律、哲学等思想或观念。这些思想或观念的有机集成,便呈现为人的精神——作为人的存在对象的精神;人则在这些思想或观念的陶养下,历史性地生成精神性的存在或精神性存在的人。

二、"人的自我改变"的历史动因

众所周知,人的解放是马克思思想的价值主题。既然人双重地存在

---

① 《马克思恩格斯全集》第3卷,人民出版社,1960,第199—200页。
② 《马克思恩格斯选集》第1卷,第72页。
③ 《马克思恩格斯选集》第1卷,第142页。
④ 《马克思恩格斯选集》第4卷,第232页。

着,那么,人的解放就意味着人既要从外在的现实世界中解放出来,也要从自身的内心世界中解放出来。只有实现内外两个世界的解放,人才能获得真正彻底的解放。马克思曾说:"宗教的异化本身只是发生在人内心深处的意识领域中,而经济的异化则是现实生活的异化,——因此异化的扬弃包括两个方面。"①扬弃"现实生活的异化",人获得的是现实世界的解放,这种解放还给人的是人的世界和人的关系;扬弃"发生在人内心深处的意识领域"的异化,人获得的是内心世界的解放,这种解放还给人的是人所当有的思想、观念、意识、精神、境界。一般而言,人的解放有赖于"环境的改变",即改变现实的世界,建立"合乎人性的环境",创造"真正人的生存条件";但条件毕竟只是条件,它只有为个人本身所驾驭的时候,才成为真正的人的解放的条件。因此,"环境的改变"并不必然或自然而然地带来人的彻底解放。正如对一个人而言,物质生活的富足并不自动地带来或必然意味着其人格的高尚、精神的富有、境界的提升,相反,我们见的更多的却是孟子所言的"饱食、逸居,而无教,则近于禽兽"的情形。因此,人的解放并不就仅仅有赖于作为人的生活基础的外部条件的改变。既然"人的根本就是人本身",既然解放终究是人的解放,那么实现人的解放所必当首重的当然是人本身。因此,人的解放根本上在于人本身的改变,亦即人的自我改变。只有人的自我改变,人才能真正成为人的解放的动力。没有人的自我改变,人的解放就失去了根本的动力,因而也不可能实现人的彻底解放。所谓人的自我改变,简言之,就是一个人从自己的束缚和奴役中摆脱出来,成为自身的主人,实现自身的解放。这是人的"真正的、从自身开始的肯定",是人为了本身而"在实践上的自我实现"。因此,人的自我改变是每个人直面自身、改变自身的本己性的自我解放。这表明,人只有在自律性的提升中,使其内心世界处在无止境地更生和精进中,才能实现"人的自我改变"和解放,而改变了的自我也才能以"合乎

---

① 《马克思恩格斯全集》第42卷,第121页。

人性的方式"、"按照人的样子"改变现实的生活世界。马克思以否定的形式肯定着"人的自我改变"对于"环境的改变"的前导性。他说："如果人们不改变自身,而且如果人们即使要改变自身而在旧的条件下又没有对'本身的不满',那末这些条件是永远不会改变的"①,"只要人不承认自己是人,因而不按照人的样子来组织世界,这种社会联系就以异化的形式出现。因为这种社会联系的主体,即人,是自身异化的存在物。"②这就是《中庸》所言的"礼仪三百,威仪三千,待其人而后行。故曰:苟不至德,至道不凝"的道理。这表明,只有自我改变,人才能从内心世界中解放出来,实现自我解放;只有实现了自我解放,才能真正实现人的彻底解放。可见,人的自我改变是人的全面解放的前奏和基石。

"改变世界"是马克思哲学的历史使命。但马克思从来就不是把自己的眼光狭隘于现实世界的人,因而他并不只是一心致力于改变人的现实世界,也同样尽心致力于改变人的内心世界。这从马克思对路德的评价中可窥其一斑,"他把人从外在的宗教笃诚解放出来,是因为他把宗教笃诚变成了人的内在世界。他把肉体从锁链中解放出来,是因为他给人的心灵套上了锁链。……现在问题已经不再是世俗人同世俗人以外的僧侣进行斗争,而是同他自己内心的僧侣进行斗争,同他自己的僧侣本性进行斗争。……哲学把受僧侣精神影响的德国人转变为人,这就是解放人民。"③对路德的品评,也是品评者对自身价值祈向和人生志求的剖白。这一品评表明,马克思所顾念的并不只是人的现实世界的"肉体受折磨",还有人的心灵世界的"精神遭摧残"。因此,马克思并不仅仅关注对人的"非人的生存的现实"世界的改变,也同样关注人的内心世界的改变。在《关于费尔巴哈的提纲》中,他提出:"环境的改变和人的活动或自

---

① 《马克思恩格斯全集》第3卷,第440页。
② 《马克思恩格斯全集》第42卷,第24—25页。
③ 《马克思恩格斯选集》第1卷,第10页。

我改变的一致,只能被看作是并合理地理解为革命的实践。"①"环境的改变"所改变的是人的现实世界,它意味着"合乎人性的环境"的日渐生成,从而使每个人都有必要的社会活动场所来显露他的重要的生命力;"人的自我改变"所改变的是人的内心世界,它意味着人的日益富有生机的精神的生成,从而有表现本身的真正个性的积极力量;"环境的改变"与"人的自我改变"的一致,才是马克思本然意义上的实践。或者说,实践恰如一枚硬币的两面,具有内外两个向度——外向度的"环境的改变"之实践与内向度的"人的自我改变"之实践。这二重向度的实践根源于人的双重存在,实现着"改变世界"的双重任务。马克思说:"哲学家们只是用不同的方式解释世界,问题在于改变世界。"②因此,"对实践的唯物主义者即共产主义者来说,全部问题都在于使现存世界革命化,实际地反对并改变现存的事物。"③所谓"实际地反对并改变现存的事物",一方面是实际地反对"那些使人成为被侮辱、被奴役、被遗弃和被蔑视的东西的一切关系"④,改变"现实的、现存的一切";另一方面则是实际地反对头脑中的各种抽象、虚幻的观念或"没有任何思维和任何人的尊严"的思想现状,改变人的精神面相。并且,正如布洛赫所认为的那样,只有当我们唤醒了沉睡于内心的"乌托邦"精神时,只有当我们完成了我们内心世界的准备时,我们才能使外部世界成为我们的。因此,只有既改变人内在的精神世界,也改变人生存于其中的现实世界,才是马克思所称述的整全意义上的"改变世界"。基于此,可以说,人的自我改变的实践是马克思的"改变世界"这一哲学历史使命的内在要求。

　　人的自由发展是马克思所寄望的人的发展的理想目标。首先,就人的发展的动力而言,既然发展是个人的发展,那么发展就是内在于每个人

---

① 《马克思恩格斯选集》第1卷,第55页。
② 《马克思恩格斯选集》第1卷,第57页。
③ 《马克思恩格斯选集》第1卷,第75页。
④ 《马克思恩格斯选集》第1卷,第10页。

的发展,发展的主体当然就是现实的每个人,因此实现人的发展最重要的是人自身的发展。现实地看,一个人的发展来自自身的阻力并不比来自外界的阻力小,来自主观世界的束缚并不比来自客观世界的束缚少。在此种意义上,发展就意味着人不仅克服了来自外在的困难和阻力,而且克服了自身的困难和阻力,不仅超越了外在的束缚和限制,而且超越了自身的束缚和限制,所谓"天地始者,今日是也"。由于自身的阻力和主观世界的束缚,更多地体现为观念的束缚、思想的奴役和精神的钳制,这样,在其内向度上,发展就是人从观念的束缚、思想的奴役和精神的钳制中解放出来。因此,发展就意味着解放,解放就体现着发展,发展和解放具有内在的一致性。由于发展不仅须克服外在的束缚和限制,而且须克服自身的束缚和限制,人的发展就不仅要从物质贫困中解放出来,更要从精神贫困中解放出来;不仅要把肉体从锁链中解放出来,更要把心灵从锁链中解放出来,亦即从"被名利迷住了心窍"和"私人利益的空虚的灵魂"中解放出来,要从"一切激情和一切活动都必然湮没在发财欲之中"解放出来,从"最下流的意念"之"精神堕落"和"自身的卑劣行为的奴隶"中解放出来,从"为狭隘而僵化的观念所束缚"的愚昧中和"给语言赋予纯粹肉体的性质"的卑鄙中解放出来。马克思认同鲍威尔的结论,即"我们必须先解放自己,才能解放别人"。[①] 老子云:"知人者智,自知者明;胜人者有力,自胜者强。"这提醒着现实的个人,只有充分意识到自身的束缚和奴役,才能更好地克服自身的束缚和奴役;只有更好地克服自身的束缚和奴役,实现自我解放,才能更好地战胜外在的束缚和奴役,实现现实世界的解放,即从自然和社会中解放出来。可见,为了实现从自然和社会中解放出来,就必须从自我中解放出来;为了从自我中解放出来,首要的就是自觉地进行自我改变。其次,就人的发展的方向而言,马克思认为人的发展并不就是对财富的追求和渴望,而是人的精神性的需求和发展。他认同

[①] 《马克思恩格斯全集》第3卷,第165页。

摩尔根的"单纯追求财富就不是人类的最终的命运"①的慧识,而批判"粗陋的和无思想的共产主义"把"物质的直接占有"视为"生活和存在的唯一目的"②。这一褒一贬传达出的是马克思对人所应有的发展之心灵祈向。这发展祈向是由恩格斯来道破的,即:"人们首先必须吃、喝、住、穿,然后才能从事政治、科学、艺术、宗教等等。"③这表明人在基本物质需要满足之后,就应追求高一级的精神需要,在艺术、科学等方面得到发展。也就是说,人的发展的主要方向,是精神生活的充分发展。而精神的提升和发展,关键在于人自身、在于人的自我改变。为此,人"仅有改变世界的愿望是不够的,还应有改变自身的愿望;人不能超越环境的制约,却可以超越自身"。④ 人正是在无止境地改变自身、超越自身、提升自身中,无限地发展自己的精神需要,无限地充实自己的精神世界,无止境地提升自己的精神境界。可见,人的自我改变是人的精神性发展的必要前提。

　　就革命而言,依马克思之见,革命需要被动因素,需要物质基础。据此,革命无疑需要主动因素,需要思想基础。也就是说,需要作为革命主体的人的自我改变,亦即提高思想觉悟、增强主体意识,为革命提供精神动力。这就必须"同传统的观念实行最彻底的决裂",消灭一切束缚和"纠缠着活人的头脑"的思想、观念、意识等精神产品,消灭"意识的一切形式和产物",把人从"幻想、观念、教条和想象的存在物中解放出来,使他们不再在这些东西的枷锁下呻吟喘息"⑤,把人从心灵锁链和内在世界的束缚中解放出来,使之具有相当的觉悟、思想、意识,成为能"放射出人类崇高精神之光"的人。为此,马克思指出,"光是思想力求成为现实是

---

① 《马克思恩格斯选集》第 4 卷,第 179 页。
② 《马克思恩格斯全集》第 42 卷,第 118 页。
③ 《马克思恩格斯选集》第 3 卷,第 776 页。
④ 陈新夏:《人的发展的新路向》,《马克思主义与现实》,2010 年第 2 期。
⑤ 《马克思恩格斯全集》第 3 卷,第 15 页。

不够的,现实本身应当力求趋向思想"①,只要"思想的闪电一旦彻底击中这块素朴的人民园地,德国人就会解放成为人","这个解放的头脑是哲学,它的心脏是无产阶级"。②既然"解放的头脑是哲学",那么现在的革命则从哲学家的头脑开始,对一切束缚和"纠缠着活人的头脑"的观念、意识予以无情的揭露——既揭露一切"玄想家"的抽象的观念,也揭露"连自己都不清楚的神秘的意识,不管这种意识是以宗教的形式还是以政治的形式出现"③,"对现存的一切进行无情的批判"——既批判过去一切统治阶级的"意识形态",也批判一切"不把人当人看"或者"只关注抽象的人"或者"仅仅关注感性的人"而不关注"现实的人"、"活生生的人"和"从事实践活动的人"的旧哲学。马克思说:"意识的改革只在于使世界认清本身的意识,使它从对于自身的迷梦中惊醒过来,向它说明它自己的行动。我们的全部意图只能是使宗教问题和政治问题具有自觉的人的形态。"④这样,马克思就从社会舞台退回书房,致力于"意识的改革",踏上了一条"理论革命"的批判之路。从《黑格尔法哲学批判》到《德意志意识形态》、从《神圣家族》到《共产党宣言》和《哥达纲领批判》、从《1844年经济学哲学手稿》到《政治经济学批判》和《资本论》等,马克思对唯心主义、旧唯物主义、国民经济学、宗教信仰和空想社会主义展开了全面的批判。批判的目的,一方面是唤醒人们的意识和觉悟,使人们正确地意识到自己的实际的社会状况,自觉摆脱那些抽象的思想、幻想的观念和僵化的教条的束缚,从精神桎梏中解放出来;另一方面,则是抓住"人的根本就是人本身"⑤,"从世界的原理中为世界阐发新原理"⑥,"确立此岸世界的真理",

---

① 《马克思恩格斯选集》第1卷,第11页。
② 《马克思恩格斯选集》第1卷,第15、16页。
③ 《马克思恩格斯文集》第10卷,人民出版社,2009,第9—10页。
④ 同上书,第9页。
⑤ 《马克思恩格斯选集》第1卷,第9页。
⑥ 《马克思恩格斯文集》第10卷,第9页。

实现"理论的解放",并在批判旧世界中发现新世界,建立全新境界上的哲学。这种哲学作为"头脑"、"精神武器",为生活在"轻视人、蔑视人、使人不成其为人"这一非人的生存境遇中的人,扬弃"人的自我异化"、实现自由和解放提供了重要的思想武器,从而"使人能够作为不抱幻想而具有理智的人来思考,来行动,来建立自己的现实"。① 正是在此种意义上,恩格斯高度评价马克思的贡献:"正是他第一次使现代无产阶级意识到自身的地位和需要,意识到自身解放的条件。"②由此可以说,人的自我改变及由人的自我改变所提升了的思想、觉悟、意识是革命的前奏曲和精神动力。

三、"人的自我改变"的实现路径

人的自我改变离不开现实世界的改变。现实世界的改变"只有在现实的世界中并使用现实的手段才能实现",即:消灭私有制,根除人奴役人的枷锁;消灭强制性分工,实现劳动者自愿基础上的联合分工;消灭"虚幻的集体",建立"真实的集体";扬弃异化劳动,代之以"个人自主活动"。正如马克思所言:"无产者,为了实现自己的个性,就应当消灭他们迄今面临的生存条件,消灭这个同时也是整个迄今为止的社会的生存条件,即消灭劳动。因此,他们也就同社会的各个人迄今借以表现为一个整体的那种形式即同国家处于直接的对立中,他们应当推翻国家,使自己的个性得以实现。"③现实世界的改变无疑为人的自我改变的实现提供了现实的条件,但这些条件对人的自我改变所起的实际推动作用只有"为个人本身所驾驭的时候",才真正转化为人自我改变的条件。换言之,外在的条件只

---

① 《马克思恩格斯选集》第1卷,第2页。
② 《马克思恩格斯选集》第3卷,第777页。
③ 《马克思恩格斯选集》第1卷,第121页。

有通过人自身的生命活动才能呈现出对人的意义和价值。这便是外因最终要通过内因才能起作用,即实现人自身的完美和高尚,成其为人,关键在于每个人自己。因此,个人本身的改变和发展是至关重要的。正是基于这一认识,马克思说:"任何人的职责、使命、任务就是全面地发展自己的一切能力"①,从而能够"把个人的自由发展和运动的条件置于他们的控制之下"。② 这能力的发展是"作为目的本身的人类能力的发展",所谓"目的本身"在马克思那里显然是指人作为人而成其为人,即"真正的人,自由的人"。因此,这能力的发展并不在于致取外在的功利,而是作为一种人性素养润泽人的生命、纯洁人的心灵、陶养人的性情、提升人的境界,从而在无止境的自我改变中把生命引向"真正的自由王国"。

人的自我改变需要人的自觉自醒。恩格斯说:"天才的真正社会使命不是用暴力统治别人,而是激励别人,引导别人。天才应当说服群众相信他的思想的真实性。"③马克思无疑就是这样的天才。针对庸人既不愿做有思想的人,也不愿做自由的人,而只希求动物般的肉体生存和种族繁殖,"不知有其他使命而只知对主人'俯首听命、投其所好并准备效劳'",因而"没有任何思维和任何人的尊严"④的生存状况和精神面相,马克思在唤醒人的自尊心以趋向生命崇高的向度上,不乏深刻地指出,"必须唤醒这些人的自尊心,即对自由的要求。……只有这种心理才能使社会重新成为一个人们为了达到崇高目的而团结在一起的同盟,成为一个民主的国家。那些不感到自己是人的人,就像繁殖出来的奴隶或马匹一样,完全成了他们主人的附属品"。⑤ 他也在激起人的耻辱心以奋起改变的意义上诲示着人。针对德国陷入泥坑且越陷越深的现状,他担保:"连丝毫

---

① 《马克思恩格斯全集》第3卷,第330页。
② 《马克思恩格斯选集》第1卷,第121页。
③ 《马克思恩格斯全集》第3卷,第522页。
④ 《马克思恩格斯全集》第47卷,第57、58页。
⑤ 《马克思恩格斯全集》第1卷,第409页。

没有民族自尊心的人也会感到这种民族耻辱",虽然"知耻干不了革命。我回答说:羞耻已经是一种革命;……羞耻是一种内向的愤怒。如果整个民族真正感到了羞耻,它就会像一头蜷身缩爪、准备向前扑去的狮子"。① 在《〈黑格尔法哲学批判〉导言》中,他疾呼:"应当让受现实压迫的人意识到压迫,从而使现实的压迫更加沉重;应当公开耻辱,从而使耻辱更加耻辱。……为了激起人民的勇气,必须使他们对自己大吃一惊。"② 在《1844年经济学哲学手稿》中,马克思刻意点出了人的异化图景中最可悲哀的一笔:人的有意识恰好作了人把自己降为自身肉体奴隶的依据,亦即在异化劳动中,人正因为是有意识的存在物,才有意识地把自己降为自身肉体的奴隶,把"自己的生命活动、自己的本质"有意识地变成了仅仅维持自身肉体生存的手段,结果,人"只有在运用自己的动物机能——吃、喝、性行为,至多还有居住、修饰等等的时候,才觉得自己是自由活动,而在运用人的机能时,却觉得自己不过是动物。动物的东西成为人的东西,而人的东西成为动物的东西"。③ 人陷入了动物式的非人的生存。马克思的这一评判显然是基于人的人格和尊严、从而标志人成其为人的道德尺度。正如 L. 克里格在《马克思对历史的运用》中所言:"马克思的哲学体系最有代表性的特征,是他对经济利益的痛斥,认为它是对整个有道德的人的歪曲。"④ 马克思对"人有意识地把自己降为自身肉体奴隶"的刻意点出,就是要唤醒人的自觉自醒,激起人的自尊自爱,使人敢于直面自身、勇于自我检视,形成内在的精神动力,奋起改变自我,"奋起改变现存的一切"。

唤醒人的自尊心、激起人的耻辱心,提示着徒具人的生存外观的人们,须回向内在世界,促进生命的觉悟觉醒,意识到自己的"非人的生存的

---

① 《马克思恩格斯全集》第47卷,第55页。
② 《马克思恩格斯选集》第1卷,第4—5页。
③ 《马克思恩格斯全集》第42卷,第94页。
④ 转引自 E. 弗洛姆,《马克思关于人的概念》,见《西方学者论〈1844年经济学—哲学手稿〉》,复旦大学出版社,1983,第30页。

现实"处境,自觉到"人作为人"的需要,从而力发耻心和勇心,既敢于把"深沉的神圣思想"植入心中,确立"人的观念本性",发展"人的精神的类能力",形成"头脑"和思想,使生命日益富有生机和精神,又勇于把它"变成实践的力量",奋起改变自己当下的现实存在,使之按照"人的本性"、向着人成其为人的面貌更生和精进。如是,人就可以凭借自己的全部历史、用自己的双脚站立起来,实现"向自己的人的即社会的存在的"自我生成。这正如马克思所言:"尊严是最能使人高尚、使他的活动和他的一切努力具有更加崇高品质的东西。"①因此,马克思既在警醒的意义上,也在策勉的旨趣上激励每个人,"最先朝气蓬勃地投入新生活的人,是令人羡慕的。"②

人的自我改变需要丰富和提升人的感觉。马克思认为任何一个对象对每个人的意义,都是以每个人的感觉所及的程度为限。他说:"如果你想得到艺术的享受,那你就必须是一个有艺术修养的人。如果你想感化别人,那你就必须是一个实际上能鼓舞和推动别人前进的人。""对于没有音乐感的耳朵来说,最美的音乐也毫无意义。"③比如:同一个"矿物",在俗人眼里只不过是一块石头,贩卖矿物的商人只看到矿物的商业价值,只有艺术家才感受到矿物的美和特性。这表明,人的自我改变有赖于人的感觉的丰富和提升;而只有在丰富和提升自己的"人的感觉"的实践中,人才能创造出同"人的本质和自然界的本质的全部丰富性相适应的人的感觉",成为"具有丰富的、全面而深刻的感觉的人"④。为此,马克思阐明道:"只是由于人的本质的客观地展开的丰富性,主体的、人的感性的丰富性,如有音乐感的耳朵、能感受形式美的眼睛,总之,那些能成为人的享受的感觉,即确证自己是人的本质力量的感觉,才一部分发展起来,一部

---

① 《马克思恩格斯全集》第1卷,第458页。
② 《马克思恩格斯全集》第47卷,第56页。
③ 《马克思恩格斯全集》第42卷,第155、126页。
④ 《马克思恩格斯全集》第42卷,第126页。

分产生出来。"①在这里，马克思所强调的是，人须在客观地展开自己本质的实践中，把人的一切肉体的和精神的感觉都人化成人的感觉，使这些感觉和特性不再是囿于粗陋的实际需要的感觉或单纯的拥有、占有的感觉，而是无论在主体上还是客体上都成为确证自身本质力量的人的感觉，眼睛成为能感受美的眼睛，耳朵成为有音乐感的耳朵，情感则是"主体的、人的感性的丰富性"的展现，意志则是人的生命力的体现。换言之，五官感觉、精神感觉、实践感觉，一句话，人的感觉、感觉的人性，都是在人的本质力量的对象化活动中诞生的，是人的实践活动的产物。人的一切直接的器官和社会的器官都是在人的感觉的丰富和提升这一自我改变的实践中成为真正的人的器官。正是由于人的感觉的丰富和提升，有限的对象才为人们绽放出五彩缤纷的"意义"，同样的对象才为人们呈现出更加丰富和深刻的意蕴。因此，每个人都须得以"切己"的实践丰富和提升自己的感觉，在感觉的丰富和提升中，拓展眼界、陶养情趣、砥砺品格、纯化心灵、丰盈精神、升华境界，把自己涵养成为"具有人的本质的全部丰富性的人"。

人的自我改变需要自主地趋向高尚和"自身的完美"。马克思在《青年在选择职业时的考虑》中写道："神也给人指定了共同的目标——使人类和他自己趋于高尚，但是，神要人自己去寻找可以达到这个目标的手段；神让人在社会上选择一个最适合于他、最能使他和社会变得高尚的地位。"②"自己去寻找"或"选择"，意味着对"他律"的冲决，更是人在自己是自己的理由、因而自己把握和担当自己命运的意蕴上，提示着人的命运须得人自己审慎地选择、须得人自己自作主宰——"自由"而非"他由"。它传达的是人须勇于担当自己命运的人生信念。既然人的命运须得人自己审慎地抉择，自由就绝不意味着可以恣意妄为，而是有着自己的价值祈

---

① 《马克思恩格斯全集》第42卷，第126页。
② 《马克思恩格斯全集》第1卷，第455页。

向,这便是"使人类和他自己趋于高尚"、"使他和社会变得高尚"。这一价值祈向使自由在内向度上更多地体现为人类精神的自律。自律意味着人类精神的自我规定、自我更生、自我精进和自我实现。马克思说,"道德是一种本身神圣的独立领域",而"道德的基础是人类精神的自律"。① 人正是在自我改变的自律性提升中,"把粗野的本能变成合乎道德的意向,把天然的独立性变成精神的自由"②,不断把生命引向精神的富有和道德的高尚。这时,道德就摆脱了一切世俗的东西而成为真正神性的东西。在马克思看来,人的自律性提升的道德"可使内心变得高尚",并且能"使生活变得更加美好和崇高",而"一个人一旦达到了这种道德……那么,他将会泰然处置命运的打击,勇于对待各种欲望的冲动,无畏地忍受一切苦难的折磨"③,亦即具有了顽强不屈的精神。

既然人的目标是"使人类和他自己趋于高尚"、"使他和社会变得高尚",而对于这个共同目标而言,任何职业都只不过是手段,因此"在选择职业时,我们应该遵循的主要指针是人类的幸福和我们自身的完美。……人的本性是这样的:人只有为同时代人的完美、为他们的幸福而工作,自己才能达到完美"。④ 这样,我们就应"选择一种使我们获得最高尊严的职业,……使我们自己不断接近共同目标即臻于完美境界的职业",而"能给人以尊严的只有这样的职业,在从事这种职业时我们不是作为奴隶般的工具,而是在自己的领域内独立地进行创造;这种职业不需要有不体面的行动,甚至最优秀的人物也会怀着崇高的自豪感去从事它。"⑤"高尚"、"幸福"、"尊严"、"崇高"、"自身的完美"这些字眼所透露出的心灵祈向,凸显出马克思对人的生存和发展命运的终极关切,即他眷

---

① 《马克思恩格斯全集》第1卷,第119页。
② 《马克思恩格斯全集》第1卷,第217页。
③ 《马克思恩格斯全集》第40卷,人民出版社,1982,第822页。
④ 《马克思恩格斯全集》第1卷,第459页。
⑤ 《马克思恩格斯全集》第1卷,第458页。

注的是人所应有的道德品格,冀望的是人所当有的崇高境界,顾念的是人之为人的尊严和"我们自身的完美",心系的是"人类的幸福"和生命的"高尚"。每一个神交于马克思的人,都当以全副的生命担当起作为人而成其为"人"的天职和使命,并心神一赴地"趋于高尚"和臻于"自身的完美",在切己的自我改变中,日益把生命引向博厚而高明、崇高而神圣的境界,成为"一个高尚的人,一个纯粹的人,一个有道德的人,一个脱离了低级趣味的人,一个有益于人民的人"。①

反观现实,在外在的利害与得失更多地牵累人的神经的当下时代,人的利欲之心被前所未有地诱发了出来,从而人的一切情欲和一切活动都埋没在了发财欲中。正如弗罗姆所言:"在这个社会里,生活的中心就是对金钱、荣誉和权力的追求。"②随着人愈益沉沦于利欲的追逐中,并有意识地做着追逐利欲的帮凶,甚至用精神上的堕落来换取物质上的富有,一些人完全沦为了利欲的工具和机器,丧失了其所当有的内在世界,陷入了精神的颓废、生命的低俗,造成了人生的空虚、意义的无着,从而消蚀着生命的崇高,亵渎着人生的神圣。这一人们正遭际着的生存危机归根到底缘起于人自身,即缘起于人们完全忽视了人自身的自我改变和发展、忽视了人的内心世界的改善和提升。因此,改变这不堪的精神状况,重拾生命的崇高,复兴人生的神圣,也必将有赖于人自身,亦即"求援于心灵的世界",凸显人的自我改变的实践,以实现人的心灵的最大程度的改善。学习的目的全在于应用。研究马克思人的自我改变的实践哲学思想,恢弘其所蕴涵的生命义理,其现实意义就在于从中汲取生存的智慧,化解当前的生存危机,引领和指导现实的人的发展,把生命引向更加美好的生存境界。

(原载《哲学动态》2013年第12期)

---

① 《毛泽东选集》第2卷,人民出版社,1991,第660页。
② 埃里希·弗罗姆,关山译:《占有还是生存》,三联书店,1989,第24页。

关于马克思主义世界历史理论
当代重构的方法论思考

魏海香

作者简介:

魏海香,1975年9月出生于山东省太原市,首都师范大学哲学博士,现供职于北京工商大学马克思主义学院,主要研究领域为文化全球化、文化影响力。主持国家社科基金青年项目、北京市社科规划基金重点项目,在《社会科学》、《新视野》等期刊发表论文十余篇。

中国学界对马克思主义世界历史理论的研究始于20世纪80年代末期,在20世纪90年代后期成为热点。这一研究曾一度涉及人文社会科学学术研究的每个领域,在一定程度上影响了人们对整个马克思主义理论的当代解读。但本世纪初以来,马克思主义世界历史理论研究在整体上却陷入三重困境,故丧失了直面时代问题的能力。而突破困境,发展理论的根本出路在于要实现对马克思主义世界历史理论的当代重构。在此,本文拟从方法论层面,就马克思主义世界历史理论当代重构的原因、逻辑环节与重要突破点等问题陈一管之见,以为推进包括马克思主义世界历史理论在内的我国整个哲学社会科学的发展提供一些有参考价值的意见。

一、马克思主义世界历史理论当代重构的原因

应该承认,学界对马克思主义世界历史理论的既有研究取得了不少成果,主要体现为对马克思主义世界历史理论基本内容的挖掘及对该理

论方法论意义的阐释。而在当代,无论是解释纷繁复杂、真伪莫辨的"全球化"理论,还是回应当代世界历史进程发展中存在的种种现实问题,既有的世界历史理论都面临着前所未有的令人遗憾的"乏力"感。这种"乏力"直接来自于当代中国世界历史理论研究所处的三重困境,这三重困境构成了马克思主义世界历史理论当代重构的直接原因。

困境之一:没有摆正"世界历史"与"全球化"间的关系,致使马克思主义世界历史理论的存在合法性被削弱。

为什么需要摆正"世界历史"与"全球化"间的关系?因为,从学界探讨的现实情况来看,当代的"世界历史"理论总是围绕着各种"全球化"理论兜圈子,马克思主义世界历史理论研究呈现出一种向"全球化"理论研究转移的趋向。然而,我们却忽略了一个重要的理论问题:"全球化"与"世界历史"是等同的吗?如果等同,为何会有两种理论?如果不等同,马克思主义世界历史理论是否可以作为一种解读全球化的理论?甚或其是否可以被"全球化"理论取而代之?导致学界对这一问题"视而不见"的深层原因在于,多数学者在这一问题上存在着一种"潜在"的共识:"世界历史"就是"全球化","全球化"就是"世界历史"。正是这种所谓"共识"使马克思主义世界历史理论越来越仅仅成为全球化研究的一种旧的理论资源了。这种所谓"共识"既错误理解了全球化,更错误理解了世界历史,从而有意或无意地削弱了马克思主义世界历史理论存在的合法性,堵塞了马克思主义世界历史理论在当代的发展路径。从方法论上看,这是马克思主义世界历史理论衰微的一个重要原因。而事实上,全球化是世界历史整体进程发展到一定阶段所出现的一种现象与一种趋势,绝不能将两者简单划等号,否则,对当代社会也广泛存在的反全球化和非全球化的事实又该如何解释?因此,要重新确立马克思主义世界历史理论存在的合法性,就必须要首先搞清楚"世界历史"与"全球化"的关系,进而科学构建马克思主义世界历史理论指导全球化及其发展研究的逻辑环节。

困境之二:囿于西方"全球化"理论的局限。

自20世纪80年代末期开始,各类西方全球化理论的著述在中国学界被广泛翻译和介绍。应当承认,这些翻译和介绍是必要的,当代西方的各种全球化理论也确有其合理性,但由于我们缺乏批判性的借鉴,致使学界的相关研究无法突破西方学界的话语模式,从而加深了马克思主义世界历史理论研究的困境。其主要表现是:我国学界的马克思主义世界历史理论研究已经陷入了西方全球化理论的窠臼——束缚于西方学界相关研究的范式和话语,故在很大程度上已不再是马克思主义世界历史理论研究了,充其量只是在马克思主义世界历史理论相关词汇中对西方全球化理论的一种转述。这不仅会引起我国学界相关理论探讨的混乱和滞后,更有可能导致实践中的危害。我以为,从方法论上来看,西方"全球化"理论尽管有不少合理的成分,但它们毕竟是形成于西方的社会和学术背景,将其照搬,当然"经济"和方便,但"东施效颦"损害的是我国学界的相关理论研究。此外,具体到某种西方"全球化"理论科学与否,还有待甄别。实际上,连一些西方学者自己都承认他们的"全球化"范畴及其理论被"过度贩卖了"。[1] 近年来,西方学界已经开始了这种反思,甚至出现了"去全球化"浪潮。先不论这种观点是否成立,仅就其中所包含的对既有"全球化"范畴及其理论的批判精神,就值得我们借鉴。最后,既有的各种西方"全球化"理论都有意无意、或多或少地存在一种"西方中心论"的倾向,如果我们一味照搬,就难免不会堕入其中的"陷阱"。因此,在一定意义上也可以说,摆脱马克思主义世界历史理论研究的困境与打破西方"全球化"理论的束缚,是同一过程的两个方面。

困境之三:与当代中国整个哲学社会科学一样,目前学界的马克思主义世界历史理论研究的原始创新乏力,没有形成能够解释当代世界历史

---

[1] 戴维·赫尔德、安东尼·麦克格鲁主编:《全球化理论——研究路径与理论论争》,王生才译,社会科学文献出版社,2009,第3页。

现状及其发展趋势的新范式。

世界历史发展至今,已经呈现出很多新现象,涌现了许多新问题,如:各民族、国家、地域之间的联系日趋广泛、快速和紧密的同时,各民族、国家、地域间的不平衡发展也日益凸显,世界贫富差距越来越大;出现了越来越多的跨国家、非政府的组织与机构,且次国家组织日趋活跃和壮大,故以民族国家为基本主体的国际社会受到了挑战;威胁人类生存的全球问题愈演愈烈,故围绕全球问题的认识和解决,出现了全球社会与各种全球运动,等等。究竟该如何认识这些现象和问题?其中的联系、规律和机制是什么?社会主义中国又应如何确立自己在这一世界历史进程新阶段的发展路径?这一系列的问题亟待马克思主义世界历史理论的科学回答。但遗憾的是,长期以来,由于上述两个方面困境的制约,学界鲜有对这些重大理论和现实问题作世界历史理论层面的探讨。虽然学界也有一些相关创新,但都拘泥于枝节和表层,不能真正形成与西方全球化理论范式相抗衡的气候。这说明我们的马克思主义世界历史理论研究缺乏原始创新。原始创新重在相关新事实、新概念、新定律和新理论的发现与创立。对于基础理论研究而言,它更重在一种全新的分析框架的构建,这是新旧范式转变的前提与基础。马克思主义世界历史理论研究的原始创新乏力,不仅导致了马克思主义世界历史理论研究的低水平重复,而且也使我们既有的相关研究沦为对西方全球化理论的注释。

世界历史客观进程的发展和变化呼唤马克思主义世界历史理论的创新和发展,而这种创新和发展的前提必须首先是对既有理论研究困境的破除,即重塑当代马克思主义世界历史理论存在的合法性,摆脱西方全球化理论研究范式及话语模式的束缚,以及构建能够科学解释世界历史进程发展中的新问题的新范式。而这些都不是通过对相关理论细枝末节的修改或者简单的扩展就可以实现的,它事实上要求马克思主义世界历史理论的当代重构。

二、马克思主义世界历史理论当代重构的逻辑环节

马克思主义世界历史理论的当代重构是由两个相互联系的部分构成：对既有理论的重新清理和对新理论范式的重新构建。对既有世界历史理论的重新清理是指对这一理论最基本的理论预设、基本范畴、基本原理、基本问题等，从时代的高度做出新的考察、反思与检验，进而剔除其过时的成分、厘清模糊的部分、诠释新的意义等。而对新理论范式的重新构建是指通过对世界历史理论这一研究领域中一些最基本的预设、理论、范畴、问题、方法等的改变，在新的基础上重新构建该研究领域的过程。重新清理是重新构建的前提，重新构建则是重新清理的目的。事实上，在重新清理中往往蕴含着重新构建，在重新构建中又实现了对既有理论的清理。而无论是重新清理还是重新构建，都需要一系列理论的创新和积累，因此，非一时一文所能完成。下面，本文仅从方法论层面来论述重新清理和重新构建当代马克思主义世界历史理论的四个相互联系的逻辑环节。

第一，要批判性重置前提性预设。前提性预设是一定时期内研究某一共同问题的学者所共有的对这一问题的基本事实及基本定律的共识，它是经过长期的研究形成的。"批判性重置前提性预设"就是通过对既有前提性预设的批判与反思，确立新的前提性预设。进而言之，确立新的前提性预设往往发生在既有的相关理论无法回应和解释新问题的时候。目前既有的马克思主义世界历史理论研究和各类西方全球化理论就处于这种状态，其具体表现有：或是仅把世界历史的主体视为民族国家；或是把"全球化"与"世界历史"相互混同；或是无视"国际社会"与"全球社会"的区别；或是虽然初步意识到了"国际社会"和"全球社会"的某些区别，但没有把握它们之间多层次的联系，更没有把握"国际社会"和"全球社会"与"世界历史"的关系等。因此，我们需要在对相关既有理论的前提性预设加以批判性整合的基础上，重新提出并设置合理的前提性预设，

以保证新理论范式的合法性。对相关既有理论的前提性预设的变更会影响人们思考和论述问题时的方法论,进而影响理论变革的方向。但要看到,这种变更十分艰难:一是,因为前提性预设往往隐藏于理论的具体观点之中,很容易被忽略。如在既有的全球化以及马克思主义世界历史理论的研究中这一问题就被长期遮蔽了。二是,因为旧有的前提性预设非常牢固,其影响根深蒂固。不过,人类思想发展史表明,往往在这个时候就会有少数学者率先发现问题,继而用新的前提性预设取而代之。

第二,要提出和研究新问题,尤其是那些具有重大方向性意义的问题。而反观我国学界,就马克思主义世界历史理论研究内容而言,总是低水平地重复这样几方面的老问题:马克思世界历史理论的理论渊源;世界历史的范畴和含义;马克思主义世界历史理论的内容与历史形成过程;世界历史的发展动力与发展趋势;世界历史与资本主义和社会主义的关系问题;马克思主义世界历史理论对认识和把握全球化问题的方法论意义,等等。虽然,在对这些问题的探讨中,也有一些新观点,但总体上多是对马克思主义世界历史经典理论没有什么新意的挖掘与诠释,而缺乏新的能够反映当代世界历史进程变化的理论范式。库恩曾指出:"如果我们主要是寻求和考察那些从科学教科书中得出的、不含历史的旧规老套的问题的回答而继续使用历史资料的话,那么,新科学观就将不可能从历史中产生。"①对马克思主义世界历史理论而言,在它还没有获得对这样三个层面上的新问题的科学认识之前,其"当代重构"是很难开始的:一是世界历史在当代的存在样态,如当代世界历史整体进程所处的阶段及其特点,当代世界历史的多元主体及其相互间关系的特点,等等。二是世界历史的当代样态与作为整体的世界历史演进过程间的互动关系,如当代世界历史进程的基本矛盾、动力、结构与演进机制,当代世界历史阶段对世

---

① 托马斯·库恩:《科学革命的结构》,金吾伦、胡新和译,北京大学出版社,2003,第1页。

界历史进程的整体演进的影响和作用,当代世界历史演变中的民族、国家、地域乃至个人的作用及其未来命运,等等。三是当代世界历史整体进程的规律和主线,如当代世界历史进程的各个发展阶段与环节及其关系,等等。我们既有的马克思主义世界历史理论研究之所以陷入困境,其主要原因之一就在于不能从世界历史理论层面科学回答甚至提出这些新的问题。

第三,要形成解决新问题的新分析框架。如果说,"批判性重置前提性预设"为马克思主义世界历史理论的当代重构提供了坚实的基础,"提出新问题"为马克思主义世界历史理论的当代重构提供了新的方向,那么"新分析框架"的提出则是这一理论当代重构的基本完成。新分析框架不仅可以解释新现象与新问题,而且还可以通过对旧材料和旧事实的重新加工,从而获得新的认识。正如库恩所言,即便"处理与以前一样的同一堆资料,但通过给它们一个不同的框架,使它们处于一个新的相互关系系统中了"。[①] 目前学界既有的相关分析框架存在两个问题:其一,单向性和绝对化。如,或是把作为研究单位的"全球"绝对化,或是把作为研究单位的"民族国家"绝对化。实际上,当代世界历史主体的多元性、交互性以及结构的复杂性,都要求我们提出一种能够科学反映和概括当代世界历史主体及其结构特性的新分析框架。其二,束缚于以西方国家发展为基础构建起来的分析框架。随着世界历史进程中发展中国家的发展,整个世界格局的改变,这种分析框架也应加以改变。而这种改变就是马克思主义世界历史理论当代重构的关键与核心。因为,如果分析框架发生了变化,也就意味着该种理论产生了实质性变更。虽然,传统的马克思主义世界历史理论分析框架,即"生产力——交往方式"的分析框架一直在我国世界历史理论研究中居主导地位,但因其分析过于宏观,且长期

[①] 托马斯·库恩:《科学革命的结构》,金吾伦、胡新和译,北京大学出版社,2003,第78页。

以来原始创新不足,致使其缺乏对世界历史发展中的新特征和新问题的反映与说明。因此,我们现在迫切需要一种既能坚持传统的马克思主义世界历史理论的基本精神,同时又能科学反映和概括上述当代世界历史主体及其结构特性的新分析框架。

第四,要形成概括新事实的新范畴。一种理论的"新分析框架"一经形成,在其基础上就会形成越来越多的概括新事实的新范畴。传统的马克思主义世界历史理论有着一套自己的范畴系统,如生产力、生产关系、分工、交往方式、民族、国家、世界市场、世界交往等。但当我们面对新的世界历史变化和世界历史事实时,我们就会越来越强烈地感觉到制定新范畴的必要性和重要性。这些新范畴有些是完全新制定的,有些是对既有范畴的彻底改造,有些则是对既有范畴的重新运用等。当然,新范畴的产生需要一个过程,因为,每一个新范畴都是在"新分析框架"的基础上对新的世界历史事实及其关系的新概括,这绝不仅仅是言辞的变化。在我国,对马克思主义世界历史的研究持续了二十几年了,但其基本上还未突破经典著作中的相关范畴。而近年来,一些学者将西方全球化理论中的很多范畴无批判性地引入相关研究,又制造出了不少混乱。因此,如何在"新分析框架"的基础上,制定一套新的世界历史理论范畴去概括当代世界历史的新变化,是十分必要的。

当然,对马克思主义世界历史理论的当代重构而言,仅仅只完成这四个逻辑环节的变革是不够的,但这四个逻辑环节的变革会起到纲举目张的作用,其必然会促使当代中国马克思主义世界历史理论研究的创新性发展。因此,在一定意义上可以说,其是决定马克思主义世界历史理论当代重构成功与否的关键。但要看到,马克思主义世界历史理论当代重构的实现既需要长期的理论研究作为支撑,也需要来自世界历史发展进程中涌现的新问题的激发,以及一些在这一领域极具理论敏感性与原始创新能力的学者的推动,因此,这必定是一个漫长的过程。

三、马克思主义世界历史理论当代重构的突破点

如上四个马克思主义世界历史理论当代重构的逻辑环节虽然相互包含但又相互独立,不可能全部同时进行和完成,而是渐次出现并相互带动。从方法论层面来看,"提出和研究新问题"及"形成概括新事实的新范畴"均需要一个缓慢的量的积累过程,而"批判性重置前提性预设"和"形成解决新问题的新分析框架"则是在理论量变过程中所出现的突破性质变。一旦马克思主义世界历史理论研究呈现出这两方面的变革,将会极大带动学界相关研究的重大转向,因此,这两个环节的变革应该是马克思主义世界历史理论当代重构中的重要"突破点"。

概观我国当代学界,有一些学者已开始意识到了马克思主义世界历史理论当代重构的必要性与重要性,且其中一些论述涉及了如上两个环节的变革,这标示着我国学界开始马克思主义世界历史理论当代重构的征兆,是对既有马克思主义世界历史理论研究的重要突破。这些重要突破为马克思主义世界历史理论的当代重构在方法论上提供了一些可供选择的思路。

突破点之一:一些学者开始了对既有的马克思主义世界历史理论前提性预设的反思与批判。

如前文所述,"将世界历史简单等同于全球化"的观念,构成了我国学界既有的马克思主义世界历史理论和全球化研究由以出发的重要的前提性预设之一。但一直以来,学界对这一前提性预设进行反思和批判的论述较少,大多不是对马克思主义世界历史理论进行"重复性"或"常规性"研究,就是泛泛地论述全球化、全球社会等问题。虽然,也有少数学者对两者的区别进行了一些论述,如,世界历史与全球化有不同的内涵、不

同的产生时间、不同的发展线索、不同的发展趋势、不同的主体结构等①。但这些论述却普遍存在这样两方面的问题：一是分析不深入、不彻底。虽然表面试图论述两者的不同，但因为对世界历史以及全球化没有形成准确的认识与定位，因而，始终未能明确"全球化"与"世界历史"间实质性的区别，最后只能又落脚到"全球化是世界历史发展的新阶段"这一旧命题。二是一些观点简单化、片面化。如，一些学者主张，世界历史与全球化的区别在于主体的阶级性，世界历史的主体是无产阶级，而全球化的主体是资产阶级，因此，两者的发展趋势必然也不相同。无论从历史还是逻辑来看，这种观点都是不合理的。再如，一些论述认为，世界历史的主体是民族国家，而全球化的主体除民族国家之外，还有跨国公司和各种社会组织等。但世界历史的主体从来都不仅仅是民族国家，且其主体也会随着历史的发展而有所变化，因此，这也不是所谓世界历史与全球化的真正区别。导致如上这些论述存在问题的原因是，它们都试图离开世界历史进程来谈论全球化，而结果证明，这种做法是行不通的。既无法明确"全球化"与"世界历史"的真正区别，更无法把握两者间真正的关系，因而导致在两者关系这一问题上，多数论述也只能是模棱两可，由此导致了马克思主义世界历史理论研究的第一重困境。但受2008年金融危机之后"全球化逆流"的影响，有些学者开始反思和批判"全球化"范畴及其理论，为我们思考"全球化"及其与"世界历史"的关系提供了另一条思路。如，有学者基于贸易和投资保护主义的加剧、汇率政策的冲突等提出，全球化浪潮正在消退，在这一背景下再研究"全球化"似乎不够现实和科学②；或也有观点更深刻地指出，"全球化"术语没有任何的学科依据，并不规范，因而，不能将其等同于"世界历史"，从而也不能把以"世界历史"为核心范

---

① 张文伟:《"全球史观"视域下当代世界历史的"半全球化"特征》,《广西社会科学》2013(10)，第111-116页。
② 翟东升、李源正:《去全球化浪潮下欧洲和平分家》,《社会观察》,2012(11)：第81-82页。

畴的马克思主义世界历史观视为一种全球化理论,并认为,"马克思主义世界历史观是指导全球化及其发展研究的科学方法,但其本身并不是一种全球化理论。"①对世界历史与全球化关系这一问题而言,这种观点的提出无疑釜底抽薪,切中肯綮。

从方法论上看,如上对全球化批判的观点具有一定的合理性,但仍然需要对其做必要的补充说明。我以为,"全球化"范畴的非规范性还在于三个方面:一是缺乏事实依据。国外一些学者在大量经济统计数据的基础上提出,现代的全球化不是历史上前所未有的,其主导的经济趋势是地区化,而且,民族主义、宗教原教旨主义和文化保守主义的复兴也说明"全球化"的真实存在需要推敲。二是,缺乏明确的内涵界定。从上个世纪80年代中期以来,学界对"全球化"范畴一直在探讨与界定,但歧见迭出,莫衷一是,其中一个根本原因就在于,"全球化"中的"全球",是"地球"之意,"作为一个自然客体,地球会在天文学、地质学或各种生物科学中具有确定的位置……而一旦我们谈论到人类行为和观念领域中的事(正是在这个领域中,全球化具有了自身的位置),马上就会存在一些固有的限制"。② 因而,"全球化"范畴始终"具有一种无法减少的不确定性和含糊性"。三是全球化作为世界历史的一种现象和趋势,其自身还有待解释说明,而直接将有待说明的事物作为解释一切的原因,这至少是不严谨的。因此,要把关于"全球化"的研究置于科学的基础上就必须用"世界历史"来解释"全球化",而不是相反。从合理的方面来看,"全球化"这一不规范的术语实际上只是对世界历史一定发展阶段上的某些特点的不准确的称谓,它产生于世界历史进程,从而只能由世界历史的发展来加以说明。这种批判性认识将开启对"全球化"、"世界历史"以及两者关系的深入反

---

① 叶险明:《世界历史的"双重结构"与当代中国的全球发展路径》,《中国社会科学》2012(06),第4-23页。
② 马丁·阿尔布劳:《全球时代:超越现代性之外的国家和社会》,商务印书馆,2001,第141页。

思,势必将直接动摇既有的世界历史理论研究和各种西方全球化理论的基础,是一种"从常规研究转向非常规研究的征兆"。

突破点之二:当代中国马克思主义世界历史理论研究在分析框架上开始出现原始创新。

近年来,不少学界同仁也开始逐渐意识到了马克思主义世界历史理论和全球化研究中存在的困境,也有学者试图对这些困境寻求突破,但一直不得要领。从方法论上看,其根本性原因就在于相关的新分析框架尚未构建。新分析框架是新的理论范式的核心,决定研究问题的新视角和新方法。当然,新分析框架的构建是有其现实基础的,而不是研究者随意杜撰出来的。一定的世界历史理论分析框架的构建,其现实基础是一定的世界历史发展阶段存在的主要矛盾和主要问题。在马克思创立其世界历史理论的时代,其所面对和需要解决的主要问题是各个自然形成的孤立的民族、国家和地域与要强行打破这种自然限制,使各个民族、国家和地域间的世界交往关系迅速发展起来的资本主义大工业之间的关系。因此,如前文所述,"生产力——交往方式"构成了马克思世界历史理论的分析框架。就解释世界历史整体进程的动因与发展趋势而言,这一分析框架无疑是正确的:科学地解释了资本主义大工业发展初期的世界历史中各民族、国家、地域间交往的特点、机制和规律,揭示了"历史向世界历史的转变"的趋势。毫无疑问,马克思世界历史理论迄今仍然显示着其科学价值。但我们也应看到,世界历史的主要矛盾在当今时代已经发生了新变化,即:出现了与国际社会相对应的、以多元化的世界历史主体与日益增多的全球问题为基本关系的全球社会。因此,必须要提出新的分析框架以丰富和发展马克思主义世界历史理论。自上世纪末本世纪初以来,世界历史中的国际社会与全球社会的关系成为一些西方学者关注的问题,但由于没有形成新的分析框架,故关注的指向比较混乱:要么是偏执于民族国家和国际关系的研究,而忽略了"全球社会"对"国际社会"的影响;或是偏执于"全球问题"和"全球社会"的研究,而忽略了"国际社会"对"全球社会"的影响；或是在研究同一问题时，忽而跳到"国际社会"，忽而跳到"全球社会"，从而引出了相互矛盾的结论。显然，这是由于缺乏新的分析框架所致。而我国既有的马克思主义世界历史理论研究对上述问题却长期无动于衷。

不过，令人欣慰的是，目前学界有的学者的相关成果在这方面已取得了突破性的进展。2012年，叶险明教授在其《世界历史的"双重结构"与当代中国的全球发展路径》一文中，基于对"全球化"的世界历史批判，以及对国际社会与全球社会的多层面的关系的分析，提出了"世界历史'双重结构'"这一新分析框架，指出，"在'历史向世界历史的转变'过程中，'国际社会'和'全球社会'及其相互关系越来越凸显出来"。应该说，这一新分析框架不但合理地诠释了国际社会与全球社会之间的关系，而且也确实把握了当代世界历史新的结构性特点及其发展的主线。因为，我们可以看到，第二次世界大战以来，面对全球人口增长、全球贫富两级分化、全球贫困和失业、全球环境问题、全球能源危机、全球犯罪、全球核安全问题、全球资源匮乏等新问题，所有民族国家确实都受国际社会与全球社会矛盾及其发展的制约；近年来联合国每一个关于解决全球问题的框架公约的制订与形成，实际上也都是在这两种相互渗透的社会间关系中寻找平衡与共识的结果，因此，"世界历史'双重结构'"这一新分析框架具有一定的合理性与有效性，但"世界历史'双重结构'"这一分析框架也存在很多有待进一步思考的问题，如，世界历史"双重结构"形成和发展的具体机制是什么？世界历史"双重结构"对世界历史各种类型主体的影响有何不同的特点？等等。因此，其还并不完善。但它对当代学界更重要的意义在于，这是中国当代马克思主义世界历史理论研究开始出现原始创新的标志，其不但摆脱了目前学界相关分析框架的"单向性和绝对化"，而且，打破了长期以来"以西方为尊"的分析框架。如果我们日后能继续深入探讨和解决这方面问题，且围绕这一新分析框架提出更为系统和丰富的理论，那么，我们就将有可能构建一种既能坚持传统的马克思主义世界历史理论的基本精神,同时又能科学反映和概括当代世界历史主体及其结构特性的当代世界历史理论新范式。

综上所述,我国马克思主义世界历史理论的研究困境及当代世界历史进程的发展都迫切需要马克思主义世界历史理论的当代重构。在一定的意义上可以说,马克思主义世界历史理论当代重构的状况会直接决定当代马克思主义世界历史理论的命运。但在学界呈现出的一些突破点已经为我们显现了马克思主义世界历史理论当代重构的端倪,让我们看到了有的学界同仁试图突破既有理论研究困境的努力与原始创新的能力。这种努力和能力不仅有助于推进马克思主义世界历史理论在当代的发展,同时也会在方法论上带动与促进我国马克思主义理论乃至整个哲学社会科学的原始创新与发展。

(原载《广西社会科学》2014 年第 11 期)

恩格斯"劳动创造了人本身"与达尔文生物进化论

——再读恩格斯《自然辩证法》

刘春晓

作者简介：

刘春晓，1966年3月出生于河北省任丘市，首都师范大学哲学博士，现供职于首都师范大学马克思主义学院。主要研究领域为马克思主义哲学史，主持北京市社科基金项目，在《学术研究》、《哲学研究》等刊物发表论文近二十篇。

一

"劳动创造了人本身"是恩格斯对人类起源问题探究的答案。

自从有了人，"人从何处来的问题"就一直困扰着人本身，哲学界、自然科学界对此长期争论不休，答案也有好几种。1859年，达尔文《根据自然选择的物种起源》一书问世。在总结前人和同时代人研究成果的基础上，达尔文提出了"自然选择"或"最适者生存"的生物进化理论。1871年，他又发表了《人类的由来及性的选择》一书，专门讨论了人类起源问题，提出了著名的"人猿同祖论"，即认为人是从某种古猿变来的，人类和现代类人猿有着共同的祖先。古猿进化到人的过程和一般动物的进化过程都是自然选择的结果。

这一学说震动了整个世界，也引起了马克思、恩格斯的高度重视。

《物种起源》一出版，马恩就认真阅读了全书并给予高度评价，马克思认为达尔文的著作虽然存在许多缺点，但是"为我们的观点提供了自然史的基础"。① 恩格斯认为它驳倒了目的论，并对自然界历史的发展做了成功的尝试。但恩格斯认为只是自然选择还不能充分说明人类的产生，他说："甚至达尔文学派最富有唯物精神的自然科学家们还弄不清人类是怎样产生的，因为他们在唯心主义的影响下，没有意识到劳动在这中间所起的作用。"②

在《自然辩证法》中，恩格斯详细论证了"劳动创造了人本身"的观点："在这些原生生物中，有一些渐次分化为最初的植物，另一些渐次分化为最初的动物。从最初的动物中，主要由于进一步的分化而发展出无数的纲、目、科、属、种的动物，最后发展出神经系统获得最充分发展的那种形态，而最后在这些脊椎动物中，又发展出这样一种脊椎动物，在它身上自然界达到了自我意识，这就是人。"人从自然界中脱离出来，"经过多少万年之久的努力，手和脚的分化，直立行走，最后确定下来了，于是人就和猿区别开来，于是音节分明的语言的发展和头脑的巨大发展的基础就奠定了，这就使得人和猿之间的鸿沟从此成为不可逾越的了。手的专门化意味着工具的出现，而工具意味着人所特有的活动，意味着人对自然界进行改造的反作用，意味着生产"。③

恩格斯认为，类人猿的直立行走是"从猿转变到人的具有决定意义的一步"，之后是"手变得自由了"，自由了的手"能够不断地获得新的技巧，而这样获得的较大的灵活性便遗传下来，一代一代增加着"。④ "手的自由"是从猿到人的具有决定意义的又一步，手的自由意味着制造工具的可

---

① 《马克思恩格斯全集》第 30 卷，人民出版社，1975，第 131 页。
② 《马克思恩格斯选集》第 3 卷，人民出版社，1972，第 515 页。
③ 同上书，第 456－457 页。
④ 同上书，第 509 页。

能,"手的专门化意味着工具的出现"。① 恩格斯认为:"手不仅是劳动的器官,它还是劳动的产物。只是由于劳动,由于和日新月异的动作相适应,由于这样所引起的肌肉、韧带以及在更长时间内引起的骨骼的特别的发展遗传下来,而且由于这些遗传下来的灵巧性以愈来愈新的方式运用于愈来愈复杂的动作,人的手才达到这样高度的完善。"②手的自由之后便是语言的产生,"语言是从劳动中并和劳动一起产生出来的"。③ "劳动的发展必然促使社会成员更紧密地互相结合起来,因为它使互相帮助和共同协作的场合增多了,并且使每一个人都清楚地意识到这种共同协作的好处。一句话,这些正在形成中的人,已经到了彼此间有些什么非说不可的地步了。需要产生了自己的器官……"。④ 因此,"首先是劳动,然后是语言和劳动一起,成了两个最主要的推动力,在它们的影响下,猿的脑髓就逐渐地变成人的脑髓"。⑤ 脑髓的发展使感觉器官进一步发展起来,"脑髓和为它服务的器官、愈来愈清楚的意识以及抽象能力和推理能力的发展,又反过来对劳动和语言起作用,为二者的进一步发展提供愈来愈新的推动力。……随着完全形成的人的出现产生了新的因素——社会"。⑥

在这里,我们可以看到人和社会的产生过程如下:类人猿的直立行走——手的自由——语言的产生——人脑的形成——意识和抽象能力的发展——人和人类社会的出现。恩格斯认为,在这个过程中,劳动起着决定性的作用,劳动成为使人和动物区别开来的最终力量。

然而,这里的问题是:劳动何以可能?是进化过程中自生吗?如果是,人类无须劳动的参与就可进化而来,显然,这是恩格斯所反对的。那

---

① 《马克思恩格斯选集》第3卷,人民出版社,1972,第456-457页。
② 同上书,第509-511页。
③ 同上书,第511页。
④ 同上书,第510-511页。
⑤ 《马克思恩格斯选集》第3卷,第512页。
⑥ 同上书,第512页。

么单是手的自由就必然能够带来劳动吗？这和劳动是进化中自生的观念无疑属同义反复。那么，劳动是怎么开始的呢？恩格斯说"劳动是从制造工具开始的"，①但是，手的自由只为制造工具提供了可能，如果没有思维能力的参与，"单靠手是永远造不出蒸汽机来的"。② 因为，单是手的活动和类人猿的手的活动并没什么差别，从手的生理构造上看，人的手和类人猿的手没什么不同，"然而即使最低级的野蛮人的手，也能做几百种为任何猿手所模仿不了的动作。没有一只猿手曾经制造过一把哪怕是最粗笨的石刀"。③ 这是为什么呢？这是因为即使最低级的野蛮人的手的活动也有思维能力的参与，如此，人的手才和猿类的手之间有了巨大差别。那么，思维能力又从何而来呢？恩格斯认为，思维能力离不开依靠进化发展而来的人脑，能够思维的人脑是进化的产物。但是恩格斯认为思维能力仅靠进化同样不能产生，它是在劳动过程中慢慢形成的。是劳动促使语言产生，然后语言和劳动一起推动了思维能力的生成和发展。

这里就出现了一个谜：一方面，思维能力是劳动的结果，即没有劳动，思维不可能产生；同时，另一方面，没有思维能力的参与，劳动又是不可能的。那么，思维能力和劳动之间到底是一种怎样的因果关系？

为了回答这个问题，恩格斯引出了"正在形成中的人"和"完全形成的人"的概念。恩格斯认为："绝对分明的和固定不变的界限是和进化论不相容的——甚至脊椎动物和无脊椎动物之间的界限，也不再是固定不变的了……一切差异都在中间阶段融合，一切对立都经过中间环节而互相过渡……辩证法不知道什么绝对分明的和固定不变的界限，不知道什么无条件的普遍有效的'非此即彼'……除了'非此即彼'，又在适当的地方承认'亦此亦彼'。"④这就是说物种在进化过程中存在"亦此亦彼"的

---

① 《马克思恩格斯选集》第 3 卷，第 513 页。
② 同上书，第 457 页。
③ 同上书，第 509 页。
④ 同上书，第 535 页。

状态,人也不例外,在进化过程中,势必存在"正在形成中的人"的中间过渡状态。由此,所谓劳动就存在"形成中的劳动"的状态,而思维能力也就存在"形成中的思维能力"。也因之就得出了劳动与思维能力二者互为前提、互为因果的结论。恩格斯认为"只有从这个普遍的相互作用出发,我们才能了解现实的因果关系",①"相互作用是事物的真正的终极原因。我们不能追溯到比对这个相互作用的认识更远的地方,因为正是在它背后没有什么要认识的了"。②

因此,人的生成是劳动与思维能力相互作用的结果。但从归根结底的意义上说,劳动更为根本,劳动创造了人。这是因为人类生存的第一个前提是"必须能够生活。但是为了生活,首先就需要衣、食、住以及其他东西。因此第一个历史活动就是生产满足这些需要的资料,即生产物质生活本身"。③

这里,我们可以看到"互为前提、互为因果"是从"正在形成中的人"出发得出的结论;而"劳动更为根本,劳动创造了人"是从"完全形成的人"出发得出的结论。

二

通读恩格斯的《自然辩证法》,我认为恩格斯的立论有两个先在预设:一是劳动的先在性,二是人的社会性的先在性。劳动的先在性是一种逻辑先在;人的社会性则直接来源于"我们的猿类祖先是一种社会化的动物",④"人,一切动物中最社会化的动物,显然不可能从一种非社会化的

---

① 《马克思恩格斯选集》第3卷,第552页。
② 同上书,第510页。
③ 《马克思恩格斯选集》第1卷,人民出版社,1972,第32页。
④ 《马克思恩格斯选集》第3卷,第510页。

最近的祖先发展而来"。① 古生物学家认为,古猿的确是一种群居的动物,也可以说是一种社会化的动物。但是猿群毕竟不是社会,正如蚁群和蜜蜂也不是真正的社会。从"正在形成中的人"发展到"完全形成的人",猿群也就发展成为人类社会。那么,猿群怎样发展成为人类的社会呢?除了哲学上的逻辑论证,尚需考古学、古生物学及相关学科进一步研究和论证。

现代科学的发展,也给人类起源问题提出了许多需要进一步探索的课题:

1. 按照恩格斯的观点,自由了的手"能够不断获得新的技巧,而这样获得的较大的灵活性便遗传下来,一代一代增加着"。但是,现代生物学已经否认了"获得性"能够直接遗传的理论,那么,手的灵活性是如何获得的?

2. 科学工作者分析了大猩猩、黑猩猩和人的蛋白质,发现这两种类人猿和人的蛋白质绝大部分是相同的,相同的蛋白质大约占 98%~99%,不相同的部分大约只占 1%~2%。科学工作者也分析了人和这两种类人猿的遗传物质,也有相同的发现,都指明人跟大猩猩、黑猩猩的遗传物质区别很少。这表明人和类人猿的遗传性或遗传信息绝大部分是相同的,差异大约只占 1%~2%。这 1%~2% 的遗传差异怎么会使猿演变成为人呢?生物学家认为这种现象在生物进化中是罕见的。②

3. 毫无疑问,进化论是近代以来人类取得的最鼓舞人心和最具威力的成就之一,然而,它同样带来了一系列问题:

(1)美国生物哲学家 E. 迈尔认为,按照进化论的观点,变异是偶然的,然而环境的配合关系又是无限的。变异的偶然性与环境配合关系的无限性相结合导致的进化完全可能是混乱的,然而人们实际看到的却是数目有限的明确谱系,而且生物可以排成从低等到高等的进步序列。变

---

① 《马克思恩格斯选集》第 3 卷,第 510 页。
② 方宗熙:《古猿怎样变成人》,湖南教育出版社,1999,第 138-139 页。

异显然并不是随机的而是沿着明确的变化途径进行的。① 这是古生物学家和研究活生物的学者都证实了的。那么这是什么原因造成的呢?

(2) 美国未来学和进化论学者 D. 洛耶认为,既然变异是偶然的,那么人类和其他所有物种一样,都不可避免地被所处环境和随机过程中的"盲目选择"因素所定型,因此我们对于所处境况几乎束手无策。变异的偶然性还会加深这样一种信念:"就我们的生存和发展而言,既没有意义也没有方向,在任何时候我们对发生什么都无可奈何。"②那么,"我们是如何具有想象力和创造性的,我们的习惯是如何形成的,我们的信念系统是如何建立起来的,我们是如何区分正确与错误的,我们是如何沿着一个方向而不沿着另一个方向来选择我们自己和我们人类这一物种的进程的"?③

(3) 广义进化论的创始人、系统哲学家欧文·拉兹洛提出了"自创生理论"。拉兹洛认为,达尔文进化论作为"影响绝大多数人心灵的'科学世界观'并不是一种令人愉快的世界观。在这种观点看来,人类的本质特征是地球上生命史中相继发生的随机的、偶然事件的结果,而人类个体的惟一特征来自于他或她出生时基因的偶然组合。每个企业和每个社会都在为自己的生存而进行斗争,这种无休止的斗争使我们变成自我主义者,把我们从所有超越身体限度的事物中和我们个人与职业兴趣的范围中孤立出来"。④ 拉兹洛进一步认为:"进化论并不是当今实验科学的概念和理论所证明的关于世界的看法。……前沿科学正在发现一种更为深刻的推理方法。……在正在显现的图景中,宇宙中已经进化的一切事物——莫扎特和爱因斯坦,你和我,最大的星系和最卑微的昆虫——都是具有开放性结局的非偶然自创生过程的结果。"⑤

---

① 迈尔:《生物学哲学》,辽宁教育出版社,1992,第244页。
② D. 洛耶,《进化的挑战——人类动因对进化的冲击》,社会科学文献出版社,2004,第4页。
③ 同上书,第2-3页。
④ 同上书,第18-19页。
⑤ 同上书,第19页。

三

从这些问题中不难看出,"人是怎么来的问题"不仅是一个自然科学问题,同时还是一个重要的哲学问题。它关涉人类的生存意义和价值、人类的行为规范以及人类的发展方向等深层问题。达尔文的进化论不仅在自然科学领域,而且在人文科学领域都引起了巨大革命。在当时的历史环境下,它第一次以科学的名义彻底否定了"神创造人"这一根深蒂固的教义,肯定了人是生物进化的自然的产物,猿猴是人类的直接祖先。这从根本上改变了人的自我形象和自我观念,震撼了整个西方世界。

达尔文的进化论无疑遭到了来自各个方面的反对,但其革命性也恰恰表现在这里。达尔文之后,宗教、哲学、文学以及艺术等关于人的学说的发展都发生了重大变化,可以说,关于人的理论没有哪一种不受达尔文进化论的影响。如上述美国学者 D. 洛耶所思考的,变异的偶然性告诉人们,人的出现只是生物进化过程中自然随机选择的结果。照此推理,人对于自身的存在和命运就是无能为力的,更不能决定人类未来的发展方向。那么,人存在的意义和价值在哪里?听从命运的随机选择,随波逐流就是人生吗?

尽管达尔文的进化论论及的范围只是生物界,但"自然选择"或"最适者生存"的生存竞争理论却极易导致也的确导致了社会达尔文主义。于是利己主义成了人有意识适应环境的本能而无可厚非,不择手段的竞争、恃强凌弱、欺负弱小的行为找到了自己的行为基础。于是,每个人都变成了自我主义者,人的生存意义和价值只在于眼前可经历到的与个人生存有关的事物,而所谓理想、信念、情操乃至个人爱好和兴趣都成了与己无关的事情;人的未来是什么、人又会朝向什么方向发展也并不是人所关心的事,而个人、群体、企业以及国家和民族之间的平等、和谐更成了子虚乌有,那么人们为什么还要为未来而工作、而斗争,更不用说"美好的未来"。

当然也有学者认为达尔文的进化论"为工业时代的男男女女提供了一个担保,使他们不再对自己行为的正确性表示任何怀疑。他的理论确认了他们渴望相信的:他们的社会组织方式与事物之自然秩序是'和谐一致的'"。① 这种观点认为,达尔文的进化论使人们认识到人是自然界亿万年进化的最高产物,认识到人类适应环境的无比复杂和奇妙的机制,因此,更加强化了人的优越地位和自尊形象,由此也就充实了人的生存意义与价值。

可见,"这场'现代革命'产生了矛盾的后果,它既给人们带来了自信,又产生了不安"。② 然而,不论是哪一种观点,都为我们提出了"人的生存意义与价值、人类的行为规范以及未来发展方向"等问题。

作为马克思主义的创始人,马克思和恩格斯无疑表现出了对达尔文进化论的热情,但也对他的一些基本论点,如生存斗争、自然选择的原动力持否定态度。马克思在给恩格斯的一封信中,批评达尔文运用马尔萨斯的理论;而恩格斯则说自己尽管接受进化的理论,但认为达尔文的"生存斗争、自然选择"只是对新发现的现象所作的"初步的、暂时的和不完整的表述"。我认为,马恩的这一批评也正是针对达尔文进化论所可能导致的对人的生存意义思考而提出的。历史表明,社会达尔文主义者和种族主义者正是借用进化论来宣扬血统决定论、提出"优胜劣汰"的种族主义理论的。这种理论为种族歧视和种族压迫甚至种族灭绝提供了所谓"科学"上的论证与支持,因此其影响之恶劣是相当严重的,二战中德国法西斯灭绝犹太人的种族大屠杀就是最可耻的例证。今天,我们仍然可以看到,无论是西方最富有的发达国家还是发展中国家都一定程度存在着种族歧视的问题,有些国家的生育政策中甚至出现了"基因歧视"问

---

① 赵敦华:《人性和伦理的跨文化研究》,黑龙江人民出版社,2004,第67页。
② 罗兰·斯特龙伯格:《西方现代思想史》,中央编译出版社,2005,第328页。

题。因此,不能否认"生存斗争、自然选择"的"人猿同祖论"的确在某种程度上促成了社会达尔文主义和种族主义等理论的产生及其影响的扩张。当然,必须指出的是,达尔文进化论与社会达尔文主义、种族主义等理论有着根本性的区别。实际上,在达尔文的后期著作《人类的由来》中,他更多地强调"爱"在人的进化过程中的作用。因此,洛耶认为,达尔文的思想只被人们发现了一半,这就是他的生物学理论;而达尔文继续建造的"上层建筑部分——心理学的、系统科学的、人文主义的、以道德为圭臬的'更高'的一半——我们至今对此一无所知"。① 洛耶进一步认为,在一个唯科学是从的世界,对达尔文理论另一半的发现"意味着,最终会有一种理论说明,我们究竟是谁,如何从这里走向我们想要建设的更美好的世界"。②

综上所论,我认为,对于人类来源问题的追问和解答对人自身来说的确意义深远而重大,它并不纯粹是一个生物学问题,更是一个人学问题。因此,它势必成为与人相伴而存的"永远的问题",而对这一问题的不懈探索必然会促进相关学科的自然科学和哲学社会科学的深入发展。

(原载《新视野》2007 年第 3 期)

---

① D. 洛耶·达尔文《爱的理论》,社会科学文献出版社,2004,第 7 页。
② 同上注。

"斯密问题":伪问题与真问题

袁凌新

作者简介

袁凌新,1969年6月出生于河南省安阳市,首都师范大学哲学博士,现供职于郑州航空工业管理学院思政部,主要研究领域为马克思哲学与西方古典哲学。主持河南省哲学社会科学规划项目,在《当代中国马克思主义哲学研究》、《首都师范大学学报》等刊物发表论文近二十篇。

一、"斯密问题"的先声

斯密之前关于自利与利他问题的探讨,古已有之,只是随着近代资本主义市民社会的创生与勃兴,这一问题才越来越成为现实中突出又期待解决的矛盾。培根生活于十六、十七世纪即西欧从封建主义向资本主义过渡的重要时期,他剥离了古希腊时代对于德性伦理过于思辨的色彩,并否定了中世纪神学,以人的自然属性代替神性,肯定了人对于现实利益的追求。他阐述了个人的善和公共的善及其关系。个人的善就是个人利益,公共的善就是维护公共利益和他人利益,对他人有仁爱之心。培根强调人的义务,个人对国家和社会的责任,同时反对利己主义。培根虽然在理论上反对利己主义的道德原则,但他并没有真正解决利己与利他、利己与利公、自爱与爱人的关系。他认为个人利益和自爱是道德的基础,是公共福利的源泉。他甚至告诫人们不要做太仁慈的傻子,不要在做好事时毁了自己,社会公共利益只是可被复制的肖像,是一个抽象的利益,只有个人利益才是根本的、具体的、现实的利益。① 因此,培根提倡一种明智的利己主义,在西方近代伦理思想史上,他是几乎最早明确地意识到道德与利益关系的思想家。

斯宾诺莎认为,人靠着理性而生活,人有意志力和仁爱力。"所谓意志力是指每个人基于理性的命令努力以保持自己的存在的欲望而言"。② 理性要求每个人都爱他自己,去追求自己的利益,这是人的自我保存,是德性首先的和唯一的基础,是个人的幸福所在和必然性的真理。"一个人愈努力并且愈能够寻求他自己的利益或保持他自己的存在,则他便愈有德性,反之,只要一个人忽略他自己的利益或忽略他自己存在的保持,则他便算是软弱无能。"③斯宾诺莎所说的仁爱力就是"基于理性的命令,努力以辅助他人,赢得他们对他的友谊的欲望而言"。④ 斯宾诺莎清醒地认识到,人类很少真正依靠理性的指导生活,相反,人们之间常怀嫉妒,相互损害。但是,人是社会的动物,从经验上看,人们之间相互辅助,才更易于各获所需,并避免随时威胁人类生存的危难。所以,最有价值之事就是人人团结和谐一致,人人都追求全体的公共利益。对于"人人莫不各自寻求自己的利益",斯宾诺莎得出的结论恰恰相反。斯宾诺莎区分了人的生存的自然状态和社会状态,在自然状态下,人人都追求自己的利益,没有善恶之分;但人们必须处在现实的社会状态,善与恶为公共的契约所决定,服从政府和法律为善,反之为恶。

霍布斯对自然状态的认识是,人的本性是恶的,是自私自利的,每个人的欲望和激情都是为了自我的生存,人与人之间为了自利和生存,会像狼一样展开争斗。霍布斯认为,这不是对人道德的贬抑,而是对人性自然

---

① 参见周辅成编:《西方伦理思想史(上卷)》,商务印书馆,1987,第575页。
② 斯宾诺莎:《伦理学》,商务印书馆,1983,第148页。
③ 同上书,第185页。
④ 同上书,第148页。

状态的客观描述。为了结束争斗的无政府状态,人们要把权利让渡给国家,才能保障个人的生存。洛克不认同人对人是狼的自然状态,但也认为,个人利益是社会利益的基础,道德原则的外在约束力在于是否符合人们的利益,道德原则要服从于个人的利益。人们之间结成国家和政府,本质上是为了保障个人的财产利益。洛克与霍布斯不同的是,明确提出个人利益是不能让渡给政府的,政府只是个人财产权的保护者。

曼德维尔通过《蜜蜂的寓言》把霍布斯与洛克的相关观点发挥到了惊世骇俗的地步,他的核心思想就是私人的恶德即公众的利益。社会的任何职业都具有生产性。"我们在这个世界上称之为恶的东西,不论道德上的恶,还是身体上的恶,都是使我们成为社会生物的伟大原则,是毫无例外的一切职业和事业的牢固基础、生命力和支柱;我们应当在这里寻找一切艺术和科学的真正源泉;一旦不再有恶,社会即使不完全毁灭,也一定要衰落。"①曼德维尔认为,以往的哲学家只是教导人们"应当"如何,很少有人明示大众人的真实本性如何。他认为,人不具有真正的神性,人从本性上都是"一种格外自私而顽固的动物","说人类天性善良,这种宽宏的观念乃是有害的,因为它们会造成误解,实际上,它们不过是荒诞的空想而已"。② 一切利他和仁爱的德行只不过是利己主义的伪装,即使真诚的行善动机也只不过是缺乏对自我的真正认识。人若除掉自爱,不但没有道德,连社会也不能存在。曼德维尔认为,人的自私通过需求、欲望、激情表现出来,由此体现出人的种种恶德,如贪婪、奢侈、挥霍、欺骗等等。曼德维尔值得注意的思想是,恶德是满足自私的途径,但这种满足仅仅通过自身是无法实现的,必须通过社会分工和交换达成,而这种个人的满足又成全了社会公众的利益。曼德维尔通过《蜜蜂的寓言》描述了,在蜜蜂

---

① 转引自《马克思恩格斯全集》第32卷,人民出版社,1998,第353页。马克思在此认为曼德维尔比为资产阶级社会辩护的庸人要勇敢得多、诚实得多。

② 伯纳德·曼德维尔:《蜜蜂的寓言》,中国社会科学出版社,2002,第32、215页。

的王国里，数百万蜜蜂无不尽力满足彼此间的虚荣与贪欲，每个部分虽充满罪恶，但整个蜂国却是一个乐园，是共有的罪恶使其壮大昌盛。"嫉妒心与虚荣心本身均为激励勤勉奋斗的传道人；……那恶德虽说是格外荒唐万分，却在推动着贸易的车轮前进。"①实际上，曼德维尔发现了分工与交换是满足个人利益与公众利益的中介，是市民社会经济、社会运行的正常机制。个人与社会的矛盾由分工与交换引起，又必须通过这个中介解决。这是斯密问题的雏形，哈耶克认为斯密与曼德维尔在个人主义的观点上是一脉相承的。②

曼德维尔所说的恶并非纯粹恶，他把不该称之为恶的行为划入恶德之列，比如出于分工和交换，为了满足自己欲望需求的勤勉的劳作、商品的生产及其他追逐私利的行为。特别是商人的营利行为的动机在中世纪的道德主义看来就是罪恶，但它却是发展资本主义的强大动力。但确实有可以称之为恶的行为，如奢侈、虚荣、欺诈等。斯密批判奢侈、虚荣等恶德而倡导勤俭、节约。"资本增加由于节俭；资本减少，由于奢侈与妄为"，"奢侈都是公众的敌人，节俭都是社会的恩人"。③ 表面看来，斯密的观点与曼德维尔截然相反，尖锐对立。但斯密与曼德维尔的主张只是体现了经济学（生产和消费）两个不同层面的问题，两者各有出于自身角度的道理。勤俭、节约有利于资本的积累，有利于推动生产。而奢侈与虚荣客观上促进了消费，也进一步推动了生产。④ 其实曼德维尔并非鼓励恶德，他对恶德始终采取谴责的态度，作恶的人不是不应受到惩罚，他只是

---

① 伯纳德·曼德维尔：《蜜蜂的寓言》，中国社会科学出版社，2002，第 18 页。
② 马克思甚至认为，斯密《国富论》第一篇第一章的某个段落几乎逐字逐句地抄自曼德维尔《蜜蜂的寓言》。参见马克思：《资本论》，人民出版社，2004，第 1 卷，第 411 页。
③ 亚当·斯密：《国民财富的性质和原因的研究（上卷）》，商务印书馆，1972，第 311、314 页。
④ 马克思认为，在资本主义发展的一定阶段，资本家的挥霍、炫耀富有隐藏着最小心的盘算，是获取信贷的资本经营的必要手段。"奢侈被列入资本的交际费用。"——《资本论》第 1 卷，人民出版社，2004，第 685 页。

担心这些罪孽是无法杜绝的。"倘若我面前有达到现世伟大之路,我总是会毫不犹豫地选择通向美德之路"①,既然如此,恶就需要正义和法律的约束。虽然曼德维尔强调个人追求自身利益会导致公共利益,但是也认为个人追求自身利益造成社会繁荣有前提条件,即政府要发挥调节作用。要求政府建立激发人们追求美德的制度,同时要限制对自身利益的需求。由于曼德维尔生活的时代,市场分工和贸易还没有充分发展,对于在市场贸易中个人的利益追求会达至公共利益的实现和繁荣,曼德维尔还不像后来斯密表述的那么清晰和系统,但他无疑提供了重要的思想史的资源。曼德维尔的局限性还在于,他认为市场交易是人们出于私利通过尔虞我诈实现的,商业就是合法的欺诈。这就极端放大了恶德在市场交易中的正面作用,从市场交易的平等法制原则来看,恶德恰恰是应当极力规制的,也是可以做到的。曼德维尔有时也认识到这一点,他认为私人恶德若经过老练政治家的妥善管理,可能被转变为公众的利益。但交易活动中人性的阴暗心理不被斯密所认同。伦理生活和市场交易中,人性的感同身受、同情仁爱之心引起了亚当·斯密的充分重视。恩格斯对此写到,"当经济学的路德,即亚当·斯密,批判过去的经济学的时候,情况大大地改变了。时代具有人道精神了,理性起作用了,道德开始要求自己的永恒的权利了"。② 斯密认可曼德维尔对人的本性有一定的洞察力,但认为这种人性的描述充满了夸张和诡辩,因此这种思想被称为"放荡不羁的体系",认为曼德维尔完全抹杀了罪恶与美德之间的区别,是十分有害的。

二、"斯密问题"的逻辑自洽

斯密在《道德情操论》和《国富论》两本著作里详细探讨了人性中的

---

① 伯纳德·曼德维尔:《蜜蜂的寓言》,中国社会科学出版社,2002,第180页。
② 《马克思恩格斯全集》第3卷,人民出版社,2002,第447页。

"利己"和"利他"的道德论。他对人性的讨论是以当时的资本主义商品经济为背景的,斯密当时所关注的人是新兴中下层阶级的庶民,是从封建领主和城市行会中挣脱出来的具有"自由人格"的人,是工场手工业时代的人,他们摆脱了"人的依赖关系",以自己的"自由之手"去谋求"自己之利"以改善他们自身的境遇,体现了新兴产业资本的进步利益。斯密把人的这种自利之求称之为"自私的激情"。这种自私的激情与过去封建特权阶层、投机商人的利欲熏心不同,也区别于后来的资本家残酷剥削工人以榨取最大剩余价值的自私之心。斯密时代的人的这种追求体现了先进生产力的发展要求。

德国历史学派认为,在《道德情操论》中,斯密基于的是人性本善、"同情心"和"利他"的假设,人是"道德人";而在《国富论》中,却把人性本恶、自爱自利作为政治经济学的假设前提,人是"经济人"。这两种人性相互拒斥、相互否定,这两者的矛盾就被称之为"斯密问题"。

所谓"斯密问题"是一个伪问题,是对斯密的误解。《道德情操论》并非只讲人的同情、利他之心,他还专门肯定和探讨了人的各种"自私的激情"。只要这些激情体现合宜性,不走极端就是无害的,虽然不应受到称赞,也不应受到责备。事实上,"这种激情保持在谨慎和正义的范围之内时,总是受到世人的钦佩"。[①]《国富论》并非只讲人的利己之性,还正视了人的自私的追求所带来的贫富分化、社会各阶层的矛盾,以及强调政府、法律为保障公平正义所应尽的责任。实际上,斯密的这两本著作在他一生中有多次修改,并且是交替进行的,并不存在《国富论》否定《道德情操论》,或者相反的情形发生。在斯密著作中呈现出人性本善和人性本恶两种面貌,这都是人性的事实。"道德人"、最善者也会自保自利,"经济人"、最恶者亦具同情之心。斯密详细论述了"道德人"和"经济人"的相

[①] 亚当·斯密:《道德情操论》,商务印书馆,1997,第213页。

互关系。其逻辑是自洽的。阿马蒂亚·森对此写道,"如果对亚当·斯密的著作进行系统的、无偏见的阅读与理解,……道德哲学家和先驱经济学家们并没有提倡一种精神分裂式的生活"。①

首先,斯密认为,每个人都有为自己而生存的权利,人的行为受到自爱和自我利益的驱使,从而要关心自己的利益,追求个人利益最大化的目标,这是"经济人"的本质特征。他说,"毫无疑问,每个人生来首先和主要关心自己;而且,因为他比任何其他人更适合关心自己"②,"我们每天所需的食料和饮料,不是出自屠户、酿酒家或烙面师的恩惠,而是出于他们自利的打算。我们不说唤起他们利他心的话,而说唤起他们利己心的话"。③ 这里的利己、自利是指应予肯定的个人物质利益。人们追求物质利益成为现实生活的目的,这在当时是先进生产力发展的体现,这种追求就是斯密所谓"看不见的手",或"神意的欺骗",人类在大自然(即斯密认为的自然秩序的神)的蒙骗下享受追求财富的快乐。"自然以这种方式欺骗我们是一件好事。正是这种欺骗唤起了人类的勤劳动机,并使之不断保持下去,它最先促使人类去耕作土地,营造房屋,建立城市和国家,去创造和发展一切给人类生活增光添彩的科学和艺术,这些科学和艺术完全改变了地球的整个面貌,把自然的原始森林变成了肥沃的平原,使贫瘠和人迹罕至的海洋变成了生活必需品的新的储备库以及地球上各个国家开展交通的康庄大道。"④人类这种辛勤的劳作主观上只是私人利益,但客观上成就了公共利益。这让我们又看到了曼德维尔所描述的忙绿的蜜蜂的影子。斯密体现出与曼德维尔的一致性,斯密只不过把曼德维尔所说的恶德行为剥离出一部分,称之为人的正常行为,进行肯定而已。后来

---

① 阿马蒂亚·森:《伦理学与经济学》,商务印书馆,2000,第32页。
② 亚当·斯密:《道德情操论》,第101页。
③ 亚当·斯密:《国民财富的性质和原因的研究(上卷)》,商务印书馆,1972,第14页。
④ The theory of moral sentiments. Edited by A. L. Macfie and D. D. Paphael. p183-184.

黑格尔对人类的这种现象称之为个人意志的冲动和"理性的狡计"进行肯定。这种赞许同样也延续到了马克思。

其次,每个人都是利他的。斯密认为,"经济人"要实现自己的利益,不仅不能损害别人的利益,而且还需要别人的帮助。"利他"就成为互利行为,由此产生共同的利益,这是通过分工和交换实现的。以斯密之见,"经济人"本来就是商品经济的必然产物。人的需要是多方面的,而在商品经济中,每人只能专职于某一行业,因而,人们的生活需要只有通过交换才能得到满足,一切人都要依赖交换而生活。在经济活动中,"经济人"出于自身利益动机从事生产活动,但他必须满足市场的需要,否则自己就无法获利。当他为满足市场需要而生产时,也就满足了社会的需要,客观上促进了社会利益,从而推动社会发展,尽管他的本意是从利己出发,而不是打算促进公共利益。然而结果却是"他追求自己的利益,往往使他能比在真正出于本意的情况下更有效地促进社会的利益",[①]这是商品经济社会的客观规律,"经济人"的精明和"道德人"的善行通过市场环节获得了有机统一。从此逻辑看,人的利己心和同情心、利己和利他之间的矛盾是非对抗性的,经济人和道德人是相通的。人类道德活动的目标和经济活动的目标在根本上是一致的,都是为了实现个人利益和他人利益的互利及共同增进。在道德领域,人类天性存在的同情心使个人从利己走向利他,而在经济领域,个人追求自己的经济利益,依靠市场经济的客观规律,即"看不见的手",实现了个人私利又增进了公众利益,"利己"最终走向"利他"。这就是现代市场经济经常强调的"双赢"或"多赢"原则。

第三,斯密除了通过商品交换的客观规律来规范"经济人"的利己行为外,还强调通过道德自身的作用来影响约束"经济人"的利己心的过度

---

① 亚当·斯密:《国民财富的性质和原因的研究(下卷)》,商务印书馆,1974,第27页。

发展。《道德情操论》所论述的就是利己的人如何在社会中控制自己的贪欲,以使由"经济人"所组成的社会同样是一个"道德人"的社会。在《道德情操论》中,从情感共鸣论出发,斯密认为,抑制自私心是人性完善的重要方面。要形成正义的道德感,需要长期的情感培育和理性自制。在同情心和情感共鸣的引导下,在一定程度上可以控制自私的情感与行为,"无论人们会认为某人怎样自私,这个人的天赋中总是明显地存在着这样的一些本性,这些本性使他关心别人的命运,把别人的幸福看成是自己的事情,虽然他除了看到别人幸福而感到高兴外,一无所得。这种本性就是怜悯或同情"①。斯密以怜悯和同情的情感共鸣来缓解利己与利他的矛盾,并且认为:自爱、自律、劳动习惯、诚实、公平、正义感、勇气、谦逊、公共精神以及公共道德规范等,所有这些都是人们在前往市场之前必须拥有的。自爱和自利要受到人的道德同情心、社会正义的制约。实际上,人们不会同情和迁就那种"自爱之心使他热爱自己远胜于热爱别人"的人,因为过分的自爱之心可以使人们在追求财富利益的过程中,放弃对美德的追求。他主张,应该多同情别人,少同情自己,"正是这种抑制自私和乐善好施的感情,构成尽善尽美的人性",②斯密在他的《道德情操论》中多次强调,我们只不过是芸芸众生之一,决不比其他任何人重要,也决不应该把自己看得比别人重要。过分看重自己和过分轻视别人,不正当地夺取别人的东西来增进自己的利益是与天性相违背的。所以,斯密强调,"当我们考虑任何人的品质时,我们当然要从两个不同的角度来考察它:第一,它对那个人自己的幸福所能产生的影响;第二,它对其他人的幸福所能产生的影响"。③ 因此,斯密提倡以"公民的幸福生活"为目标的伦理思想。当然他也意识到道德的不确定性,因此他强调弘扬正义的作用。

---

① 亚当·斯密:《道德情操论》,第 5 页。
② 同上书,第 25 页。
③ 同上书,第 271 页。

他认为道德是美化建筑物的装饰品,缺少它,人们会感觉不愉快;而正义是人类社会大厦的根基,根基松动,整个大厦就会土崩瓦解。如何保证正义呢?要通过外在的立法来约束人们的利己行为,以实现公平正义。

"斯密问题"逻辑上是自洽的,并且为英国的产业革命和资产阶级革命提供了无形然而强有力的思想上的发动机,使英国发生了世界意义的社会革命,这种革命甚至超越了后来发生的法国的政治革命与德国的哲学革命,英国率先跨入现代化的大门,引领了世界潮流。英国人成为当时世界上最文明的人。①

后来黑格尔进一步发挥了斯密的思想。黑格尔充分肯定了人追求需要的满足以及利益和幸福的正当性。他认为,在市民社会中,个人的特殊利益不应该搁置一旁或受到压制。个人必须找到自己的利益、满足或打算。每个人都以自身为目的,其他一切在他看来都是虚无。世界就是在为个人利益而混战的过程中行进的。为个人利益而混战满足自私的欲望就会产生所谓的恶,但在黑格尔看来,恶是历史进步的动力。这与前面曼德维尔所谓私人恶德成就公共利益,以及斯密所言自私的激情的巨大作用具有共同的思想旨趣。恩格斯肯定地引述了黑格尔这样的语言,"有人以为,当他说人性是本善的这句话时,是说出了一种很伟大的思想;但是他忘记了,当人们说人本性是恶的这句话时,是说出了一种更伟大得多的思想",恩格斯进一步发挥道:"自从阶级对立产生以来,正是人的恶劣的情欲——贪欲和权势欲成了历史发展的杠杆。"②黑格尔把对个人利益的关心称之为热情,"假如没有这种热情世界上一切伟大的事业都不会成功"。③ 列宁对这种关于"热情"的思想给以充分的正面肯定,认为"这是接近历史唯物主义的"。④ 但是仅仅为了自己的利益而混战就会陷入精

---

① 参见《马克思恩格斯全集》第 3 卷,第 526－536 页。
② 《马克思恩格斯选集》第 4 卷,人民出版社,1995,第 237 页。
③ 黑格尔:《历史哲学》,三联出版社,1956,第 62 页。
④ 《列宁全集》,人民出版社,1963,第 38 卷,第 344 页。

神动物的王国,它不会自动形成世界公共的善的秩序,并且他自己如果不同别人发生关系,他的全部目的也无法达到。因为人们都是通过劳动满足自己的需要,通过需要联合起来。"个体满足它自己的需要的劳动,既是它自己的需要的满足,同样也是对其他个体的需要的一个满足,并且一个个体要满足它的需要,就只能通过别的个体的劳动才能达到满足的目的。"①这就是他们为我,我为他们。"我就是我们,而我们就是我。"②"单独的个别的人,从其本义来说,只在他是体现着[一切]个别性的普遍的众多时才是真实的;离开这个众多,则孤独的自我事实上是一个非现实的无力量的自我。"③人们通常被认为在满足自己需要的过程中都是自私自利的,但黑格尔却认为自私自利只是人们的想象,现实实践中不可能只作出对自己有利而不促进一切人福利的事情。现实的行动具有双重意义,"每一方都是对方的中项,每一方都通过对方作为中项的这种中介作用自己同它自己相结合、相联系"。④从法律上说,就要遵守法律,在关怀自己的福利的同时还要关怀普遍性质的福利,即他人的福利。黑格尔最后设想,在市民社会中实现个人私利与公共的善、特殊性与普遍性的统一,个人利益碎片化的统一。这个最后统一的环节就是国家。这个国家不是某个特定的国家而是具体而自由的定在,是理性的原则和体现,是消除个人与社会矛盾的理想中介。这个国家和马克思所设想的自由人联合体有某种形式上的类似,在这个联合体里每一个人是一切人发展的前提条件。(当然,如何达到这个环节或共同体,马克思与黑格尔有根本的差异。)正像斯密在他那个时代率先为英国提供了关于资本主义发展的强大的思想的发动机一样,黑格尔的历史哲学同样体现了时代精神,承担了为资本主义的必然性与合理性辩护的历史使命,为资本主义在落后的德国胜利发

---

① 黑格尔:《精神现象学(上卷)》,商务印书馆,1979,第234页。
② 同上书,第122页。
③ 黑格尔:《精神现象学(下卷)》,商务印书馆,1979,第36页。
④ 黑格尔:《精神现象学(上卷)》,第124页。

展而鸣锣开道。这实际上已经超越了黑格尔自己为哲学所界定的角色即到了黄昏才起飞的猫头鹰,而成为后来马克思所说的高卢的雄鸡在鸣唱新时代的莅临。①

三、"斯密问题"内在张力

然而,资本主义绝非是浪漫的凯歌行进。那是一个最好的时代,也是一个最坏的时代。问题的另一面就是"斯密问题"的内在张力,即现实实践中难以解决的矛盾。这可以从以下几点来探讨:

第一,如何全面看待人性和人的道德操守问题。曼德维尔所谓的恶在斯密这里真的可以超越了吗?问题并非那么简单。斯密在其早年时代对于资本主义发展和商人的道德操守充满了信心,但随着时代的发展,社会矛盾越来越突出和尖锐,斯密对于市场经济的发展充满了忧虑。斯密认识到:"追求财富的人们时常放弃通往美德的道路。不幸的是,通往美德的道路和通往财富的道路二者的方向有时截然相反。"②一般而言,理性是道德判断和遵守的根源,但是在现实中却经常受到感官、感觉的影响,以感觉判断什么是正确和错误,什么是愉快和痛苦。趋乐避苦是人的本性,它通过人的激情体现出来,激情来自于感官和感觉。这种激情时常引诱人背离他在具有理性时所赞成的一切道德准则,从而被引入一个偏差很大的歧路。趋乐避苦使人们不停地追逐财富和地位,它们才是人们尊重的对象。无论平民百姓的小小打算还是高层人士的勃勃雄心,成功的景象遮蔽了他们的眼睛,制服了他们的心智,从而使他们轻率鲁莽,忽

---

① 据此,以黄昏才起飞的猫头鹰来概括黑格尔对于哲学的定位并不完全合适。1831 年,K. L. 米希勒在黑格尔的说法后面添加了"当新破晓的鸡鸣声一起,密纳发的猫头鹰随之也会再次离去",黑格尔对这一修改并未表示反对。参见薛华:《黑格尔、哈贝马斯与自由意识》,中国法制出版社,2008年,第174页。
② 亚当·斯密:《道德情操论》,第76页。

视自身的缺陷和社会正义的存在。具有野心的人认为,他未来成功的收获(财富和地位以及荣誉获得的尊重)足以掩盖他当初为获得这些目标所采取的邪恶的手段。因此,阿谀奉承、虚伪欺诈、结党营私甚至穷凶极恶在现实中大行其道。所谓成功的诱惑使人们忽视了手段的正当性,所以,从人们的内心来说,智慧和美德不一定获得社会的尊敬,愚蠢和罪恶不一定获得社会的蔑视。这可能是人类社会存在的普遍现象。后来,文德尔班在研究古希腊哲学的时候就指出,个人利益与法律并不总是相符合的。服从法律不一定给人带来幸福。他说:"有种主张,只有正确的行为才会得到幸福,而经验与此刚刚相反;经验证明的倒是,不受权威和法律约束的狡黠的生活行为倒是获得好运的最好保证。"①因此,国内有学者认为:"当这个社会的大部分人总是希望通过追求财富和地位来实现自己受人尊敬的愿望,而不是通过追求美德来实现自己的理想;当这个社会占统治地位的评价标准是给予财富和地位以道德败坏的特许权,那么,在斯密看来,这可以称得上是道德感情的败坏了"。② 从斯密对人性和时代的体察来看,曼德维尔所言的恶并非轻易可以克服。斯密意识到的商业社会对人类德性的冲击还远没有马克思时代显露得那么充分,但"斯密问题"的内在张力已完全显现。斯密早年所寄望的同情心以及旁观者已不能防止人们尤其是商人阶级出现的道德败坏,晚年的斯密转而寄托于斯多亚式的内心道德自制。马克思在其早年时代对于人的利己心有与斯密相类似的看法。他描述道:"在考察人的本性的时候,我们虽然常常看到人心中有神性的火花、好善的热情、对知识的追求、对真理的渴望,但是欲望的火焰却在吞没永恒的东西的火花;罪恶的诱惑声在淹没崇尚德行的热情,一旦生活使我们感到它的全部威力,这种崇尚德行的热情就受到嘲

---

① 文德尔班:《哲学史教程》,商务印书馆,1987,第107页。
② 罗卫东:《情感秩序美德——亚当·斯密的伦理学世界》,中国人民大学出版社,2006,第79页。

弄。对尘世间富贵功名的庸俗追求排挤着对知识的追求,对真理的渴望被虚伪的甜言蜜语所熄灭。"①但是,当马克思思想成熟之后,他对于道德问题的认识有了很大的转变。他认为,人的道德问题不是取决于个人的内心自制,而是决定于个人利益,而在于社会环境。当每个人都为个人私利而争斗之时,就是一切人反对一切人的战争,每个人都会妨碍别人利益的实现。所以,个人与他人的关系不是道德同情的普遍肯定,而是普遍否定的关系。因此,道德是社会制度的产物,道德的改变取决于环境的改变即必须改变资本主义制度才能解决根本问题。实际上,市民社会中个人与社会矛盾的发展已经蕴含了超越它自身的条件。

第二,斯密对于资本主义的社会矛盾也有所认识。他认为,在原始社会状态下,劳动的生产物全部归劳动者所得,无人与他分享。这对于劳动者而言是自然的,也是理想状态。但现实社会并非如此。在土地私有和资本积累的商业社会,劳动的分工和商品交换主体之间身份、地位是不平等的,因此劳动生产物的分配存在极大差别,因而也是不平等的。当时存在的阶级主要是劳动者、雇主和地主,工资、利润和地租分别对应于以上三个阶层。地主阶级"不用劳力,不用劳心更用不着任何计划与打算,就自然可以取得收入。这阶级所处的安乐稳定地位,使他们自然流于懒惰"。②斯密论证了劳动是价值和财富的唯一源泉,但是,"劳动者在繁荣社会中不能享得地主阶级那样大的利益,在衰退的社会中却要蒙受任何阶级所经受不到的痛苦"。③地主和雇主两个阶级分享以致支配劳动的成果,不是来源于他们的劳动创造,而是财产权赋予了他们不劳而获的权利,并且这种权利得到了政府的巩固。因为斯密相信,本来政府的建立就是为了保护富人的财产免于穷人的侵犯。随着资本取得统治地位,作为

---

① 《马克思恩格斯全集》第 1 卷,第 450 页。
② 亚当·斯密:《国民财富的性质和原因的研究(上卷)》,第 242 页。
③ 同上注。

资本人格化的"经济人"就和"道德人"分道扬镳了。换句话说，资本家的"致富之路"与"道德之路"由上升时期的统一走向没落时期的分离，即资本家巨额财富的积累是建立在对工人的巧取豪夺基础之上的，因而是极不道德的。斯密重点分析了劳动者与雇主即劳资之间的天然矛盾。资本家是主导阶级。雇主所得利润与劳动者的工资所依据的原则截然不同。工人的工资虽由雇主垫付，但雇主实际上毫无所费，而是工人的劳动所得。雇主几乎没有劳动，他的利润与他付出的所谓监督式的劳动的数量、强度和技巧完全不成比例。而且，劳资两者的利益是此消彼长的关系。"劳动者的普通工资，到处都取决于劳资两方所订的契约。这两方的利害关系绝不一致。劳动者盼望多得，雇主盼望少给。劳动者都想为提高工资而结合，雇主却想为减低工资而联合"。① 但是，雇主的联合得到法律的支持，至少不予禁止，并且他们人数较少，更易做到。但劳动者人数众多，并且他们的结合遭到法律的禁止。而且在现实生活中，雇主离开劳动者至少可以生活一段时间，而劳动者却时刻需要得到雇主以维持自己的生活。因为劳动者除了自己的劳动力之外，一无所有。斯密显然意识到了以分工为基础的商业社会存在的阶级矛盾。在现实生活中，"有大财产的所在，就是有大不平等的所在。有一个巨富的人，同时至少必有五百个穷人。少数人的富裕，是以多数人的贫乏为前提的"。② 斯密强调，"各种佣人、劳动者和职工，在任何大政治社会中，都占最大部分。社会最大部分成员境遇的改善，决不能视为对社会全体不利。有大部分成员陷于贫困悲惨状态的社会，决不能说是繁荣幸福的社会。而且，供给社会全体以衣食住的人，在自身劳动生产物中，分享一部分，使自己得到过得去的衣食住条件，才算公正"。③ "一国君主，对其所属各阶级人民，应给予

---

① 亚当·斯密:《国民财富的性质和原因的研究(上卷)》，第60页。
② 亚当·斯密:《国民财富的性质和原因的研究(下卷)》第272页。
③ 亚当·斯密:《国民财富的性质和原因的研究(上卷)》，第72页。

公正平等的待遇；仅仅为了促进一个阶级的利益，而伤害另一个阶级的利益，显然是违反这个原则的。"①

斯密所生活的正是英国资本主义工场手工业向机器大工业过渡的时代，各种社会矛盾开始显现，甚至尖锐化，其中劳资矛盾尤甚。斯密身后这种矛盾进一步发展，甚至不可调和。现实冲突已经突破了"斯密问题"的理论框架。最后斯密大力倡导的自由竞争的社会出现严重的贫富两极分化，经济社会矛盾丛生，他所倚重的道德同情、君主和法律并未确保一个平等公正的社会。因此，马克思把斯密大力倡导的自由称为抽象的自由，因为这种自由对于广大劳动无产者是虚假的，没有意义的。如果说斯密作为一位严肃、严谨的思想者，朴素地描绘了生产关系的对抗，为资本主义的发展进行真诚的理论探索的话，后来政治经济学的庸俗化则更掩盖了斯密问题的内在矛盾，逐步沦为资产者统治的工具。马克思指出，"政治经济学所研究的材料的特殊性质，把人们心中最激烈、最卑鄙、最恶劣的感情，把代表私人利益的复仇女神召唤到战场上来反对自由的科学研究"。② 资本主义的意识形态在理论和实践方面"敲响了科学的资产阶级经济学的丧钟。现在问题不再是这个或那个原理是否正确，而是它对资本有利还是有害，方便还是不方便，违背警章还是不违背警章。无私的研究让位于豢养的文丐的争斗，不偏不倚的科学探讨让位于辩护士的坏心恶意"。③ 在恩格斯看来，斯密的体系是时代的必要的进步，但国民经济学只是允许欺诈、发财致富的科学，并且"经济学离我们的时代越近，离诚实越远。时代每前进一步，为把经济学保持在时代的水平上，诡辩术就必然提高一步。因此，比如说，李嘉图的罪过比亚当·斯密大，而麦克库洛赫和穆勒的罪过又比李嘉图大"。④

---

① 亚当·斯密：《国民财富的性质和原因的研究（下卷）》，第221页。
② 马克思：《资本论》第1卷，人民出版社，2004，第10页。
③ 同上书，第17页。
④ 《马克思恩格斯全集》第3卷，第445页。

黑格尔并没有像其他庸俗学者一样对资本主义进行辩护,他以"科学的诚实"(马克思语)的态度观察到他正处于一个新旧过渡的时代,历史不是一块幸运的田地,市民社会绝不是完美无缺的。相反,它是"个人私利的战场,是一切人反对一切人的战场"①,在这个战场上,财富更容易集中在少数人手中,从而产生了大量的贱民。尽管财富过剩,市民社会总是不富足的,穷人只能勉强维持生计。一方面是无节制的享受,一方面是无限度的贫困、匮乏。这种可悲的图景体现出资本主义发展与社会下层物质、精神贫乏增长之间的矛盾。这些现象在市民社会内部难以克服,怎样消除贫困是现代社会感到苦恼的重要问题。现代社会人人皆应守法,但黑格尔却为穷人某些不法行为进行辩护。因为贫困是一个阶级对另一个阶级的不正义所直接导致的。名义上法律面前人人平等,但在现实中由于身份、地位、财产等原因,穷人很难利用法律来维护自己的权利,穷人生存的基本人权难以保障。这时候,"生命,作为各种目的的总和,具有与抽象法对抗的权利。好比说,偷窃一块面包就能保全生命,此时某一个人的所有权固然因而受到损害,但是把这种行为看作寻常的盗窃,那是不公正的。一个人遭到生命危险而不许其自谋所以保护之道,那就等于把他置于法之外,他的生命既被剥夺,他的全部自由也就被否定了"。②但是,黑格尔解决社会矛盾的思路并没有超越资本主义的内部体制,只是通过一个抽象的伦理共同体——国家来解决。这个国家超越了市民社会的各个阶层,以真正的中间人和协调者的身份出现。这显然是不科学、不现实的,只能停留于幻想。因为国家是由经济决定的,它只是有产者的统治工具,它只会巩固和强化原来的经济体制,经济的和社会的矛盾难以根本解

---

① 黑格尔:《法哲学原理》,商务印书馆,1961,第309页。
② 同上书,第130页。而斯密主张政府应该通过法律来保障富人的财富不受穷人侵犯。后来,马克思在关于林木盗窃法的辩论中,同样为贫民的权利进行辩护。马克思认为,贫民捡拾枯枝不属于盗窃行为。但按照黑格尔的逻辑,即使属于盗窃的行为,在必要的时刻也是合理的。在这一点上,黑格尔似乎比斯密、马克思更激进。

决。就社会下层权利保障和根本解放而言,按照马克思的辩证法,资本主义的市民社会必须被超越。

第三,在人的发展问题上,斯密是从社会发展过程中分工的程度来考察的。在未开化的社会,每个人几乎都在做人人所做的一切,每个人都具有相当程度的知识、技巧和发明才能,体现出人的发展的原始丰富性。但斯密认为,"在未开化社会,没有人能获得在文明状态下有些人所具有的大巧大智"。① 也就是说在分工发达的社会,人们的才能在各自的专业领域内得到突飞猛进的发展和空前提高。可是问题在于,分工绝不是人的发展的圆满条件。斯密体察到,除少数人外,大多数人的大部分智力的发展取决于他们所从事的职业。"一个人如果把他一生全消磨于少数单纯的操作,而且这些操作所产生的影响,又是相同或极其相同的,那么他就没有机会来发挥他的智力或运用他的发明才能来寻找解除困难的方法,因为他永远不会碰到困难。这样一来,他自然要失掉努力的习惯,而变成最愚钝最无知的人。"②"他的呆板的、单调的生活自然损害了他的进取精神——它甚至破坏了他自己的身体的活力,使他除了从事他所会的那种局部的工作以外,不能精力充沛地持久地使用自己的力量。因此,他在自己的专门职业中的技能是靠牺牲他的智力的、社会的和军事的品德而取得的。但是,在每一个工业的文明的社会中,这是劳动贫民即广大人民群众必然陷入的境地。"③斯密的这些论述是黑格尔和马克思关于劳动异化观点的重要思想来源。不过他们之间仍然是有差异的。斯密仅限于分工的技术角度来看人的劳动的异化,解决的方式也颇为温和,就是通过政府的教育来解决问题。当然这是行不通的。在黑格尔看来,劳动不仅满足人的需要而且体现人的本质,理想的劳动则是人的自由欢快的表演,是美

---

① 亚当·斯密:《国民财富的性质和原因的研究(下卷)》,1974,第340页。
② 同上注。
③ 转引自马克思:《资本论》第1卷,第419页。

的创造和享受。但黑格尔认识到,达至理想之途中存在许多障碍。现实的社会使人失去了生命的活力、独立性、自由和完整性。富人不劳而获,表面上体现占有,但只是被财富包围而已,他无法体现理想性的劳动所蕴含的乐趣。对于贫贱者而言,劳动成为一种没有乐趣的、机械的、令人压抑的力量和令人辛酸的劳苦。黑格尔在研究古典政治经济学的过程中显然受到了斯密的影响。他认为,"劳动分工愈广泛,它就变得愈缺少精神,变得更机械,它就愈加更多地贬低人的地位,并使人依赖于劳动的这一个别方面"。"工人的依赖是工厂的一个结果,他们在这种劳动中使精神变蠢,他们完全在变成依赖的,他们全然成了片面的,并且因此而几乎没有另一条获得他们的生计的道路,因为他们已沦于这一种劳动,只习惯于这一种劳动。他们于是成了最得依赖的人,而精神在把自己变蠢。"[①]劳动技能的畸形和片面使劳动者陷于特定而严重的依赖状况,由于后来机器的排挤,他们更易陷于绝望和挨饿的境地。如果说斯密从分工的技术层面认识到人的技能的异化的话,黑格尔更进一步认识到资本主义社会中所蕴含的阶层的社会的矛盾。在无产者与资产者矛盾对立中,无产者明显是受害的一方,无产者产生的异化比之于富人,更为严重。当然,由于黑格尔没有发现剩余价值规律,他不可能真正认识到劳资矛盾的秘密,也无法找到解决问题的科学方法。资本主义的历史命运和人类发展前途留待卡尔·马克思来揭示了。马克思认为,无产阶级与资产阶级是一个对立统一的整体,这种对立统一产生于私有制的所有制关系。资产阶级在这种对立统一关系中感到很美好,自己是被满足的和被巩固的,并证明了自身的强大,是实际获利的一方。资产者享有自由发展的时间与空间建立在无产者全部投入辛苦劳动从而牺牲自己自由发展基础之上。因此,资产阶级是这个对立统一体的肯定方面,它要竭力维持这个统一体的存

[①] 《黑格尔法哲学》,伊尔亭格版,第1卷,第314页,第四卷,第502页。转引自薛华:《黑格尔、哈贝马斯与自由意识》,中国法制出版社,2008,第110页、第118页。

在。无产阶级在这种关系中,是通过工业运动而人工制造的贫民,是"一个被戴上彻底的锁链的阶级,一个并非市民社会阶级的市民社会阶级"。① 无产阶级因为处于资本主义社会内部,所以它是市民社会阶级;但是由于它"被带上彻底的锁链",所以它又是非市民社会阶级。无产阶级失去了合乎人性的东西,与资产阶级相对立,与私有财产全面矛盾。他们是人类受到非人道化待遇的绝大多数,遭受到普遍的苦难,感到自己是被唾弃、被毁灭的,他们感到自己的无力和非人的现实生存。但是,他们能够彻底代表最普遍的利益,并且能够为消灭任何奴役而斗争。因此,无产阶级是这个对立统一体的否定方面和破坏方面。因为如果它不破坏这个对立统一体,就不能消灭它本身生活的条件,也就不能获得自己的解放。无产阶级的解放和人类解放是一致的,无产者只有解放全人类才能解放自己。马克思认为,只有发展到共产主义社会阶段,这一任务才意味着完成,才能实现对私有制的积极扬弃,才能超越资本逻辑和消除劳资矛盾,才能消灭奴隶般地服从于不合理的分工和各种异化现象,人才能以一种全面的方式占有自己的本质而自由发展。斯密问题的内在张力才能得到合理解决。

(原载《首都师范大学学报·社会科学版》2013年第4期)

---

① 《黑格尔法哲学》,伊尔亭格版,第1卷,第314页,第四卷,第502页。转引自薛华:《黑格尔、哈贝马斯与自由意识》,中国法制出版社,2008,第110页、第118页。

论马一浮文化保守主义的个性特征

李淑敏

作者简介

李淑敏,1978年8月出生于河北省石家庄市深泽县,首都师范大学哲学博士,现任职于西安工业大学思政部,主要研究领域为近现代文化思潮。以主要参与人参与国家社科基金项目《陕北民间艺术的文化生态研究》,并出版学术专著一部《文化保守主义与中国哲学:近现代文化保守主义思潮中的"中国哲学观"研究》。公开发表论文近二十篇(不含论文集),其中在核心期刊发表论文近十篇。

在中国近现代文化保守主义思潮中,马一浮与梁漱溟、熊十力是同时代的三个大家,他们均以弘扬中国传统文化为己任,继往圣,开绝学,是他们共同的信念,而他们的思想方法、理论结构又各不相同。总体说来,马一浮对中国传统文化更重承继,其思想较为正统,这在其哲学体系、文化观、教育观等方面均有体现。

一、阐释重于建构的哲学体系

与梁漱溟、熊十力倾向于自我建构的哲学体系相比,马一浮的哲学体系基本上是阐释性的。

第一,学术目标:"以有生之年,专研六艺"。1927年,马一浮在致学者金香岩的一封信中说,"余尚以有生之年专研六艺,拾先圣之坠绪,答师友之深期,虽劫火洞然,不敢自阻"①。"六艺者,即是《诗》《书》《礼》

---

① 腾复编,《马一浮学案·马一浮新儒学资料选辑》中6.《致金香岩先生》,方克立、李锦全主编《现代新儒学学案》[C],第968页,中国社会科学出版社,1995。

《乐》《易》《春秋》也。"①马一浮提出了著名的"六艺论",指出:"该摄诸学,唯六艺足以当之。六艺……是孔子之教,吾国两千余年来普遍承认一切学术之源皆出于此,其余都是六艺之支流……"②"六艺……亦可统摄现在西来一切学术……"③"若使西方有圣人出,行出来的也是这个六艺之道,但是名言不同而已。"④

马一浮认为六艺与人们的心性紧密相连,"学者须知六艺本是吾人性分内所具的事,……吾人性量本来广大,性德本来具足,六艺之道即是此性德中自然流出的,性外无道也"。⑤"圣人之教,使人……复其本然之善。此本然之善名为天命之性,纯乎理者也。此理自然流出诸德,故亦名为天德。见诸行事,则为王道。六艺者,即此天德、王道之所表显。故一切道术皆统摄于六艺,而六艺实统摄于一心,即是一心之全体大用也"。⑥这样,马一浮在六艺之道与人的性理之间建立了一种内在的必然联系。

马一浮认为,"六艺"之道也是全人类文化之最后归宿。他曾满怀信心地向世人宣告:"吾敢断言:天地一日不毁,人心一日不灭,则六艺之道炳然长存,世界人类一切文化最后之归宿,必归于六艺,而有资格为此文化之领导者,则中国也。"⑦

概括来说,从"六艺赅摄一切学术"到"六艺统摄于一心,"再到"人类一切文化最后皆归于六艺"是马一浮的整体思路,可表示为:

$$心——六艺——\begin{Bmatrix}经、史、子、集\\物理学、化学、\\数学、伦理学\end{Bmatrix}——六艺$$

---

① 马一浮:《马一浮集》第一册,浙江古籍出版社,浙江教育出版社,1996,第 10 页。
② 同上书,第 10 页。
③ 同上书,第 22—23 页。
④ 同上书,第 23 页。
⑤ 同上书,第 18 – 19 页。
⑥ 同上书,第 19 – 20 页。
⑦ 同上书,第 24 页。

在马一浮看来,"六艺"是中国传统文化的精华所在,是一切学术、文化的源头与归宿,因此对于六艺,只需挖掘、阐释即可,而其学术也是紧紧围绕"六艺"而展开。马一浮以此作为自己一生中的学术目标,而且在此后的学术活动中,对中国传统文化也是以阐述与宣讲为主。

第二,哲学语言:传统儒学的叙述方式。通看马一浮的著作,无论是对"六艺"的阐释,对义理名相的解读,对忠、信、笃、敬的释义,还是对群经大义的解读,可以清晰地看出,无论是从概念的使用,还是语言的运用上,他更多是用传统的原汁原味的语言来阐释儒学的本质,虽然也引用了一些佛学概念,但为数不多,同时亦无更多的概念创新;而其文本叙述方式多为文言文。梁漱溟、熊十力二人则不同。尤其是熊十力,其《新唯识论》应用了很多佛学概念,以"名宗、唯识、转变、功能、成色上下、明心上下"八章构筑其体系架构。虽然本质上在于以佛解儒,但是佛学色彩非常浓厚,以致有学者将其作为佛学著作来理解。梁漱溟的《东西文化及其哲学》则使用了"德莫克拉西"、"社会主义"等概念,引用柏格森、泰戈尔、罗素、克鲁泡特金、倭铿等哲学家的观点,其文本叙述方式也以白话文为主。总体而言,三人的目标与追求基本一致,但使用了不同的表达方式。

在笔者看来,尽管概念的创新是时代发展的需要,不过对于阐释传统文化的本质而言,很难说新旧两种阐释方法孰优孰劣。

第三,哲学理念:更注重"内圣"。对于"内圣"、"外王",马一浮、梁漱溟、熊十力都强调二者的重要性。但相比较而言,马一浮更注重义理的阐发,而梁漱溟、熊十力二人则更注重其在社会中的应用。这与马一浮一直隐居,而梁、熊二人积极参与社会实践有一定关系。

20世纪初,面对艰难的国事,马一浮认为其根源皆由于"学术之大本未明,心性之体徵难知。欲挽狂澜,转移风气,非自拔流俗,穷究玄徵,不足以破邪显正,起敝扶衰。于是益加立志为学,决意仕进,远谢时缘,闭门读书。"①在《泰和会语·义理名相一》中,马一浮指出:"魏晋间人好读老庄,时称为善明理,其实即是谈名相。因为所言之理,只是理之相,若理之本体那性,是要自证的,非言说可到。……可以说出来的,也只是名相。故佛事每以性相对举,先是依性说相,后要会相归性,这是对的。"②义理是"所诠",言说是"能诠",故只是义理之名相,还不是义理之本体,义理之本体是"性",它是"人心所同具",故欲求义理,"非有悟性不能显现",也就是说,学问的追求,最终须"向内体究",落实在人的身心上,而不能仅停留在知识层面。马一浮认为哲学要像佛学所说的,不能只是"依性说相",还要"会相归性",即不能满足于依靠人的"性"对事物的义理做出解释,还要用自己的"性"同所得到的义理相印证,即向内体究,自反自证,以深造自得。这是马一浮哲学的出发点和归结点。由此可以看出,在学术上,马一浮是注重"内圣"的,这直接影响了其教育观和文化观,以致后来他在四川乐山主持书院,将书院之名定为"复性"。这体现出了马一浮的学术追求更注重"内圣"。

相比较而言,熊十力、梁漱溟更注重"外王"。对于熊十力而言,《新唯识论》是"内圣"学,《读经示要》则是其"外王"学,熊十力着意于从《诗》、《书》、《礼》、《乐》、《易》、《春秋》几部儒家经典中,开掘出潜藏其中的民主、自由、科学的精神。他认为中国先秦时期就有自由、民主、科学的萌芽,但秦汉以后的专制禁锢了其发展。因此,他要为中国文化自由、民主、平等、科学的精神做一番显扬。同时他还有另一个目标,即改善当时的世风与学风。梁漱溟同样更注重"外王"。1921年,通过《东西文化及其哲学》,梁漱溟初步在理论上确立了中国文化的发展模式,这是其试图寻找中国文化复兴之路,解决中国社会诸多问题的理论尝试。在文章的末尾,他讲到:"明白的说,照我的意思是要如宋明人那样再创讲学之

---

① 乌以风:《马一浮先生学赞》,编者自印,1987,第2页。
② 《马一浮集》第一册,第37-38页。

风,以孔颜的人生为现在的青年解决他烦闷的人生问题,一个个替他开出一条路来走去。"①1924年夏,梁漱溟辞去北大教职,前往山东从事乡村建设,为解决中国社会问题迈出了实质性的一步。

第四,哲学建构:阐释与调和为主。马一浮、梁漱溟、熊十力都强调儒、释、道等诸学术之间的互通与调和,但各具特点。马一浮认为,是儒学统摄其他学术。他曾讲到儒、佛之间的关系:"《易》有象,《诗》有比,彼(佛)有机语,虽有小大、险易、雅俗万殊,以吾观之,则易象耳比耳,皆《诗》、《易》之支与流裔。"②在马一浮看来,尽管儒、佛可以会通、融合,但二者地位不同。儒学代表理之全体,是中国学术的正宗代表;而佛学反映理的某一方面,因此是儒学的旁支。马一浮注重对儒学本质与价值的阐释,并从更深远的层面解释儒学对现代社会的意义,因此在其《泰和会语》、《宜山会语》、《复兴书院讲录》等著述中,对于中国传统哲学与文化,他更多的是阐释、调和、折衷——"不分今古,不分汉宋,不分朱陆",而并未进行哲学体系上的创造。而梁、熊二人则通过儒学与其他学术之间的会通,在体系上对中国传统哲学进行了诸多改造。

熊十力对传统儒学现代意义上的理论创新和改造之主要成果是其1932年出版的《新唯识论》(文言文本)。1943年,《新唯识论》语体本全部印行,熊十力在印行记中写到:"有问:'此书非佛家本旨也,而以《新唯识论》名之,何耶?'曰:'吾先研究佛家唯识论,曾有撰述,渐不满旧学,遂毁夙作,而欲自抒己见,乃为《新论》,夫新之云者,明异于旧义也。异旧义者,冥探真极,而参验之此土儒宗及诸钜子,抉择得失,辨异观同,所谓观会通而握玄珠也'"。③ 由此可以看出,熊十力的目的正是要以这本书

---

① 梁漱溟:《东西文化及其哲学》,商务印书馆,1999,第215页。
② 滕复编:《马一浮学案·马一浮新儒学资料选辑》中6.《致金香岩先生》,方克立、李锦全主编:《现代新儒学学案》,第968页,中国社会科学出版社,1995。
③ 熊十力:《新唯识论全部印行记》,《新唯识论》,中华书局,1985,第239页。

"拢群言而成一家之学"。① 该书以《易》为体,调和、折衷儒、释、道各家,力图创建一个新的哲学理论体系。其内容和体系上具有如下特点:以佛解儒,融儒入佛。马一浮说,"熊十力自悟唯识学,宗归般若,斯乃义学耳"。② 熊氏从佛学唯识入手,并用其阐述、丰富以及会通儒家思想,明显看出他试图通过二者的互通来改造儒学;以《易》统总儒道,评判佛家,"中卷申明体用,因评判佛家空有二宗大义,而折衷于《易》。《易》者,儒道粮价之统宗也。既已博资群圣,析其违乃会其通,实亦穷其幽玄,妙万物而涵众理"。③ 因此,从本质而言是佛为其表,儒为其里。熊十力的《新唯识论》以《易》学的思想方法来统贯、架构其哲学,成为其创建新的哲学体系的一个尝试,故也有人称其为新易学。

梁漱溟融合陆王心学及其所分化出的泰州学派思想、柏格森哲学思想,以及佛教唯识宗哲学思想,于20世纪20年代著成《东西文化及其哲学》。在书中,梁漱溟以"意欲"为出发点,将中、西、印文化概括为三种不同的人生路向:西方文化"所走的是第一条路向——向前的路向",即征服自然、改造环境的路向;"中国文化是以意欲自为调和、持中为其根本精神的,"代表第二路向;"印度文化是以意欲反身向后要求为其根本精神的",所走的是第三路向。人类文化发展将按照西方、中国、印度三个路向依次演进。他认为未来人类文化必然要有一个根本变革,即"由第一路向改变为第二路向,亦即由西洋态度改变为中国态度"。此书在当时震撼了学术界,"使中国知识界感到迷惑,不知道应该怎样作出反应"。④ 梁漱溟的哲学是一种文化哲学,其"世界文化三期说"第一次使中国文化真正站到了世界文化的平台上,并在这个平台上去考察中国、西方、印度的文化,

---

① 熊十力:《新唯识论全部印行记》,《新唯识论》,中华书局,1985,第242页。
② 马一浮:《马一浮集》第二册,浙江古籍出版社,浙江教育出版社,1996,第828页。
③ 《新唯识论全部印行记》,第240页。
④ 艾恺:《最后一个儒家——梁漱溟与现代中国的困境》,湖南人民出版社1988年版,第29页。

颇具原创性。他的文化哲学研究理路为后人对中国哲学的研究开辟出了一条新路子,台湾学者韦政通在他的《梁漱溟的一生和他的文化理论》中提出,"在中国现代思想上,它代表创造性的一个起点,后来研究中西文化的人,多少都会从这里得点启示。我还可以指出来,在现代思潮中目前渐有抬头之势的新儒家,就正是朝着梁先生所指示的方向在前进着"。①

由上可知,熊十力、梁漱溟的哲学是具有自我建构性倾向的哲学。马一浮的哲学基本上是一种解释性的哲学,相比较而言,马一浮的学术目标更为传统和正统。具体来说,对于中国哲学,梁漱溟、熊十力是基于分析与创造,而马一浮则是基于综合与传承。熊十力的哲学更多注意到的是传统哲学中适用于现代社会的部分,并着意创建适宜于现代社会的哲学体系;而马一浮的哲学则更注意准确地把握传统哲学的本质,着意在各学派之间做出一个"调停",于儒、释、道乃至中西哲学之间做一个"统摄"。这种差别在他们的文化观、教育观中亦有体现。

二、阐扬重于设想的未来文化观

在中国近现代文化保守主义思潮中,先后有人提出了中国文化复兴于全世界的学说,这是论述中国文化具有普世价值,并预言其在将来会普及以及如何普及于全人类的理论。这一理论的提出者,除了马一浮、梁漱溟,还有1958年牟宗三、张君劢、唐君毅、徐复观发表的《为中国文化敬告世界人士宣言》(以下简称《宣言》)。

马一浮认为,"六艺"之道作为一切学术之根源,不仅是我国民族文化之体现,同时也是全人类文化之最后归宿。他指出:"学者当知六艺之教,固是中国至高特殊之文化;唯其可以推行于全人类,放之四海而皆准,所以至高;唯其为现在人类中尚有多数未能了解,'百姓日用而不知',所

---

① 转载于滕复:《马一浮思想研究》,中华书局,2001,第166页。

以特殊。故今日欲弘六艺之道,并不是狭义的保存国粹,单独的发挥自己民族精神而止,是要使此种文化普遍的及于全人类,革新全人类习气上之流失,而复其本然之善,全其性德之真,方是成己成物,尽己之性,尽人之性,方是圣人之盛德大业。"①他认为,弘扬六艺之道于全世界的根本的目的就是要解决西方发达国家的文化给全人类带来的种种疑问,这是历史赋予六艺的使命,也是赋予中国的使命。因此,马一浮弘扬六艺之道的主张,从根本上来说并不仅限于在学术上使之成为一门普遍追求的学问,而且在更广泛的文化层面上期冀使之由一种"特殊的"文化,进之为一种"普遍的"文化,亦即使之"及于全人类",成为全人类的文化共识。

梁漱溟在《东西文化及其哲学》中提出的"世界文化三期说"认为,人类文化的未来将必然地全面翻转为儒学为代表的中国文化。关于中西方文化的关系,梁漱溟认为两种文明本无优劣之分,只有路向、阶段之差异。因此中国人在学习西方的科学精神和民族精神的同时,亦须深刻自我检省,把孔子的态度重新拿出来,从而推动世界文化"翻转"的那一天到来。"世界文化三期说"的理论是梁漱溟对于文化保守主义的主要贡献,梁漱溟对于现代新儒学的开创作用也在于此。

梁漱溟的思想与马一浮既有联系也有区别。马一浮"六艺统摄一切学术"的思想在20世纪20年代末就已初步形成,正式发表于20世纪30年代,从时间上来说要晚于梁漱溟。客观而言,马一浮学说对梁漱溟的思想具有一种校正的意味,至少是某种回应。此外,马一浮的思想与梁漱溟相比缺乏创新,在某种程度上也不如梁漱溟的思想系统,但马一浮对儒学原汁原味的阐释,对传统文化的阐扬,却是复兴传统所需要的,也更为现实一些,而其关于以儒学会通西方学术的提法,比梁漱溟关于人类文化路向的说法,更容易为后来的文化保守主义者所接受,这一点在《宣言》中有所体现。

---

① 《马一浮集》第一册,第23页。

《宣言》全面阐述了作者对儒学所代表的中国传统文化今日之处境与未来命运及学术、政治、文化前途,乃至在世界文化中应处地位的看法。文中分析了中国文化的长处和不足,认为其不足主要在于缺乏"科学之精神",原因是中国文化过于注重实用的活动及道德实践的活动,妨碍了人们进行完全客观的、纯理论的活动与思考,从而很难上升到理论科学的层面,形成"科学的精神"。因此,中国人需要向西方学习,发展出"科学的精神",从而"使中国人在自觉成为一道德的主体之外,兼自觉成为一定政治的主体,认识的主体,及实用技术活动的主体"。[1] 但在此过程中,道德主体仍起主导的作用。同时,西方文化也要从中国文化及东方文化的长处和优点中学习对自身有益的东西,克服自身缺陷。但东西方文化的相互并存、相互融合,并非是两者简单的相加,而是有主有从,中国的文化或学问占主导地位。《宣言》提出了对世界学术思想的期望,认为人类应该培植出"大的情感",这便是应该以孔子作《春秋》之存亡继绝的精神,来求得各民族文化有价值方面的保存与发展,为形成各种文化互相融合为天下一家的世界作准备。

　　综上所述,马一浮、梁漱溟、《宣言》的最终目的都是复兴中国传统文化于全世界,但实现方式不一样,在马一浮看来,"六艺"既是全人类文化的源泉又是最终归宿,在此过程中,"六艺"将由一种"特殊的"文化,进而成为一种"普遍的"文化,"及于全人类",成为全人类的文化共识。因此,中国传统文化在未来人类文化中居于主导地位,本来如此也必然如此。梁漱溟则从全人类文化发展的三期说来说明问题,他提出现在中国须先走西方的路子,再返回来走自己的路。于他而言,中国文化成为世界文化的主导是一种设想;而《宣言》则认为,在中西文化的相互学习与互补中

---

[1] 牟宗三、徐复观、张君劢、唐君毅:《为中国文化敬告世界人士宣言——我们对中国学术研究及中国文化前途之共同认识》,《港台海外文化论丛》之《当代新儒家》所重刊,三联书店,1989年4月第1版,第29页。

培植出"大的情感",为形成各种文化互相并存、互相欣赏,而互相融合的天下一家的世界作准备,这更多的是一种基于现实的期望。马一浮的观点与《宣言》的观点是有相似之处的,他从阐释"六艺"的本质来讲中西方文化的关系,认为六艺就其本质是"统西学"的,其对儒学本质的阐释从目的上来说超过了对未来文化的设想。由此可以看出,在关于未来世界文化的发展趋向这一问题上,马一浮思想中更多的是通过对传统文化本质的阐释来分析解决问题,有着空想与主观性的特点,相比较而言,梁漱溟以及《宣言》的思想则更为理性而系统。

三、传统重于现代的教育理念

在教育问题上,熊十力、梁漱溟等都对传统的教育模式与理念有所改造与创新,而马一浮尊崇的基本上是原汁原味的传统教育。

在复性书院的创办与开办过程中,马一浮与熊十力有着不同主张。马一浮要创办的是一个"以复性为旨趣,以讲明六艺为教"的正宗的儒家书院,他要求通过政府和社会的资助建立起一劳永逸的独立的经济基础;书院事务的独立自主,不受当局的左右;在体制上,学生要遵守三戒,即不求仕宦,不营货利,不起斗争,违此三戒,立即开除;书院不负责学生的出路问题,书院教授的主要内容是"六艺"之学,等等。而熊十力则认为,书院应该同现代教育接轨,决不能恪守传统,而应有所变通。他担心按照马一浮的设想,使学生与世隔绝,恐将来没有出路。他建议书院规模可以大一些,争取搞成国立的;在具体的办学体制上应在六艺之外开设多科,如增加西学等内容,使学生能学有所长;同时书院也应为学生谋出路,最好是能让学生取得一个学历上的资格;关于经济上的筹划,只要书院灵活变通,不会没有办法。马一浮则坚持书院的传统色彩不能改变,认为学生若为出路来,则不是为学问而学问,乃与一般学校无别,仍是利禄之途。这场争论经过几番回合之后,以熊十力的离开而告终。

梁漱溟也提出了自己的教育理念：在教育内容上，教育要以整个生活包括健康、科学、劳动、艺术、民主、休闲等为内涵，培养具有生活力的现代人。对于教育方法，则强调创集体探讨、自动、自觉、通俗、全民参与等方式；兼顾有形与无形之措施，施教的场所不拘，强调学校与社会结合，使学校社会化，社会学校化；在教育对象上，重视乡村民众的教育，主张社会本位的教育，以成人为主体，充分给人民有学习创造思考之空间，关注老年人、妇女、工人、农民的受教育权利，促使人人、时时、处处皆可受教育；在终生教育观念上，梁漱溟强调社会终生的教育，即广义的社会教育。

梁漱溟教育思想的显著特色是他将自己的教育理念贯彻到改造社会的乡村建设运动中去，从而使之具有很强的社会意义。从1927年南下广州宣传乡治主张，到1929年在河南辉县实施村治，再到1931年去山东搞乡村建设，最后于1937年因日本入侵而被迫中止，这是梁漱溟形成和实践其教育思想的10年。在中国现代化进程中，虽不断有人主张教育救国，但真正把教育作为改造社会的手段并切实地加以实践的，应以梁漱溟为典型。

由上可以看出，马一浮、梁漱溟、熊十力都立足于中国文化未来发展的角度来看待和实践教育，但实现方式不同。马一浮是位隐者，性情上孤傲，他要培养的是令世人瞩目其人格光彩的"独善"之人，为世人树立高贵的人生榜样。而熊十力所关切的是如何使更多的人们来学习儒家的义理，使儒家精神在更多的人身上起作用，他的旨趣在于保存并发展儒家血脉，赋予社会世人更多的古儒精神，同时熊十力不仅要使人"内圣"，还要他们"外王"，以儒家的德行去干世间的事业。所以就书院的设想而言，马一浮要创办"大德"的清静书院，而熊十力则要办成"通才"的大学。设想如此不同，难怪二人会争执很大。

梁漱溟与熊十力有相似之处，主张不仅要推行东方的"情的教育"，还要有西方的"知的教育"，甚至内容还要宽泛，如主张教育与社会紧密联系，在与社会的融合中，通过推行社会教育，乡村教育，改造中国的社会,其出发点就是首先应该唤起中国文化固有的质,即发挥旧文化,使老根上发出新芽来,只有如此,才能改造新社会。另外,熊十力和梁漱溟都在现代大学中任职,而马一浮则屡次被邀而不往,这说明他依然尊崇传统的教育模式,对于现代学校教育存在着看法,这也体现出马一浮对教育的独具的认识。简单来说,梁漱溟和熊十力实行的是"通俗的、现代的教育",而马一浮实行的是"古典教育";梁漱溟和熊十力实践的是"平民教育",而马一浮实践的是"精英教育"。

尽管有这些不同,但他们三人的目标均是为了振兴、弘扬中国传统文化,使其能够重光于今日世界。客观地说,马一浮对儒学及其代表的中国传统文化的原汁原味的阐释,以及在推行传统文化教育方面所作出的努力,对于认识中国传统文化的本质具有某种示范乃至校正的作用,更重要的是,对于以后的教育以及中国传统文化的传承,具有重要的意义。

通过以上比较,可以看出,马一浮对于中国传统文化承继更重于改造。严格来说,马一浮在理论上没有更多的创造,他只是忠实地阐释传统文化,将其固有的生命力及精髓展示给人们。马一浮曾引唐万回和尚的偈,来表达他对于传统文化的情感态度与看法,"我有明珠一颗,久被尘劳封锁。今朝尘尽光生,照遍山河万朵"。他借此比喻传统文化这颗中华民族的璀璨明珠,已为历史的尘埃掩埋太久,但是终有重见天日、重新照耀中国山河大地的那一天,可以说,这正是马一浮的全部的情感、思想、哲学和信念的体现。因此马一浮与其他的文化保守主义者的学术路向有很大不同。但是,也正是由于这一点,马一浮学术的价值凸显了出来。在人类文化发展的历史上,如果对传统不能很好的继承,就谈不上更好的发展。因此,在文化保守主义者试图复兴传统文化于现代社会的努力进程中,保持、承继传统,与改造传统为现代可以接受的样式,是同等重要的。在当代中国,究竟该如何看待中国传统文化,仍是我们必须要面对的问题。在这些方面,马一浮的思想给了我们一些启示。不过就现实而言,笔者认为,在全球化的时代背景下,中国文化不应当也不可能完全退回到纯粹的传统和真正的本土化,而只能在对现代文明的主动迎接、对现代化陷阱的深刻认识和批判、对中国与西方这两大关系的合理处理中,创建中国文化加入世界全球化进程的新格局,不断延伸中国文化未来发展的道路,努力生成一种良性互动的关系,使得未来中国在良好和谐的氛围中发展。

(原载《哲学动态》2009年第5期)

先秦和同之辨的源流及思想史意义

于占杰

作者简介

于占杰,1979年4月出生于山东省威海市,首都师范大学哲学博士,现供职于大连大学,主要研究领域为中国古代思想史。在《电影评介》等刊物发表论文多篇。

一、和同之辨的内容解析

对"和同"问题的最早探讨见《国语·郑语》郑桓公与史伯对话:

> 公(郑桓公)曰:"周其弊乎?"(史伯)对曰:"殆于必弊者也。《泰誓》曰:'民之所欲,天必从之。'今王弃高明昭显,而好谗慝暗昧;恶角犀丰盈,而近顽童穷固,去和而取同。夫和实生物,同则不继。以他平他谓之和,故能丰长而物归之;若以同裨同,尽乃弃矣。故先王以土与金木水火杂,以成百物。是以和五味以调口,刚四支以卫体,和六律以聪耳,正七体以役心,平八索以成人,建九纪以立纯德,合十数以训百体。出千品,具万方,计亿事,材兆物,收经入,行姟极。故王者居九畡之田,收经入以食兆民,周训而能用之,和乐如一。夫如是,和之至也。于是乎先王聘后于异姓,求财于有方,择臣取谏工而讲以多物,务和同也。声一无听,物一无文,味一无果,物一不将。王将弃是类也而与剸同。天夺之明,而欲无弊,得乎?"①

---

① 徐元诰:《国语集解》,中华书局,2002,第470-473页。

二百余年后春秋时代齐国之晏婴亦有关于和同之辨的精彩论述,可与史伯的论述相互发明。《左传·昭公二十年》:

> 齐侯(齐景公)至自田,晏子侍于遄台,子犹驰而造焉。公曰:"唯据与我和夫!"晏子对曰:"据亦同也,焉得为和?"公曰:"和与同异乎?"对曰:"异。和如羹焉,水、火、醯、醢、盐、梅,以烹鱼肉,燀之以薪,宰夫和之,齐之以味,济其不及,以泄其过。君子食之,以平其心。君臣亦然。君所谓可而有否焉,臣献其否以成其可。君所谓否而有可焉,臣献其可以去其否。是以政平而不干,民无争心。故《诗》曰:'亦有和羹,既戒既平。鬷嘏无言,时靡有争。'先王之济五味,和五声也,以平其心,成其政也。声亦如味:一气,二体,三类,四物,五声,六律,七音,八风,九歌,以相成也;清浊,小大,短长,疾徐,哀乐,刚柔,迟速,高下,出入,周疏,以相济也。君子听之,以平其心。心平,德和。故《诗》曰:'德音不瑕。'今据不然。君所谓可,据亦曰可;君所谓否,据亦曰否。若以水济水,谁能食之?若琴瑟之专壹,谁能听之?同之不可也如是。"[①]

史伯和晏婴严格区分"和"与"同",主张去同而取和。所谓"同"就是单一要素或相同事物构成的状态,即"以同裨同"。"和"则不然,是"以他平他",是容纳了多样性的状态。这种容纳了多样性的"和"的状态又表现在两方面:一是相异相成,二是相反相济。如晏婴所举的音乐之例:一气,二体,三类,四物,五声,六律,七音,八风,九歌,这是相异而相成;清浊,小大,短长,疾徐,哀乐,刚柔,迟速,高下,出入,周疏,这是相反而相济。

为什么史伯和晏婴主张去同取和?我们当然可以说他们是经验的基

[①] 杨伯峻:《春秋左传注》,中华书局,1990,第1419-1420页。《晏子春秋》外篇第七与此同,见张纯一:《晏子春秋校注》,第181-182页,北京:中华书局《诸子集成》,1954。

础上形成的朴素的观念。但如果从语源学的角度进行考索,就会发现,他们的这种观念也与"和"字复杂的字义谱系有关系,而这是研究者较少注意到的。①

关于"和",《说文解字》的解释是:"和(《说文解字》作'咊'),相应也。从口,禾声。"②《说文解字》中,"和"字排在"唱"字之后,"唱,导也。"③而"和"字为"相应"之意,与"唱"意相对,其意为应和、附和等。如《荀子·乐论》:"唱和有应,善恶相象。"④如果仅看这条解释,就很难理解"和同有别"的观念。但《说文解字》对"龢"、"盉"等解释为我们提供了新的线索。对于"龢"字,《说文解字》的解释是:"龢,调也"⑤,"调"字下的解释则云:"调,龢也"⑥,即"龢""调"互训。《说文解字》于"龢"字接着解释道:"从龠禾声,读与咊同。"段玉裁认为,"龢"与"和"仅音同而已,其意则别,经传多假"和"为"龢"。⑦"龢"之为"调"意,即调声也。考"龢"所从龠部之"龠"字,《说文》曰:"龠,乐之竹管,三孔,以和众声也。"⑧则"龢"与音乐的关系很明显。而"盉"字,《说文解字》的解释是:"调味也。"段玉裁注曰:"古器有名盉者,因其可以盉美而名之盉也。"段玉裁认为:"调声曰龢,调味曰盉。"⑨故后来"和"之训为"调"者,大抵非调味即调声也。可见,先秦时,在表示"调(音、味)"等意时,"龢"、"盉"与"和"并用。只是在可用"龢"、"盉"的地方可以假借为"和",反之则不

---

① 台湾学者卢瑞容教授从"相对关系"的角度出发,从文字溯源开始,对"和"的音乐性本质、"和同"之辨、"和合异同"及"和"的宇宙论和身体观等哲学观念进行了系统梳理。笔者基本同意卢的分析。见氏著《中国古代"相对关系"思维探讨——"势""和""权""屈曲"概念溯源分析》,台北:商鼎文化出版社,2004年6月。
② 〔清〕段玉裁:《说文解字注》,上海古籍出版社,1988,第57页。
③ 〔清〕段玉裁:《说文解字注》,上海古籍出版社,1988,第57页。
④ 〔清〕王先谦:《荀子集解》,中华书局,1988,第381页。
⑤ 〔清〕段玉裁:《说文解字注》,上海古籍出版社,1988,第85页。
⑥ 同上书,第93页。
⑦ 同上书,第85页。
⑧ 同上注,这里的"和"即是"相应"之意。
⑨ 〔清〕段玉裁:《说文解字注》,上海:上海古籍出版社,1988,第212页。

然。总的趋势是,"和"字行而"龢"、"盉"字渐渐少用①,于是"龢"、"盉"字之本义亦并入"和"字中,使"和"字呈现出了丰富的涵义,并发展出了和同有别的观念。

明乎此,我们就不难看出,齐侯(齐景公)所说的"和",为"相应"之义,即"唱和"之和,齐景公认为梁丘据(子犹)的附和就是和谐。晏子则引音乐与调味的道理来阐发"和"字的哲学意涵,认为真正的"和"应当是不同因素(在君臣之间则为不同的声音)的协调统一。梁丘据这种应声虫式的应和其实不是"和",而是"同",因为他不敢提出异议。从开篇的两段引文犹可见"龢"、"盉"字之渐废而为"和"字所替代,"龢"、"盉"其义亦并入"和"字之中。史伯、晏婴关于"和"的哲学思想,显然与为"和"字所假借的"龢"、"盉"有关:"和五味"之"和",本字当为"盉";"和六律"、"和五声"之"和",本字当为"龢"。而通假的结果是,"和"字多意化,为"和而不同"的哲学思想提供了语源基础。调声是将不同的音阶按一定的韵律进行排比,形成美妙动听的音乐。如果只有一个音调,那就是噪音了,所谓"声一无听"。调味是对不同的味道进行调剂,方能做出可口的佳肴,如果只有一种味道,势必难以下咽,所谓"味一无果"。由音乐和美味的道理推而论之,则万物皆如此:和谐的事物是不可能由单一元素构成的。只有多元素甚至相反的元素构成的事物,才是健康的事物。

史伯、晏子由音乐和调味出发所阐明的相异相成、相反相济、去同取和的道理,最终还是落实到政治层面上。况且,史伯与郑桓公、晏子与齐景公对话的背景本来就是政治议论。史伯认为,周幽王去和取同,"弃是类也而与剸同",如虢石父乃谗谄巧从之人,而周幽王却立以为卿士,这就是"剸同"。晏子则明确告诉齐景公,君臣之道应当是"君所谓可而有否

---

① 先秦之时,"龢"、"盉"与"和"字尚并用,如《吕氏春秋·孝行览》:"正六律,龢五声,杂八音,养耳之道也;熟五谷,烹六畜,和煎调,养口之道也。"《慎行览》:"夔于是正六律,和五声,以通八风。"但总的趋势是"龢"、"盉"渐为"和"字替代。越到后来则诚如段玉裁所言"今则和行而龢盉皆废矣"。

焉,臣献其否以成其可。君所谓否而有可焉,臣献其可以去其否",即统治者应当听取臣子的不同意见,特别是相反的意见,进行综合判断;而臣子则应当敢于提出不同的意见,这样就像把不同的味道调成美味佳肴一样,这才是真正的"和",这样才能减少决策失误,"政平而不干,民无争心"。梁丘据则不是这样,而是"君所谓可,据亦曰可;君所谓否,据亦曰否",完全从一己之私利出发,一味迎合统治者的心理,不肯提出异议。这种的政治局面是有危险的。

二、和同之辨的思想史意义

"和同之辨"在思想史上有重要意义。去同取和的观念为先秦诸子广泛接受,甚至用语也颇为相近。如《管子·宙合》亦举音乐与味道而论君臣之道:"五音不同声而能调,……五味不同物而能和"。① 钱锺书在《管锥编》中又引《淮南子》《孔丛子》等证之。② 东汉荀悦对此总结道:"君子食和羹以平其气,听和声以平其志,纳和言以平其政,履和行以平其德。夫酸咸甘苦不同,嘉味以济,谓之和羹;宫商角徵不同,嘉音以章,谓之和声;臧否损益不同,中正以训,谓之和言;趋舍动静不同,雅度以平,谓之和行。"③

"和同之辨"最重要的思想史意义是其对儒家的影响。孔子所说的"君子和而不同,小人同而不和"④即源于此。孔子继承史伯、晏婴的去同

---

① 黎翔凤:《管子校注》,中华书局,2004,第 211 页。
② 《淮南子·说山训》:"事固有相待而成者:两人俱溺,不能相拯,一人陆处则可矣。故同不可相治,必待异而后成。"《孔丛子·抗志》:"卫君言计非是而群臣和者如出一口。……子思曰:'人主自臧则众谋不进,事是而臧之,犹却众谋,况和非以长乎?'"钱锺书指出,子思之"和",正史、晏之"同"也。其实这里子思所说的"和"即齐景公所认为的"和",亦即附和、应合之意。见钱锺书:《管锥编》第一册,中华书局,1986,第 237 页。
③ 〔东汉〕荀悦:《申鉴》,上海书店,1986,第 23 页。
④ 〔清〕刘宝楠:《论语正义》,上海书店,1986,第 296 页。

取和的思想，又进一步发展了和同有别的思想，将其作为塑造理想人格的重要内容，明确将"和"与"同"作为君子、小人人格之分际。纵观《论语》全书，孔子对"和"（与"同"相对的"和"）的肯定、对"同"的警惕是很明显的。孔子特别强调君子的独立人格，有定见，对于是非有明确的判断，不人云亦云，处朋友之道，则规过相谏。"益者三友，损者三友；友直，友谅，友多闻；益矣。友便辟，友善柔，友便佞；损矣。"①对直、谅品格的肯定，在《论语》中屡见，如"人之生也直；罔之生也，幸而免"。② 故"唯仁者能好人，能恶人"。③ 儒家强调中庸之道，告诫过犹不及，但倘不得中道而与之，则宁取其狂狷。"狂者进取，狷者有所不为也。"冯友兰解释道："狂狷之行为，虽不合中行，要皆真性情之流露，故亦可取。"④相反，对于貌似行中庸之道，不偏不倚，四面讨好，八面玲珑的"乡原"，则深恶痛绝，认为是"德之贼"。因为"乡原"这种人表面上与人和睦相处，谁也不得罪，"居之似忠信，行之似廉洁"，而且"非之无举也，刺之无刺也"，表面显得宽宏大量不计较，看似是在践行中庸之道，但实际上自己无主心骨，没有自己的坚定意见，一意取悦于他人，博得众人欢心，故"众皆悦之"。刘宝楠所谓"一乡皆称善，而其忠信廉洁皆是假托，故以是乱德"。"乡原"类似于今天所说的"老好人"、"滥好人"，人缘极佳，但无原则。强调行中庸之道的儒家，对此似是而非的行为自然最为警惕。类似的说法还有：

子贡问曰："乡人皆好之，何如？"子曰："未可也。""乡人皆恶之，何如？"子曰："未可也。不如乡人之善者好之，其不善者恶之。"⑤

---

① 〔清〕刘宝楠：《论语正义》，上海书店，1986，第357页。
② 同上书，第125页。
③ 同上书，1986，第75页。
④ 冯友兰：《中国哲学史》（上册），华东师范大学出版社，2000，第314页。冯友兰自注系引钱穆《论语要略》并采美国学者德效骞（Homer H. Dubs）所作之"The Conflict of Authority and Freedom in Ancient China Ethics"文之意。
⑤ 〔清〕刘宝楠：《论语正义》，上海书店，1986，第297页。

朱熹的解释是,"一乡之人宜有公论矣。倘恶者恶之而善者不好",固"其无可好之实",但如果"善者好之而恶者不恶,则必有其苟合之行"①,此即"乡原"也。"巧言令色"者亦与此相仿佛。一个人给他人留下的印象,有毁有誉才是正常的。故孟子强调"反经",经者,常也,即回到正常状态,有自己的原则,有爱憎,能好恶,表里如一,则"无邪慝矣"。孔子还告诫:"众好之,必察焉;众恶之,必察焉。"②这句话可以做两种解释。一是认真考察众人所以好恶之缘由,好在哪里,以此为上进之动力;恶在哪里,以此为戒惧,有"见贤思齐,见不贤而内自省"之意。其二是如皇侃《论语集解义疏》引卫瓘所说的:"贤人不与俗争,则莫不好爱也;恶人与时同好,亦则见好也;凶邪害善则莫不恶之;行高志远与俗违忤亦恶之,皆不可不察也。"③如此,"众好之,必察焉"亦有警惕乡原之意。而程树德在《论语集释》对"君子和而不同,小人同而不和"的注解"余论"中引陈天祥《四书辨疑》也特意指出:"和则固无乖戾之心,只以无乖戾之心为和,恐之未尽。若无中正之气,专以无乖戾为心,亦与阿比之意相邻,和与同未易辨也。中正而无乖戾,然后为和。"④盖"同"为"和"之似是而非者,而"和"如果处理不好,亦易流于"同"。是否有"中正之气"是区分"和""同"的重要标志。

总之,孔子等儒家将"去同取和"的君臣之道推及于君子人格塑造方面,成为个人修身行事、朋友相处之道的一项重要原则,丰富了和同之辨的内涵。

---

① 〔宋〕朱熹:《四书章句集注》,中华书局,1983,第147页。
② 〔清〕刘宝楠:《论语正义》,上海书店,1986,第345页。
③ 〔魏〕何晏集解、〔梁〕皇侃疏:《论语集解义疏》(见《论语注疏及补正》),台北:世界书局,1990,第163页。
④ 程树德:《论语集释》,中华书局,1990,第936页。

三、与古希腊哲学的比较

无独有偶,当中国先秦时代的思想家探讨和同问题的时候,约与此同时的古希腊哲学家也提出了类似的相异相成、相反相成的思想,甚至在语源学方面也有相似之处。钱锺书指出:"古希腊哲人亦道此,亦喻谓音乐之和谐,乃五声七音之辅济,而非单调同声之专壹。"①约与晏婴同时的赫拉克利特(Heraklcitos,鼎盛年约在公元前 500 年左右)即认为,"相反的东西结合在一起,不同的音调造成最美的和谐"(D8)②,还说,"他们不了解如何相反者相成:对立的统一,如弓和竖琴"。(D51)③此派即引音乐为例来阐发其相反相成的道理,与史伯和晏婴引音乐等阐发其去同取和思想有异曲同工之妙。亚里士多德对该派学说的描述是:

> 自然也追求独立的东西,它是用对立的东西制造出和谐,而不是用相同的东西,例如……音乐混合音域不同的高音和低音、长音和短音,造成一支和谐的曲调。书法混合元音字母和复印字母,拼写出完整的字句。(D10)④

亦是阐发其相异相成、相反相济之理。再如,比赫拉克利特稍早但与晏婴仍差不多同时的毕泰戈拉(Pythagoras,鼎盛年约在公元前 530 年左右)学派也引音乐为例,以不同的乐符奏出和谐的乐章来阐发其相异及相反相成的道理。在政治领域,亚里士多德即反对苏格拉底追求的整齐划

---

① 钱锺书:《管锥编》(第一册),中华书局,1986,第 237 页。
② 北京大学哲学系外国哲学史教研室编:《西方哲学原著选读》,商务印书馆,1981,第 23-24 页。D 代表第尔斯辑本《苏格拉底以前哲学家残篇》的代号,数字即该书该章编码,下同。
③ 同上书,第 24 页。
④ 同上书,第 23 页。

一的城邦,认为城邦应当是由不同品类的要素组成的。①

有趣的是,希腊语中"和谐"($αρμονια$, harmonia)的原始意义就是关于音乐的,即将不同的音调调和在一起,成为音阶。这种音乐意义的和谐在公元前五世纪就已经建立起来了。这与中国先秦时"和"("龢")最初作为调音之意相同,由此引发的哲学思想也是相通的。不过,值得注意的是,虽然中国古代的思想家和古希腊的哲学家都不约而同地由音乐等出发提出了相异相成、相反相成的深刻思想,但其中亦有不同之处。虽然东西方的哲学家都注意到不同的音调在一起可奏出和谐的乐章,但至于为什么不同的音调在一起方能和谐的问题,史伯、晏婴等没有讨论这个问题,而毕泰戈拉派则不仅注意到和谐的音调是由不同的音符奏出的,其中有高有低,有缓有急,有徐有疾,还注意到不同的音调之间存在着比例的关系。"毕泰戈拉是第一个洞察到音乐关系的人,他洞察到这些可以听见的差别是可以用数学来说明的,——洞察到我们对于协调和不协调的听觉乃是一个数学的比较。"他认为:"在音乐中,音调的差别表现为不同的数的关系;数的关系是唯一规定音乐的方式。"②不仅如此,毕泰戈拉派认为,万物之所以可以相异相成、相反相成,不同的事物在一起之所以可以达到和谐的效果,就是由于其中存在着数量上的关系。他们认为,万物皆数,"数是一切事物的本质,整个有规定的宇宙的组织,就是数以及数的关系的和谐系统"。③ 毕泰戈拉派还把数当作万物的始基或本原,认为"一切其他事物就其整个本性来说都是以数目为范型的,数本身则先于自然中的一切其他事物"④。而史伯、晏婴等在引音乐为例时,他们或许也意识到音乐中的各音符之间存在着数量上的关系,但并未由此推衍形成数本原的观念。

---

① 〔古希腊〕亚里士多德:《政治学》,商务印书馆,1965,第44 – 53页。
② 〔德〕黑格尔:《哲学史讲演录》(第一卷),商务印书馆,1978,第238页。
③ 同上书,第218页。
④ 《西方哲学原著选读》,商务印书馆,1981,第19页。

总之，当我们考察"和"字之意义来源，着眼于"和"、"龢"、"盉"字之分合时，就会发现，史伯、晏婴所谈的"和"有其语源学上的根据，在阐述"和""同"有异时，谈到了"调味"、"调音"等问题，犹可见"龢"、"盉"等字渐不用而渐为"和"字所代之轨迹。史伯、晏婴由"和"字之"调音"、"调味"义出发，推而衍之，得出世间万物相异、相反而适足以相成之理，单一事物的世界是不可能长久的，而落脚点却在君臣关系上，强调君臣之间当允许有不同乃至相反的意见，政治上只有一种声音是危险的。这种强调去同取和的思想对中国古代政治思想和制度产生了重要的影响。以孔子为代表的儒家则不仅继承了史伯、晏婴关于和同问题的政治上的重要意义，更将其作为理想人格塑造的重要内容。儒家强调君子应有自己的独立人格，有明确的是非判断，反对随波逐流、四面讨巧、八面玲珑、俯仰于他人。在见不到能行中道者时，对狂狷人格亦有所肯定，因为狂狷者有自己的独立人格，不随便附和他人，而对于左右逢源、谁也不得罪的乡原（乡愿），则深加痛斥，因为他们貌似行中庸之道，实为无原则地同于他人，是"德之贼"。约与晏婴同时的古希腊哲学家亦提出万事万物相异相反而和谐的思想，而他们所强调的"和谐"一词亦本之于音乐，可谓异曲而同工。只是史伯、晏婴所关注的重心乃是政治问题，而古希腊的毕泰戈拉派由此发展出数本原的观念，是为同中有异。

（原载《电影评介》2010 年第 21 期）

恺撒的归恺撒，上帝的归上帝
——评伊萨克·多伊彻的《先知三部曲》

林国荣

作者简介

林国荣，1977年2月出生于河南省平顶山市，首都师范大学哲学博士，现供职于西南政法大学，主要研究领域为法哲学。编撰了几十部著作，在《学习与探索》、《中国特色社会主义研究》、《政治思想史》等刊物发表论文近八十篇。

乔治·奥威尔在《政治与英语》中写道："在我们的时代，政治演说和写作其实是对无可辩护之物的辩护，大量的行话已经使人们无法触及事实……像民主这样一个词，不仅没有公认的定义，而且任何想作出一个定义的尝试都受到各方面的反对。可以普遍感受到的是，当我们称一个国家是民主的，我们仅仅是在夸张地赞扬它，结果是，任何一种类型政权的捍卫者都声称其政权是民主的，并担心如果民主一词固定为一种清晰的意义，他们将不得不停止使用这个词。"[①]然而，恰恰就是在这个意义上，可以将托洛茨基的生平视为一段为"革命"一词寻求清晰定义的"天路历程"，独特、非凡。

十月革命同1905年的革命有着本质上的不同，不同之处就在于十月革命在理想和现实、目的和手段之间进行了其完美程度令人称奇的结合。"1917年的俄国工人阶级是历史的奇迹之一。他们虽然人数少、年轻幼

[①] 乔治·奥威尔:《政治与英语》，郭妍俪译，江苏教育出版社，2006，第13页。

稚、没有经验、未受教育,但富有政治热情、慷慨大方,具有理想主义以及罕见的英雄品质。这个工人阶级具有对未来伟大美景抱有幻想的天赋,对死亡则抱有如同斯多葛派甘愿战死沙场那样的视死如归的思想。他们的思想尽管是半文盲的思想,却信奉哲学家们的共和国理想,这种共和国理想不是博学者对老百姓进行寡头统治的柏拉图式共和国的翻版,而是财富和智慧都足以使每个公民成为哲学家而又是工人的共和国的理想。俄国工人阶级在他们悲惨的深渊里着手建立这样的共和国。"①"事实上是,俄国历史的全部动力推动着他们和他们的党走向这次革命,而且他们需要以胸怀世界的希望去完成震撼世界的事业。当历史需要以幻想为动力并继续起它自己的作用时,历史就会产生伟大的幻想,并把它植入和培育在最清醒的现实主义的领袖的脑子里,历史同样曾使法国革命领袖产生坚信融合各民族的世界共和国即将成为现实这一心念。"②托洛茨基是这一结合的主要缔造者之一,这一点毫无疑问。然而,奇怪的是,在后革命时代,托洛茨基并没有像革命通常会造就的冷酷的马基雅维利主义者那样,积极从事权力争夺方面的斗争,而是以一种斯多葛式的平静和坚忍等待权力;同时,在后革命时代的所有权力派系当中,唯有托洛茨基自始至终秉持正统马克思主义的国际眼光,着眼于通过扩大革命来保持革命。

"社会主义的国际主义应优先于民族主义和爱国主义。由于这一原因,托洛茨基反对斯大林'一国建成社会主义'的观念,并试图对它所造成的斯大林式的独裁本质进行分析:政党和国家官僚会发展成为脱离群众、享有特权的权贵,领袖们可以借助这些人来扩大个人权力。"③多年经历之后,托洛茨基对经济和政治之间的关系有了更复杂的看法,正是这些

---

① 伊萨克·多伊彻:《武装的先知》,施用勤等译,中央编译出版社,2013,第285-286页。
② 同上书,第260页。
③ 《布莱克维尔政治学百科全书》,中国政法大学出版社,2002年,"托洛茨基"词条。

看法将他的眼光引向了"东方";他明确意识到,如果"经济发展"如进步主义时代的美国人或者1873年经济危机之后的欧洲激进民主潮流重新定义的那样,意味着民众取得对包括土地、卡特尔经济组织、经济计划机构以及金融体质的控制权,并懂得且有能力以民主委员会的方式予以操控,那么有关发展与民主之并行关系的说法可以成立。但是,如果经济发展仅仅意味着增长财富,那么无论这种经济本身发展得如何好,它和民主之间就不会存在任何带有必然性或者因果性的牵扯,一切都将置于偶然境地当中。进步主义者的时代一闪即逝,"雄鹿运动"也只是作为罗斯福新党潮流中的一个短暂时刻,迅速随风散去;历史经验处处表明,经济体系什么也保证不了,假如一个人归附一种"公民宗教",那么对另外一个人而言,这就意味着诸神之间的战争,在这个意义上,民主是人民生活于其中的具体政治状态,而不是经济发展的一个可以进行静态总结和分析的阶段。在通常的意义上,经济发展是一种反民主的强制力量,甚至是一种野蛮暴力。就"发展"概念的科学含义而言,它并不意味着增进任何形式的繁荣,它并不具备进行这方面定向的能力和诉求,这样的能力和诉求只能来自政治领域;正如亨利.乔治对土地体制的精确分析中所揭示的那样,"发展"在绝大多数时刻是指特定的政治—经济结构的扩展,意味着动员越来越多的人民投入到等级制度的组织当中,并将"个人"从公民人文主义传统中的"政治动物"改造为封建等级式经济体系中的纯粹"消费者"。此种局面之下,往日里的重大议题,比如社会财富的拥有与控制、资源的生产与分配、对未来的态度等,这一切都被压缩到仅仅是为无家可归者或者极端脆弱但是各自分隔的经济小团体进行呼吁的地步。在过去的数千年间,由政治产生的激情与冲突曾当仁不让地以决定性的力量塑造了人们的义务和观点,而今天的政治与此已无相似之处。经济发展的反民主性质必须作为一个事实而非一种价值被人们认识到。某种政治或经济制度安排可能会也可能不会有利于民主,这是一个人类选择和意志的问题,而非一个基于理性论证或者必然性的问题。革命权利为之奋斗的民主绝非一种历史性存在的制度,而是一个过程,其中所包含的就是人类自身为了美好生活而进行的构思和奋斗;《联邦党人文集》强调应当将生活置于理智和选择之上,而非偶然和暴力之上,这与其说是在表达一种不切实际的期望,倒不如说是在讲述实情。在葛底斯堡演讲中,林肯从未说出"民主就是联邦"这样的话,这实际上是在暗示,民主是一种基于人类自身之选择和意志、而非基于先在理性或者外在事物的生活方式,为了捍卫人类选择的尊严,就必须诉求革命权利和战争,而且在捍卫杰斐逊式革命权利的过程中,林肯毫不妥协地确认:战争迟早要来,宜早不宜晚。

涂尔干曾说过,人们根本不可能在伦理中取消神圣。涂尔干所谓的"神圣",其特征就在于它与其他所有人类价值之间不存在可比性,无可通约;这既不是所谓的自利主义,也无需考虑集体的奉献,相反,这就是权利,或者更精确地说,这就是由杰斐逊提出并由托洛茨基予以最后传承的"革命之自然权利"。只不过,托洛茨基在面对较之杰斐逊时代远为丰富且远为复杂多变、充满偶然性和不确定性的人类经验时,取消了杰斐逊一度赋予这种权利的理性主义和乐观主义基调,转而赋予其宗教上的意义和斗争诉求。托洛茨基认为,在任何情况下都要竭尽全力去捍卫革命权利的尊严,如有必要,甚至要反对自己,否定自己的生命,这就是革命权利所要求的正义。经验向我们证明,观念史家眼里十分崇高的原则通常是毫无效用的。这点在斯多葛学派身上,在康德主义者那里,都得到了无比清晰的印证。无论是麦考莱还是勒南,都曾以惊人的洞察力看到,在新教民族当中,国教越是受到天主教的猛烈攻击,道德热情就越是高涨。随着宗教战争趋向缓和,种种的或然论、僵化的仪式以及巫术也跟着纷纷登台。托洛茨基同样清晰地看到了这一点,并以"不断革命论"的方式,付出了永不停息的行动,人类的自由要求以宗教的眼光看待斗争,民主的创建者们长久以来就是以"革命之自然权利"的终极眼光来看待并解释《人权宣言》和诸多《权利法案》的。不难理解,托洛茨基对巴贝夫的战斗口号念念不忘:"教育人民热爱自由比赢得自由更困难。"在这个伟大的革命统绪当中,托洛茨基无疑是第一个将"革命之自然权利"从洛克—杰斐逊式的理性天堂中拉回没有稳定可言的经验世界、并真正赋予其历史关联性的人。

普遍的观点认为:"托洛茨基对于落后的社会学和政治学所作的分析,对于特定的历史演变所造成的多种或然性的分析,以及对革命性变革的分析,极大地转变了20世纪马克思主义的相关性:从一种最初是力图弄清欧洲资本主义的理论变成了一种更多地是与欧洲以外的'不发达'社会联系在一起的理论,后来的历史至少在一定程度上证明了这一点。"①对"不发达社会"的关注是托洛茨基"不断革命论"以及"社会主义国际主义"观念的现实基础和物质载体。然而,对于这个十八岁就成为坚定革命者的人来说,此类观念却并非诞生于围绕十月革命之意义和遗产而同斯大林体制所发生的致命冲突,而是诞生于他在19世纪末和20世纪初的欧洲经历,"三部曲"的作者对此有非同寻常的体察。

在前拿破仑时代的古老欧洲,历史只是静止沉默,人们只是为了某种"历史意义"而成为世世代代的祭品,而这种所谓的"历史意义"仅仅是为了劝告人类:要有意识地、彻底谦卑地领悟区分所有呈现为"历史事实"的那些造物,无论这些创造是否出于人类自身的意志力量,后世之人都应当对之保持一种希腊式的敬畏感。革命年代的到来则传达了一种新的意识:在这崩溃与再生迭出、命运莫测多变的时代,或者如歌德所谓的这历史的巅峰时代,人性却能够非历史地觉察到:要从那种令人恐惧的权力政治的历史主义中解放出来,并走向一种激进政治,因为这种政治可以足够冷静地将所有看似深重的传统一天天地从根源上重新塑造。正是作为对此种意识和热望的回应,杰斐逊说出了"自然界常有风暴,政治世亦当如此"的著名格言,罗伯斯庇尔也给出了更强有力的论断——"终结即是开

---

① 《布莱克威尔政治学百科全书》,"托洛茨基"词条。

端"。然而,魔鬼是个老年人,若要与之斗争,就必须首先变老;在中欧,德意志唯心论所激发起的全部热情在19世纪70年代之后,以一种歌德和席勒完全想不到的方式走向其早期理想的反面,以向现实政治和历史主义顶礼膜拜的唯心论来证明德意志帝国;在特赖奇克或梅尼克这代人看来,康德的"永久和平"规划就其现实意义而言,仅仅是徒然地为拿破仑帝制张目而已;权力作为唯一的创造者而被赞颂,帝国的政治反对派失去所有政治依靠,只能通过抽象的法律思想和纯粹的"烂纸片"所提出的议会动议而发出某种纯粹出于道德本能的呼吁,这一切势必被视为虚伪的和缺乏智慧的作品,致使德国人几乎无法就法律原则的被侵犯具备足够敏感的反应。在同时代的法国,共和国就德雷福斯事件与保守派进行了卓越的不懈斗争,并由此重新焕发出共和价值观的青春活力。步入20世纪,法国公共生活的重心仍然在于对19世纪价值的捍卫,1906年的德雷福斯和1806年的拿破仑之间的深刻关联不难从下面这一事实看出:德意志法权感什么时候曾被一个类似德雷福斯案件这样的错误判决如此深刻地震动过?人们同时也深刻见证了前1848年代法国"空论派"和自由派基于抽象正义、理性等观念的妥协秩序是如何在拿破仑三世的"全民公决"行动中沦为纯粹经济论的保守秩序。

与此同时,在英国,对于爱德华七世时代的主流社会来说,确实看不出有什么必要改变现实伦理的基本直觉,尽管它已经完全无法容纳更多、更丰富而且也日益尖利的实际经验;但伦理直觉也正是为一种完全不必受外界事物影响的经验辩护,并成为生活中一种额外但也属本质性的安慰。对这些人来说,当务之急在于彻底摆脱边沁的功利主义,因为在他们看来,边沁主义在道德和正义诸问题上与外在世界或者事实领域所建立的牢固联系,必然导致道德的沦亡和美的丧失。"布鲁门伯格"小圈子在这样的潮流中是有代表性的,实际上,这个小圈子已经完全拒绝了19世纪早期的日常伦理,同时更将清教徒道德视为充满乡野气息的粗度道德,最终将往日里的伦理原则提炼为纯粹的审美原则。的确,这些人始终就是詹姆斯.穆勒一直敏锐注视着的新柏拉图式的贵族,对普通人没有真正的和有组织的了解,而且深深扎根在伯克和斯塔尔夫人的氛围中,相信依靠"高贵的谎言",劝告群众尊重传统惯例,否则文明就要毁灭;无数的人都在重复引用柏拉图禁止年轻人查究法律对错的著名建议。柯林伍德则在他那不同凡响的《自传》中指出,这种以风俗为基础的现实伦理的效果,不管其意向如何,在那些幻想破灭的日子里,是为英格兰社会接受法西斯主义作心理铺垫,正如康德哲学关于个体的理想论述在下一世代顺其自然地沦为新康德主义之后,乃是为作为日尔曼沙文主义的民族浪漫主义作了前奏那样;凯尔森坚决认为应当把"立法"的起源视为"一场巨大的奥秘",人们无法纠察;这一点恰恰切合了那一时代精神所热烈赞同并要求的市场抽象性质,边际学派颇具象征性地消解了市场的制度框架,将之幻化为纯粹的心理事件,个人爱好的绝对主观性决定了市场的特征,因此他们能够不去考虑经济或者法律与政治、历史以及哲学的交流和斗争。他们与世隔绝,躲在黑暗的洞穴中,力图达到一种将对内在美的体验与外在行动隔绝开来的心境,并相信社会活动会妨碍这种对美的体验。歌德所提倡的那种思想与行动的同一性质被"时代精神"所定义的狭窄美学概念拦腰阻截。

霍布斯鲍姆在《革命的年代》中指出,17和18世纪分别发生在英格兰和法国的革命实为"双元革命",也就是以自由为依托的英格兰经济革命和以平等为依托的法国大革命,这是一场政治革命,在1870年之前尚处于有机互动的欧洲整体格局中,"双元革命"势必以经济革命对政治革命的完全吸附和消解作为收场。不必过多介意左派立场惯有的这种简化性叙述,其中确实道出了大革命之后半个世纪进程中的一项基础事实。但在大革命前十年的狂热年代中,作为改革意志担纲者的法国精英阶层都在竭力暗示:必须对自由、平等、理性的理想进行新的解释和定位,伏尔泰在《哲学通信》"论商业"一章以及孟德斯鸠在《论法的精神》"英格兰"一卷中所掀起的英国崇拜热潮必须视为"非法国的东西"予以剪除,英格兰道路在实现这些理想方面不具备任何优势,即便曾经具备,如今看来也已经在功利主义泥潭中瓦解了。精英阶层于是选定了卢梭主义路线作为社会哲学的基础性原则。这一选择对法国经济意识的塑造发挥了关键作用,卢梭借助《波兰政府》宣告了一个据说是居鲁士大帝在古代就宣示过的令谕:贫穷的民族事实上总是能够击败并接管富有民族,金融体制总是会腐败心灵。在为百科全书所撰写的"经济学"辞条中,卢梭将经济学的基础界定为人们享有合理事项而拥有的权利问题,他似乎并不隐讳这一定义实际上等于让经济学退守古代和中世纪的"家政学";米拉波侯爵则进一步否认资本家的社会情感。在法国大革命的社会哲学中,股东承担着天然反社会者的罪孽。分别作为大革命的舆论伟人和政治伟人的卢梭和米拉波,二人对经济学所持的观念为重农学派所支配。作为"重商主义"的敌对者,重农主义享有长久的法兰西敬意,然而,重农学派相当令人吃惊地混淆了商业和"重商主义",混淆了沃尔波尔和科尔伯特,在经济理论史和经济史所能犯下的所有错误中,这个错误可谓无出其右。但是,这一切的发生并非一个人为规划的进程,现实世界从来不是如此,正如金顿在阐述经济决策问题时指出的那样,危机、思想、问题、解决办法,经济生活中的所有这些要素都以相当偶然和随意的方式在政治河流中聚散离合,造就它们的原因异常众多,而未来前景实际上就是这些要素之间的相互促进、相互发现,一种思想只有在兼具足够的必然性和紧迫性之时,才有可能成为具体的社会—政治议题。① 解决办法的制定者倒不一定就是最后一个进来采取行动的人,事情往往并非如此,正如米拉波突然死于革命中途,而卢梭并未见证到革命一样;没有哪个社会可以宣称具有棱角分明的传承体系或者存在理由。然而,重农主义无论如何都应当被视为"旧制度"法国经济生活的主要塑造力量。18世纪法国经济长期受困于资本

---

① 参见,J. Kingdon, *Agenda, Choice and Public Policy*, Boston: Little, Brown, 1984,前言。

不足，如果说财政问题是大革命的导火索，那么资本不足则可说是"旧制度"的致命病因，正是由于这个问题的牵绊，法国在18世纪经历了太多的不幸事件，很难说这些事件必然要发生。环境的因素由此进一步助长了重农主义的力量，它实质上并非一种纯粹的经济理论体系，而是一种道义体系，扎根在形式上的理性和道德论证当中，既能同贵族阶层在反对王权过程中培养起来的反科尔伯特情感和自我尊严感形成完全的匹配，又能同接纳卢梭主义路线的法国改革精英和启蒙知识分子对英格兰的嫉恨和宿怨彼此呼应。就其经济效果而论，很难说重农主义是不是对法国资本主义的崛起造成了毁灭性的反冲力，这毕竟是一个"反事实"的问题，但如果说确实可以从"精神"角度来理解资本主义的话，那么重农主义无疑对法国的资本主义精神造成了彻底的压制，因为它对财富的界定、对商业的敌对、对金融之"非生产性"本质的确认，从根本上就取消了最赋有生产力和扩张力的经济部门，并造成了法国在整个19世纪可悲的经济表现。

当大革命迎来"权利宣言"的时代之时，重农主义作为一个形式上的经济理论体系归于瓦解，"权利宣言"取代了它在"旧制度"时期的位置；人们通常想当然地认为"权利宣言"也是解放生产力的宣言，但实情恰恰相反，酒瓶换了，酒却没有换，"权利宣言"更为强烈地扼制了资本主义在法国的崛起。然而，深受"独立宣言"影响的那一代法国政治精英并没有对"权利"作出此种古典自由主义式的理解，相反，他们将权利概念作了单一化、形式化的理解，并将之视为构造法兰西"一致性"的新工具，而非目的。在第一帝国时期，革命作为实质性的伦理命令和社会要求余威尚存，法兰西"一致性"所要求的法统同革命的实质内容之间存在着既无法兼容又无法克服的矛盾，拿破仑的个人悲剧即是由此注定。波旁王朝试图模仿英格兰查理二世之所为，在复辟旗帜下为财富天下打开大门，但此一时期法国资产阶级尚无能力独立执掌政治，财富定义本身也在"阶级财富"的内部撕裂中归于分裂。

自由经济及其严厉的组织体系同民族主义在19世纪末产生了文化上的合流，由此导致西方世界的道德意识远离意志而切近审美以及伦理。在此种局面之下，欧洲革命力量遭遇了自身的分裂和毁灭，正如舒尔斯克所论，"在1905年之后开辟了二十世纪德意志革命的左翼激进派在酝酿自身的种种概念之时，部分地是作为对战前社会民主党的另一种动力因素的否定性反应，这种动力因素就是工会的改良主义。改良派害怕躁动的群众，视之为革命者，认为群众没有能力追求自身的利益；相反，左翼激进派则认为群众无所不能并加以荣宠。改良派构筑政党机器，部分目的在于遏制党内的革命元素，而左翼激进派则得出结论认为，一部庞大的政党机器同革命目标乃是无法兼容的。社会民主党领导层对外宣讲民主，却将自身的权力奠基于半独裁的体制之上，左翼激进派则对外宣讲社会革命，对内宣讲民主。改良派所持守者乃是18世纪的那种进步主义的乐观主义，也持守着一种信仰，认为统治阶级最终能够看到社会秩序中理性和正义统治之所需，而左翼激进派则阐发着那种马克思式的辩证的、理性主义的乐观主义，这也是一种信仰，认为若以历史境况作为激励，以党作为教师，无产阶级大众作为一个整体将会粉碎古老的、非理性的社会秩序并创建一个新的社会秩序，而这一切皆出自群众自身的那种自发释放的理性能力。"[1]对自发性暴力的左翼信仰和对理性主义的乐观主义的右翼信仰因此陷入类似16世纪宗教战争的僵死局面当中，丧失了任何的调解可能性；西方世界自杰斐逊时代以来对"革命的自然权利"的捍卫行动也因为此种终极而普遍的分裂而归于失败，弗里德里希·瑙曼的"社会帝国主义"此时则顺其自然地扮演了一种综合性的力量，在康德哲学的支撑和引导下，成功地将"革命法权"加以民族主义的改造，并最终纳入国家主义的政治和文化潮流当中。

---

[1] Carl E. Schorske: *German Social Democracy*, 1905 – 1917, Harvard University Press, Cambridge: Massachusetts, 1955, P356.

十九世纪自由思想的集大成者阿克顿勋爵深受德意志思想的影响，由此看来，这一点并不奇怪，他正是在这样一个巨大背景当中高举以宗教为根基的"良知自由"的大旗。在将"良知自由"确立为一切自由之首并且展现为法国大革命所奉行原则的对立面的同时，他也得以顺理成章地将他的"普遍史"解释成一部自由史。革命以及他本人最富创造力的年轻时期对革命的热情在其中则消解于无形。赫伯特·巴特菲尔德对阿克顿"革命"思想的评述实际上就是对十九世纪中后期到二十世纪上半叶欧洲革命血脉之衰落的评述："……在阿克顿心灵当中，辉格党历史解释无论如何都是一种深刻且能够打动人的东西。就英格兰史本身而论，阿克顿的观念排除了那种认为辉格党和托利党都在英国宪政的塑造过程中发挥了作用的观点。同样也排除了如下观点：在极端的右派和左派之间，存在着一种保守的辉格主义，正是这种保守的辉格主义引领着国家这艘航船穿越了危险海域，测度着现实可能性的范围，并最终借助一种更为成熟的真挚智慧阻止了灾难的发生。对阿克顿来说，理论上的辉格主义所奉行的原则，也就是现代自由的原则，这些原则乃是历史当中拯救性的力量，这种力量的效能超越了具体辉格党势力所实施的一切妥协和运作。因此，他便赋予了十七世纪英格兰各个派系以相当高的历史地位，这些派系对于良知自由的坚持以及他们自身所蕴含的革命能量，也都因此获得了相当高的历史地位。同样是出于这样的考虑，他对于美国独立战争也极为仰慕，在他看来，这场真正并非为着财产、继承权利、合法性乃至宪政而展开，而是为着一种新的哲学性的自由观念而战，因此可以说，独立战争启动了现代革命，同时也启动了一种新的、国际性的和不受领土限制的普世辉格主义。因此，在阿克顿看来，现代自由并非从日耳曼原始丛林走来，而是从宾夕法尼亚的森林中走来。然而，1789 到 1793 年间发生的事件使得他的现代革命理论发生了反常变化；毕竟，他从未放弃他早期的观点，认为自由观念尤其应当包容少数人的权利，确切地说，他所见证的自由并非绝对民主体制当中的自由，而是那种对中央权能有着多重约束的自由。他认为立宪君主体制乃是'一切政治形态中最为丰富且最为灵活的体制',法兰西共和国则是一种单一且无可分割的体制,'是最僵硬也最贫瘠的体制',法国大革命期间,这两种体制之间的抉择乃是经由一批人的罪行和另一批人的错误而最终作出的。他在某个场合宣称,'不要过分谴责党派作家,因为我们亏欠他们甚多……这就如同律师也能够为法官提供帮助一样;倘若仅仅是出于历史真实性的漠然考虑,他们也不会表现得如此出色的。'阿克顿本人则远远超越了一个单纯的党派作家,恰恰是他提供了一项优秀的例证,足以证明他的这项论断当中所包含着的真理元素。"①

卢森堡也正是在此种背景之下,批评了俄国布尔什维克镇压公民自由之举。她评论说:"只给政府支持者自由,只给某个政党的成员自由,无论这个政党的规模有多大,这都根本不能称之为自由。自由从来都是给予那些思想不同的人的自由。这种观念的源头并非什么对抽象'正义'的狂热的爱,而是这样一个事实:政治自由当中任何具有启蒙性质、净化作用且健康的事物,都源自事物自身的独立性格,自由一旦成为特权,也就丧失了自由的全部德性……在全国范围压制政治生活,这势必会逐渐折损苏维埃自己的生命力,使之走向衰落。没有普选、新闻自由、集会自由、言论自由,所有公共部门的生活都将趋于衰弱,并转变成为对自身的讽刺画,官僚体制将由此崛起而成为唯一的决定因素。任何人都不可能逃避这个铁律。公共生活日渐消亡,一小撮政党领导人,心怀无限的经历和无限的理想主义,进行指引和统治……最终,派系门阀将发育成为独裁,但这不是无产阶级的独裁,这是一小撮政客的独裁;确切地说,这是布尔乔亚意义上的独裁,雅各宾意义上的独裁……"②毫无疑问,文化审美意识在19世纪末期的过度发达,使得即便卢森堡这样的左翼激进派也不

---

① H. Butterfield, "Lord Acton", *The Historical Association*, London, 1948, P20 - 21.
② 转引自,Carl E. Schorske:*German Social Democracy*,1905 - 1917,P367.

得不用人文主义的文化信仰来改造政治性的革命权利,在反革命集团毫不犹豫地借助武器来恢复并维持秩序的时候,卢森堡的文化意识无论何等深沉,都无法回应革命如何成功这一问题。相反,正如《我的生平》中所深刻剖析的那样,托洛茨基对费加罗深为了解和赞赏,他对政治中的无序和罪恶、对道德和政治之间的那堵"厚厚的墙",有着非凡的清晰意识。正是在这种意识的支配下,托洛茨基成功地担当起"武装的先知"的角色,并以政治世界中的马基雅维利主义者的身份成为列宁的合作者,布尔什维克在力量和组织上的卓越性也绝非德意志社会民主党可同日而语。

然而,也正是出于对政治世界中罪恶之必然性的不同判断,托洛茨基同布哈林走上了不同的道路。"布哈林知道,虽然左派反对派支持反富农的政策,但它不愿意采取斯大林所采取的那种轻率的、血腥的手段。在任何情况下,思想对斯大林来说都是无所谓的,'他是个无原则的阴谋家,使一切都服从于他的权力欲……他一心只想报复……背后下毒手……'因此,斯大林的反对者们不能再让昔日的思想分歧妨碍他们携手自卫。"(《被解除武装的先知》,第 396 页)布哈林过于轻率地将革命所遭遇的困境理解为一个单纯、偶然且为斯大林个人野心所支配的问题,托洛茨基则对革命权利在建设年代、在"一国范围内"必定会遭遇的灭绝性困境从一开始就了然于胸,在本质上,正是 19 世纪的历史主义联手民族主义、国家主义,最后终结了 18 世纪的革命权利意识,使之成为西方政治世界的被放逐者。从更深刻的层面也可以说,这是托洛茨基对政治世界中必然性的深湛体会。他没有选择同此种必然性进行徒劳的对抗,而是如同古希腊城邦中最卓越者常常做的那样,选择了被放逐者的角色,一个"被解除武装的先知",由此,借助"不断革命论"这一观念,在一段腥风血雨的尘世淬炼之后,将革命权利重新带回"恺撒的归恺撒,上帝的归上帝"这一伟大宗教传统当中。从"武装的先知"到"被解除武装的先知",托洛茨基的这段道路在任何意义上都可说是一段班扬所刻画的"天路历程",一段因内心良知和训练而逐渐背离尘世的历程。这段历程本身只不过揭示了人类自身在承受由精确定义而衍生出的统一性法则力量时,是何等脆弱、不堪一击。在这个问题上,没有谁比"三部曲"的作者能够进行更为丰富的揭示了。

(原载于《政治思想史》2014 年第 4 期)

哈贝马斯科学技术意识形态理论探析

陈治国

作者简介

陈治国,1981年5月出生于山东省德州市,首都师范大学哲学博士,现供职于山西大学马克思主义哲学研究所,主要研究领域为马克思主义哲学。主持国家社科基金青年项目,在《科学技术哲学研究》等期刊发表论文近十篇。

二战以来,随着科学技术的进步和"科学技术是第一生产力"的观念的流行,科学技术在当代社会的巨大功能已经得到了普遍的认可,但是在资本主义条件下,科学技术的发展同人类价值的进步产生了矛盾,导致了人类的科技"异化"。

面对科学技术发展的这种新状况,哈贝马斯深入考察了晚期资本主义科学技术的功能,并借鉴了马克思、霍克海默、马尔库塞以及韦伯等人的相关理论成果,形成了自己独具特色的"科学技术意识形态"理论。

一、科学技术已成为现代性社会的基本特征

一般而言,现代性社会是由科学技术奠基的,随着现代性社会的发展,科学技术在社会中的作用愈加突出,以致逐渐成为现代性社会的基本特征,这主要表现在两个方面:

1. 科学技术手段是现代性社会发展的基本动力

现代社会与科学技术具有共生的关系,如果没有科学技术的进步,现

代性社会就会失去其存在与发展的动力,马克思认为:"资产阶级除非对生产工具,从而对生产关系,从而对全部社会关系不断地进行革命,否则就不能生存下去。"①韦伯指出,科学技术理性从根本上促进了资本主义社会的发展,"资本主义的发展以及相关官僚国家的兴起,不断地使行动理性化并使人类行为适应于技术效能的标准"。② 随着资本主义的发展,科学技术在现代性社会中的作用愈加突出,逐渐成为社会生产的主要手段和基本动力,"理性自身已经成为万能经济机器的辅助工具。理性成了用于制造一切其他工具的工具一般,它最终实现了其充当纯粹目的工具的夙愿"。③ 尤其到了晚期资本主义社会,科学技术在社会生产中处于主导地位,是资本主义发展的基础和动力源泉,哈贝马斯认为"技术和科学便成了第一位的生产力","生产力的连续进步取决于科技的进步"④。

2. 科学技术理性成为现代性社会合法性的重要基础

现代性社会中科学技术成了社会生产的最重要的生产手段,而科学技术观念成为人们普遍接受的主要思维形式,深刻影响了人们对于自身存在方式的理解,成为现代性社会统治合法性的重要力量之一,"意识形态是在生产过程本身中,这一见解以富有刺激的形式揭示了普遍的技术合理性的政治方面"。⑤ 霍克海默与阿多诺指出,在现代性社会中,科学技术的进步"迫使按着技术装置塑造自己的肉体和灵魂的个人,进行自我异化"⑥,人们的行为和思维逐渐地科学技术化,在此基础上认可了科学技术的力量,并保障了现代性社会的统治及其权力形式的正当性,"今天,

---

① 《马克思恩格斯选集》第 1 卷,人民出版社,1995,第 275 页。
② 汤普森:《意识形态与现代文化》,高铦等译,译林出版社,2005,第 85 页。
③ 霍克海默、阿道尔诺:《启蒙辩证法》,渠敬东、曹卫东译,上海人民出版社,2003,第 27 页。
④ 哈贝马斯:《作为"意识形态"的技术与科学》,李黎、郭官义译,学林出版社,1999,第 72 页。
⑤ Herbert Marcuse. *One-Dimensional Man*. London:Routledge,1962,p11.
⑥ 霍克海默、阿道尔诺:《启蒙辩证法》,渠敬东,第 26 页。

统治不仅通过技术而且作为技术而使自身永久化并不断扩大,技术为不断扩大的同化所有文化领域的政治权利提供了很大的合法化"①。哈贝马斯也明确指出,"科技的进步甚至具有使统治合法化的功能",而现代社会就是"借助于目的理性活动的子系统而开始的合理化过程为标志的"②,科学技术理性是现代社会合法性的基础,科学技术对于资本主义统治具有重要的维护功能。

二、科学技术意识形态构成晚期资本主义统治的重要力量

法兰克福学派早期代表人物认为,科学技术作为现代社会的发展的基本动力与统治合法化的重要基础,具有意识形态的功能或曰科学技术是现代性社会的意识形态,但是哈贝马斯不同意这种观点,他认为科学技术意识形态并不存在于现代社会的所有阶段,而是出现在现代社会晚期,即科学技术只是晚期资本主义的意识形态,它既是晚期资本主义社会结构重要的有机组成,又是维护现代社会统治的重要力量。

1. 科学技术意识形态是晚期资本主义社会结构的重要因素

科学技术意识形态属于晚期资本主义的意识形态形式,其产生的背景就是晚期资本主义社会结构的新特征。晚期资本主义的第一个特征就是国家干预活动的增加,其实质乃是政治结构的科技化:"它不管实践问题,因而也不管关于接受似乎只涉及民主的意志形成的标准讨论……国家活动的任务表现为技术任务"。③ 晚期资本主义的另一个特征是"科学成了第一位的生产力"。在这两种社会特征形成之后,"自然科学成为教

---

① 马尔库塞:《单向度的人》,刘继译,上海译文出版社,1989,第134-135页。
② 哈贝马斯:《作为"意识形态"的技术与科学》,李黎、郭官义译,学林出版社,1999,第72页。
③ 哈贝马斯:《作为"意识形态"的技术与科学》,李黎、郭官义译,学林出版社,1999,第61页。

条,使它看不见可以影响和构造其运作的微妙价值观体系时,科学自身就变成了意识形态"①,即只有到了晚期资本主义社会,科学技术才成为了意识形态这一社会的重要构成因素。

科学技术成为第一生产力和国家政治活动的科学化为科学技术意识形态提供了合适的社会土壤,在这种语境中,科学技术意识形态作为晚期资本主义社会结构的重要组成部分,渗透到非政治化的广大居民的意识之中,成为社会主导的思想观念与意识形态形式。而这种意识形态则逐渐塑造人们的自我理解,一方面将传统的文化价值作为落后的要素排除出去,将科学技术价值作为唯一的价值形式;另一方面,科学意识形态背后的目的理性系统则压制了人们的交往活动和语言系统,树立了目的理性系统独大的局面,从而使得交往活动逐渐萎缩,退化为一种畸形的交往,成为科学理性的附属物。

2. 科学技术意识形态是维护晚期资本主义统治的重要力量

作为一种新型的意识形态形式,科学技术意识形态对于晚期资本主义的社会统治具有重要的维护功能。

第一、科学技术意识形态具有较少的"意识形态性",从而更能维护统治的稳定性。旧的意识形态是"个别的信仰体系或象征形式,它们在世俗化以后出现,服务于发起政治运动或掌握现代社会中的合法政治权力"②,而科学技术意识形态并不完全是虚假的东西,它含有一定的技术性和真实性,如补偿纲领,而这种补偿纲领就是科学技术意识形态的现实表现,其由于解决了广大人民群众的某些生存问题以及个人的发展问题,从而获得广大人民群众的认可和接受,从而保证了科学技术意识形态的合法性,也就维护了社会统治的稳定性。

---

① 埃德加·哈贝马斯:《关键概念》,杨礼银、朱松峰译,江苏人民出版社,2009,第80页。

② 汤普森:《意识形态与现代文化》,高铦等译,译林出版社,2005,第93页。

第二、科学技术意识形态作为一种隐形意识形态,在突出目的理性系统的子系统问题重要性的同时,又掩盖了人类交往活动中的实践问题,即忽视了人类社会的自由与解放问题,"工具理性并不仅仅是变成了支配性的,而且成了在资本主义制度中被承认的唯一的合理性形式"[1],这种意识形态"站在另一个阶级一边,压制局部的解放的需求,而且损害人类的要求解放的利益本身"[2]。哈贝马斯指出,科学技术意识形态排除了与生活联系的问题,将科学技术问题或目的理性的子系统问题作为社会生活问题的全部和解决这些问题的手段,并且通过这种手段的实施及其结果将生活束缚于目的理性系统的坐标系之内,生活于其中的人们开始被科学技术问题及其思想同化,这无形中消解了广大人民群众的交往意识与反抗意识,维护了晚期资本主义统治的合法性。

科学技术意识形态在维护晚期资本主义统治合法性的同时,损害了人类的整体利益即人类的自由和解放。以科学技术的进步和应用为标志的目的理性活动的子系统的片面化发展,取消了以交往理性为内容的制度框架的合理性,使得生产力的发展失去了解放的潜力,成为阻碍人类自身发展的桎梏。

三、破除科学技术意识形态是重建社会合法化的重要手段

科学技术意识形态凸显了目的理性系统的重要性,却严重损害了交往理性的正常发展,导致人类存在和发展的片面性和异化,这种情况对晚期资本主义的合法性构成了巨大的挑战。只有恢复交往理性的地位,破除科学技术意识形态的束缚,才能建构一个更为合理的社会。哈贝马斯

---

[1] 埃德加·哈贝马斯:《关键概念》,杨礼银、朱松峰译,江苏人民出版社,2009,第85页。
[2] 哈贝马斯:《作为"意识形态"的技术与科学》,李黎、郭官义译,学林出版社,1999 第69页。

设想了几种可能性的途径,企图通过它们反抗科学技术意识形态、恢复交往理性的功能,以便重建晚期资本主义社会的合法性。

1. 建立批判的解释学

哈贝马斯认为交往理性涉及的是一种主体之间的关系,其中的关键是语言理解的问题,他指出,语言是社会系统的"元制度",对于人们的交往活动具有关键性的作用,"把语言理解成为所有社会制度都依赖的元制度具有一种重要意义"①。在科学技术理性的压抑下,交往活动的基础——语言结构也被科学意识形态所侵蚀,语言成为表征社会权力关系的媒介从而具有意识形态的内涵。而语言的意识形态性又造成了语言交往中的"误解系统",使得日常语言交往成为了一种"一贯被扭曲的交往",交往活动失去了其本质,这才导致了科学技术意识形态的滥觞。因此,哈贝马斯认为破除科学技术意识形态的关键和重点就是要改变当前扭曲的语言结构,建立正常的语言交往系统,以达到社会交往活动的合理化。鉴于此,哈贝马斯提出了"批判的解释学"的方法,即通过对交往主体的交往方式进行反思,以此来纠正语言交往的歪曲性,这主要包括两种批判:交往行为者相互对他们的解释进行批判与解释者对自己的解释进行批判,通过这两种批判,使得交往主体能够反思性地使用交往能力,破除科学技术理性的束缚,达到"把技术上有用的知识移入生活世界语境……变得明白易懂"②。进而在这种理解的基础上建立起平等自由的对话关系,以此来破除科学技术意识形态的压制,建构合理的交往活动结构,破除晚期资本主义社会的合法化危机,实现社会历史的合理性。

2. 实行协商民主

在晚期资本主义社会中,科学技术意识形态与国家干预活动片面凸

---

① 哈贝马斯:《评伽达默尔的〈真理与方法〉一书》,郭官义译,《哲学译丛》,1986(6),第73页。

② 哈贝马斯:《解释学要求普遍适用》,高地、鲁旭东、孟庆时译,《哲学译丛》,1986(3),第22页。

出技术问题和补偿纲领,而将人类的自由和价值问题排除出去,民主成为了虚伪的形式,"在市场和管理的自动调节功能下,我们现代人则要使我们自身的行为与交往的最小化相适应"①,"资本主义的致命问题就是把民主工具化……工具性的意识形态仅仅只是统治者愚弄人民的一种手段"②。针对这种情形,哈贝马斯指出,要消除科学技术意识形态对人们的制约,必须要发展一种真正民主化的社会制度,保证人们能够自由地讨论道德实践问题和人类解放问题。哈贝马斯提出了协商民主的对策,这种协商民主包含两个层面的内容,"商议性政治是在意见形成和意志形成过程的不同层次上沿着两个轨道进行的——一个是具有宪法建制形式的,一个是不具有正式形式的"③,前者属于高度结构化和形式化的强公共领域,主要解决的是社会事实上的民主有效性,通过严格的法律程序维护民主的效力;后者属于以非组织化的舆论为主的弱公共领域,主要解决的是合法性意义上的有效性,通过市民的自由交流和协商,体现民意和价值诉求,但是必须遵循语言交往的真实性、真诚性与正当性等原则和程序。可以看出,这种协商民主是一种程序民主,"民主过程是一种纯粹的程序正义,因为在民主过程中并不存在脱离程序的正确性标准;决策的正确性完全取决于过程是否符合程序"④。哈贝马斯主张在遵守严格程序的前提下,强公共领域的民主协商应该向弱公共领域开放,以此将公共舆论和公众意见纳入形式化的法律程序之中,"把国家公民和私人法律主体的利益联系在一起"⑤,保证广大公民意志的法律化,从而实现民主协商的事实意义上的有效性和规范意义上的有效性,并最终体现并保障广大

---

① Andrew Feenberg. Modernity Theory and Technology Studies: "Reflections On Bridging the Gap". in Thomas J. Misa, Philip Brey and Andrew Feenberg Ed. *Modernity and Technology*[M]. Mass:MIT Press,2004, p81.
② 乔瑞金等:《英国的新马克思主义》,人民出版社,2013,第 35 页。
③ 哈贝马斯:《在事实与规范之间》,童世骏译,三联书店,2003,第 389 页。
④ 哈贝马斯:《后民族结构》,曹卫东译,上海人民出版社,2002,第 246 页。
⑤ 哈贝马斯:《交往行为理论》第 2 卷,洪佩郁译,重庆出版社,1994,第 470 页。

人民的意志和权力,在此基础上获得人民群众的认可和拥护,保证晚期资本主义社会的合法性。

3. 发挥社会公众的力量

通过批判的解释学和协商民主为破除科学技术意识形态和发展交往理性提供了条件,那么,现实中的交往主体由谁来充当以反对科学技术意识形态呢?哈贝马斯认为是社会公众。哈贝马斯认为:社会公众通过呼吁科学技术专家与政治专家在公共领域中进行对话,可以树立"人道的科技观",将科学技术的选择同人们的交往活动联系起来,进行"劳动和语言方面的设计"与"整个人类的设计",从而达到主客体的解放,进而促使社会制度更加合理化。

哈贝马斯尤其关注学生团体的反抗力量,因为大、中学生集团不像其他社会阶层那样去被动地适应科学技术意识形态及其发挥作用的社会环境,而是从人类的交往活动层面向社会提出了更高的要求,哈贝马斯从这种要求中看到了破除科学技术意识形态的潜力和建立合理化社会的信心,"从长远的观点看,大、中学生的抗议运动,也许能够持续地破坏这种日益脆弱的功绩意识形态,从而瓦解晚期资本主义的本来就虚弱的、仅仅由于群众的非政治化而受到保护的合法性基础"①。只有瓦解了这种脆弱的合法性基础,才能真正建立起以目的理性和交往理性和谐发展为基础的社会运行方式,才能实现更加合理化的社会制度。

四、结论

面对资本主义社会的新变化,哈贝马斯以科学技术为视角深入考察了资本主义发展的理性基础及其发展趋势,揭露了科学技术意识形态的

---

① 哈贝马斯:《作为"意识形态"的技术与科学》,李黎、郭官义译,学林出版社,1999,第80页。

运行逻辑及其解决的途径,对于深入批判现代资本主义具有重要的影响。

1. 较为科学地回应了当今资本主义社会的新变化

当代资本主义社会出现了诸多的新现象,如何看待这些新现象,特别是如何理解科学技术在当今社会系统中的功能,成为当今社会必须要思考的重大课题。马克思认为,考察社会的变革必须要从物质的和精神或意识的两个维度进行,"在考察这些变革时,必须时刻把下面两者区别开来:一种是生产的经济条件方面所发生的物质的、可以用自然科学的精确性指明的变革,一种是人们借以意识到这个冲突并力求把它克服的那些法律的、政治的、宗教的、艺术的或哲学的,简言之,意识形态的形式"[①]。哈贝马斯确实从社会存在和意识形态方面考察了晚期资本主义状况,揭示了科学技术的意识形态内涵,"以思想的实证主义形式出现的技术与科学,当其被表达为技术决定论时,它就取代了已被摧毁的资产阶级意识形态而成为一种新的意识形态"[②]。这一论断表达了当代资本主义社会科学技术与资本主义的共谋性,科学技术价值中立的思想开始动摇,促进了人们对于科学理性的进一步反思。西方理论界在科学技术意识形态观点的启发之下,对资本主义意识形态进行了多角度的分析与反思,开辟了资本主义意识形态批判的新领域,主要表现为将意识形态批判深入日常生活、审美艺术以及自然科学领域,使得资本主义意识形态批判理论成为一个包容万物的理论体系,这对于正确认识晚期资本主义具有重要的理论价值。

2. 开辟了现代性批判的新模式

"法兰克福学派……在一定意义上都以韦伯和马克思的概念为基础来形成他们对现代社会的批判。"[③]面对科学技术滥觞的晚期资本主义社会,哈贝马斯批判继承了前人的相关理论成果,对科学技术背后的理性,

---

① 《马克思恩格斯选集》第2卷,人民出版社,1995,第33页。
② 奥斯维特:《哈贝马斯》,沈亚生译,黑龙江人民出版社,1994,第21页。
③ Philip Brey,"Theorizing Modernity and Technology",in Thomas J. Misa. Philip Brey and Andrew Feenberg Ed,*Modernity and Technology*. Mass: MIT Press, 2004,p40 – 41.

即工具理性或目的理性系统进行了分析和解释,指出这种理性形式所蕴含的阶级利益、意识形态及其负面效应,否定了科学技术进步将会带来人类社会解放的历史进步观点,在对现代理性进行反思的基础上,对现代性进行了深刻反思与批判;但是哈贝马斯并没有完全否定现代性的理性基础,也不像后现代主义那样反对一切的理性形式,而是在考察不同的理性形式的前提下,主张揭露目的理性系统对于交往理性的侵犯,将交往理性从目的理性的压制下解放出来,重新建立交往理性与目的理性之间的和谐关系,以便使得这两种理性形式为人类的自由和解放服务。由此出发,哈贝马斯建立了分析晚期资本主义社会问题的新模式,即制度框架与目的理性活动的子系统模式,"依据制度框架(相互作用)和目的理性活动(广义上的工具的和战略的活动的'劳动')的子系统之间的相类似的,但又是普遍的关系发展起来的坐标系,更适宜于重建人类历史的社会文化发展阶段"。哈贝马斯的这种新模式既改造了马克思的生产力与生产关系模式,又改进了韦伯的工具理性与价值理性的模式,提出了关于科学技术的目的理性系统与关于社会交往的制度框架系统,并在这二者互相发展的辩证逻辑中说明晚期资本主义的科学技术意识形态问题,这对于解释当今资本主义的社会现象确实非常有效,对于说明科学技术的发展的双面性也是非常适用的。

当然,哈贝马斯的科学技术意识形态批判及其批判模式也具有一定的问题,其中的一些判断和观点缺乏必要的论证。哈贝马斯认为在晚期资本主义社会,马克思的政治经济学批判与阶级观点以及意识形态理论已经过时,应该进行重新的解释与改造,在这一点上未免有些武断。韦默尔指出,法兰克福学派包括哈贝马斯的晚期资本主义社会批判理论,将马克思对资本主义的政治经济批判,"转换成工具理性批判;工具理性批判取代了政治经济学批判,而政治经济学批判又成为对技术文明的批判"[1]。由于

---

[1] Albrecht Wellmer, *Critical theory of society*, New York: Seabury Press, 1974:130.

放弃了历史唯物主义的基本观点,尤其是社会基本矛盾的观点,哈贝马斯在反思科学技术意识形态问题上就显得深度不够,力度不足,面对科学技术意识形态对于人们的压制,提出发展交往活动来对抗科学技术意识形态的压制,最后将反抗力量集中于大、中学生团体以及其他社会公众,而忽视了人民群众的历史创造性和历史主体性,使得其科学技术意识理论缺乏现实的批判力度,在一定程度上陷入乌托邦的幻想之中。关于这一点,最后哈贝马斯自己都承认,"我们只能提出这个问题,而不能有预见性地回答这个问题"。①

(原载《科学技术哲学研究》2014年第4期)

---

① 哈贝马斯:《作为"意识形态"的技术与科学》,李黎、郭官义译,学林出版社,1999,第93页。

荀子思想研究模式的反思与重构

崔存明

作者简介

崔存明,1970年7月出生于内蒙古自治区呼伦贝尔市,首都师范大学哲学博士,现供职于北京印刷学院信息与机电工程学院,主要研究领域为先秦史。主持全国高校古籍整理委员会项目,在《中国社会科学院研究生院学报》等期刊发表论文二十余篇。

一、尊荀—抑荀:荀子对儒家经典经学化的贡献及其历史命运的悖反

荀子在稷下的学术活动中,通过对诸子思想的批判与综合,吸取各家精华,用以解释和发展儒家六经思想,完成了儒家思想的综合创新。这样,荀子的学术活动一方面加快了儒家典籍经学化的步伐,而经学化也就是文化权威化;另一方面也使儒家思想在吸收诸子思想中治世思想精髓后,开始确立了儒家思想的经世致用品质。正如王中江发现:"这种经典权威主义为孔子开创,中经孔门后学和孟子,到荀子被大大扩展。汉以后随着体制性经学的建立,儒家经典成了中国学术和知识统一体系的大本营,也成了保证意识形态、教学、教化和价值统一的基础。"[①]这一观点将荀子对儒家经典权威化及儒家思想制度化的作用给予了肯定。

---

① 王中江:《传道与弘道——荀子的儒学定位》,载姜广辉主编《经学今诠三编》,辽宁教育出版社,2002,第258页。

荀子对于儒家思想传承做出的贡献,自汉代司马迁《史记》至清代,都有学者加以记述与肯定。司马迁《史记·儒林列传》载:"孟子荀卿之列,咸遵夫子之业而润色之,以学显于世。"唐代杨倞在《荀子序》中对荀子传承儒家文化给予了高度评价:"故仲尼定礼乐、作春秋,然后三代遗风弛而复张,而无时无位,功烈不得被于天下,但门人传述而已。陵夷至于战国,……则孔氏之道,几乎息矣。有志之士所为痛心疾首也。故孟轲阐其前,荀卿振其后,……又其书亦所以羽翼六经、增光孔氏。"[1]清代汪中对荀子传经做了充分的肯定:"荀卿之学,出于孔氏,而尤有功于诸经。……六艺之传赖于不绝者,荀卿也。周公作之,孔子述之,荀卿子传之,其撰一也。"[2]皮锡瑞也认为"惟荀卿传经之功甚巨……荀子能传《易》、《诗》、《礼》、《乐》、《春秋》,汉初传其学者极盛"。[3] 近代以来,很多学者对荀子在经学上的贡献加以肯定,如刘师培的《经学教科书》、马宗霍的《中国经学史》、吴雁南主编的《中国经学史》。

然而,在学术史上对于荀子传经与发展儒家思想也有着怀疑、非议和否定的一派。汉文帝时,《孟子》列为博士而《荀子》未能,《荀子》研究即受到抑制。《荀子》自刘向校定为三十二篇后,直到唐代中期才有杨倞做注。流传最广的贬抑荀子思想的观点要算韩愈的"大醇小疵"说。这可能与韩愈作为唐宋八大家之一具有广泛的公众影响力有关。其实,韩愈对荀子贬抑的关键在于他在自己倡导的儒家道统中,将荀子排除在外。《原道》所谓"孔子传之孟轲,轲之死,不得其传焉"。这样,就直接导致宋明理学在以维护儒家道统为己任的背景下,从学术思想的主流上形成了对荀子思想的排斥,甚至出现了将荀子排除在儒家之外的观点。这一思维的流风余韵,直到民国时期的古史辨派仍有人在疑古惑经的旗帜下加

---

[1] 杨倞:《荀子集解·荀子序》,《诸子集成》第二册,上海书店,1986年,第2页。
[2] 汪中:《述学》,《四部丛刊》初编307号,上海书店翻印,1989。
[3] 皮锡瑞:《经学历史》,中华书局,2004,第31-32页。

以继承与延续。李凤鼎《荀子传经辨》就是这一观点的代表。李凤鼎针对汪中对荀子传经之功的肯定，从《毛诗》、《春秋谷梁传》、《春秋公羊传》及《春秋左传》等三部经典的传承谱系考证上，否定荀子对此三经的传承，从而也就否定了汪中对荀子传经的肯定①。同时代之著名国史专家钱穆也在其早年之力作《先秦诸子系年·孔门传经辨》中对儒家传经的统序进行了考证，其中与荀子有关之《诗》统与《谷梁传》的统系，皆被其考证为不可信②。当代学者也有人通过出土文献提供的新材料，对荀子传经思想表示置疑，如江林昌的《郭店楚简〈诗论〉与早期经学史的有关问题》③。

综上所述，我们可以发现，在荀子传经的问题上自汉代以来就存在着两种相互对立的观点。而且，对立双方往往都持之有据，言之成理。与此相适应，对荀子思想整体评价也逐渐形成了从汉唐以来的"尊荀—抑荀"模式的此消彼长。这样，同荀子思想对中国历史发展产生的实质性影响相比较，人们对于荀子及其思想的认识却长期存在着相互对立与矛盾的观点，甚至造成了实际上遵循与理论上反对的悖反现象。正如台湾学者刘又铭所指出："值得一提的是，由于后代学者对荀子所谓'性恶'、'天人之分'的观点成见颇深，对荀学自觉不自觉地排挤往往过度，甚至因为（在同一个人身上）实质继承和心理抗拒的并存而出现了'孟皮荀骨'的怪异现象。"④

所以，我们今天要准确地把握荀子思想是如何在继承孔子思想的基

---

① 李凤鼎：《荀子传经辨》，载罗根泽编《古史辨》第四册，上海古籍出版社，1982，第136—140页。
② 钱穆：《先秦诸子系年》，商务印书馆，2001，第96—101页。
③ 参见江林昌：《郭店楚简〈诗论〉与早期经学史的有关问题》，载姜广辉主编《经学今诠三编》，辽宁教育出版社，2002，第208页。
④ 刘又：《荀子哲学典范及其在后代的变迁转移》，载《汉学研究集刊第三期·荀子研究专号》，国立云林科技大学汉学资料整理研究所出版，2006年12月，第33页。

础上,结合时代发展进行了综合创新,就有必要对这样一种几乎贯穿了汉代以来整个学术史的"尊荀—抑荀"模式进行一番清理,做到辨章源流,考订真伪,从而便于我们正确继承与利用荀子的思想。事实上,对这一模式的反思与转换在近代就已经展开并持续至今。

二、古今中西:荀子思想研究模式的近代转换

如果对近代荀子思想研究进行一下学术史的总结,大致可以分为两个逻辑发展阶段:第一个阶段,传统学术思想史上形成的"尊荀—抑荀"模式的延续与转换;第二个阶段,走出传统学术模式,用西方学术思维研究荀子思想。下面我们以代表性学者及其成果加以说明。

(一)"尊荀—抑荀"模式的延续与转换

在近代荀学研究史上,延续"尊荀—抑荀"模式的学者大多处于清末民初这一历史转折时期。由于新旧时代的剧烈转换,新旧文化的激荡消长,使这些学者在延续这一模式的同时,也常常表现出学术立场的前后摇摆不定,甚至出现前后相反的情况。这一现象正是荀学研究模式由传统向现代过渡的重要标志。我们这里以康有为、谭嗣同和章太炎为代表。

康有为作为近代维新变法的领袖,对近代中国的政治与学术的推陈出新都产生了较大的影响。然而,对康有为学术思想在新旧时代转换视角下前后不一致的特点研究,历来似乎重视较少。我们今天就可以从其对荀子研究观点的前后相悖上来加以领会。有学者已经发现"康有为对荀子的评价有反复"[①]。这主要表现在康有为在1894年成书的《桂学答问》中认为"孔门后学有二大支:一为孟子,一为荀子……圣学原有此二

---

① 陈荣庆:《荀子与战国学术思潮》,西北大学博士学位论文,2007年5月,第3页。

派,不可偏废。而群经多传自荀子,其功尤大"①。这是康有为对荀子的传经之功及其对孔子思想的继承与发扬光大的肯定。但是在他1897年完成的《礼运注叙》中又说:"凡中国二千年儒先所言,自荀卿、刘歆、朱子之说,所言不别真伪精粗美恶,总总皆小康之道也。"②可见,康有为在讲学时又对荀子做了否定式的评价,即认为他同刘歆、朱熹一道,将本来以恢复大同之道为己任的孔子之道,做了庸俗化的传承,即窄化为小康之道。

谭嗣同"二千年荀学说"已经成为一个对荀子的评价方面普及度很高的观点,即所谓:"二千年之政,秦政也,皆大盗也;二千年之学,荀学也,皆乡愿也。惟大盗利用乡愿,惟乡愿工媚大盗。二者交相资,而罔不托之于孔。被托者之大盗乡愿,而责所托之孔,又乌能知孔哉?"③这段文字出自其代表作《仁学》,而《仁学》一书的写作与成书大致在1896年谭嗣同居南京期间。同样是在这一年,谭嗣同在写给唐才常的信中,又有这样的说法:"荀卿生孟子后,倡法后王而尊君统,务反孟子民主之说,嗣同尝斥为乡愿矣。然荀卿究天人之际,多发前人所未发,上可补孟子之缺,下则衍王仲任之一派,此其可非乎?"④这显然是对自己不久前之说法,做了部分修正。

章太炎在近代学术史上是弘扬国学的典型。因此他的荀子思想研究也显示出明确的尊荀立场。但是我们也可以从另一方面发现,章太炎也是较早地积极利用西方理论研究荀子并卓有成效的传统学者之一。这一点江心力已经做了总结:"章太炎作为一代国学大师,传统的经史学训练和西方思想学说的刺激,使他提倡诸子学的研究,走上了尊荀之路。传统治荀方法的沿用,使他确立了荀子的'后圣'地位,章太炎将荀学与西方

---

① 康有为:《康有为全集·第2集》,上海古籍出版社,1990,第54—55页。
② 康有为:《康有为政论集(上)》,汤志钧编,中华书局,1981,第193页。
③ 谭嗣同:《仁学》,载《谭嗣同全集》,中华书局,1981,第337页。
④ 同上书,第525页。

思想理论融合的尝试,促进了荀学研究方法的更新,推动了荀学研究的进一步深入。"①这表明章太炎的荀学研究,在坚持传统思路的同时,也具有较为自觉的从传统向近代过渡的探索意识,并且能够理论联系实际地付诸实践。

(二)西方学术思维下荀子思想研究模式的形成

如果说康有为、谭嗣同与章太炎的荀子思想研究还带有传统方法与近代新方法相纠缠的过渡性特点,那么以胡适、郭沫若、冯友兰、侯外庐为代表的另一派的荀子思想研究者,完全用西方学术方法对荀子思想做现代研究,就形成了另一种与传统的荀子思想研究模式完全不同的新的研究模式,即西方学术思维下的近代荀学研究模式。近代以来,这一模式曾经在很长的时间内是荀子思想研究的主流模式。

胡适《中国哲学史大纲》中关于荀子思想的研究是荀子思想研究近代模式形成的一个重要标志。在这本对中国哲学史研究具有奠基意义的著作中,胡适将荀子思想列为三章:第一章"荀子";第二章"天与性";第三章"心理学与名学"②。这是全面运用西方学术思维解读荀子思想的重要成果。随后,冯友兰在其早期的代表作《中国哲学史》中对荀子的研究,在从学术发展史的角度探讨他与先秦学术关系的基础上,从"天及性"、"荀子之心理学"、"社会国家之起源"等角度进行了研究③。郭沫若在《十批判书·荀子的批判》中,从宇宙观(世界观)、人性论和社会理论的角度,对荀子的思想进行了现代解读④。郭沫若在胡适的基础上,突出了社会发展史的新角度,这与他较早运用唯物主义方法进行社会历史研

---

① 江心力:《20世纪前期的荀学研究》,中国社会科学出版社,2005,第64页。
② 胡适:《胡适学术文集·中国哲学家史(上)》,姜义华主编,中华书局,1991,第205—217页。
③ 冯友兰:《中国哲学史(上册)》,华东师范大学出版社,2000,第212—233页。
④ 郭沫若:《十批判书》,东方出版社,1996,第218页—231页。

究的特点相一致。由于郭沫若在中国近代学术史上的影响,他提出的一些观点,直到今天仍以一种学科常识性的方式影响着学术研究,比如荀子的人定胜天,目前所能看到明确的表达,即始于《十批判书》。侯外庐《中国古代思想学说史》进一步提出了"荀子唯物论的要素及其无神论"、"荀子的认识论与论理学"、"荀子'性恶'论中的两条路线之斗争"①等马克思主义史学的诠释路径。

这样,经由这些中国哲学与思想研究现代范式的开创者们所做的开拓性工作,荀子思想的近代研究模式就逐渐形成。这种模式的基本特点是以天论、性论(或曰人性论,发展到后来直接以荀子性恶论代替荀子性论)以及认识论;或者是以荀子的政治思想、荀子的经济思想、荀子的伦理思想、荀子的心理学等为理论框架来进行荀子思想研究。这种模式实际上就是用西方学术思维解读荀子思想。我们将这一模式概括为荀子思想的西方式解读。这一模式持续了近一个世纪,直到今天,荀子思想研究仍是以这一模式为主流。尽管新方法不断产生,但是真正替代近代以来以西释中的荀子思想研究模式,还需要进一步的努力。

综上所述,近代以来学者对荀子思想的研究形成了两种固定的模式:"尊荀—抑荀的延续"(这一模式面临着处理好古今关系的问题)和"荀子思想的西方式解读"(这一模式面临着处理好中西关系的问题),因此这两种模式面对的是荀子思想研究中的古今中西问题。在这两种研究模式下,当前荀子思想的研究已经陷入了重重框架之中。在这些框架下,一方面,随着秦汉以来2000多年学术史研究的积累,形成了日益复杂的荀学理论体系;另一方面,由于复杂的荀学体系的层层包裹,在后来学者视野中的荀子本义不断地被时代剃刀削足适履而日渐隐晦。所以,要使荀子思想能够得到全面准确之理解,并在此基础上为当前之时代发展提供合

---

① 侯外庐:《中国古代思想学说史》,辽宁教育出版社,1998,第223—244页。

理的思想内核,就有必要打破荀子研究的这两种固有模式寻找出新的研究方法。

三、反思与重构:中外学者解构与建构传统荀子思想研究模式的尝试

针对近代以来形成的日益僵化的荀子思想研究模式,学术界已经做出了颇有成效的除旧布新之努力。这一方面,主要是以日本学者与港台地区学者的研究成果为主。特别是近年来,在日本与港台的学者中,逐渐形成了一种在对旧有的荀子思想研究模式加以总结的基础上,对其加以解构与建构的风气。这种推陈出新式的研究思路的特点是,抓住近代荀子思想研究过程中形成的荀学核心论题"天人相分"与"性恶论"等加以解构。

从1970年代的日本开始,到当前的港台学术界,这一学术工作卓有成效,促进了人们对荀子思想研究模式进行学术反思的自觉,实质性地推动了荀子思想研究的发展。这种发展,主要是体现在学者开始跳出历史藩篱,对荀子思想本来面目进行逐本溯源性的考察,因而就有了不少超越历史局限性的成果。比如刘又铭通过对荀子哲学典范的反思,发现"程朱、陆王学派以及当代的牟宗三、蔡仁厚等人对荀子哲学的诠释,基本上是以孟子哲学典范为片面的、单一的标准来论证荀子哲学的不足和不能成立,藉以凸显孟子哲学的正统性(也就是唯一正当性)。它们其实不能真正进入荀子哲学的筋骨血脉,不能真正呈现荀子哲学的内在生机。不妨说,它们是不自觉地以孟子哲学的倒反或负面为模型所建构出来的荀学,它们不是真正的荀学,而只是'广义的孟学'的一环,只是孟学的周边、延伸而已"[1]。

在对现有的荀子哲学研究进行具有启发性的反思工作的同时,这些

---

[1] 刘又铭:《荀子哲学典范及其在后代的变迁转移》,载《汉学研究集刊第三期·荀子研究专号》,国立云林科技大学汉学资料整理研究所出版,2006,第33页。

学者也做了重新建构荀子哲学研究模式的努力。具体来说,当前荀子哲学建构工作主要有两种方式:

其一,对荀子思想中的一些重要概念进行重新思考与清理的观念史研究方式。这一层次的研究,实际上处于为新的荀子哲学研究重新清理基本概念的阶段。如佐藤将之在对中日学者荀子哲学解构工作进行了总结之后,拈出《荀子·不苟》中的"诚"概念进行重新解读①。从某种程度上,1978年以后,中国哲学与思想史研究走出单一的二元对立模式的一个重要方法,就是转向概念范畴研究方法,这同西方思想史研究中的观念史研究方法有着异曲同工之效。其目的是为重新建构中国哲学与思想体系提供经过重新清理的基本概念单元。直到现在,这一基础性工作,在中国哲学与思想史的研究中,仍然是一个重要的组成部分。在当前的荀子思想研究中,也同样有许多学者在扎实地做这项工作。这一研究方法的不足之处已经引起学者的思考,杜保瑞认为主要有二点"问题意识不明确"和"体系性建构力不足"②。我们认为,并不是建构力不足,而是因为这一阶段是为建构工作准备原材料之阶段。所以,我们主张要在对荀子主要的概念单元进行清理后,主动转向建构的工作中去,而这一转向的关键在于找到正确的新的研究方法,即建构方法。

其二,对荀学思想核心概念的重新定位。日本学者在对荀子核心概念进行解构后,用新的概念对其进行替换,力图完成新的荀子思想体系的构建。如儿玉六郎主张用"性朴论"代替"性恶论"③。中国有学者用创造诠释学的方法重建荀子思想体系④。我们认为,这一类的荀子思想重

---

① 参见佐藤将之:《荀子哲学的解构与建构:以中日学者之尝试与"诚"概念之探讨为线索》,载《国立台湾大学哲学论评》,2006(34)。
② 杜保瑞:《中国哲学的基本哲学问题与概念范畴》,载《文史哲》,2009(04)。
③ 参见佐藤将之:《荀子哲学的解构与建构:以中日学者之尝试与"诚"概念之探讨为线索》,载《国立台湾大学哲学论评》,2006(34),第93页。
④ 如刘又铭《荀子哲学典范及其在后代的变迁转移》所提出的观点,载《汉学研究集刊第三期·荀子研究专号》,国立云林科技大学汉学资料整理研究所出版,2006年12月。

构工作可以概括为荀子思想的"另一种西方式的解读"。因为他们在做这一工作的时候,其方法的指导思想还是西方式的逻辑思维,没有考虑到在当前的时代背景下中西方思想的融合问题。因此,同他们所做的解构工作相比,其重构工作相对薄弱。

四、趋势与展望:荀子思想研究走向蠡测

尽管中日学者对荀子哲学的解构建构工作取得了一定的成就,但是总体上可以用"解构发人深省,建构稍嫌不足"来加以总结。我们认为,荀子思想研究要取得新的突破与进展,就仍然要对前边所说的古今中西问题加以解决。近代以来的学术研究取得重要进展的经验表明,新学术成果的取得大致不外乎两方面的突破:一曰新方法之发明,二曰新材料之发现。荀子研究的中西问题实际上是一个方法问题,所以我们认为要结合中西比较的前沿,探索研究方法上的更新;荀子思想研究中的古今问题,实际上可以通过新材料的运用加以推进,我们主张与出土文献相结合,从而以逐本溯源之方式,为荀子思想研究模式的转换提供新的文献根据。

(一)中西比较前沿与荀子思想研究的中西问题之解决

荀子思想西方式解读实际上是与中国哲学整体上是在西方学术思维下产生与发展起来的这一学科特殊性背景下的必然结果。近年来,中国哲学的这一先天特点已经得到学术界的关注,先是有关于"中国哲学合法性"的讨论,然后又有"反向格义"说的讨论[1]。这些讨论实际上是我们对中国哲学与思想研究模式的自觉反思。所谓"中国哲学合法性"的讨论,

---

[1] 关于"反向格义"问题的讨论,请参看刘笑敢:《关于"反向格义"之讨论的回应与思索》,载《诠释与定向——中国哲学研究方法之探究》,商务印书馆,2009,第415页。

实际上起到了对西学框架建构中国哲学的反省作用。"反向格义"的讨论,从学理逻辑上看,是对前些年"中国哲学合法性"讨论的深化。从这一角度,我们不同意后来有的学者将"中国哲学合法性"讨论总结成一个伪问题,那样是以今释古,忽略了思想认识提升的过程。

我们认为不论东西方,学术研究的进展都有一个逐级深入的过程。基于这一认识,我们认为当前的中西比较只是在文化层面的比较,因此就必然会陷入以西释中还是以中释西的格义循环中难以定论。要超越这一格义循环,在原层次打转是不能解决问题的,必须寻求层次的提升。那就要深入到思想层面的相互比较与切磋融合,然后求得公约性,再回归到各自的文化主体中,对其加以指导,完成文化之更新。

荀子思想作为近代中国哲学史的内容之一,当然也具有被西方模式建构之学科特点。因此,要对其研究方法加以革新,就必然要在中西融合与会通的基础上,形成具有东西方公约性的方法论后,重新阐释与建构适应当前时代语境的荀子思想。

(二)出土文献与荀子思想研究古今问题的解决

如果说中西比较前沿与荀子思想研究的结合解决了荀子思想研究中的方法论问题,那么大量出土文献的发现,就为我们重新研究与建构包括荀子思想在内的古代思想提供了新材料。学术界也逐渐形成了运用出土文献修正与重建思想史的思潮,而且取得了丰富的成果。如李学勤较早地提倡用出土文献对疑古思潮进行反思,提出了走出疑古时代的说法[①]。日本学者浅野裕一利用出土文献对日本的先秦思想史研究的许多重要观点进行了修正[②]。这些研究成果的取得说明我们利用出土文献,对荀

---

① 有关这一说法的观点与论述请参考李学勤:《走出疑古时代》,辽宁大学出版社,1995。

② 参见浅野裕一《新出土文献与思想史的改写——兼论日本的先秦思想史研究》一文。

思想做返本开新的研究时机已经成熟。

具体到荀子思想研究方面,我们主要是利用荀子同时代以及尽可能接近荀子时代的传世文献与出土文献,重构荀子思想产生的历史语境。这样就会对我们摆脱学术史的历史积累所造成的日益复杂的荀学体系对荀子思想本义的遮蔽,尽可能恢复荀学本来面目提供可能。

五、结论

针对荀子思想研究中长期以来形成的"尊荀—抑荀模式"及其在近代的延续,以及为了摆脱传统束缚形成的"荀子思想的西方式解读模式"对当前荀子思想研究的滞后性影响,本文主张通过及时吸收运用中西比较的前沿成果,在方法论上形成公约性后,结合出土文献所提供的新材料,重构荀子思想,使其既恢复中国思想之本源特点,又能以融会中西的视野加以准确地把握。这样,我们才能完成对荀子思想切合于当前时代语境的解读,实质性推动荀子思想研究模式的推陈出新、继往开来。

(原载《哲学动态》2010 年第 10 期)

巫统与血统:萨满教的祖神与祖先观念

王 伟

作者简介

王伟,1975年9月出生于内蒙古自治区扎兰屯市,首都师范大学哲学博士,现供职于中国社会科学院世界宗教研究所,主要研究领域为萨满教。主持中国博士后科学基金第5批特别资助项目,在《宗教学研究》、《世界宗教文化》等刊物发表论文二十余篇。

萨满教的祖先神与祖先观念是研究萨满教神灵体系需要厘清的一个基本问题,因其颇具复杂性而有必要详加阐述。本文以中国东北部索伦鄂温克族为例,对萨满信仰中的祖先神与祖先观念进行分析,探讨巫统与血统两个体系如何在社会中运作并发挥功能,维持社会的和谐与稳定。

一、萨满教祖先神的一般观念

索伦鄂温克族处在世界范围内萨满信仰的核心区域,其所信奉的萨满教是公认的萨满文化的典型代表。索伦鄂温克族的神灵信仰比较复杂,大体上可以分为三个信仰体系,第一,萨满神灵,即氏族或家族①萨满

---

① 现代社会索伦鄂温克族的氏族制度已经解体,但是氏族与家族的观念仍然在一定程度上存在。人们仍然会被问及"你是哪个哈拉(氏族)的?",不过,这恐怕也是"氏族"的概念所代表的最后内容了。家族所意味的内容相对地多一些,仍有一些地区的索伦鄂温克人以血缘家族为单位共同生活。尽管家族中有些人分散在外地,但是作为这个家族的成员,他们仍对家族有基本的责任和义务。由于家族是从氏族中分化而来,在祖先观念上有重合之处,因此本文以氏族或家族为单位来考察索伦鄂温克人的祖先神与祖先观念。但是鉴于氏族制度的解体,因此除非特定指出,事实上更多地是将家族作为基本的共同体而进行研究。

所领的神灵;第二,家族所传承的神灵,即先人所供奉的神灵;第三,因缘而来的神灵,包括自然界的生灵,如狐、蛇等。这三个体系存在着重合之处,这样的划分只是概括性的,便于研究及叙述的方便。其中第三类神灵通常根据生活需要而供奉,所供之神灵种类繁多,甚至包括鼠、虫等。如果家族萨满认为某个家庭或个人冲撞了鼠神而招致灾祸,那么便可以在其家中的神龛里增加鼠神牌位,由供奉者的子孙世世代代传承。上述索伦鄂温克族的神灵体系中,萨满神灵体系中的祖先神通常也被视为家族的祖先神,而家族传承中的血缘先祖一般仅被看作家族祖先而非神灵,日本学者大间知笃三将这两个系统称为"巫统"与"血统"。通过研究达斡尔族莫昆(家族之意)所信仰的神灵种类和祭祀,及其与莫昆萨满之间的关系,大间知笃三认为,"以莫昆为单位的信仰对象的神灵即氏族共同神,根据其系统的差异,分成如下三种类型。第一系统:血统上的氏族祖先神。第二系统,巫统上的氏族祖先神,即斡卓尔。第三系统:不归属上述任何一方的氏族共同神"。[①] 本文所研究的巫统是指萨满的祖神系统,而血统指家族血缘祖先系统,这两个系统并列存在于包括索伦鄂温克族在内的几个北方少数民族的信仰系统中。这些民族除了鄂温克族之外,还有达斡尔族、鄂伦春族和满族等。

孟慧英曾经对上述东北少数民族的祖先神进行过研究,她认为东北少数民族的祖先神是"第一个到氏族中抓萨满的那个神灵(即第一个被神召的萨满主神,俗称附体于萨满的神灵。这种神灵包括动物或是氏族首领、死亡萨满、女巫、奴隶、被雷击死的人,等等)。这个神灵使得自己的莫昆(氏族或家族)有了第一个领神萨满。当第一任领神的莫昆萨满死后,死亡的萨满灵魂还会在自己的莫昆内选择接班人,把自己的神灵传承下去。每一任萨满都如此延续。每个莫昆都有几代或者十几代的莫昆萨

[①] 大间知笃三等:《北方民族与萨满文化——中国东北民族的人类学调查》,辻雄二、色音编译,中央民族大学出版社,1995,第58页。

满和相对稳定的祖先神灵。这些先辈萨满们,以及通过他们传递下来的神灵,被统称为祖先神、家里的神或根子神"。① 上述祖先神的概念与索伦鄂温克族的祖先神观念有相符之处,也有不同之处。索伦鄂温克族萨满的祖先神中有一位"敖教日"神,"敖教日"意为根,指最早的祖先。② 敖教日神既是所有索伦鄂温克人的家族始祖神,同时也是萨满的始祖神,代表氏族或家族中第一位也是最重要的一位萨满祖神。敖教日神是选择家族萨满的神灵,每一位萨满都必须经由敖教日神选中。因此在萨满举行过关仪式时,必须首先请敖教日神,以证明自己是被选中的。学徒中的萨满只有在请到敖教日神后,才能成为一名真正的萨满。

索伦鄂温克人关于祖先神的传说有一些分歧,有的传说中敖教日神是蛇,也有的传说中敖教日神是龙;传说祖先神是被雷击而死,死后上半身到天上成神,中身留在地上为人,下身化为九个托地神;③还传说尼桑萨满死后成为索伦鄂温克萨满的始祖,每位索伦鄂温克萨满都要继承尼桑萨满的神灵。这些传说之所以有差异,与索伦鄂温克族接触不同民族与文化有关。敖教日神以画像表示,其图像的核心内容通常为最上方有太阳和月亮,中间是两条相对的龙或蛇,下面有九个并排的人形图案。日、月、龙、蛇和人几个要素是比较普遍具有的,此外有的画像上面还有莲花、北斗星等,这些差异也证明民族接触过程中文化的相互影响。

敖教日神是索伦鄂温克各氏族共同祭祀的祖先神,在萨满家庭和普通索伦鄂温克人家庭中普遍供奉。萨满供奉的最重要神灵便是敖教日神,此外,萨满还有数目不同的守护神,每一位萨满的守护神都与其他萨

---

① 孟慧英:《中国东北部地区少数民族萨满教信仰中的巫祖祖先神》,《民族研究》,2009(06)。
② 有的地区将祖先神像挂在对着门的位置,因这个位置叫玛鲁,所以把祖先神称为"玛鲁神"。
③ 内蒙古自治区编写组:《鄂温克族社会历史调查》,内蒙古人民出版社,1986,第114页。

满不同。在萨满信仰中,萨满有什么样的守护神,要根据萨满与神灵的缘分。也就是说,萨满不能随意供奉神灵,只能根据神灵的意愿供奉。是神灵选择萨满,而不是萨满选择神灵。现任萨满所请到的神灵,即便这位萨满离世了,神灵也要在家族中继续供奉下去。萨满所供奉的这些神灵中,只有能在仪式中附体于萨满,并且使萨满的法力增强的神灵,才能被看作萨满的祖先神。

  传统上,普通索伦鄂温克人家首要供奉的也是敖教日神,人们认为怠慢敖教日神会使人患病,因此供奉敖教日神有两个目的,一是求神灵不要生子孙的气,二是求神灵治病赶鬼。有的地区还供奉萨满祖先,据调查,阿荣旗地区的索伦鄂温克认为萨满去世后变成佛,于是用毡子剪成人形,供在祖先神下面,意为"祖先的影子"。① 除供奉祖先神之外,索伦鄂温克家庭还根据情况供奉其他神灵,但是这些神灵不是统一的,不同人家供不同的神。无论供奉多少神灵,其中只有敖教日神是萨满信仰中最强大的神灵,也是萨满信仰的核心部分。正是因为萨满作为整个氏族或家族共同信仰的代言人能够与敖教日神沟通,成为敖教日神在人间的代言者,因此萨满才被看作现实生活中极为重要的核心人物。

二、家族制度背景下的祖神与祖先观念

  根据鄂温克族风葬和树葬的葬俗,以及不直接称呼长辈名字等习俗,我们推断传统鄂温克族没有记录血缘祖先的习惯,这种情况在清代哈拉-莫昆制度建立之后发生改变。索伦鄂温克人将氏族称呼为"哈拉",并用另外一个词"莫昆"称呼氏族的分支。哈拉直译为"根",与汉语的"氏族"之意大体相同,哈拉的成员是同一个人的后代。莫昆基本相当于

---

① 内蒙古自治区编写组:《鄂温克族社会历史调查》,内蒙古人民出版社,1986,第114页。

汉语的"家族",是从氏族中分化出来的分支。哈拉－莫昆制度建立之后,有些氏族开始修纂家谱,祖先记入家谱意味着家族的血缘祖先开始被后人崇拜和纪念。但是根据萨满教的三界观念,神灵在天上,人在中间,亡灵在地下,按照这种逻辑,祖先去世之后归属下界,有别于上界的神灵。因此,理论上,除了那些因为某种特殊情况成为萨满守护神的祖先之外,其他先祖不能被视为祖先神。这种特殊情况之一是,生前是萨满的祖先能够成为氏族或家族祖先神,是因为他们生前作为萨满而拥有特殊身份,所以去世后得以成为祖先神。

随着以父系血缘为基础的哈拉－莫昆制度的确立,萨满被规范在父系血缘世系中传承,萨满神灵也只能在本氏族或家族的萨满中传承。莫昆最初分化出来时的萨满,是该莫昆的始祖萨满,由于萨满是遵从本家族祖先神即敖教日神的意愿而担当此任,因此家族第一位萨满是当之无愧的本家族萨满祖先。其最初成为萨满时所领的神是氏族前辈萨满的神灵,在他(她)去世之后,继任者通常会传承他(她)所有的神灵,为此萨满及萨满所领的神灵共同进入家族神系,由后人供奉祭祀。这些神灵大部分都被该家族视为祖神,但是始祖神却只有一位,即敖教日神。敖教日神守护着家族每一位萨满,帮助他们履行自己在家族中的职责。当一位萨满去世后,敖教日神在本家族中寻找新的萨满继任者,继续履行守护家族的使命。也就是说,萨满是世袭传承的,而能否被敖教日神选中,是萨满继任者是否合法的最重要前提,也是萨满能否完成家族使命的最重要前提。

敖教日神是氏族最大最有力的守护神,每一位氏族成员都只能受本氏族的敖教日神的庇佑。为此,出嫁的女儿也要仿制敖教日神像,带到夫家祭祀,否则,她将失去祖先神的庇佑。索伦鄂温克人关于祖先神的神话有很多,其中的一个这样描述:很久以前,有个留辫子的鄂温克人遇到一个头上长着两个角的大蛇,他经常将自己的食物分给蛇吃。后来大蛇变成一个女人,同这个鄂温克人结了婚。他们生下10个孩子,就是鄂温克人的10个部落。① 从这个神话来看,作为萨满的始祖神也就是巫统之顶端的蛇神,事实上也可以被看做鄂温克人的血缘祖先。在这个神话逻辑之下,巫统与血统合二为一,拥有共同的逻辑起点。

那么,我们有必要考察一下巫统和血统的关系,事实上二者颇为错综复杂。首先,萨满的始祖神被视为氏族始祖神,其传承依赖血缘的传递。其次,血统上的祖先有时会成为萨满的守护神,但是必须是曾经当过萨满的祖先才有这样的能力。第三,一旦成为萨满,便不再是通常意义上的血缘祖先,而是进入巫统的血缘祖先,其在现实中的表现是,萨满去世后不能埋在莫昆墓地,而是建立先当,和莫昆中所有担任过萨满的祖先葬在一起。不能葬入莫昆墓地的还有异常死亡的祖先,比如被雷击而死,或被刀、枪等伤害而死的人。这样的人有时会变成恶鬼而伤人,有时却因为被萨满收服而进入祖先神之列。而葬入莫昆墓地的祖先当然是作为血缘祖先,莫昆墓地便是一般意义上的祖坟地,在清明时节,子孙们有为血缘祖先烧纸、培土的习惯,却绝无以此方法祭祀萨满祖先的习惯。第四,一般来讲,每个莫昆都有一位萨满,莫昆萨满去世后,只在本莫昆寻找继任者。女性继任萨满,出嫁后仍然是娘家的萨满,去世后葬入娘家的坟地,她的所有神灵包括敖教日神也回到娘家,并在娘家寻找继任者。可见,巫统的"正统",也在于血统的正统。

综上所述,家族制度背景下的萨满是以莫昆为单位,带有公共性质,有清楚而严格的传承,有自己的"巫统"。每一位萨满的继承人必须是被选中的,因此而名正言顺,出身"正统"。在萨满神灵的继承上,继任萨满必须能够请到前任萨满的守护神,其中最重要的神灵是"敖教日"神。莫昆萨满担负着本莫昆对宗教活动的需求,包括以莫昆为单位的公共活动,以及个人和家庭在遭遇危机时对萨满的需要,比如医疗、占卜、预测等任何神事活动。同时,莫昆组织有权对萨满进行观察、监测其能力,处理家

---

① 何秀芝、杜拉尔·梅:《我的先人是萨满》,民族出版社,2009,第233页。

族重大事项的莫昆会议,有时也能够管理"神事"。在现代社会还有这样的事件:辉河地区蒙古达托的一个家族没有萨满,莫昆会议认为应该由某人任萨满,此人顶不住压力,只好去学萨满。类似的事件说明,群体对萨满的需要使关于萨满的事件成为社会性事件,而不仅仅是神事。

三、构建于巫统与血统之上的社会秩序

构建于巫统与血统之上的观念体系,以及在此基础上建立的相应社会组织成为两个并行存在而又时有交集的体系,在维持社会秩序方面发挥着重要作用。依托于血统而存在的哈拉－莫昆组织,其功能在于管理氏族或家族内部生产生活、财产分配、婚姻等事件;而巫统结构下的萨满信仰其主要功能则在于处理危机。当社会或个人遇到某些困难,如狩猎无获、牲畜走失,甚至家庭纠纷等,这些困难往往难以通过诉求族长来化解,这时神意便非常重要。而萨满作为人们沟通神灵的中介,在此时便掌握着解决危机的话语权。无论萨满的行为切实与否,求助者由于受到鼓励或暗示而获得内心的安慰,对于他们来说,这种帮助是及时而有效的。

围绕巫统与血统所建立的社会关系是整个社会的核心,就血统而言,以血缘为中心而建立的家族制度具有牢固的凝聚力,其悠久的历史和生存的需要使得这种凝聚力得以增强。即便在家族制度逐步松散的情况下,共同体意识以及对祖先的信仰仍旧是牢固的。当人们以家族萨满的神灵崇拜及其相应的仪式活动为中心而聚集起来时,共同体意识进一步强化。在这种情况下,家族萨满或者莫昆达通过带领家族成员举行共同的仪式活动,在此过程中凸显的仪式神圣性能够有力地强化同族意识。因此,笼罩着神圣光环的家族活动强调了家族的团结,以及家族成员作为一个整体共同面对外部世界的信念。由此,以血缘为纽带的家族制度在社会运转中起到重要作用。

以血缘为基础的哈拉－莫昆制度实际上相当于宗族制度,氏族、家族

是构成社会的单元,个人受氏族、家族制度的制约。宗族制度是社会制度的一个缩影,清代索伦八旗和布特哈八旗建立后,设立总管、佐领、领催等官职,并且在索伦鄂温克人中实行奴隶制,这些举措逐渐在索伦鄂温克族内部形成等级制度。等级观念的形成以及由于受封、嘉奖等拥有私有财产之后,改变了原有的家族财产公有制,出现贫富差距,进一步强化了等级观念。同时,哈拉-莫昆制度所选出的族长相当于家长,也有一定的尊卑观念。对于家族制度的遵从延伸为对政治秩序的遵从,因此由于血缘关系建立起来的社会组织在一定意义上维护了政治秩序和社会秩序。尽管家族制度强调了一种等级秩序,然而与此相对应的是,以神灵观念为基础的萨满信仰所强调的却是一种平等观念。在神灵面前,众子孙平等而和睦,家族成员之间的贫富差异及官民之别被忽略。尽管对神灵的敬拜之时,需要强调辈份和年纪的长幼,然而这种秩序相对容易被接受。在平等的氛围中,血脉相连的关系得以进一步强化,血缘组织得到巩固。

在鄂温克族社会中,正是特定的社会生活条件产生了特定的萨满信仰。涂尔干曾说:"所有的宗教按它们各自的方式来说都是真实的。尽管方式不同,所有的宗教都是对人类存在的某些特定条件的回应。"[1]在他看来,宗教实际上是对社会生活的反映。萨满教反映了社会生活,并且源于社会生活的需要。萨满在血缘群体中的职能非常独特,除了带领群体应对危机之外,还对社会道德观念的树立起到积极的促进作用。一方面,萨满担负着在家族中传播伦理道德观念的职责。萨满所主持的仪式中,祖先常常借萨满之口教诲子孙,主要的内容是劝告子孙行善,例如告诫子孙孝敬父母、尊敬长辈、礼敬他人等,宣扬善有善报、恶有恶报的观念。在为人处世中与人为善,方能得到社会认可,从而获得立足之地。反之,一个作恶的人必然受到社会抛弃和祖先神的处罚。善恶相报的信念深入人

---

[1] 涂尔干:《宗教生活的初级形式》,林宗锦、彭守义译,中央民族大学出版社,1999,第3页。

们内心,成为人们内心自我约束的一股强制力量。另一方面,萨满本人也是伦理道德秩序的维护者。当有人生病或遇到灾祸时,萨满往往通过祖先神或其他神灵之口,将生病与灾祸的原因归咎为此人的行为违背神灵尤其是祖先神的意愿或者冒犯神灵,同时宣称这种违背或冒犯是因为没有遵从伦理道德秩序而造成的。因此,萨满便充当了一个裁定者的角色,判定人们的行为是否合乎伦理,并且敦促人们遵从伦理道德。

我们再考察一下以血统为纽带的家族组织在现代社会如何进行公共活动,以期进一步说明血缘组织如何在现代社会发挥作用。现代社会家族制度已经基本解体,以血缘为纽带的家族成员共同参加的活动已经不多,其中祭祀敖包算是规模比较大的活动之一。家族成员共同祭祀的敖包大体上有两种,一种是家族敖包,一种是先当敖包,即萨满坟墓。由于现代的村屯已经成为血缘与地缘相结合的社会组织,因此敖包祭祀通常成为地缘群体的祭祀活动,只有个别情况下才会出现以某一氏族或家族人群为中心的祭祀活动。例如当某一氏族或家族因故而有祭祀敖包的需要时,才出现以血缘群体为中心的祭祀仪式。需要强调的是,尽管作为血缘群体的共同活动,并且大部分敖包在名义上也归属于某一个氏族或家族,但是祭祀敖包时却很少祭祀祖先,也很少由家族萨满主持祭祀仪式。我们在调研中只听说在辉河地区还有极少数的萨满参加敖包祭祀,而大部分祭祀仪式中没有家族萨满的参与。这种现象说明,现代社会的敖包祭祀已经成为以地缘为中心的血缘群体共同进行的地方性宗教文化活动,血缘群体作为参与公共活动的基本单位,仍然具有一定的凝聚力。但是在先当敖包的祭祀中,萨满却担当重要角色。先当敖包所在之处被视为家族萨满祖坟地,因此,只有本家族成员才有权利和资格祭祀先当敖包。理论上,家族有祭祀先当的义务,莫昆成员必须全体参加祭祀,但是现实中往往在莫昆有需要时才会启动祭祀仪式。去世的萨满被视为家族祖先神,祭祀先当的目的常常在于请求祖先神庇佑家族,因此这种祭祀在意义与功能上与祭祀家族祖先是等同的。从以上考察我们能够看到,血缘关系在村屯中已经不再占据主要地位,村屯已经成为地缘组织。但是在村屯之中,血缘仍具有重要地位,同姓之间更具有凝聚力。血缘群体的亲密更多地源于氏族或家族制度所形成的习惯,使得血缘关系仍旧能够在社会组织构成中起到联结人心的作用。

四、余论

由于通婚和杂居,文化、信仰方面的相互影响加深,萨满信仰日趋边缘化。加之政策方面的影响,促使萨满教一度走向衰退,传统的萨满信仰已然发生不可逆转的变化。近年来,呼伦贝尔草原频繁出现萨满活动,新出的萨满通过宣告家族传承的脉络以取得自身合法性。尽管相当数量的萨满活动仅限于个人行为,其传承关系没有在社会中受到广泛认可,甚至有些萨满在本家族中都难以获得肯定。然而,不乏产生广泛影响力的萨满陆续出现,并且日益受到国内外各界人士的关注。那么,家族制度解体之后的社会,原本紧密依赖于血缘组织的萨满信仰如何维系并在社会中发挥调节作用?我们观察到,在萨满信仰的社会中,仪式是萨满教得以存在的一个直接手段。例如近年来呼伦贝尔草原多数萨满都要举行的"奥米那楞"仪式(萨满过关仪式),其中一个重要的环节是祭祖。在这个仪式中,家族成员共同体会因祖先降临而产生的神圣感,以及因祖先对家族的庇佑而产生的安全感和归属感。这个过程强化了家族观念,也增强了因为有共同的祖先和源头而产生的共同体意识。因此,我们也可以得出这样的结论,"一个制度并非因存在而有功能,反之,乃是因为它有功能所以存在"。[①]

(原载《世界宗教文化》2014 年第 5 期)

[①] 李慰祖:《四大门》,北京大学出版社,2011,第 110 页。

从商谈伦理到商议民主之困境

——基于哈贝马斯的思想

张 起

作者简介

张起,1979年10月出生于北京市西城区,首都师范大学哲学博士,现为中国社会科学院美国研究所博士后,主要研究领域为国际政治理论、政治哲学、政治伦理学。撰有专著《国际政治哲学:结构国际关系理论美国范式》,在《欧洲研究》、《道德与文明》等期刊发表论文二十余篇。

商议民主(deliberative democracy)在当代西方世界无论是作为一种政治理论,还是作为一种政治实践都极具影响。它也是在西方有悠久历史①且于20世纪末兴起的"新民主理论范式",提倡"公民通过自由而平等的对话、讨论、审议等方式,参与公共决策和政治生活"。② 目前国内学界对它的相关探讨,多集中于其理论的基本框架和一般特征,并试图挖掘它对中国当代政治实践的积极作用。如果我们以为"哈贝马斯式的民主共识"在中国的实践困难只在于文化传统的差异,而随着全球跨文化运动

---

① 西方学界普遍认为古希腊哲学家亚里士多德是最早持协商思想的人之一。"协商"概念在其《政治学》与《尼各马科伦理学》中就占有重要的地位。他将"协商"界定为公民公开讨论、相互证明其规律和法律的过程,即建立在公民协商能力的基础上,通过公民之间相互辩论、共同决策得出的结果较之统治者独立决策得出的结论有更好的效果。

② 詹姆斯·博曼、威廉·雷吉:《商议民主:论理性与政治》,陈家刚等译,中央编译出版社,2006,第1页。

和"普世价值"的推广,其理念可顺利在中国落地,那么就暴露出我们没有反思其伦理学基础和政治实践的内在逻辑。进而言之,本文不是对商议民主的文献综述式研究,而是聚焦哈贝马斯提出的商谈伦理和商议政治思想的内在逻辑展开反思:首先通过简析哈贝马斯的商谈伦理的背景和语用学基础,指出导致实践问题的根源所在。其次,针对作为商议民主的两大思想来源的自由主义和共和主义进行一种背景化简析,试图说明它的实践困难在一定程度上源于对这两股思潮的"骑墙策略"。最后,通过解构哈贝马斯式的商谈伦理中可理解的普遍条件,揭露其理想和实践之间的内在矛盾。

一、商谈伦理对三个问题的回应

哈贝马斯建构商谈伦理学(discourse ethics)的过程,是在诊断当代社会道德问题的基础上将语用学(pragmatics)资源构筑的交往理性原则应用于人们道德和政治生活的理论进路,它主要回应三个问题:

1. 为什么要开凿这样一种政治伦理进路?
2. 何谓建立在普遍语用学基础上的"交往行为"理论?
3. 商谈伦理(或商议民主)的具体实践形式是怎样的?

哈贝马斯正是通过回答上述问题夯实了其商议民主理论的伦理学基础。

第一,商谈伦理的提出是为回应当代西方社会普遍存在的价值多元化的现实境遇。在社会日趋多元化的大背景下,某一文化共同体内的"独白"式的伦理传统,在面对与其相异的文化价值的冲击时,不得不走到危机门口——面对外来价值观,是顺应"时务"地妥协融入?还是抓此机遇"普世化"他者?亦或是选择一条与他者对话共赢的道路呢?对一些西方中心论或持"历史终结论"者而言,似乎扮演"普遍历史引路人"的角色才是走出这一危机的良药。① 而哈贝马斯在这一点上同罗尔斯站在同一阵营（理性自由主义），坚定反对这种以西方为中心的"积极自由"观，同时和康德式的普遍主义联姻。

当代西方自由主义传统走入了一个新纪元——民主政治与文化多元在给社会带来更多正义选择、经济自由、市场开放的同时，招致了工具理性主导的恶性竞争多于共赢合作的现代性恶果。特别是在多元文化和多极政治主张的现实中，很易陷入伦理相对主义的（ethical relativism）思维模式："伦理术语和伦理原则是相对于文化、社会甚至个人的。……因此没有客观的伦理真理。道德原则不是普遍有效的，只能遵循我们所在的社会的习俗"，它可能造成的负面后果是"一个给定的社会或许欠缺其道德原则的一致性。……不同的团体和社会会持有相冲突的原则。"② 这恰恰是哈贝马斯的"商谈伦理"所要极力避免的。在他看来，商谈伦理应是一种在肯定社会多元现实以及承认追求个体价值正当性的条件下朝向普遍主义，即诉求"多元声音中的理性同一性"。其中，"同一性"（亦可称为统一性）已非西方传统理性主义中"意识哲学"存在论意义上的绝对的"一"，因为"意识哲学不再把多的同一性当作先于人类心灵的客观整体，而是把它理解为一种心灵本身进行综合的结果"。③ 然而，当代社会中基于原子式个体的世俗伦理似乎使个体性再次举起十字军东征时的战旗而迅速膨胀，导致了一种"伪装的同一性"或"普世主义"，其实质如哈贝马斯一语道破："道德话语只能以一方的特权为目的进行立法，但它却错误

---

① 普世主义理论进路一直在西方学界占有显赫地位，如经典的黑格尔的唯心史观和当代美国政治思想家福山的"历史终结"论等，乃至有新左派之称的美国学者沃勒斯坦的"世界体系"均带有西方中心论色彩。

② 尼古拉斯·布宁、余纪元：《西方哲学英汉对照词典》，人民出版社，2001，第327页。

③ 尤尔根·哈贝马斯：《后形而上学思想》，曹卫东、付德根译，译林出版社，2001，第146页。

地要求代表一种普遍的利益。"[1]哈贝马斯深刻认识到当代文化和价值多元化所蕴藏的危机,并对此开出"普遍对话"的药方——商谈伦理以及后来的商议政治。

此外,哈贝马斯没有同丹尼·贝尔等后现代主义者站在彻底否定"现代性"的阵营中,而是清醒地意识到将当代多元社会中的负面因素轻率地归咎于理性主义传统,是偏激的和误入歧途的做法。后现代主义者错在将人类普遍理性狭义地诠释为"工具理性"——它才是造成文化没落、人际交流疏离化等一系列社会异化现象的元凶。由于工具理性蔓延于生活世界的每一角落,自然包括我们的语言交流领域,语言对话也被异化为以语言为工具的物质利益的交换。因此,当务之急毋宁建立适当且有效的语用学规范,使合理的主体间交往成为可能,即只有建立在有效语言规范基础上的交往理性才是现代性重建的基石。

第二,哈贝马斯提出以交往行为理论原则为核心的语用规范,是要为商谈伦理开凿"普遍语用学"的语言哲学地基,进而矫正人们在现实交往中的"语用异化"。普遍语用学和交往行为理论二者有内在联系,对于前者的解释为说明后者奠定基础,而后者的实践向度更易于被我们所领悟。所谓的"交往行为"并非指通常意义上的人际交往活动,而是一种独特并极其重要的社会互动类型,即试图通过辩论过程来达到相互理解。参与者不仅以利己的方式来影响他人行事,而且在对所处情形产生共同理解的基础上进行协调,以追求一致而非私人优势。[2] 正如哈贝马斯指出:"交往行动的概念预设了语言作为达到某种理解的中介。在该理解过程中,参与者互惠地提出可接受的或有争议的有效主张"。[3] 他进而指出:

---

[1] 尤尔根·哈贝马斯:《现代性的地平线:哈贝马斯访谈录》,李安东、段怀清编译,上海人民出版社,1997,第170页。

[2] 尼古拉斯·布宁、余纪元:《西方哲学英汉对照词典》,人民出版社,2001,第170页。

[3] J. Habermas: *The Theory of Communicative Action: Volume I*, Boston: Beacon Press, 1984, p99.

"在交往行为中,语言理解的共识力量,亦即语言自身的约束力能够把行为协调起来;而在策略行为中,协调效果取决于行为者通过非言语行为对行为语境以及行为者之间所施加的影响。"①并且,他强调交往行为中达成的共识"不是由外在造成的,也不是一方强加给另一方的……明显是由奖励、威胁、诱导或误导等所带来的一切,在主体间都不能算是共识;这样的介入破坏了以言行事力量唤起信服和带来'联系'的前提"。② 因此,商谈伦理的道德保证或根据实际来自"以言行事"的普遍语用学的内在逻辑。

进而言之,这种内在逻辑体现于商谈过程中"可能理解的普遍条件"或"语言的普遍有效性基础"的四种要求:语言表达的可领会性、话语陈述的真实性、话语必须符合社会规范的正当性和言说者态度的真诚性。于是,参与商谈的主体资格须包括认知能力、言说能力和反思能力在内的一般交往规则的能力。其中,主体认知能力所涉及的知识论与西方传统主、客体二元对立的知识论不同,它区分三种不同"世界",即作为外在认识对象的"客观世界",以主体间互动构成的"社会世界"和主体内心表达形成的"主体世界"。并且这三个世界是对应于语言表达的有联系的概念存在。他将传统的二元认识结构中间加入一个主体间世界,意义在于社会世界是以语言为基础的交往行为的发生领域,而对话活动又是普遍和客观的。于是,普遍和客观的交往行为就为冲破主客体二元对立的窘境提供了认识客观性。③ 于是,衡量道德普遍性的标准转化为"通过语言交往而达成的共识"。

第三,为回应交往行为理论如何在民主实践中展开的问题,哈贝马斯设想将商谈伦理从道德实践领域扩展至民主政治领域,希望"这个设想在

---

① 尤尔根·哈贝马斯:《后形而上学思想》,第59页。
② 同上注。
③ 此意义上的客体对象转变为主体语言中的"在者",即语言的界限构成了世界的边界。

尽可能包含一切相关的论证与咨询的道路上理应导致合理的结果——依赖于这样一个中心的直觉，即不只是在理论问题上，而且在实际问题上，参与者通过矛盾和商谈的辩论在原则上达到一致"。① 与商谈伦理逻辑平行的是，商议民主进路诉求的"一致性"蕴含"一个人包容所有人，而又不压迫或排除任何人的政治之观念的形成和意志形成的操作方式"。② 这就是通过非强迫的对话交往行为和交往理性在政治参与者之间自然促成一种共同认可的规范、价值的民主政治生活世界。在此基础上，哈贝马斯提出"双轨协商政治"（two-track deliberative politics），一是通过民主程序来调节以决策为目的的协商（或审议），审议具有宪法制度形式即议会这一类的公共领域；二是不受制度规范的非正式意见形成过程，即一般公共领域。当然，上述设想要在实践中发挥作用，就务必要把抽象原则同人们日常生活中的具体责任、个人动机和社会制度、规范等联系起来，即必须结合基于个体教育的社会实践和相应的伦理与政治制度设置。然而，对于怎样选择能体现普遍语用学内在逻辑的"好的政治机制"和"好的教育模式"，特别是怎样在制度中保障"可理解的普遍条件"，哈贝马斯似乎除了承诺下文将反思的"合理的民主政治进路"外，并未给出应有的答案，这恰恰对其整个商议民主理论大厦造成了巨大安全隐患。

二、骑墙策略：对自由主义和共和主义传统的调和

哈贝马斯提出所谓"合理的民主政治进路"，是从西方传统自由主义（liberalism）和共和主义（republicanism）的民主政治模式的张力中诞生的。一般而言，在自由主义民主政治模式下，政治过程本身被视为工具而非目

---

① 中国社会科学院哲学研究所：《哈贝马斯在华讲演集》，人民出版社，2002，第79页。
② 同上书，第88页。

的,决定政治行为的是私人行为,用乔恩·埃尔斯特(Jon Elster)的话讲"政治的目标就是特定的、对立的私人利益的最佳妥协"。① 但哈贝马斯眼中的政治的目标有明显共和主义倾向,即强调政治对社会化过程的决定作用——"决定性的政治行为是参与公共辩论达成共识"。② 这意味在国家主权和市场调节外,还有"作为社会整合的第三个源泉的团结",并且"这种平行的、以理解或通过交往达到统一为目的的政治意志的形成理应享有优先地位"。③ 这就是"双轨政治"的共和主义的思想根基——政治社会和公民社会的战略关系。

然而,哈贝马斯并没有简单将"双轨政治"建筑于共和主义传统上,而是通过比较自由主义和共和主义传统在关于公民和民主本质方面的区别以指出二者缺陷,从而勾勒出他眼中完美的协商政治的中间路线。具体言之,自由主义下的公民的法律地位是以主体权利为核心,其在法律界限内享有免被国家干涉前提下的"消极自由",并且通过代议制过程与其他自利个体相互作用形成对政府权力的作用的共同意志,这里的出发点和落脚点均是个人。而共和主义认为公民权利在于政治参与权和交往权,恰恰是作为"积极自由"而发挥作用的。公民权利"不保证免予外在压迫的自由,而是保证对公共实践的参与,公民通过实践能够使自己成为自由和平等的人们组成的集体中的政治负责的主体"。④ 这体现出了公民不囿于个体私利取向而对共同善的诉求。进而言之,自由主义的民主政治本质是同市场参与者的选择行为一致的争夺行政权力的斗争,其民主投票模式实际与哈贝马斯的策略行为模式相符合。相反,共和主义的民主政治本质可理解为服从一种"独特的、倾向于理解的公共交往的结

---

① 詹姆斯·博曼、威廉·雷吉:《商议民主:论理性与政治》,陈家刚等译,中央编译出版社,2006,第3页。
② 同上注。
③ 《哈贝马斯在华讲演集》,人民出版社,2002,第80–81。
④ 同上书,第81–82。

构",它不同于市场谈判,其政治过程不囿于工具理性下的如何选择最佳路线的争论,而是关于价值和目标问题的理智协商——将共同善的道德问题引入政治过程中。哈贝马斯似乎更倾向于共和主义的协商模式,因为这不会"使集体的目标回归到相互对立的个人利益的'交易'上"。[①]但他又指出该模式的最大问题是"太理想化,并使民主程序过分依赖于关心公共福利的国家公民的道德"。[②] 于是,哈贝马斯提出的"第三条道路"不仅强调对共同善的诉求,而且要通过合理的手段选择、道德论证来达到利益平衡或妥协——这无疑渗透着自由主义传统。这既不同于自由主义将"国家当做一个经济社会守卫者之表象",也不同于共和主义将"国家当做一个道德集体之表象",[③]此"骑墙立场"在于"使民主程序与规范内涵的结合甚于自由主义的模式,但不如共和主义的模式"。[④]

该路线能否走通取决于有效构造两种传统间的结合方式,即通过满足语用学意义上的普遍交往条件达到先验的实践合法性:放弃共和主义从社群传统继承的既定共同善的进路,同时受启发于自由主义强调程序保障的"游戏规则",通过主体间符合先验规范形式的对话来达到共和主义的整合效果。换言之,在哈贝马斯看来似乎只有普遍语用学的内在逻辑才能担当除了共同善以外的客观对话基础。可见,当代商议政治"形式主义困境"的病根正在于此。

然而,我们即使承认此路线具有形式上的合理性,也无法回避其在整合交往活动过程中的实践困难。现实中任何社群均继承着各自文化传统中的共同善,而要交往主体摒弃既定规范,转而展开哈贝马斯式的"理性对话",同时又免于自由主义式的讨价还价,这显然有悖常识。既定文化规范即使只是"自发性"发挥整合作用,但毕竟为交往主体趋向公利提供

[①] 《哈贝马斯在华讲演集》,人民出版社,2002,第84页。
[②] 同上注。
[③] 同上书,第85页。
[④] 同上书,第86页。

了现实的心理动机。如果放弃共和主义传统进路,去追求"在公共商谈之中介上的观点形成和意志形成"以通达"创建性的共同善",这难免缺乏实践证据。商议民主实践即使起初在主观上追求形成共识,但更多实际结果确是演变为另一种形式的讨价还价。如要探索其他"对实践后果不敏感"的相关辩护,则要反思该路线能否满足作为普遍理解条件的"理性的理想"。

三、"理性的理想"之梦

哈贝马斯在民主政治实践中强调体现公平正义的政治目标,即诉求"理性的一致而不是妥协"。① 这在具体实践层面上要求民主政治除投票外应有一个公共审议的过程,以创新、塑造和转换公民个人偏好,深化公民对于共同利益的理解,从而提高民主投票和参与质量。但问题在于"创新、塑造和转换公民个人偏好"是朝向"共同善"转变还是扭曲为"偏好伪装"(preferences falsification)呢? 这里涉及两类商谈伦理中可理解的普遍条件问题:一是关于"真诚性"的问题——交往主体是否表达了真实偏好? 二是关于普遍条件中可综合归纳为"理性的理想"的问题。

第一,作为商谈伦理中可理解的普遍条件之一"真诚性"原则,无法确保商议民主实践中偏好表达的真诚性。亚当·普热沃斯基(Adam Przeworski)认为虽然"协商"作为一种讨论形式旨在改变人们作为行动基础的偏好,但只要其产生了对"某个共同体具有约束力的决议",则它就是"政治性的"而非"民主的"。② 显然,这里的"政治性"实际指涉意识形态的控制,而商议政治的过程可能会沦为意识形态控制的手段,很难有真诚

---

① 《商议民主:论理性与政治》,第 3 页。
② 约·埃尔斯特主编:《商议民主:挑战与反思》,周艳辉译,中央编译出版社,2009,第 138 页。

的偏好表达。事实上,参与者通过公共商议表达的是内生于对话过程的偏好,而内生偏好作为商谈过程的因变量,易受政治过程中意识形态施加的决定性影响。因此,这是一柄"双刃剑"——基于"理性的理想"的内生偏好可能趋向共同善,而受控于特定政治目的的内生偏好则远离共同善。

即使假设商议民主过程中表达出的偏好能满足帕累托最优条件,① 也可能不是真实偏好的帕累托最优。在实践中,交往主体通常会"理性地隐藏"而非真实表达其基本偏好,这可能出于以下两种情况:A.考虑各种风险决策的预期成本;B.可能迎合社会公众的反应态度。② A 表明交往主体会考虑到其偏好表达的"机会成本",并最终以功利主义(utilitarianism)理由作出"违心"选择。B 表明真实偏好表达本身非常依赖于其可行性,即实际表达出的偏好往往是在社会舆论下的"令人满意"的偏好。

按哈贝马斯的逻辑,"理性公共讨论"应蕴含真诚性原则。但他若以上述方式为真诚性条件辩护,就会陷入无实践指导意义的"循环论证"。因为,他先是通过设定包含真诚性原则的语用条件支持"理性公共讨论"的合法性——真诚性原则是前提。而当他试图为商议民主参与者的真诚性辩护时,再拿出"理性的公共讨论"作盾牌,这不啻于同义语反复(tautology)。此外,从当代西方民主实践来看,无论是自由主义、共和主义,还是商议民主的实践都未达到哈贝马斯所期许的理性共识的形成,我们看到仍是更多、更复杂的多元表达和利益博弈。这迫使我们深入思考理想和现实的差距,以判析哈贝马斯主张的"理性的理想"图画的败笔何在。

第二,理性的理想的内涵在元伦理视角的解构下,无法给商议民主过程提供"公共正当性"和"理性"的理由,更无法使对话参与者达到理性理

---

① 此处的"帕累托最优条件"指民主政治参与者的某些偏好如果超过一定比例地"过分表达",则会让某些表达者获益的同时必然令其他表达者的利益受损,则处于恰当比例的代表性的偏好表达状态才是帕累托最优状态。

② 例如,在功利主义伦理学争议中关于"让某人去死"(消极不作为)和"杀死某人"(积极作为)之间的区别,在实际行动上前者更符合一般公众的"社会偏好"。

想的政治共识。按约舒亚·科恩(Joshua Cohen)的观点,"理性的理想"(Idea of Reason)指商谈参与各方基于各自"在提出、反对或支持其观点时,都需陈述他们的理由"且"希望那些理由(而不是例如权力)将决定其观点的命运"。① 理性的理想在本质上必然蕴含"公共正当性的理想",因为在哈贝马斯语境中理性的协商在很大程度上意味着康德式的普遍性——理性必须是公共或共享的,只有被所有交往主体所承认的理性才是公共理性。支持哈贝马斯者会认为理性的理想和公共正当性理想一起,会趋向实际政治共识的规制性理想(Regulative Ideal of Real Political Consensus)。② 与此相反,笔者更认同杰拉德·F. 高斯(G. F. Gaus)的观点:"理性理想和公共正当性理性使我们远离实际政治共识的规制性理想,而不是趋向它。"③理性的理想和公共正当性思想并非能让协商参与者驶达现实政治共识的彼岸。

首先,从"公共正当性的理想"的内涵看,人们在商议政治过程中的表达蕴含一种康德式普遍主义的诉求。进而言之,除了"真诚性"要求外,可理解的普遍交往条件中的其他三者(可领会性、正当性和真实性),就其共同本质而言表达了"公共正当性的理想",并作为"理性的理想"引导我们形成康德式普遍主义的共识观念。如果按照以上方式重新刻画哈贝马斯式理性共识,则会有命题 **P**:

> "共识"X 被公认为是正当的,当且仅当,X 被每个善意的、完全理性的且具有充分信息的协商参与者所接受。

完全理性的协商参与者,善意地凭借充分信息参与商谈,这当然满足哈贝马斯设定的普遍交往条件,但这"并没有为实际政治共识的追求奠定

---

① 《商议民主:论理性与政治》,第 151 页。
② 同上书,第 152 页。
③ 同上书,第 153 页。

基础"。① 将协商参与者置于具有完备信息的"超人"地位,不能提供任何可靠的实践出发点。人们总是处于缺乏认知资源和信息的不完备状态中,且往往"利用那些最明显的或者心理上最显著的那部分信息,而特别轻视或忽略更好的信息;……人们将其判断建立在最容易获取信息的基础上"。② 恰恰是这种距"理性的理想"较远的政治实践在实际共识道路上走得更远。当然,"理性的理想"的坚定捍卫者(以下简称"捍卫者")会辩护认为商议民主实践中由于认知缺陷或偏离哈贝马斯普遍交往条件所达"共识"仅算是广泛认同而非理性共识的目标。但是,基本哲学逻辑告诉我们"应当蕴含着能够",反过来讲如果理性理想的普遍交往条件不能进入实践维面的话,则应当遵循"公共正当性"的说法就没有多大意义。

当然,捍卫者可能会通过缩小"理性的理想"的"理性化强度"来回避上述批评。具体做法是弱化普遍条件中的可领会性、真实性和真诚性要求,转而强调在符合社会规范正当性上"做些文章",可领会性和真实性条件要求交往主体具有完备信息和理想认知能力,这与现实中的信息不对称情况和有限认知的现实相矛盾;而真诚性要求也与商议民主过程中偏好伪装的表达不一致。与它们相比,正当性要求在很大程度上基于合理的社会规范的要求,若用正当性要求为普遍交往条件的内核来修正命题 P,则有更符合民主实践情况的 Pm:

> "共识"X 被公认是正当的,当且仅当,每个协商参与者都有"合理的理由"接受 X。

但满足公共正当性的关键条件是如何既定所谓"合理的理由"。一种做法是将它界定为具有充分信息的"理性人"所接受的理由,这无疑退回到命题 P。此做法没提供任何新信息,且由于前文已经驳斥了 P,则以其为基的 Pm 不攻自破。另一种做法是将"合理的理由"定义为某种"最低限

---

① 《商议民主:论理性与政治》,第156页。
② 同上书,第157页。

度的可靠信仰或理由的东西",①即在实践中通过滤掉那些与主观形式原则相冲突或有显著否证证据的信念而被"证明"的理由。然而问题是人们面对广袤繁复的人类信念系统,为何从中拣选出某一种而非其他的"最低限度的可靠信仰"来支持人们想要建构的"共识"呢?这里存在多种解法,如诉诸具有普世伦理意义的孔汉思(Hans Küng)式的"金规制"(golden rule),或罗尔斯式的作为政治背景框架的"重叠共识"(overlapping consensus)。可见,依靠"合理的理由"在民主政治实践中似乎很难找到普遍共识。进而言之,用人类实践规范层面的某一"实用的理由"来支持正当性,却又须用理性的理想的标准来判断这些理由是否正当,结果却发现这一"合理理由"可能恰恰是非理性的,如某种宗教提供的信条。

关于理性共识的不同的、乃至相互对立的理解构成了商议民主政治实践的多元景象,这才是今天政治生活的真实写照。因此,我们不妨超越哈贝马斯关于先验交往条件的一系列假设,更不必模仿他对普遍主义的偏执。是否要求协商参与者在主观上形成理性共识并不重要,关键是能否坚定地捍卫公众政治生活的完整性以及很好地继承和发扬社群承载的优秀伦理文化传统,让实践着共同善的人们继续哪怕是"低理性程度"的民主政治之旅——多元商议过程能以一种"平行四边形"的合力形式的客观结构展开,驶向的目的地或许比哈贝马斯式的普遍主义共识更美好。

四、结论

商议民主与其说是哈贝马斯为现实民主政治找到的一条通向理性共识的大道,不如说是在多元化图景的压力下为寻求暂时秩序而堆起的"商议政治之海市蜃楼"。其有限的积极意义是在西方自由主义和共和主义政治传统之外,为民主政治实践提供一个新的思考向度。但如果我们将

---

① 《商议民主:论理性与政治》,第161页。

其视为一种能本土化的政治实践良方,则未必是一种明智的选择。我们毋宁承认:对于有着优秀伦理传统且继承了完整的共同善的社群而言,最好的政治伦理的实践进路就是以这种共同善来指引我们日常的民主政治生活。

(原载《道德与文明》2014 年第 5 期)

《保训》之"中"应训为"常"

李军政

作者简介

李军政,1973年12月出生于河南省安阳市,首都师范大学历史学博士,现任职于文史出版社,主要研究领域为先秦思想。在《中国哲学史》以及《光明日报·国学版》等发表论文数篇。

清华简公布至今,关于《保训》之"中"的涵义众说纷纭、莫衷一是。2011年,廖名春教授在评判了关于《保训》之"中"涵义的十余说之后,又推出了自己的独特见解,认为《保训》之"中"的涵义为"和"①。不可否认的是诸位学者或者有自己的文字学、文本依据,或者有自己的逻辑推理,或者兼而有之,然而笔者认为无论有什么文字学、文本依据,以及何种逻辑推理,判断诸说合理与否,我们可以通过做"代数题"的方法,判断诸说之中哪个或者哪几个合理。这就是把诸家关于《保训》之"中"的涵义代入原文中,看原文是否明晰流畅,看是否和原文所具有的逻辑相冲突。诸位学者关于《保训》之"中"的涵义按是否有形可以分类为"实物说"与"理念说",又可以根据《保训》之"中"的涵义是否统一分为"单涵义说"与"多涵义说"。以"实物说"而言,就笔者所见,全部认为《保训》之"中"的涵义前后一致。以"理念说"而言,除了沈建华研究员以外,其余则全部认为《保训》之"中"的涵义前后一致。笔者不否认在先秦文献中存在着某篇文献或者某部文献前后逻辑不一致之处,但是短短一小段之内即

---

① 廖名春:《清华简〈保训〉篇"中"字释义及其他》,《孔子研究》,2011(02)。

存在着前后逻辑不一致则不可能。下面让我们做一下尝试,把诸说分别归类再代入原文中,看其是否合理。

一、关于《保训》之"中"的"实物说"合理与否

先让我们看一下《保训》中的这段文字:

> 惟王五十年,不瘳,王念日之多历,恐坠保训。戊子,自濆。己丑,昧[爽]……[王]若曰:"发,朕疾适甚,恐不汝及训。昔前代(?)传宝,必受之以詷。今朕疾允病,恐弗念终,女以书受之。钦哉,勿轻!昔舜久作小人,亲耕于历丘,恐求中,自稽厥志,不违于庶万姓之多欲。厥有施于上下远迩,迺易位迩稽,测阴阳之物,咸顺不逆。舜既得中,言不易实变名,身兹备惟允,翼翼不懈,用作三降之德。帝尧嘉之,用受厥绪。呜呼!发,祇之哉!昔微假中于河,以复有易。有易服厥罪。微无害,迺追中于河。微志弗忘,传贻子孙,至于成唐,祇服不懈,用受大命。呜呼!发,敬哉!朕闻兹不旧,命未有所延。今汝祇备毋懈,其有所由矣。不及尔身受大命,敬哉,毋轻!日不足,惟宿不详。"

这段文字为周文王的临终政治遗言,是教导"发"如何做好王,文中列举了"舜"和"微"两个事例。我们首先分析"舜"的事例,笔者认为可以从逻辑上把"舜"的事例分解为三个部分,第一部分为:"昔舜久作小人,亲耕于历丘,恐求中,自稽厥志,不违于庶万姓之多欲。厥有施于上下远迩,迺易位迩稽,测阴阳之物,咸顺不逆。"这一部分讲"舜"如何求"中"、得"中"。第二部分为:"舜既得中,言不易实变名,身兹备惟允,翼翼不懈,用作三降之德。"这一部分讲"舜"如何用"中"。第三部分为:"帝尧嘉之,用受厥绪。"这一部分讲"舜"能够得"中"、用"中"而被授予帝位。"舜"的事例逻辑顺序为:求中→得中→用中→受厥绪。由第二、第三部分求"中"、得"中"、用"中",我们可以看出"中"之内涵必与"不违于庶万

姓之多欲"、"有施于上下远迩"、"易位迩稽"、"测阴阳之物,咸顺不逆"、"不易实变名"同时有关,只有全部满足这些条件,在"舜"的事例中,对"中"的解读才可称为成功。

首先让我们来看一下"实物说"中的"文书"说①,在"舜"这个事例中,笔者认为把"中"解读为"文书"不妥,因为"文书"所求于人,不必"测阴阳之物"。另廖名春教授认为,"迺易位迩稽,测阴阳之物,咸顺不逆"当是"迺易立设稽测,阴阳之物,咸顺不逆"。"'易'可训为改易","'立设稽测',指已设立了的法令制度"②。如果此说成立,所求之"中"确实不需要与"测阴阳之物"发生联系。但是笔者希望就此观点与廖名春教授商榷,笔者认为正由于"舜"能够求"中"、得"中"并用"中"才能够"用受厥绪",只有"受厥绪"后才可能设立法令制度,"久作小人"的"舜"怎么可能在还没有"受厥绪"之前,在求中的过程中就设立法令制度呢?我们是否可以认为"迺易位迩稽,测阴阳之物"中的"位"字不宜解读为"立",此句也不应断句为"迺易立设稽测,阴阳之物","舜"之得"中"也必与"测阴阳之物"有关,我们是否也可以认为,在"舜"这个事例中把"中"解读为"文书"无疑没有说服力。让我们再看一下"实物说"中的"标杆"说③,李零先生认为此"标杆"用于"观测日影"、"观风向,测风力"以及"合军聚众,教练士卒"。我们同样可以认为李零先生此说也不妥,因为无法解释"标杆"与"不违于庶万姓之多欲"、"有施于上下远迩"之关系。笔者又把其他几种实物说都与原文对照了一下,发现无论哪种说法,均不能同时满足"不违于庶万姓之多欲"、"有施于上下远迩"、"测阴阳之物,咸顺不逆"、"不易实变名"这些条件,即便实物中的特殊之物——人,也同样无法同时满足上述条件。

---

① 赵平安:《关于〈保训〉"中"的几点意见》,《中国史研究》2009(03)
② 廖名春:《清华简〈保训〉篇"中"字释义及其他》。
③ 李零:《说清华楚简〈保训〉篇的"中"字》,《中国文物报》,2009年5月20日。

二、关于《保训》之"中"的"理念说"合理与否

接下来让我们分析一下诸家的"理念说"。虽然目前多数学者倾向于"舜"和"微"两个事例里的"中"涵义相同,然而亦有学者有不同意见,如沈建华研究员认为"《保训》简以尧、舜、微三代帝王之例,用了四次'中'字,向武王讲述了不同时代君主所使用的'中'字理念,有着不同的层次含义,是文王遗训的核心思想。第一个'恐求中',指舜帝担心失去'中';第二个'既得中',指取于'执中';第三个上甲微'借中',指借助公平正义;第四个'追中',指遵循效法"①。前两个"中"的具体涵义为何?沈建华研究员在这里没有说明,鉴于在其之前发言的"杨朝明教授强调《保训》的'中'和儒家的'中道'是相联系的"②,另从沈建华研究员的阐述可以看出其认为前两个"中"为执中之"中",因而我们可以认为其前两个"中"的涵义为"中道",只不过他和其他"中道"说不同的是其后两个"中"字另有他意。

把前两个"中"的涵义解读为"中道"或者"中庸",笔者认为存在两个问题。第一、"中道"为"中正、中道、适度、不极端"之意,"中庸"则仅有"适度、不极端"之意。细查《保训》原文会发现"中"的涵义应包含"咸顺不逆","顺"为"顺应"。在这里或许有人会说"中道"或者"中庸"已包含"顺应"之意,处事之适度就是顺应事物、顺应规律。让我们再看一下原文"洒易位迩稽,测阴阳之物,咸顺不逆"。前面已经阐述了廖名春教授断句等不合理之处,由此,"易位迩稽"应解读为换位思考。笔者认为人与外界之关系无非两种,一是人与人之关系,二是人与自然之关系。人与

---

① 刘国忠、陈颖飞:《清华简〈保训〉座谈会纪要》,《光明日报》,2009 年 6 月 29 日。
② 同上注。

人可以换位思考,人与自然则无法换位思考,所以这里是说"舜"通过换位思考人事关系。笔者认为"测阴阳之物"应解读为"舜"观察自然界之规律,然对自然之规律也无法以"中道"来完全处理,比如一亩地播多少种可以适度,这样的确可以中道来解释顺应事物之规律,但是如果是春播秋收呢?这就只能"顺应",而无法以"中道"来解释。其实廖名春教授把《保训》之"中"解读为"和"①也和"中道说"有同样的麻烦,那就是"和"也无法解释"测阴阳之物,咸顺不逆"。这一句里的"顺"字,儒家之"和"乃是和而不同,并非"顺"之意,两者之别一目了然。或许又有人会说"'阴阳',盖泛指正反两方面的事物"②,笔者以为此说更难以"中道"解读"中",在这里如用"中道"、"适中"之意,笔者认为事物有正面也有反面,但没有"适中之面"。在这里如用"中道""中正"之意,虽可以解读此句为思考事物正反两面以正其名,笔者认为还是不妥,可能正人伦之名,可能正名实之名,怎么可能是正事物正反之名呢?《保训》原文之"中"的涵义还应包含"不易实变名",目前多数学者倾向于把此解读为名实关系,然而总有例外,有人认为"不易实变名"涵义为"不改其实际内容,而变其名,此即孔子所谓'正名',取其中正"③。如果解读为名实关系,显然"中道"之意无法对应,如果解读为"正名",原文逻辑顺序为:求中→得中→用中→受厥绪,笔者认为"久作小人"的"舜"不可能在"受厥绪"前"正名"。我们再接着分析沈建华研究员第三个"借中"之"公平正义"说,以及第四个"追中"之"遵循效法"说。从语言逻辑上来说,借助别人的公平正义当然是没问题的,然而符合语言逻辑未必符合事实逻辑,就事实逻辑上来说,只能学习别人的公平正义,不可能借助别人的公平正义。对于其对第四个"中"之解读,笔者则认为原文"逎追中于河"一句,没有哪个字

---

① 廖名春:《清华简〈保训〉篇"中"字释义及其他》。
② 黄怀信:《清华简〈保训〉补释》,武汉大学简帛网,2011年3月8日。
③ 同上注。

可以对应训为"效法"之意。

最后分析"理念说"里的"天数说"①,此说的作者邢文同笔者一样看到了对"中"的解读需要满足诸多条件,并且指出对"中"的解读不仅要满足"舜"的事例中的诸多条件,还要同时满足"微"的事例中的诸多条件:"昔微假中于河"、"追中于河"、"传贻子孙"。事实上就笔者所推崇的"代入法"而言,可以说邢文的"天数说"是最为成功的一种,笔者认为这种说法只是在"迺追中于河"这一句上遇到了麻烦。邢文先生说"战后必然要去谢天还愿;还愿者,'归'也,是谓'归中于河'"②。笔者以为,如果作此种解释,原文写"归于河"即可,此处之"中"字岂非多余?笔者曾经思考过,如果邢文的"天数说"符合《保训》的所有逻辑要求会如何?是不是这样其说法就一定成立呢?一个最简单的事实就是"中"字怎么可以被解读为"天数"呢?有文字学或者其他文本的支持吗?又比如邢文先生把"归"解释为"还愿",在"微"的时代或者战国时代有"还愿"这种习俗吗?邢文先生有没有考证过"还愿"始于什么时候呢?如果没有史学或者考古学的证据,有人类学的依据吗?于此,我们逐一分析完"理念"说中的"中道"、"中庸"、"和"、"天数"以及"多涵义"诸说,就《保训》的内在逻辑要求来说,它们都值得商榷,下面笔者谈一下自己的看法。

三、《保训》之"中"宜训为"常"

笔者以为部分学者在对《书》类文本的分析时存在一个误区,那就是理所当然地把《书》类文本作为儒家的作品或者以儒家之视野去解读,对《保训》的研究亦如此。笔者以为如果《保训》所载确为文王之事,孔子必定会见到,"中"之思想在孔子思想里那么重要,孔子又以文、武、周公之

---

① 邢文:《清华简〈保训〉研读讲义》,武汉大学简帛网,2010年3月19日。
② 同上注。

继承者自居,为何不见孔子提起?如果《保训》为战国之儒生伪托文王而作,以儒家中道思想去解读《保训》之"中"的含义明显会导致文章逻辑矛盾,为何伪托者竟然视而不见呢?这说明如果《保训》所载确为文王之事,其"中"之义跟孔子及其后的儒家思想相冲突,所以有可能被儒家在编撰《书》类文献时给删掉了。刘起釪先生认为"原来的《书》很多,可达数千篇,这是合乎事理的。因夏、商、周共一千几百年,统治者进行各种活动,发布各种诰令,既然'君举必书',《书》篇的数量应该是很多的"。①刘先生还认为"《墨子》书中也大量引用《书》。他引用的次数远远超过儒家《论语》、《孟子》、《荀子》诸书。所以对于《书》的搜集编排不止儒家一家,其他诸子也在搜集编排,有的或且过之"。② 既然先秦搜集编排《书》类文本并非儒家一家,既然《书》类文本是先秦诸子百家的共同资源,我们是否可以尝试换一个角度来解读《书》类文本?

据蓝野考证,"中"、"常"两字古音相同,并且"中"之本意后由"常"字代替③。《周易·系辞》说"动静有常,刚柔断矣",此"常"字周振甫训为规律④;《荀子·天论》说"天行有常,不为尧存,不为桀亡",梁启雄训"常"为一定之常规⑤,而《古汉语常用词源流辞典》于此"常"字训为规律⑥,其实一定之常规即包含规律之义。《荀子·赋》说"古之常也",此"常"梁启雄采纳杨倞之意训为常道⑦。《老子》十六章:"复命曰常,知常曰明",陈鼓应训"常"为"万物运动与变化中的不变之律则"⑧。《诗经·周颂·思文》是郊祀后稷的乐歌,其诗曰:"贻我来牟,帝命率育,无此疆

---

① 刘起釪:《尚书学史》,中华书局,1989年6月第1版,第11页。
② 同上书,第12页。
③ 蓝野:《唐兰〈释中〉补》,山东师范大学学报(社会科学版),1993(01)。
④ 周振甫:《周易译注》,中华书局,1991年4月第1版,第230页。
⑤ 梁启:《荀子简释》,中华书局,1983年1月新1版,第325页。
⑥ 周绪全、王澄愚:《古汉语常用词源流辞典》,1991年1月第1版,第37页。
⑦ 梁启雄:《荀子简释》,中华书局,1983年1月新1版,第362页。
⑧ 陈鼓应:《老子注译及评介》,中华书局,1984年5月第1版,第126页。

而界,陈常与时夏",马持盈训"常"为"道也,政也,农政也"①。这里还有众所周知的两个例子,其一是《尚书·康诰》中的"惟命不于常",其二是《诗经·文王》中的"天命靡常"。

　　让我们回到《保训》,看看把"中"的规律、规则之意代入《保训》是否能满足所有条件。"昔舜久作小人,亲耕于历丘,恐求中,自稽厥志,不违于庶万姓之多欲。厥有施于上下远迩,迺易位迩稽,测阴阳之物,咸顺不逆。"这段话我们是否可以这样解读:舜在历丘求"中",其求"中"的方法和过程为反思、顺从庶万姓的需求,有施于上下远近,换位思考,观察自然之规则、规律,无论人伦之道还是自然之道皆不违背。"舜既得中,言不易实变名"这句话我们是否可以解读为舜得"中"后,不改变事物之名实之规则、规律。在"微"的例子里,"河"可以训为一个地方也可以训为一个人——河伯。如果"河"训为一个地方,"昔微假中于河","假"可以训为"用"②,此句可以解读为"微"在河这个地方利用事物之规律、规则进行治理。"追中于河","追"可以训为"崇尚、注重"③,此句则可以解读为由于"微"用"中"而"复有易",之后在河这个地区更加注重事物之规律、规则。如果"河"训为"河伯","昔微假中于河","假"可以训为"学习"④,此句可以解读为"微"向"河伯"学习事物之规律、规则,"追中于河",则可以解读为"微"由此崇尚、注重向"河伯"学习的事物之规律、规则。当然,对事物规律、规则的认识也是可以"传贻子孙"的。

　　《逸周书》中的《文儆》、《文传》同样为文王对武王的教导之言,刘起釪先生认为这两篇"保存了西周原有史料,其文字写成可能在春秋时"⑤,王连龙则进一步从体裁、内容、文辞几方面详细论证,认为《逸周书》中的

---

① 马持盈:《诗经今注今译》,台湾商务印书馆,1979年3月第6版,第515页。
② 廖名春:《清华简〈保训〉篇"中"字释义及其他》。
③ 同上注。
④ 黄怀信,《清华简〈保训〉补释》。
⑤ 刘起釪:《尚书学史》,中华书局,1989年6月第1版,第96页。

《文敬》、《文传》与《保训》有着密切关系。① 由此,我们还可以通过把《保训》和这两篇对比,来进一步确认笔者对《保训》之"中"涵义的解读。《保训》篇中的"不违于庶万姓之多欲。厥有施于上下远迩,迺易位迩稽",我们可以参照《文敬》中的"民物多变,民何乡非利"、"壤非壤不高,水非水不流"两句来理解。"壤非壤不高,水非水不流"一句,唐大沛认为其意"谓上下相因之势"②。如果这句可以和《保训》篇中的"不违于庶万姓之多欲。厥有施于上下远迩,迺易位迩稽"做参照理解,我们很容易发现除了把"中"训为"和"以外,其他各说均值得商榷。再看《保训》篇中的"测阴阳之物,咸顺不逆"一句,我们可以参照《文传》中的这段话:

> 山林非时不升斤斧,以成草木之长;川泽非时不入网罟,以成鱼鳖之长;不麛不卵,以成鸟兽之长。畋渔以时,童不夭胎,马不驰骛,土不失宜。土可犯,材可蓄。润湿不谷,树之竹苇莞蒲;砾石不可谷,树之葛木,以为絺绤,以为材用。故凡土地之间者,圣人裁之,并为民利。是鱼鳖归其泉,鸟归其林,孤寡辛苦,咸赖其生。山以遂其材,工匠以为其器,百物以平其利,商贾以通其货。工不失其务,农不失其时。

如果这段话同样可以参照理解《保训》篇中的"测阴阳之物,咸顺不逆",我们会发现,包括"和"在内的诸说均值得商榷。笔者以为《逸周书》中的《文敬》、《文传》可以说是《保训》篇极佳的注解,通过这两篇,我们可以发现《保训》之"中"训为"常"更合适。于此,笔者依据文献,并结合《保训》文本的内在逻辑要求,加之以《文敬》、《文传》为参照,认为《保训》之"中"应训为"常"。

(原载《中国哲学史》2013 年第 1 期)

---

① 王连龙:《〈逸周书〉研究》,社会科学文献出版社,2010 年 10 月第 1 版,第 123－127 页。
② 转引自黄怀信等:《逸周书汇校集注》,上海古籍出版社,2007 年 3 月第一版,第 234 页。

陆九渊哲学思想新探

樊沁永

作者简介

樊沁永,1982年8月出生于江苏省扬州市,首都师范大学历史学博士,现为中国社科院哲学研究所博士后,主要研究领域为儒学、佛学和印度哲学。在《世界宗教文化》、《人文杂志》等刊物发表论文近十篇。

引 言

陆九渊(1139—1193年),字子静,号存斋、象山居士,谥文安。南宋儒学大家,江西抚州金溪人,是南宋理学发展史中重要的思想家之一。传统学术对陆九渊的研究以朱陆之争为主要展开方式,聚讼纷纭数百年,从未断息。现代学术兴起之后,对陆九渊展开了多角度的研究,呈现百花齐放的局面。但是其中影响较大和占有核心地位的主要还是哲学史和思想史方面的研究成果,研究的范式和核心问题主要是由哲学史和思想史研究奠定的。

哲学史和思想史著作之中影响较大的有:冯友兰先生的《中国哲学史(下)》(1934年)、张岱年先生的《中国哲学大纲》(1937年已经完成初稿)以及钱穆先生的《中国思想史》(1952年)、《中国学术思想史论丛(五)》(1978年)。此外,民国时期的学术史类著作凡涉及陆九渊思想的,往往影响也比较大,如蔡元培《中国伦理学史》、吕思勉《理学纲要》、杨东莼的《中国学术史讲话》、陈钟凡《两宋思想史述评》等。

冯友兰先生在他的两卷本《中国哲学史》"陆象山"、"朱陆异同"两节中,从理学的对立面角度简述了陆九渊心学的本体论、修养方法,并比较了在此问题上的朱陆异同。后在《中国哲学史新编》"陆王心学的兴起"一章中,他则提出了陆九渊心学源出程颢的新观点,冯先生的论述是以朱子学为背景,在朱子学立场上对陆九渊心学进行的分析和讨论,在这个意义上,冯先生的论述是接着朱子讲的道学史,对陆九渊的理解未免有门户之见。至于冯友兰先生将陆九渊的学术归为形而下学则是忽视了陆九渊对形而上学的去实体化解释。贺麟先生亦早已在20世纪四十年代于《五十年来的中国哲学》一书中指出了这种偏颇。

张岱年先生的《中国哲学大纲》则从宇宙论和人生论的角度对陆九渊做了介绍,特别是对本根论的分析非常精要。他认为陆九渊的本心源出孟子,反对人心道心之分,认为心即理、即性、即知,不如后来王阳明讲得细致。明心的思想在程颢处已现端倪,明心就是"先立其大者"、"收拾精神,自作主宰"的修养工夫。冯、张两位先生的研究奠定了大陆学术界对陆九渊研究的基本理论框架。但是值得注意的是,张岱年先生强调,"象山之宇宙论,尚不是说宇宙惟一心,或心为万物之本根。象山之本根论,其实可谓是一种极端的唯理论,言理而不言气,认为宇宙惟一理,而此理即具于吾心之中"。[①] 张先生的观点强调了陆九渊的思想不是我们常认为的主观唯心主义,也不同于在认识论意义上的唯心主义。张先生的这一区分精准地把握了陆九渊作为心学代表人物,与杨简、王阳明等人有所差别。

钱穆先生的思想史实际上就是一部简明的哲学思想史,钱穆先生认为,陆九渊对理的理解偏重于人事,对宇宙的理解实指"历史人事","故必明得象山论学,只重人生实践,乃始为把握到象山之真精神"。[②] 钱穆先生的理解区分了朱陆在问题视域上的根本差别,这种非对等性的状况

[①] 张岱年:《中国哲学大纲》,中国社会科学出版社,2004,第66页。
[②] 钱穆:《中国学术思想史论丛》(五),三联出版社,2009,第289页。

应该作为理解朱陆之争的基础,但是大量的朱陆之争的研究都未曾重视这一点,本文的研究强调从这个基本认识出发理解陆九渊思想。

本文对南宋儒学家陆九渊思想的人生论和宇宙论进行了建构性的梳理,尝试区分他在其自身思想以及与朱熹辩争下的理论差别,从而得以全面理解陆九渊哲学思想。

一、"本心"分析

(一)"本心"渊源

关于陆九渊的学术渊源,学界主要有两种观点,一种是将程颢作为陆九渊思想的源头归为心学一脉,最早持此观点的是朱熹,朱熹认为陆学与二程弟子有间接传承关系,冯友兰先生和张岱年先生也同意这样的观点,应该说,从学理上这是成立的,因为程颢思想的心学倾向源出孟子,陆九渊也的确推崇大程,从哲学史的角度讲,同源思想按照先后顺序在逻辑上梳理,符合逻辑与历史相统一的原则。另一种是从陆九渊的文本出发,认为象山之学直接上承孟子,比较有代表性的是牟宗三的观点,牟宗三在他的宋明理学三系说的划分之下,将象山、阳明单归一系。其直接的证据是陆九渊本人表述"因读《孟子》而自得之"。[①] 他认为陆九渊之学"与濂溪、横渠、明道、伊川、五峰、朱子皆不同"。[②] 本文在此问题上主要采用后者的结论,因为本文作为专人研究,更加注重陆九渊学说自身的理路,而不是理学史的研究。[③] 但本文不同意牟先生之处在于,陆九渊的研究不应当以陆王为先在的理论派性预设,区别陆王是陆九渊研究的基本前提。

我们一般将孟子心性思想概括为性善论,最为直接的表述见于他与

---

① 陆九渊:《陆九渊集》,中华书局,2008,第471页。
② 牟宗三:《从陆象山到刘蕺山》,上海古籍出版社,2007,第2页。
③ 刘宗贤著《陆王心学研究》(山东人民出版社,1997年)一书对于陆九渊心学的渊源从先秦和北宋理学思想分章论述,更多的侧重的是理学史和思想史的角度。

告子的争论，他认为："水信无分于东西。无分于上下乎？人性之善也，犹水之就下也。人无有不善，水无有不下。今夫水，搏而跃之，可使过颡；激而行之，可使在山。是岂水之性哉？其势则然也。人之可使为不善，其性亦犹是也。"①孟子明确提出了性善论的命题，认为人性之善如同水往低处流，是先天赋予的。关于性善论孟子还有一个细致的表述就是四端说，他说："恻隐之心，仁之端也；羞恶之心，义之端也；辞让之心，礼之端也；是非之心，智之端也。"②朱熹认为，恻隐之心、羞恶之心、辞让之心、是非之心是情，而仁义礼智是性，心是统括和主导性情的整体。但是，陆九渊并不主张如此解释，他与弟子论学之时，明确反对区分心、性等概念：

> 伯敏云："如何是尽心？性、才、心、情如何分别？"先生云："如吾友此言又是枝叶。虽然，此非吾友之过，盖举世之弊。今之学者读书，只是解字，更不求血脉。且如情、性、心、才，都只是一般物事，言偶不同耳。"伯敏云："莫是同出而异名否？"先生曰："不须说得，说着便不是，将来只是腾口说，为人不为己。若理会得自家实处，他日自明。若必欲说时，则在天者为性，在人者为心，此盖随吾友而言，其实不须如此。只是要尽去为心之累，如吾友适意时，即今便是。"③

陆九渊强调为学为己，不愿在文字上分析和增加新的文本知识，而是强调在个体血脉上体会。这是从孟子思想接续儒家传统的内学，文字上的区分的确也不是孟子的根本目的，孟子的论辩和文字疏解也是迫于时局不得已而为之。陆九渊清楚地了解，儒学在不为自身辩护的情况下，应当从对儒家经典的理解（知）中导向践履（行），而不是通过言语的辨析空图口说，在此意义上，经典的确是人的注脚。因此，孟子的性善论到了陆九渊这里被表述为了心善论，他的心善论同样包括了性、情的整体，虽然

---

① 朱熹：《四书章句集注》，中华书局，2003，第325页。
② 同上书，第238页。
③ 陆九渊：《陆九渊集》，第444页。

没有如同朱熹知识上的分辨,但是的确可以看出源出孟子的证据。一方面,他堵住了在文字上支离于注疏、流于虚说的可能,另一方面他引导学者从生命中体验圣贤的意思。

但陆九渊不分辨、不辩论也是有局限性的,如果从学术传承角度讲,孟子"尽心"、"知性"、"知天"的区分在先秦时期已经树立了一个分析的传统,宋代儒学在应对佛老挑战的情况下,通过理性的方式重建传统同样必然依靠理性分析,否认了知识上的分析,难免造成禅学或者粗陋的印象。而陆九渊如此讲学,在思想传播过程中不可避免断章取义的理解,造成流弊就更加的在所难免了。

(二)"本心"分析

陆九渊说:"仁,人心也,心之在人,是人之所以为人,而与禽兽草木异焉者也。"[①]这里的心即"本心","本心"是人区别于天地间其他庶类的特殊性,是人之所以为人的规定性,从逻辑上分析,"本心"是一个类的规定性概念。对此我们可以从两个方面理解:一方面,"本"是本然实在,是存在的方式和形式;另一方面,"心"被赋予了儒家善的内容,强调的是存在的内容和状态。因此,陆学的"本心"大致可以理解为:人所普遍拥有的本然实在的善。"本心"是人道德生活可能的基础和必然的依据,也是成为圣贤君子的先天基础。具体而言,我们可以从本然、"实"学、主宰这三个方面分析"本心"的哲学意义和思想内涵。

1. 本然

"本心"是陆九渊思想的核心概念,既往对于"本心"的理解都脱离不了本体论的考察,但是,在陆九渊现存的资料中我们并未发现他直接使用"本体"概念。鉴于陆学研究大量使用了"本体"来理解"本心",而西方哲学对于本体的复杂讨论事实上影响着我们对于"本体"的理解,我们不得不首先对中国哲学语境下的"本体"概念进行必要的澄清。张岱年先生

[①] 陆九渊:《陆九渊集》,第373页。

认为："在宋明道学中,所谓体或本体,亦非专指宇宙之最究竟者。"他认为："宋明哲学中所谓本体,常常指一物之本然,少有指宇宙之本根者。……所谓本体亦即本然,原来之意。"①也就是说,宋明理学的本体至少有两种含义:一种是追问本根的形而上学,一种是当下实在的本然。

以朱熹为例,他对于无极太极、理气等问题的研究,关注的是宇宙的本根的问题,是抽象的讨论一切存在物的本原的问题,涉及了宇宙生成和构成两个方面,也就是西方哲学传统所谓的形而上学的问题。朱熹最终确认的理(无极)是一个抽象的原则,是先于这个世界存在的理。虽然他也认为在现实世界中的理不是独立存在的,但是作为终极实体的"逻辑在先"是他所强调的重点。② 因此,本体更适用于朱熹的讨论,因为除了本根的意思之外,他强调现实世界与理合一的部分有"体"的意思,本体应当更能说明朱熹讨论问题的意义所在。

陆九渊的"本心"之"本"在最狭隘的意义上讲是本然,最狭隘的意思是说不涉及宇宙及其构成分析,如果使用本根和本然来区别本体的两种含义,在陆九渊的研究中应当首先注意其本然的含义。因为"本心"之本没有诉诸一个宇宙大化和人生的共同根源,关于这一点,下文将展开论述"心即理"是如何保证二者之间为同构关系,而非决定与被决定的关系。

对陆九渊而言,他关注和讨论问题的起点不是宇宙的本根,而是人生的问题,"本心"之"本"讲的是人的本然的状态,并不能够直接等同于朱子学中的本体,不存在"本心"在人之先的情况,陆九渊更不会同意"本心"是宇宙的起源和本根。又《语录》记载:"'道外无事,事外无道。'先生常言之。"③《大学》云"物有本末,事有终始",④陆九渊的"本"更多的源

---

① 参见张岱年:《中国哲学大纲》,第一编本根论之第一章,中国社会科学出版社,1982。
② 参见陈来:《朱子哲学研究》,理气论之第三章,本文对于朱熹的理解多从此论,华东师范大学出版社,2000。
③ 陆九渊:《陆九渊集》,第395页。
④ 朱熹:《四书章句集注》,第3页。

于此,这是在取譬的意义上理解人的道德必然性。因此,可以直接体验即他的"本"的一个重要验证标准,这样的"本"意味着与个体有着当下的直接关联,不可能独立于每一个个体而存在,但是同时又不完全与当下生命等同。进而他对于道的理解也是一样,不存在不可体验的道,道与"本心"都是具有当下实在性的本然,不是抽象的实体。对陆九渊而言,只能以理智的方式把握而不能体验的对象是不能成立的。

陆九渊认为:

> 盖人受天地之中以生,其本心无有不善,吾未尝不以其本心望之。乃孟子"人皆可以为尧舜","齐王可以保民"之义。[1]

> 人生天地之间,禀阴阳之和,抱五行之秀,其为贵孰得而加焉。使能因其本然,全其固有,则所谓贵者固自有之,自知之,自享之。[2]

也就是说,人天生的原初状态就是善的,善是每一个人都拥有的,是人人都可以成为圣贤的可能性。他认为,人如果能够顺着本然之善行事,使得本来固有的善得到全面展开,则是处于天地之间最为尊贵的了。从所引文字可以看出,陆学的"本然"可以从哲学形式和思想内容两个方面理解,哲学形式上,就是按照字面理解,是"本来的样子",即自然之意。思想内容上,陆九渊顺从孟子的理解,在对心性不做区分的情况下,认为"本然"具有善的内容,因此,"本心"也就是应当理解为:(人)本来的样子就是善的。

从论证的依据看,陆九渊用"本然"说明儒家道德规范实际上依靠的是"自然"这一观念。"自然"是一个完全没有受到外部环境习染的原初状态,人的原初状态对于人的行为和选择具有决定性的意义,"自然"应当成为我们行动之必然的原因。陆九渊继承的孟子的思想内容正是性本善,只要认同了人的原初状态和善是不可分离的,人"自然"的状态即善,

---

[1] 陆九渊:《陆九渊集》,第154页。
[2] 同上书,第347页。

那心本善必然是解释人道德生活的根本原因,自然的善也就意味着应当善。但是,不能忽略的是,"自然"的本义是本来的样子,在内容上的规定性不是很明确。不仅包括人的特殊性,而且包括了人与其他庶类的共性。人区别于其他庶类的特殊性是"本心",这个对于陆九渊毫无疑问应当是"自然"的一部分,但是人的共性不止于此,陆九渊还认为,"人共生乎天地之间,无非同气"。① 虽然他在讲这句话时将结论还是归为扶善沮恶是"义所当然",但是已经显露出了一些问题,心本善如果是因为有直接的同一性为依据,气导向善的依据何在?此外,同样可以归为自然的同于其他庶类的普遍性呢?"本然"在赋予了善的内容之后,"自然"的意义已经遭到削弱和限制,那么,何以独享"自然"才能具备的必然性的法则?"自然"的普遍性和特殊性,究竟哪个才有决定性意义?在此意义上,陆九渊"本然"的用法说明他并没有从哲学上推进孟子对于性本善的论证。

"本心"之"本然"从哲学上来讲,与朱子的理本体论的差别不只是"心"和"理"的差别,更多的是"本然"和"本根"的差别。朱熹的"本体"在孔孟儒学美善合一的传统中添加了"真"的论证,以应对佛老的挑战,而陆九渊的"本然"则没有依靠一个理论的系统来论证,在这个意义上他较为严格地继承了先秦儒学的传统,大体上是通过"自然"来论证,"自然"论证的缺陷通过以上分析已经较为清楚,但是,陆九渊的独特之处在于他的"实"学思想对此进行了较好的补充,这是陆九渊对儒学继承呈现出陆学个性的重要方面。

2."实"学

《语录》记载,"千虚不搏一实,吾平生学问无他,只是一实"。② 如果说"本然"的义理分析在今人看来,带有朴素的独断论的意味和逻辑上的不足,那么,"实"则是陆九渊"本心"思想的重要补充,一定程度上消解了

---

① 陆九渊:《陆九渊集》,第 401 页。
② 同上书,第 399 页。

独断和逻辑问题。因为"本心"不再是言说的论证,而是实行实存的方面,特别是通过体验实证了"本心"的实际存在状态。

《年谱》关于陆九渊与杨简一段"如何是本心"的记载充分体现了"本心"的实在:

> 四明杨敬仲时主富阳簿,摄事临安府中,始承教于先生。及返富阳,三月二十一日,先生过之,问:"如何是本心?"先生曰:"恻隐,仁之端也;羞恶,义之端也;辞让,礼之端也;是非,智之端也。此即是本心。"对曰:"简儿时已晓得,毕竟如何是本心?"凡数问,先生终不易其说,敬仲亦未省。偶有鬻扇者讼至于庭,敬仲断其曲直讫,又问如初。先生曰:"闻适来断扇讼,是者知其所是,非者知其所非,此即敬仲本心。"敬仲忽大觉,始北面纳弟子礼。①

杨简请教"如何是本心",陆九渊用孟子的"四端"说在知识层面说明了"本心"的含义,但是杨简仍然不满足知识层面的回答。杨简再怎么问,陆九渊也未曾从知识上给出新的解释。恰逢杨简断案打断,等到杨简断案归来再问时,陆九渊趁机从杨简断案的活动中,给他指出了"本心"所在,使得杨简从自身言行之中体验到了"本心",从而大觉。杨简之所以心悦诚服地行弟子礼,不是因为陆九渊知识上的传授,而是因为陆九渊在经典文本和实际生活的关联之处点明了关键。杨简所问"如何是本心",真正所指的是"本心如何在"的问题。类似的教学传统《论语》中也有记载,如陆九渊常引用的"颜渊问仁章",颜回向孔子请教仁,孔子答之以"克己复礼为仁,一日克己复礼,天下归仁焉。为仁由己,而由人乎哉?"这样的回答是知识层面的传授,如同此处陆九渊讲解"四端"即"本心"。但是颜回并不满足,而是进一步"请问其目",这样的请教则是要求落实在自己的行为上,"请问其目"本身是求学者"勇"之德行和求真学问

---

① 陆九渊:《陆九渊集》,第487－489页。

的体现,通过实行来具体地践行仁这个德性,不是一个外在的知识的学习,而是修身践履的过程。经过陆九渊的指点,杨简切身找到了"本心",虽然还没有像颜回那样以德性有意识地主导自己的行为,但是确实体认到了"本心"的存在。这样的当下实在的觉解式的传授方式,也就是陆九渊所说的"先知觉后知,先觉觉后觉":

> 古人质实,不尚智巧,言论未详,事实先著,知之为知之,不知为不知。所谓"先知觉后知,先觉觉后觉"者,以其事实觉其事实,故言即其事,事即其言,所谓"言顾行,行顾言"。①

这不仅是陆九渊传授弟子的教学方法,同时也是其自身的读书方法,读儒家经典就是从事实当中实在体会圣贤对于事实的理解和情感,语言和事实是完全一致的。

陆九渊讲"实",直接针对的是两个方面的问题:一个是"虚",针对"虚"强调的是实存或者实在;一个是"说"(学说、观点),针对"说"强调的是践履。

> 大抵学术有说有实,儒者有儒者之说,老氏有老氏之说,释氏有释氏之说,天下之学术众矣,而大门则此三家也。昔之有是说者,本于有是实,后之求是实者,亦必由是说。故凡学者之欲求其实,则必先习其说。既习之,又有得有不得。有得其实者,有徒得其说而不得其实者。说之中又有浅深,有精粗,有偏全,有纯驳,实之中亦有之。凡此皆在其一家之中,而自有辨焉者也。论三家之同异、得失、是非而相讥于得与不得,说与实与夫浅深、精粗、偏全、纯驳之间,而不知其为三家之所均有者,则亦非其至者矣。②

陆九渊认为,"实"是践行学说之后的收获(得),这样的收获又分为

---

① 陆九渊:《陆九渊集》,第27页。
② 同上。

"说"和"实"两个方面,儒释道三家的共性就在于此。陆九渊的"实在"不是描述性的本体论论证,或者说不是在"自然"意义上的论证,而是在人的活动之中的实证,通过当下的践履所体验到的来强调其普遍意义。"虚"指的是佛老以及如同朱熹所谓的无极之类不可体验的理。"说"指的是未能践行的未曾践履的理,其中深浅高下亦有差别。但是"求实"是主要的方面。"实"强调的是在实行中将"本心"发用在人生中经历和体验。"虚"则涵括了不能够实践的虚说和能实践却尚未实践、停留在口头上的言说。

但是,如果将当下实在简单归结为本然或者自然,这就如同说"存在即是合理"。实在的合理性论证或者说明同样需要一个道理作为支撑。陆九渊在这个问题上主要还是强调佛老是为私,儒家是为公。他说:"某尝以义利二字判儒释。又曰公私,其实即义利也。"①但是,判定不是论证,不能从道理上区分儒家与佛老的差别,佛老可以以同样的理由来证明自身的道理的合理性。陆九渊认为:"儒者以人生天地之间,灵于万物,贵于万物,与天地并而为三极。天有天道,地有地道,人有人道。"②"人有人道"不是他简单的宣扬和判定,"人道"即是在人身上自然的规律和法则。并且,佛老之徒首先也是人,作为人必然要遵守这个规律和法则。剩下的问题就是,陆九渊所说的"人道"以何种方式为人所了解呢? 这就是陆九渊较为有特点的体验愉悦的方式,类似于他启发杨简的过程。用孟子的话讲,就是让学者修"天爵"而不是修"人爵"。天爵的修养背后有一个自然的道理,"反身而诚"能体验到至乐,这个乐也就是孔颜乐处之乐,与孔子所说的学而时习之悦、朋来之乐是相通的。陆九渊揭示了自然之道在人身上的体验证明——愉悦,陆九渊常用"快活"、"适意"表达同一个意思。自然情感的发动不仅仅是从道理上的证明,也不仅仅是任何体验都

---

① 陆九渊:《陆九渊集》,第16页。
② 同上书,第17页。

可以,而是要体验到快活才能够构成自然之必然的依据,这种心悦诚服的验证实际上是对主体的德性快乐具有自然基础的描述性论证。从而"实"顺理成章地获得了应当的地位,这个必然性是由自然情感的快乐建立的。

更为重要的是,"实在"不只是偶然的体验,陆九渊强调的"实"除了指出其在人心中之外,还强调"实"的践履意义。他说:"能弃去谬习,复其本心,使此一阳为主于内,造次必于是,颠沛必于是,无终食之间而违于是。此乃所谓有事焉,乃所谓勿忘,乃所谓敬。果能不替不息,乃是积善,乃是集义,乃是善养浩然之气,真能如此,则不愧古人。"①所谓"一阳主于内"正是要求主动地将"本心"从实际生活中体现出来,这是"自作主宰"对"实"学的重要补充。

3. 主宰

陆九渊的"本心"强调"自作主宰"的含义,如同上文所述,"自作主宰"就是人自己为自己提供活动的原因和规则。外物的运动和各种思想学说的影响都不是内在的,这个内外的划分实际上就是儒家"为人"还是"为己"的区别。他认为:

> 此理本天所以与我,非由外铄。明得此理,即是主宰。真能为主,则外物不能移,邪说不能惑。②
>
> 未为私感所害,则心之本然,无适而不正,无感而不通。③
>
> 失了头绪,不是助长,便是忘了,所以做主不得。④
>
> 心官不可旷职。⑤

"本心"之理是天赋的,这个天赋还不是外在的给予,是内在的天生

---

① 陆九渊:《陆九渊集》,第6页。
② 同上书,第4页。
③ 同上书,第342页。
④ 同上书,第435页。
⑤ 同上书,第435页。

具有,了解这个道理本身就是主宰。能够"自作主宰",则外物和邪说不能够影响到人的"本心"的决断。陆九渊强调,人活动的决定性因素内在于人的德性,而这个德性的道理与宇宙的理是一致的,人如果按照本心行动,则完全是符合道德的。换句话讲,没有受到外物的影响,顺从"本心"的规则活动,则人不会在处理与外物的关系中伤害自身的德性,也才能够通达地处理好与外物的关系。人不能"自作主宰"的情况就是如同孟子说的,忘了"本心",或者过于执着,这两种情况都不是"本心"的自然状态,都不是陆九渊所说的主宰的意思。陆九渊还强调心对于人不可缺失的意义,这个不可缺失是严格意义上的,一旦缺失则不是陆九渊所谓的大人人格了。陆九渊强调:

人须是力量宽洪,作主宰。①

人精神在外,至死也劳攘,须收拾作主宰。收得精神在内时,当恻隐即恻隐,当羞恶即羞恶。谁欺得你?谁瞒得你?见得端的后,是甚次第。②

他所说的力量宽洪实际上是一个修养问题,一般说德性要用力,则大多人不知道如何用力,陆九渊认为不知道如何用力的关键在于"本心"不明。明本才能主宰是陆九渊"收拾精神,自作主宰"的关键,也就是说自作主宰是以"本心"为前提的,但是陆王后学的狂放不羁在很大程度上混淆了现实中的人心和"本心"的差别,掺杂了物欲和邪见的成分,使得主宰不是从"本心"所发,这不能不说与陆子有异。陆九渊在解释谦卦卦序的时候强调了"收拾精神"的重要意义:

谦则精神浑收聚于内,不谦则精神浑流散于外。惟能辨得吾一身所以在天地间举措动作之由,而敛藏其精神,使之在内而不在外,

---

① 陆九渊:《陆九渊集》,第453页。
② 同上书,第454页。

则此心斯可得而复矣。①

他认为,保持谦的态度,人才能够将精神收敛在为己之学上,不谦则必然是对外物有所欲求和偏执。只有在辨明人在天地间活动的原因在于自身的"本心",并进而将工夫用在为己之学上,"本心"才能得以恢复。事实上,"收拾精神"的这个过程同样是"自作主宰"的过程。陆九渊还在与杨简的书信中具体讨论了用力的问题:

> 承谕未尝用力,而旧习释然,此真善用力者也。舜之孳孳;文王之翼翼;夫子言"主忠信",又言"仁能守之",又言"用其力于仁";孟子言"必有事焉",又言"勿忘",又言"存心养性以事天",岂无所用其力哉?此《中庸》之戒谨恐惧,而浴沂之志,曲肱陋巷之乐,不外是矣。此其用力自应不劳。若茫然而无主,泛然而无归,则将有颠顿狼狈之患,圣贤乐地尚安得而至乎?②

陆九渊认为,真正的善于用力就如同没有用力,而旧有的不好的习性都消散了。但是这个所谓的未尝用力不是完全的不用心,他列举了先王往圣的用力之处,并认为孔子浴沂之志和曲肱陋巷的孔颜乐处也就在于这个用力,真能用力即是"实"学。

二、"践履"述评

从上文的分析可以看出,"实"学是陆九渊思想活力之所在,而这是通过工夫践履来实现的,脱离了工夫践履,在道理上如同陆九渊批评的,总是虚的学问。陈来先生指出:"是否有'践履工夫'是区别传统儒林文士与理学思想家的重要标准。"③更为重要的是,陆九渊的思想如果说非

---

① 陆九渊:《陆九渊集》,第450页。
② 同上书,第65页。
③ 陈来:《宋明理学》(第二版),华东师范大学出版社,2004年,第23页。

常易简的话,践履工夫则凸显了他的丰富性。

从《中庸》的修养方法看,陆九渊走的是"自诚明"的路,而朱熹则希望诚明两进以通达。诚者,实也。将"本心"坐实在人生之中是陆九渊践履工夫总的思路。这包括两个层面,一个是"自作主宰"的决断使得行为符合义理之当然,一个是在具体的生活当中涵养操存。用陆九渊自己的话讲,前者是"存诚"与"辨志",后者是"读书"、"亲师友"和"事上历练"。

(一)"存诚"与"辨志"

谈到陆九渊的学问方法,广为引用的一句语录是"除了'先立乎其大者'一句,全无伎俩"。① 在为学工夫践履上,"先立乎其大"一般被认为是陆九渊为学总的纲领,这个"先立乎其大"又被陆九渊进一步总结为"辨志",清李绂的《陆子学谱》中也将"辨志"作为开篇,可见"辨志"对于陆学的践履的基础地位。但是,"存诚"工夫实际上是陆九渊早年自己的修养方法,往往我们对之有所忽略。陆九渊在《与曾宅之》一信中解释"持敬"和"存诚"的分别提供了基本的线索:

> 且如"存诚"、"持敬"二语自不同,岂可合说?"存诚"字,于古有考;"持敬"字,乃后来杜撰。《易》曰:"闲邪存其诚。"《孟子》曰:"存其心。"某旧亦尝以"存"名斋。《孟子》曰:"庶民去之,君子存之。"又曰:"其为人也寡欲,虽有不存焉者,寡矣;其为人也多欲,虽有存焉者,寡矣。"只"存"一字,自可使人明得此理。②

信中提到了修养方法的问题的时候,陆九渊认为"持敬"是杜撰的,敬只是勿忘"本心",而"存诚"则是自古有之,并且他早年以"存"名斋,说明他在修养方法上自己依循的是"存诚",但是为何在后来的讲学中,他主要论述的是"辨志"而不是"存诚"呢?从儒家传统看,孟子讲,"诚

---

① 陆九渊:《陆九渊集》,第400页。
② 同上书,第3-4页。

者,天之道也"。① 对于人而言,"存诚"的工夫,就是"诚之者",即"人之道"。而"存诚"也就是孟子所说的"反身而诚",但是这个"人之道"并不是切近之道,不是每一个人都能了解如何"反身而诚",正如上文论"用力"一样,"存诚"对于一般人还是有难以下手之处,不好操作。强调"辨志",并在工夫上要求辨公私义利则是具体的,与个体的行为判断有直接的关联,没有需要理解的中间环节,更加具有实践性,是一个有下手处的"人之道",起点处和落实处都是切近的。从"存诚"到"辨志"的转变实际上是陆九渊在自身体悟和教学方法上的调整,这个调整是技术层面的,"辨志"必然要以"存诚"所显现的"本心"为基础,并通过"辨志"呈现"本心"。"义利之辨"只是"辨志"一个最为基本的外在判别形式和操作方法;并且"辨志"不只是树立一个理想或者心中有了向善之动机,其本身是选择和行为,通过"辨志"涵养"本心"才是最终的目的。

"辨志"确立儒家君子之志,以义为志之所在,这是"自作主宰"的必然要求,或者说是儒家正名思想要求君子所应当具备的条件在志上的体现。陆九渊在鹅湖书院讲解《论语》"君子喻于义章"时,分析极为详尽。从孟子的"先立其大者"到陆九渊的"辨志",陆九渊的解释是通过《论语》对《孟子》做了解释,这种理解本身不只是言语知识上的疏解,而是从精神上领会儒家圣贤的实际所指:

> 窃谓学者于此,当辨其志。人之所喻由其所习,所习由其所志。志乎义,则所习者必在于义,所习在义,斯喻于义矣。志乎利,则所习者必在于利,所习在利,斯喻于利矣。故学者之志不可不辨也。
>
> 科举取士久矣,名儒巨公皆由此出。今为士者固不能免此。然场屋之得失,顾其技与有司好恶如何耳,非所以为君子小人之辨也。而今世以此相尚,使汩没于此而不能自拔,则终日从事者,虽曰圣贤

---

① 朱熹:《四书章句集注》,第282页。

之书,而要其志之所乡(向),则有与圣贤背而驰者矣。推而上之,则又惟官资崇卑、禄廪厚薄是计,岂能悉心力于国事民隐,以无负于任使之者哉? 从事其间,更历之多,讲习之熟,安得不有所喻? 顾恐不在于义耳。诚能深思是身,不可使之为小人之归,其于利欲之习,怛焉为之痛心疾首,专志乎义而日勉焉,博学审问,谨思明辨而笃行之。由是而进于场屋,其文必皆道其平日之学、胸中之蕴,而不诡于圣人。由是而仕,必皆共其职,勤其事,心乎国,心乎民,而不为身计。其得不谓之君子乎。①

陆九渊首先强调了"学者"这一特定的对象身份,这一身份意味着对自身的主宰已经具有明确的抉择意识。从一般情况而言,人所知晓的是他所学习的东西,而所学习的东西是他的志向决定的。这个"所喻"和"所志"指向的都不是外在的知识或者事情。更多的是人本身的因素,"所喻"被"所志"决定,而"所志"由人自身决定,由此区分君子小人。回到"学者"的身份,选择君子还是小人就成了一个必须要回答的问题。陆九渊进而从科举取士为例,讲明了君子小人的分别标准不是外在的,同样是科举取士,君子小人所学所作是有根本差别的。陆九渊强调的"辨志"在此意义上不是一个外在的圣贤理想的确立,因为将"志"理解为动机,则会将"本心"偏执为某个外在的目标或者目的,为了外在目的并受之决定不符合陆九渊强调的"本心",他常常与学生交流时探问是否"快活",这是最为直观的"辨志"得当与否的检验标准。在此意义上,"辨志"本身是一个人经由自己"本心"的活动规则来安顿自己的自由之旅。通过"辨志"对心的存养,使得"本心"昭明,从而体验快活,这个快活不是简单的欲望满足,而是对本性实现的一种自然愉悦。

"辨志"实际上是一条"本心"发用的人生道路,这条道路就是"本心"

---

① 陆九渊:《陆九渊集》,第 275-276 页。

的落实,这是陆九渊强调"实"学在"辨志"上的体现。要求在每时每刻明晰的通过辨别义利来呈现"本心",从而使得"本心"实在的体现在生活日用之中,"本心"的涵养操存才能得以实现。

关于志的问题在孟子那里就有志气关系的讨论,陆九渊也对之进行了说明:

> 志一动气,此不待论,独"气一动志",未能使人无疑。孟子复以蹶、趋、动心明之,则可以无疑矣。一者,专一也。志固为气之帅,然至于气之专一,则亦能动志。故不但言"持其志",又戒之以"无暴其气"也。居处饮食,适节宣之宜,视听言动,严邪正之辨,皆"无暴其气"之工也。①

陆九渊并未从气的复杂性方面展开善恶两种可能的分析,而是强调在具体的"居处饮食"、"视听言动"等生活方面注意"无暴其气",从志的角度讲,是心"收敛精神"的工夫,与个体生命有直接关联;而从气的角度讲,更多侧重的是礼法,得体的举止是通过气的节制来保全的。从这个角度讲,陆九渊对气的分析并不是非常充分,但是却也无伤于道德实践和修养。

(二) 读书、亲师友和事上历练

读书、亲师友和在事上历练是"辨志"之学的具体化,对于"实"学的体现也更加鲜明。三者之间也有密切关联,读书和亲师友很重要的一个共同点是通过学问之道来提高自身的修养,但是读书的要求更高,如果辨志工夫不能下得很深,则需要师友磨砺,而且师友对于读书具有纠偏的作用,因此,对于学者而言,师友的选择是很重要的,陆九渊这方面的强调,有从学统上表明自己正统儒学的意思。事上历练换句话讲就是陆学的格

---

① 陆九渊:《陆九渊集》,第411页。

物方法,不同于朱子的格物,他强调的研究物理不是在对象上研究,而是强调"万物皆备于我",明理即是明心,不明则要读书、亲师友。① 接下来本文就此三者一一评述。

从读书方法看,陆九渊认为:

>学者读书,先于易晓处沉涵熟复,切已致思,则他难晓者涣然冰释矣。若先看难晓处,终不能达。②

>须是血脉骨髓理会实处始得,凡读书皆如此。③

陆九渊强调,读书要从切已处思考,所谓切已就是从血脉骨髓上理会。换言之,对书本中的知识要从自己有觉解之处下手。这个切近悠游的读书方法本身即是"实"学的要求,"实"学在读书的问题上体现的首先是实际理会,而不是从对象化的知识的角度的认知。

黄宗羲总结朱陆之争为"尊德性"与"道问学"的争论。④ 从读书论的角度分析,"尊德性"不仅仅是人格修养的起点,并且德性的最终实现也是人格修养的终点,而"道问学"只能是作为手段,是第二位的。并且,如果以"道问学"为目的有可能造成读书异化的结果,这正是陆九渊批评朱熹支离的重要方面。但是朱熹批评陆九渊师心自用则从理论上不能成立。因为对于陆九渊而言,"尊德性"本身是要复现"本心"的,"本心"既然是"理",则不存在朱熹所指的杂糅了气的现实性的人心的复杂情况,"本心"在此意义上不但是先天必然的,而且通过实行可以经验的必然,气早已被辨志工夫排在了心外。由此所立的本是扎实的,则"六经注我"的读书方法才能成为可能。又有认为"六经皆我注脚"为非者,往往断章取义,忽略了陆九渊强调的前半句"学苟知本",⑤其所犯的错误与朱熹同

---

① 参见《语录下》"格物是下手处"条,《陆九渊集》,第440页。
② 陆九渊:《陆九渊集》,第407页。
③ 同上书,第445页。
④ 参见黄宗羲:《宋元学案》(三),中华书局,1986,第1885页。
⑤ 陆九渊:《陆九渊集》,第295页。

出一辙。

从读书的内容上看,陆九渊注重读古注儒家经典。《语录》载:

> 或问读六经当先看何人解注?先生云:"须先精看古注,如读《左传》则杜预注不可不精看。大概先须理会文义分明,则读之其理自明白。然古注惟赵岐解《孟子》,文义多略。"①

陆九渊对宋学传统,特别是北宋以来的理学传统并不赞同,从陆氏兄弟与朱熹的来往书信可知,他们对于周敦颐、张载的思想均有非议。② 陆九渊强调的读书方法体现的陆学读书论的特点是,收摄知识为觉解,以觉解明明德,以明德推之于行动;脱离知识的繁芜,强调"减担"、"切近优游",不穷思苦索。这种方法从哲学史上看,有玄学"得意忘言"之意,对于扫除繁琐的经学注疏有提纲挈领的作用。

陆九渊除了读书,非常强调师友的重要性,他说:

> 学者须先立志,志既立,却要遇明师。③

> 有一后生欲处郡庠,先生训之曰:"一择交,二随身规矩,三读古书论语之属。"④

结合陆九渊的立志工夫可以看出,他强调的是师友可以在生活中切磋琢磨,使得志向专一。他有的时候还说不要依靠书本、师友等,那是强调相比于外在的资助,人应当以自身努力为主,"自作主宰",而不能被外在决定,并非否认师友和书本的作用。陆九渊的授徒讲学充满了启发的意味,因材施教。亲师友的重要意义在于学的传承是有一个"先觉觉后

---

① 陆九渊:《陆九渊集》,第408页。
② 朱熹《答陆子美书》与陆九韶辩论《太极图说》以及《西铭》得失,可见陆氏兄弟对北宋之新传统持有的拒斥,这本身涉及陆氏兄弟对于"理"的理解持有实在论的立场,而拒斥的结果就是对于经学的理解强调通经致用,不强调在文字上进行新的疏解,参见《陆九渊集》,中华书局,2008年,第560页。
③ 陆九渊:《陆九渊集》,第401页。
④ 同上书,第409页。

觉"的传统的,失去这个传统,现实中好的禀赋也不能完全独立于学,而实现本心的明达。他说:

> 近来学者多有虚见虚说,冥迷渺茫,不肯就实。原其所以,皆是学无师授,闻见杂驳,而条贯统纪之不明,凡所传习,祇成惑乱,此一节又不与其志。①

> 近见所在友朋,多有好理会,文义反不通者,盖不知学当有师。天之生斯民也,以先知觉后知,以先觉觉后觉,此其理也。诚得其师,则传授之间自有本末先后,不使学者丛然杂然,费其目力,耗其精神,而无所至止也。②

师友很重要的作用是帮助学者摆脱虚见虚说,落实到陆九渊所说的"实"学工夫上,好"理会"的学者往往在"文义"上不能通达,陆九渊认为他们读儒家经典没有精读古注,被理学思考代替了圣贤的知见,而师友很重要的作用恰恰在于指明这个关键所在,否则所学无所归宿,也就是不知止。

陆九渊强调事上历练是有意识的修养方法,《语录》载:

> 复斋家兄一日见问云:"吾弟今在何处做工夫?"某答云:"在人情、物理、事势上做工夫。"复斋应而已。若知物价之低昂,与夫辨物之美恶真伪,则吾不可不谓之能,然吾之所谓做工夫,非此之谓也。③

> 须是下及物工夫,则随大随小有济。④

陆九渊明确在此处强调了自己的努力和修养不脱离人情、物理、事势,从表面看起来,与朱熹强调的"或考之事为之著,或察之念虑之微,或求之文字之中,或索之讲论之际"的格物工夫差别不大,但是,这与朱熹强

---

① 陆九渊:《陆九渊集》,第79页。
② 同上书,第139页。
③ 同上书,第400页。
④ 同上书,第436页。

调"即物——穷理——至极"①有实质性区别,陆九渊强调的要点是"及物——明心"。在"人情、物理、事势上做工夫"②强调的是通过活动的念虑来持志,来坚定自己的"本心","收拾精神,自作主宰"在此处的体现正是"及物"之后的"明心"。

这在他与弟子的对话中更加明确地归结为格物工夫。《语录》记载,李伯敏询问如何长进的问题,陆九渊回答格物是下手处。但是如何格物呢?陆九渊认为要研究物理,伯敏继续追问,天下万物杂多,如何能够研究得尽?陆九渊则引用了孟子,"万物皆备于我,只要明理。然理不解自明,须是隆师亲友"。③ 也就是说,这个理不需要外求,研究物理并不是在外在事物上用力研究。从文本上看,他依据的是《大学》、《中庸》;而在事情上锻炼自己的理论基础是道事不离,事是道本身呈现的一种方式。陆九渊讲格物也较为特殊,他综合了《中庸》思想讲《大学》的格物:

> 古者十五入大学。《大学》曰:"大学之道,在明明德,在新民,在止于至善。"此言大学指归。欲明明德于天下是入大学标的。格物致知是下手处。《中庸》言博学、审问、慎思、明辨,是格物之方。读书亲师友是学,思则在己,问与辨皆须在人。自古圣人亦因往哲之言、师友之言,乃能有进,况非圣人,岂有任私智而能进学者?然往圣之言,因时乘理,其指不一。方册所载,又有正伪纯疵,若不能择,则是泛观。④

陆九渊将《中庸》中的"博学"、"审问"、"明辨"归为学问,这个学问很大程度上还是认知形态的知识,他认为这些都是外在的,只有"慎思"是内在的,一切外在的最终都要由内在的决定,外在的就是"及物",人情

---

① 陈来:《宋明理学》,华东师范大学出版社,2004,第140页。
② 陆九渊:《陆九渊集》,中华书局,2008,第435页。
③ 陆九渊:《陆九渊集》,第440页。
④ 同上书,第441页。

世事上的"及物"是格物工夫的前提，而内在的"慎思"是决定性的"明心"。由此可见，陆九渊所理解的格物是对应的"知"的部分，而"行"的问题在他理解的《中庸》文本上，对应的是"笃行"，不在格物之中。这一点与后来的王阳明不同，阳明训"格"为正，训"物"为事，格物实际上包含了知行合一的思想，而陆九渊只涉及知的部分。

三、"心即理"分析

"心即理"这一命题涉及朱陆异同的前提——二者对于"理"的理解是否相同？本文认为，朱熹的"理"是统括宇宙人生的道和理的总体，他用"理一分殊"来架构各种不同的"理"之间的关系；但是陆九渊的道和理首要的是人生论部分的伦理，天道是人道在天地之间的投射，这是二者的本质差别。① 陈钟凡先生也认为，陆九渊的思想是"宇宙惟理论"和"心即理论"的结合，传统的天人合一思想被陆九渊总结为"心即理"这一命题。② 但是，还需要指出的是，"心"和"理"不是陆九渊对于现实世界认知的全部要素，主体认知和思想趋向还是有区别的，他讨论人和宇宙所涉及的概念完全不会少于同时代的任何一个理学家，但是其要旨落实在伦理上。

一方面，陆九渊讨论人物大量用到气质、气禀、性等，略举数条如下：

比来所得朋旧，多好气质，讲切端的，亦自觉稍进。③

人生天地间，气有清浊，心有智愚，行有贤不肖。必以二涂总之，则宜贤者心必智，气必清；不肖者心必愚，气必浊；而乃有大不

---

① 关于这一点，钱穆先生在《中国学术思想史论丛》（五）中分析较为透彻，本文认同钱穆先生的观点。
② 参见陈钟凡：《两宋思想述评》，东方出版社，1996，第259页。
③ 陆九渊：《陆九渊集》，第66页。

然者。①

　　然俗人中,气禀又有厚薄、轻重、大小。平时所惜于元锡(赐)者,为其气质偶不得其厚重者,故不能自拔于市井之习,又辄凭之以妄议人之长短,所见日陋。②

　　此人质性本亦虚妄,故卒至此。③

　　足下性本孝悌,惟病此过,故迁徙展转,所存无复真纯。④

但是,他讨论气质、才性等大多是从现实性所作的讨论,并不涉及先验的本质。也就是说,他实际上注意到了现实中的人的复杂构成,并不是只有善之本心。但是,他继承了孟子关于"大体"和"小体"的区分,认为只有"本心"是在根本上定义人的本质。严格来讲,他并没有将气质这些问题纳入到理想状态的人的思考。也就是说,他在现实的人的分析中,抽取了纯粹的善的部分定义人。

另一方面,对于宇宙,他也有类似的结构性抽取。他认为:

　　此理充塞宇宙,天地鬼神,且不能违异,况于人乎?诚知此理,当无彼己之私。⑤

　　塞宇宙一理耳,学者之所以学,欲明此理耳。此理之大,岂有限量?程明道所谓有憾于天地,则大于天地矣者,谓此理也。⑥

　　塞宇宙之间,何往而非五行?水火金木土谷,谓之六府。土爰稼穑,谷即土也,以其民命所系,别为一府。总之则五行也。⑦

　　正大之气当塞宇宙,则吾道有望!⑧

---

① 陆九渊:《陆九渊集》,第80页。
② 同上书,第135页。
③ 同上书,第140页。
④ 同上书,第162页。
⑤ 同上书,第147页。
⑥ 同上书,第161页。
⑦ 同上书,第282页。
⑧ 同上书,第76页。

也就是说，他认为充塞宇宙的可以是道、理，也可以是气，还包括更加具有物质形态的"五行"或者"六府"。但是，他并未将之一并从结构上讨论，只是从中抽取了理，与属人的心结合，构成一个天道、地道、人道三极统一。

（一）以心为核心的考察

"心即理"的命题如果以"心"为核心，则"本心"的德性规定因为"理"获得了外在的论证。在天与人的结构中抽取最为核心的要素，作为人与自然的根本，这是陆学的特点。这个基本的结构赋予了人与自然在道理上的同构关系，人从定义上不但获得了内在的规定性——"本心"，还获得了自然大化的外在规定。从德性的角度讲，陆九渊继承了孟子对告子"仁内义外"说的批判，[1]人的德性的论证不但获得了自身的基础，而且通达了外在的天道，在内外的问题上，解决了人的德性来源的内外交困的局面，使得人的活动所遵循的规则不但具有自身本性的含义，而且必然地具有天道层面的外在支持。在这个意义上，陆九渊的"心即理"的思想是对德性来源的再次澄清和补充，为人心提供了一个客观标准——"理"，以"理"为衡量方式，每个人都独自地拥有属于个体自身的"本心"，"本心"又以"理"的客观性保证其普遍必然，他说：

> 千古圣贤如同堂合席，必无尽合之理。然此心此理，万世一揆也。[2]

> 孟子云：尽其心者知其性，知其性则知天矣。心只是一个心，某之心，吾友之心，上而千百载圣贤之心，下而千百载复有一圣贤，其心亦只如此。[3]

---

[1] 参见王博：《论"仁内义外"》，载《中国哲学史》，2004年第2期。
[2] 陆九渊：《陆九渊集》，第405页。
[3] 同上书，第444页。

> 心之体甚大,若能尽我之心,便与天同。①

不同的人之间的德性的关系不存在继承,所有的人的德性都是天赋的,圣贤与常人在"本心"这个角度不存在本体和来源上的不同。尽"本心"即是穷尽了人的"理",在"理"这个标准上,"与天同"的"同"强调的是自然之意,是同构的对应部分。心体之大则是沿用了孟子的"小大之说",小大差别即公私差别,尽心能够以公为心,则心体大如"理",能够在"理"上体现自然之本性,陆九渊基本上还是表述了孟子"尽心——知性——知天"之意。

同时"心即理"一个重要的意义是否定朱熹架构的道统,他说:

> 由孟子而来,千有五百余年之间,以儒名者甚众,而荀、扬、王、韩独著,专场盖代,天下归之,非止朋游党与之私也。若曰:传尧舜之道,续孔孟之统,则不容以形似假借,天下万世之公,亦终不厚诬也。至于近时伊洛诸贤,研道益深,讲道益详,志向之专,践行之笃,乃汉唐所无有,其所植立成就,可谓盛矣!然江汉以濯之,秋阳以暴之,未见其如曾子之能信其皜皜;肫肫其仁,渊渊其渊,未见其如子思之能达其浩浩;正人心,息邪说,距诐行,放淫辞,未见其如孟子之长于知言,而有以承三圣也。②

> 韩退之言:轲之死不得其传。固不敢诬后世无贤者,然直是至伊洛诸公,得千载不传之学。但草创未为光明,到今日若不大段光明,更干当甚事?③

陆九渊认为孟子之后,以儒为名的有很多人,荀子、杨雄、王通、韩愈即是其中的杰出者,但是从传道续统的角度讲,他们则只能算是形似。至于二程、张载等人虽然成就非凡,但与曾子、子思、孟子相较,却不认为他

---

① 陆九渊:《陆九渊集》,第444页。
② 同上书,第13页。
③ 同上书,第436页。

们有资格承接道统。他对于韩愈的"传"有自己的理解：学有传承，但是道是恒在的。伊洛诸贤只是在学问传承上有功绩，但是并未能续接道统。在他赶赴鹅湖之会的途中，他纠正兄长的诗中犹可见此理。陆九龄诗云："孩提知爱长知钦，古圣相传只此心。大抵有基方筑室，未闻无址忽成岑。留情传注翻蓁塞，着意精微转陆沉。珍重友朋相切琢，须知至乐在于今。"陆九渊则曰："墟墓兴哀宗庙钦，斯人千古不磨心。涓流滴到沧溟水，拳石崇成泰华岑。易简工夫终久大，支离事业竟浮沉。欲知自下升高处，真伪先须辨只今。"①从诗的改字上可以看出，陆九渊对于"心"是天赋（千古不磨心）还是传承（相传只此心）有严格的辨析。朱熹对于韩愈的"传"理解的是道统传承，除了内在的儒家思想学说，还有一个类似于佛教宗派传法的谱系。陆九渊理解的则是学问的传承，他认为，学可以传，这个传承是因为人对于"本心"的"觉"有先后。但是"本心"不是传承的，而是天赋的。这个学问传承非常之重要，如同孟子时代的传承。因为自孟子以后的时代，学问传承需要对儒学有正确的理解。或者说，如果一定要从道统的角度理解儒学思想传承，那么对于陆九渊而言，这个道统就是师道。在这个意义上，他是承认伊洛功绩的，只是认为他们是"草创"，还有待"光明"。

（二）以理为核心的考察

从理学的角度看，如果"心即理"的命题偏重于"理"，则"心"构成了对理的限定。陆九渊常说"吾心即是宇宙，宇宙便是吾心"，在这个意义上，他对宇宙的关注从来不是独立地对自然有兴趣或者对物理有研究，他注重的是具有主动精神的人心和生生不息的天理之间的关联，或者说，他对于整个宇宙的理解出于对人主动精神奋进的需要。对"心即理"命题做偏正式的理解，以心为重心是陆九渊思想的本旨所在。在这个意义上，

---

① 陆九渊：《陆九渊集》，第 427 页。

宇宙的运动如果是由"理"来决定的，那么，对应的来讲，以"本心"来定义的人也必然应当由心来决定自身的活动。这个决定陆九渊称之为"收拾精神，自作主宰"。

陆九渊在人的道德生活中完全排除了对人有限定的外在因素的考虑，特别是气的问题。他虽然也承认血气对于经验中的人的影响，但是，在陆学的立场上，却不构成理论上的缺陷。因为对于道德主体而言，只有"本心"是与自身直接相关，可以实现当下的同一，气的问题在陆九渊未曾深入分析的情况下，一般作为一个外在的因素，应当在为学立志之初就被排除在了践履之外，气的影响不是决定性的，人的自我决定性因素只有"本心"。

陆九渊"本心"之本是本然，不是本根。考察陆九渊与朱熹的鹅湖之会以及此后的理论交锋，二人最本质的差别还是在于各自的立场，也就是对于本的理解有不同。但是，通过朱熹和陆九渊各自相关论述可以看出，在陆九渊与朱熹对话之后，陆九渊自认为自己的思想有了发展，这个发展虽然不是对朱熹的肯定，但是毫无疑问，是他将自己的本然论思考延伸至本根论思考问题了，他的本然论要取代朱熹的本根论哲学内涵，他对宇宙和人生的整体的认识从构成上分析基本要素，与朱熹对比，终极概念不是心，而是理和气。对此，陆九渊是通过理心同构而实现其本然对本根的统摄的。但是，理解陆九渊的理之外，还应当注意陆九渊气实在的相关表述，陆九渊讨论天地万物也有用气来描述其同一性的记载，讨论为学读书之方也经常首先论人的气质、气禀，这些实际上应该归为本根论。对于气在本根论上的认同，并无太多材料可以看到陆九渊的直接看法，他所论的气没有从本根论或者心性论的角度如同朱熹一样全面展开讨论，所以朱熹曾引用二程"论性不论气不备"的话批评陆九渊，那么，对于陆学而言，是否真的不论气？气在陆学中的位置应当如何理解？下文将采用原材料对比论证的方式钩沉陆九渊的气论，将陆学中的气实在论凸显出来，以力求还原陆九渊心学中朴素的气论。

四、气论钩沉

（一）陆学论"形而上"

从书信往来看，陆氏兄弟与朱熹的学问往来大体分三个阶段，第一阶段是陆九龄与朱熹讨论礼法的问题（1177），第二阶段是陆九韶与朱熹讨论《太极》《西铭》问题（1186—1187），第三阶段是陆九渊与朱熹讨论无极太极问题（1185—1189）。① 彭永捷教授《朱陆之辩——朱熹陆九渊哲学比较研究》一书对于无极太极之争的发生过程有清晰的描述和介绍，本文则主要讨论陆九渊针对朱熹观点提出批评意见的哲学内涵，并由此进一步思考陆学气论的问题。

朱熹强调太极主要有以下几个观点：一、"无极而太极"用以准确地说明万化根本与物的关系；二、"无极而太极"强调的是"无形而有理"；三、太极是道，阴阳是器。

针对"无极而太极"可以准确说明万化根本与万物关系的观点，陆九渊强调儒家经典本身的表述不会引起朱熹所谓误解，强调"极"的含义是"中"：

> 且"极"字亦不可以"形"字释之。盖极者，中也，言无极，则是犹言无中也，是奚可哉？②

陆九渊以此来消解朱熹强调的道体的独立性，他不仅仅要求消除"无极"，更为重要的是，他对于"太极"的理解也完全与朱熹不同。朱陆在太极问题上都承认极是"道"的意思，对"无极而太极"的不同意见可以归结为是对根本的"道"的理解不同，由此才会展开形而上与形而下、道器等争论。陆九渊引用《中庸》首章："中也者，天下之大本也，和也者，天下之

---

① 参见陈来：《朱子书信编年考证》，三联出版社，2007，第554页。
② 陆九渊：《陆九渊集》，中华书局，2008，第23页。

达道也,致中和,天地位焉,万物育焉。"认为"此理至矣,外此岂更复有太极哉?"①也就是说,道的万化根本的含义就是《中庸》所说的"大本",既然《中庸》认为"中也者,天下之大本",那么"太极"就是道,道即是"中"。陆九渊训"极"为中,强调的是道不是一个先在的实体,没有独立性,并进而将之理解为"中","中"本身不是一个独立的实在,而是一种适度、恰当,如此对道的理解是从"百姓日用即道"的"道"理解的,而这个道本身的出发点是人,是通过"用"来显现"体"的,在此意义上,将道训解为"中"体现了体用相即的思想。

此外,陆九渊从训诂的角度引证《诗》、《书》、《易》,强调"极"的"实义"。认为,"实义"的词所指的是不能用字义限定的东西,这个东西不能是多义的,因此,在"实义"的角度看,《大学》、《文言》所说的"知至"都是强调了知道这个"极"。在此意义上,陆九渊补充了用"至"来理解"极"的含义,消解了"至"作为终极始因或者宇宙本源的实体性。

针对"无形而有理"的观点,他认为,作为"道"或者"理","无形"的表述实际上是不准确的,"理"是可见的,理与形的区别不是有形与无形的区别,而是理与非形的区别,而非形的具体含义是"象",并且由此将道器关系的问题集中到一起考虑,提出了在陆学中极为重要的观点,对朱熹的形而上的挑战提出了强有力的回应:

《大传》曰:"在天成象,在地成形。"又曰:"见乃谓之象,形乃谓之器。"见乎上者,可得而见矣,犹不谓之形,而谓之成象。必形乎下,可得而用者,乃始谓之器。《易》之言器,本于圣人备物致用,立成器以为天下利。如网罟、耒耜、车舆、门柝、杵臼、弧矢、栋宇、棺椁之类,乃所谓器也。昔圣人之制斯器也,盖取诸《易》之象。《易》有圣人之道四,而制器尚象与居一焉。道者,天下之所由,而圣人则能知之。

---

① 陆九渊:《陆九渊集》,中华书局,2008,第28页。

器者天下之所利,而圣人则能制之。……上必有下,下必有上。上而无下,何以为上?下而无上,何以为下?道之与器,未始相无。①

朱熹认为"无形而有理"是"太极"之前加上"无极"的意义所在,而在此意义上则"极"的讨论集中在道究竟是有形还是无形的问题上。朱熹的理解是"形而上者谓之道,形而下者谓之器","一阴一阳"是形而下的气,"所以一阴一阳"的是形而上的道。如此,则形而上为无形,形而下为有形。陆九渊一方面要消解道的独立实体的特点,但另一方面,他也不能混同道与物完全没有差别。同样从《易传》出发,他认为,形而上与形而下的对立不是无形和有形的对立,而是象和形的对立,"在天成象,在地成形"。"象"和"形"的共同特点是可见,可见则贯彻了陆九渊一贯的可以体验才能确认为实在的观点,同时,"可见"为何不同于有形的理由是"象"虽然可见,但是不能直接为人所用。不能为人所用,而能够为圣人所知,并且是天下万物所由的,就是道;可以为人所用,是往昔的圣人通过制作有形事物为有用的东西,就是器。器的制作是圣人取法于象而生。因此,陆九渊强调,道的含义是"象"。道器不离的意思是,道体本身是"象",道的发用是圣人制作自然物为器。在这个意义上,陆九渊并没有同朱熹一样,从宇宙大化的角度客观分析具体的物理,特别是独立于人的物理。这是一个非常重要的差别。此外,陆九渊一个极为重要的结论是:"象"是可见的。这个可见首要的意义是实在,可见也不是感性认识意义上的,因为只有圣人才能知"象"。所知和所见是关注的道或者理层面的对象。

陆九渊此处讨论宇宙的问题基本呈现了与朱熹不同的面貌。但是,无论朱陆讨论宇宙是如何,最终都要指向人生问题。那么,对于"象"的

---

① 陆九渊:《陆九渊集》,第505页。年谱记载此条幅,并强调写作时间在陆九渊答复朱熹的无极太极辨书信之后。又陆九渊程文《使民宜之》论述圣人以义象使民能够得吾道之宜与此文义合,可证其可信。

描述最为核心的部分还是要落实到人生问题。整个理学的系统性必然要求对根本问题有清晰的回答。

对此问题,他的学生杨简从宇宙论角度进行了心学的解读:

> 夫所以为我者,毋曰血气形貌而已也。吾性澄然清明而非物,吾性洞然无际而非量。天者,吾性中之象也;地者,吾性中之形。故曰:"在天成象,在地成形。"皆我之所为也。混融无内外;贯通无异殊;观一画其旨昭昭矣。①

也就是说,构成人的基本要素是"血气形貌",是有限的。但是,"吾性澄然清明"的心不是物,他明确地区分了物质性的形貌和非物质性的心,并强调心是无限的,不可以度量的。因此,陆子所说的可见的"象"和"形"对于杨简来讲,"皆我之所为",天地皆在性中也就是心是天地的本根。如此,则血气形貌,作为与天地相比更加渺小的外物,同样是由心所决定的。这样的理解完全不同于陆九渊。此处心性对于杨简而言已经直接是宇宙本根的含义,心如何"为"出天地来是一个陆九渊未曾讨论的问题。但是,杨简的理解指向人生论的时候可以直接强调心性的重要性和决定作用,这种决定作用是心先于理,心决定理,而不是陆九渊的"心即理"。

同样可以作为参照比较的有北宋张载提出"凡象皆气"的思想。他认为:

> 凡可状,皆有也;凡有,皆象也;凡象,皆气也。②

> 所谓气也者,非待其蒸郁凝聚,接于目而后知之;苟健、顺、动、止、浩然、湛然之得言,皆可名之象尔。然则象若非气,指何为象?时

---

① 杨简:《慈湖遗书》之《卷七·己易》,文渊阁影印本四库全书版,1156 册,第 688 页。
② 张载:《张载集》,中华书局,2008,第 323 页。

若非象,指何为时?①

张载强调了"可状"的都是有,凡是"有"都是"象"。张载很明确地将"象"归为了气,认为一切有形的东西都是"气"。并且,他认为,气包括了《易传》中所讲的"健"、"顺",以及人所涵养的"浩然"、"湛然"。这些气的具体形态,他认为都可以归结为是"象",这个象本身就不只是陆九渊所谓的"可见"了,将"象"理解为"气"可以从宇宙论到人生论全面概括根本问题,也是一个明晰地确认了"象"在理气问题上的归属问题的思考。

通过与杨简和张载的比较,可以发现,陆九渊的"象"论的确有不能贯通人生论的问题。至少,在他同时代的理论背景之下,有不够通透之处。但是,陆九渊本身要反对的正是这样一种决定论的本根论,"象"的作用就在于消解理、气本根。从上文分析可以看出,陆九渊"实"学的人生论与宇宙论结合的命题是"心即理","心即理"从某种意义上讲,是一种特殊的理一元论,这样的观念强调的是"自作主宰"的实行,但在心和理的关系上,他并没有强调心对理的决定作用,而是一种同构关系的对应。因此,"象"作为"道"或者"理"落实到人生论的问题上就必须面对"象"和"本心"或者"理"的关系,如果"象"完全不涉及气的问题,则陆九渊的宇宙论和人生论一以贯之地延续了他本然论的传统,如果"象"涉及"气"的问题,则陆九渊的思想中隐含了理和气的冲突,这个冲突在陆学人生论内部是完全没有的,只是涉及了朱子学视角的宇宙物理才被凸显出来,但在实践层面上,特别是从理学史上看,陆子后学的弊病恰恰在于这个冲突不能得到很好的解决。

最早直接指出陆学在气论问题上弊病的是朱熹:

陆子静之学,看他千般万般病,只在不知有气禀之杂,把许多粗恶底气都把做心之妙理,合当恁地自然做将去。向在铅山得他书云,看见佛之

---

① 张载:《张载集》,中华书局,2008,第16页。

所以与儒异者,止是他底全是利,吾儒止是全在义。某答他云,公亦只见得第二著。看他意,只说儒者绝断得许多利欲,便是千了百当,一向任意做出都不妨。不知初自受得这气禀不好,今才任意发出,许多不好底,也只都做好·商量了。只道这是胸中流出,自然天理;不知气有不好底夹杂在里,一齐羁将去,道害事不害事?看子静书,只见他许多粗暴底意思可畏。其徒都是这样,才说得几句,便无大无小,无父无兄,只我胸中流出底是天理,全不著得些工夫。看来这错处,只在不知有气禀之性。又曰:"'论性不论气,不备。'孟子不说到气一截,所以说万千与告子几个,然终不得他分晓。告子以後,如荀扬之徒,皆是把气做性说了"。[1]

朱子因为对于人性的分析区分了天地之性和气质之性,气质之性是理和气结合以后所具有的复杂的现实性,对陆九渊不论气的批评是从人生论部分提出的,特别强调在修养方法上存在的问题。现实的人因为气禀有多样性的差别,皆各自以为当下即是"本心",朱熹认为如此"任意发出"的事和情不能合乎天理,因为胸中流出掺杂了气的成分。因此,陆九渊的错在于不知道"气禀之性"。这个批评是否能够为陆九渊接受则是要具体分析的,因为,对于陆九渊而言,他不从教学和理论上分辨并非他不能分辨,如,他评价,"韩退之《原性》,却将气质做性说了"。[2] 陆九渊首先对于人性论并非如同二程、张载等人进行二元论的划分,性与"本心"是一回事,具体的善恶以及多样性的问题可以归为气。也就是说,陆九渊理解的性除了抽象的本性本质等形式之外,还包括了善的内容,对于性和气的理解本来就与朱熹不同。

现代学者研究也注意陆九渊在气论方面缺失,如蔡元培先生在《中国伦理学史》中指出:"象山理论既以心理与宇宙为一,而又言气质,言物欲,又不研究其所由来,于不知不觉之间,由一元论而蜕为二元论,与孟子

---

[1] 黎靖德:《朱子语类》(八),中华书局,1999,第2977页。
[2] 陆九渊:《陆九渊集》,第404页。

同病,亦有其所注意者,全在积极一方面故也。……使学者无墨守古书拘牵末节之失,而自求进步,诚有足多者焉。"①蔡元培先生的观点与朱熹最大的差别在于,朱熹批评陆九渊是从学问和工夫两方面认为陆九渊都有过错,而蔡元培认为,陆九渊的不足仅仅在于学问上没有说清楚,但是从自求进步的学者来讲,则陆九渊所说的已经足够了。

(二)气论钩沉

即便如此,除语录之外,《陆九渊集》所载陆九渊之文即有72处论及"气",其中常表达的方式有"血气"、"气禀"、"气质"、"气象"等。本文就此略作归纳,从陆九渊对"气"的使用中考察陆九渊没有直接讨论而承认的关于气的思想。

陆九渊常用气表示个性、特殊性的含义,在此意义上,他常用气讨论人或者文章,一般用"气禀"、"气质"描述所讨论的对象。如评价其兄长"梭山兄气禀宽缓",评价其弟子曹挺之则有"气质劲直",评价刘定夫"气禀屈强恣睢"等等。在此意义上,个性气质的内容往往可以展开具体的描述,因人而异。又有以"气象"形容文字山川人物的,强调的是呈现给观察者的主观感觉特点。

陆九渊有时还将气质分轻重、清浊、厚薄等等,因此,气质还具有类的属性,大体上这类表述都是从人的德性方面分为两大类,以解释人的智愚、贤与不肖,在此意义上,陆九渊认为"善恶邪正,君子小人之各以气类相从盖如此"。②陆九渊进而通过分析学者身上存在的问题时强调:"学者之病,随其气质,千种万态,何可胜穷?至于各能自知有用力处,其致则一。"③这是将个性各异的气质归为一种情况,即"异"则是多样性的病态,

---

① 蔡元培:《中国伦理学史》,东方出版社,1996,第107页。同样指出和认同蔡元培观点的有朱谦之、陈钟凡,见陈钟凡著《两宋思想述评》陆象山之惟理学说章。
② 陆九渊:《陆九渊集》,第43页。
③ 同上书,第62页。

"一"强调的是作为普遍性的善。

此外,陆九渊还从物质性能上强调了气质的客观性,以及气与心的关系,在此意义上常表述为"血气"、"气禀"。他认为:

> 凡有血气,皆有争心,苟有所长,必自介恃。①
>
> 人之精爽,负于血气,其发露与五官者安得皆正?不得明师良友剖剥,如何得去其浮伪,而归于真实?又如何得能自省、自觉、自剥落?②

陆九渊在此处的理解似乎偏向于物质性的气,他认为有"血气"必有争斗,这是物性。心因为以"血气"为负载的基础,人也是以物质构成为基础的有形体,因此,人不能不受到物质的影响,但这恰恰说明了人需要通过发明"本心"来剥落"血气"的影响。在此意义上,他有将"血气"与"本心"对立的意思。他认为:"邪正纯杂系念虑,清浊强弱系血气。"③也就是说,人无论气禀如何,但是"本心"邪正的倾向在于人"自作主宰",因此,为学要"变化气质",这一点陆九渊似乎受到了张载的影响。如,张载在《经学理窟·气质》篇专门论述了为学变化气质的思想,而陆九渊语录也记载"学能变化气质"。④ 又如张载《西铭》"天地之塞吾其体,天地之帅吾其性",与陆九渊"人共生天地间,无非同气。扶其善而沮其恶,义所当然。安得有彼我之意?又安得有自为之意?"⑤二人对于天地之间作为物质构成的气与德性的关系的处理从字面看有惊人的相似。但是,陆九渊显然不是以气为决定性因素的,他说:"德则根乎其中,达乎其气,不可伪为。"⑥也就是说,他认为德性的真实性在于既有内在的本心的依据,又

---

① 陆九渊:《陆九渊集》,第41页。
② 同上书,第464页。
③ 同上书,第273页。
④ 同上书,第273页。
⑤ 同上书,第401页。
⑥ 同上书,第403页。

能够落实到外在的有形世界,这才是真正的"实"学,才不是伪。最为理想的"圣贤气象"就是如此:"使尧舜禹汤文武周公孔子,七八圣人,合堂同席而居,其气象岂能尽同?我这里也说气象,但不是就外面说,乃曰:阴阳一大气,乾坤一大象。"①陆九渊认为圣人的气象都有差别,但是从内在讲,又有一个共同的"大气"、"大象"。事实上他是要强调气不仅仅是内在的普遍性的德性的依据,还是外在的特殊性的人格差异的依据。

总之,陆九渊的气论并非简单的与心、理等观念的截然分割,他对于气的处理的复杂性最早可以追溯到孟子,也可与张载就心气问题做比较,然此非本文所考虑之范围,当另论之。

五、结论

我们一般将陆九渊的学术思想总结为"心学",当使用"心学"一词来概括陆九渊学术思想时,值得注意的是"心学"之"学"与朱熹的"理学"之"学"略有不同。朱熹构建了一个较为系统的知识体系,他的"理学"之"学"可以说是一门系统知识,贯通了理气论、心性论,有类似于近代学科的含义,更突出的是知识架构方面的特点。而陆九渊一生反对著书立说,②如果我们使用"心学"概括他的思想,这个"学"更多的是指以"心"为核心之特点,是指点读书旨趣的方法,而不能简单地认为他的"心学"与"理学"是对立的两个学说,因为这种对立将陆九渊的思想置于朱熹的知识框架之中,本身就是对陆九渊"心学"极大的误解。他并没有如同朱

---

① 陆九渊:《陆九渊集》,第425页。
② 《年谱》载:"淳熙十六年己酉,先生五十一岁。……先生始欲著书,尝言诸儒说《春秋》之谬尤甚于诸经,将先作传。值得守荆之命而不果。"仅此可见陆九渊晚年曾有著述之意而未遂,此外他多次强调不当立说著述之事。他反对著述主要是认为儒家经典已经讲明了该讲的道理,再发议论则是舍本支离,此处他欲为《春秋》作传也以明经为本,并不违背他的不著之意。参见《陆九渊集》,第506页。

熹一样,对心做出"心统性情"的概念疏解和系统研究,而是通过具体的践履明证了他体验到的"本心",从知识内容上,"本心"主要还是对传统孔孟的继承。在此意义上,陆子之学更多地体现了保守的方面和经学家的特点,只是这种经学不是枯燥的文本疏解,而是在人生中通过经典的学习体验和追求儒家圣贤的人格和成就大我。

　　本文认为,陆学最为重要的部分是可以归为人生论的"本心"和践履之学。象山践履存养的是当下体验到的"本心",也是"本心""自作主宰"的必然展开,因此践履实际上是道德主体"发明本心"和存养"本心"的过程,这个"发明"和存养的过程同时就是"本心"的发用。陆九渊学问的核心是"实"学,而"实"学最重要之处不在于哲学上的论证,而在于践履工夫。

　　本文强调陆九渊思想主要特点不在创新而在于传承,但是传承本身就是陆学对于儒学发展的一种重要方式。这恰恰凸显了陆九渊的贡献更多地体现在了"实"学的方面。一方面这是陆九渊应对佛老以及朱熹强调自己继承先儒的朴素立场,另一方面以"实"学践行先儒思想,以"实"显现儒学之道同样可以起到哲学理论形态所起的应对佛老的作用。从哲学内涵上讲,"实"具有替代"真"的实际效果。也就是以"实"取消了"虚"的理,取消了形而上学,一切道理德性皆在人心实在体验,除此皆是异端,这种"实"更为突出的特点是和"自作主宰"相结合的,是以人本身为核心的实行,"实"是对美善合一思想的新阐释。强调践履,在儒家思想之下践履使得儒家之道实存,这个思想可以归结为实善美的统一,以区别于朱熹知识论意义上的真善美的统一。

　　如果将这一问题延伸至与朱熹差异的思考,即分析朱陆之争的核心问题,陆九渊同构论的"心即理"思想不只是传统所谓"性即理"与"心即理"的朱陆差别,陆学呈现的是心与理同构的复杂结构,在深入到对形而上的争论的探讨时,我们发现,陆九渊与朱熹一样,强调从经典中寻找理论依据,也就是说,当理学深入到一定地步的时候,还是经学之争,明清之际顾亭林的这一观点实际上在朱陆之时已现端倪。本文继而对陆九渊气论思想进行了概括,是客观地呈现陆学对气的基本看法,也是某种程度对朱子学的一种回应。

  本文认为陆九渊哲学思想研究可以发展出两个方向,一个是站在陆学自身立场的"本心"践履之学;一个是学问切磋中与朱熹争论形成的理学。而这个理学同样有两个角度的深入研究方式,一个是经学的研究,一个是哲学(理学)的研究。从经学角度的深入研究似乎还是一个研究较少的部分,如果说"本心"之学是陆学的大纲领,那么,经学则是这个纲领中丰富的内容,只有展开了陆九渊经学内容的研究,我们才能更为丰富地了解到朱陆的异同,特别是朱陆之同,因为同的部分是儒家的血脉所在。

  本文为作者硕士毕业论文《陆九渊美学思想研究》的部分,有所调整和修改。

(原载《天问》第四辑,江苏人民出版社,2013年)

论德里达对海德格尔之尼采解释的批判

马成昌

作者简介

马成昌,1978年11月出生于黑龙江省绥化市,首都师范大学哲学博士,现供职于黑龙江科技大学人文学院,主要研究领域为现象学、解释学。主持黑龙江省教育厅项目、黑龙江省决策咨询项目等,在《哈尔滨工业大学学报》、《山西师大学报》等期刊发表论文十余篇。

德里达深受海德格尔影响:他对逻各斯中心义进行解构便来自于海德格尔的为形而上学去蔽;他的 Deconstruction 与海德格尔的 Destruction 有着同样的意义;海德格尔围绕存在历史采取历时性分析,德里达则围绕写作与符号学采取共时性分析。"我要做的事,如无海德格尔问题的提出,就不可能发生。"[1]同时,德里达也是海德格尔最为深刻的批判者,而这种批判都直接或间接与尼采交织在一起。这种立场贯穿于德里达哲学的始终。德里达认为,海德格尔对尼采的解释是一种侵吞与肢解,是一种解释的暴力,是不可理解、不可接受的。他以独特的方式从不同的视角对海德格尔的尼采解释给以批判,一定程度上揭示了海德格尔哲学与解释学的形而上学印记。

一、德里达对海德格尔之尼采解释的总体立场

海德格尔认为,尼采哲学的统一性来自西方形而上学的统一性,来自

---

[1] 德里达:《多重立场》,佘碧平译,三联书店,2006,第111页。

于构成其形而上学的各基本要素。每一种形而上学都包括以下五个要素,分别是本质、实存、历史、真理与人类。而尼采哲学恰恰由这五个主导要素构成了一个统一的形而上学整体:强力意志(本质)、永恒轮回(实存)、虚无主义(历史)、公正(真理)与超人(人类)。"这五个基本词语中的每一个同时都命名着其他几个词语所言说的东西。惟当它们所言说的东西向来也一起得到思考,每个基本词语的命名力量才完全发挥出来了。"①德里达认为,海德格尔的解释始终是以把尼采看作一位形而上学家为前提的,无论是对强力意志的解释,还是对永恒轮回的解释。然后将各自的解释串连为一个新的完成了的统一体,进而将尼采哲学解释为一个单一的形而上学体系,并贯以形而上学的最终完成。这种解释是海德格尔依其自身的形而上学立场以对西方一般形而上学的理解为基础的。在德里达看来,尽管海德格尔对尼采的解读是一种拯救,"使尼采摆脱任何生物学家的、动物学家的或活力论者对其的重新占有"②,但却是一种暴力的拯救,是对尼采思想的肢解与侵吞,"它通过败坏一种思想来拯救这种思想"。③

德里达从《尼采》这部巨著的标题展开对海德格尔尼采解释的总体性批判。海德格尔在前言中说:"《尼采》——我们用这位思想家的名字作标题,以之代表其思想的实事。"④海德格尔从思想内容方面来规定"尼采"这个名字的本质。尼采不是一个普通的人名,而是一种思想的名称,应该将尼采的思想与生平分离开来。海德格尔认为,真正的哲学家一生只思一事,应该像看待康德、黑格尔那样来看待尼采,尼采行动在西方哲学的轨道上,我们所做的应该是将尼采真正的思想提炼出来。"尼采是

---

① 海德格尔:《尼采》,孙周兴译,商务印书馆,2012,第951页。
② 德里达:《论精神——海德格尔与问题》,朱刚译,上海译文出版社,2008,第94页。
③ 同上。
④ 海德格尔:《尼采》,第1页。

谁"的问题不是从他的人物传记中获得的,而是从他的思想主题中获得的。而那种传记性质的名字只能被看作偶然的、心理的、非本质的东西。"尼采是谁?而且首要地,尼采将是谁?一旦我们能够思考那个思想,即尼采在'强力意志'这个词语结构中表达出来的那个思想,这个问题就会迎刃而解。尼采就是那个踏上通向'强力意志'的思想道路的思想家。尼采是谁,我们决不能通过一种关于他的生平事迹的历史学报告来加以经验,也不能通过一种对其著作内容的描述来了解。如果我们在此仅仅想着人物、历史角色、心理学对象及其产生过程等等之类的东西,我们也就不愿意知道尼采是谁,也就不能知道尼采是谁了。"①海德格尔正是基于这个理由才对 20 世纪初以及国家社会主义时期的两个《尼采全集》版本进行了批判。按照它们的标准,必须对尼采的生平与日常活动进行事无巨细的考察并得以出版,如尼采所写下的"我忘了带上我的雨伞"这样的话也不例外,这样方可理解尼采的完整形象。在海德格尔看来,名字所代表的不是尼采的生平,而是思想的内容。我们只有对尼采思想的最内在愿望进行反思,才能真正地理解尼采。要做到这点,就必须克服与剔除尼采思想中那些模棱两可、吹毛求疵的东西。

而德里达所关注的恰恰就是那些尼采思想中不可捉摸、充满歧义的文本与思想,诸如传记、签名、专有名词等这些主题对他的文本理论来说则是本质性的。德里达认为,像海德格尔提出的"尼采是谁"这样的问题可能只有在一般的人物传记中才能够提到,可是海德格尔却将一个人的名字作为一部作品的标题,这可以说是别有用心。海德格尔把他的著作命名为"尼采",这无疑意味着将尼采钉在了一个固定的位置上,这个位置便是"形而上学的完成"。德里达认为,通过名字永远不能得到一个整全的尼采,而海德格尔用括号将这个名字封闭起来,通过思想内容来理解尼采这个名字,通过这个汇集而成的思想内容便可以获得一个完整的尼

---

① 海德格尔:《尼采》,第 497 页。

采形象。而真正归属于尼采本人的名字与传记则进一步被边缘化。

人们通常把尼采理解为一个诗人哲学家或生命哲学家,海德格尔认为,人们对尼采哲学的认识是模糊不清的,并不能洞见到尼采哲学的内在愿望与本质,因为"尼采知道什么是哲学","尼采处于西方哲学的追问轨道上"。① 所以,海德格尔在他的尼采解释中试图来拯救尼采,以确立他的形而上学家地位。但德里达认为,他的这种拯救任务并不成功。海德格尔的结论——最后一位形而上学家与颠倒的柏拉图主义者——是让人失望的。它既是"清醒和精密"的,又是"恶意和曲解"的。② 结论虽然是明确的,得到的仍然是一个虚假的尼采,所以仍然是一种模棱两可行为。他在肯定尼采思想独特性的同时又竭力证明了尼采哲学的形而上学性。德里达认为,海德格尔就像一个声称要冒险走钢丝的人又偷偷为自己撑起了一张防护网,声称要冒各种危险,其实不冒任何危险。海德格尔无论怎样解释尼采,都只是在他预先为其设计的思想构架内所进行的,这实际上是一种欺骗他人的解释,也是一种自欺欺人的解释。因为无论海德格尔如何解读尼采,他把尼采当作形而上学家的观点始终在发挥作用。

德里达为了更有力地反驳海德格尔的解释方式,经常将尼采的文本与海德格尔引用的文本作以对比,如他对海德格尔引用的《快乐的科学》第324节进行了分析。海德格尔对这一节有所引用,但他忽视或删除了一些非常重要的细节,于是就将这样一段内容丰富、形式多样、意义复杂的文本抽象为一种单向度的思想,进而将尼采哲学认作一种单向度的哲学,一种统一性的哲学。在德里达看来,这种掩盖并不是一个个案,在尼采与海德格尔的争辩中随处可见,在对尼采的解释中具有普遍意义,始终在发挥着作用。德里达认为,尼采的名字应该是复数的,他的思想是形式多样,内容丰富的,永远在不断地四处冲撞,不断冒险,就像一个流浪者和

---

① 海德格尔:《尼采》,第5页。
② 德里达:《书写与差异》,张宁译,三联书店,2001,第507页。

走钢丝者的聚集地一样。如果将尼采哲学看作一个思想盛宴的话,那么它决不会像海德格尔所谓的以"强力意志"为中心的思想盛宴,因为,任何一个哲学家貌似真理的思想都会在"尼采们"的思想盛宴中被揭穿、击破而变得体无完肤。而海德格尔之所以如此解释是因为他另有所指,并没有真正关注尼采说了什么,只是为了满足自己的需要而已。

二、德里达对尼采的理解

德里达对尼采的理解与海德格尔的理解大相径庭。他在解释尼采时所关注的是文本性这一主题。基于这一理论出发点,德里达所重视的是尼采所创造的不同于以往的符号理论:它没有在场真理的性质,通过多种风格与多元化的写作方式来肯定这个感性的游戏世界。这种对世界的解释不再追求任何像理念、上帝、主体等这样的本体、基础,而是一个永不完结的解码过程,却从不编码——从不追求某种超验的东西。这样也就抛弃了那些具有在场意义的真理概念。尼采"是对世界的游戏、生成的纯真的快乐肯定,是对某种无误、无真理、无源头、向某种积极解释提供自身的符号世界的肯定"。[①] 在文本之外没有任何东西存在,具有绝对意义的名称是不存在的,甚至像海德格尔所说的"存在"这个具有基础本体论色彩的名称也是不存在的。在尼采那里绝对找不到任何整体性的思想。而海德格尔从强力意志与永恒轮回的角度对尼采彻底地体系化,这对尼采是不公平的。

德里达认为,尼采的思想与风格是多元化的,无论是从他的作品、写作方式,还是从生活观与艺术观的角度来说,都是同样的:它不再以猎取真理为目的,也不耽于建立某种本体论、认识论或道德体系,而专注于考查对于实践与生活所起的作用。他将尼采的思想与风格形象地比喻为马

[①] 德里达:《书写与差异》,张宁译,三联书店,2001,第 523 – 524 页。

刺。一方面意指尼采的思想与风格像刀与匕首一样锋利,在批判存在即在场、固定的本质与真理等传统形而上学概念时的破坏力,另一方面意指尼采的思想与风格的表达方式是多元化的,马刺的形象像一把刀、一把剑,甚至像一把伞、一只笔,在那里没有哪一个符号可以代表真理,尼采的风格充满着隐喻、反讽与面具色彩,有的只是符号之间对世界的游戏式解释,这些符号永远在流浪、冒险、解码,却从不定居或编码。而海德格尔把强力意志与永恒轮回看作尼采哲学的两个标准符号,进而将其归结为一种"伟大的风格"。德里达认为,尼采的风格不应该是一种而是多种,"风格"一词不应该是单数,而应该是复数的。

德里达为了使其对尼采的理解更具说服力,刻意选择了尼采文本中"女人"这一主题来论证尼采风格的多样性。尼采有言:假如真理是个女人,那会怎样呢?尼采将真理与女人联系在一起,他认为,女人是一个琢磨不定、变化无常的动物,没有明确的特征,没有固定的本质,从不暴露自己的本真面目,像一个谜一样,令人难以理解,给人以神秘、幻想与诱惑。所以,真理也是一样,没有固定的本质,没有一种真理,有的只是多种真理与多种风格。在德里达看来,尼采作品中关于女性的观点是很难确定的,真正的女人形象、真正的性别差异都是模糊不清的,真理与非真理之间的二元对立在尼采思想那里得到了悬置。"根本就没有女人这种东西,没有本质上的女人之本质上的真理。至少尼采是这么说的。更不用说他作品中形形色色的女人,有母亲、女儿、姐妹、老处女、妻子、家庭女教师、妓女、处女、祖母、大小女孩。"[①]以往的形而上学只追求确定性而遮蔽了不确定性。"由于没有提出关于性的问题或至少把它纳入了真理的一般问题,海德格尔对尼采的解读始终是隔岸观海(我们也正是从隔岸之谜起步的),因为它忽视了真理寓言计谋中的女人。难道它没有看到性别问题根本不

[①] 德里达等:《生产(第四辑):新尼采主义》,汪民安主编,广西师范大学出版社,2007,第70页。

是一个更大秩序中的一个局部问题吗？这个秩序首先使它从属于一般本体论领域，随后归之于基本本体论，最终纳入存在真理问题本身。的确，它可能甚至不再是一个问题。"①尼采对女性的表达说明，没有永恒的秩序，有的只是对某种变化的关系的确证过程，这种确证过程也不遵循辩证法，没有本体论的确定性。尼采的作品应该是异质性的，尼采的风格应该是多元化的，尼采的签名、尼采的生活以及尼采的传记都表现出其思想的多元性与不一致性。

德里达认为，尼采的格言式写作使人们对他的认识模糊不清，但这并不是坏事。尼采行文的歧义与矛盾是尼采思想本然，本不应该对其作一种整体的哲学解释。而海德格尔却从形而上学史的视角对尼采进行严格归类，将其认作最后一位形而上学家。这样的论述在海德格尔那里比比皆是。例如，尼采所谓"伟大的风格"在海德格尔看来代表了一种伟大的理想，这种理想将打着哲学的旗号，实行争夺全球统治权的斗争。海德格尔也从美学角度来谈论"伟大的风格"，"艺术状态，亦即艺术，无非就是**强力意志**。现在我们就理解了尼采的那个主要命题：艺术是'生命'的一大'兴奋剂'。'兴奋剂'的意思是：把人们带入伟大风格的命令领域之中的东西"。②"仅从表面上看，尼采对艺术的思考是美学的；而从其最内在的意志来看，这种思考是形而上学的，亦即是一种对存在者之存在的规定。"③无论从哪个角度来谈论伟大的风格，海德格尔都把尼采思想看作一种形而上学的基本立场。海德格尔对尼采《快乐的科学》的理解也是这种立场。"'科学'指的是对于本质性知识的态度和追求本质性知识的意志。"④"尼采这里讲的'快乐'，指的是一种来自从容大度的喜悦，它甚

---

① 德里达等：《生产（第四辑）：新尼采主义》，汪民安主编，广西师范大学出版社，2007，第72页。
② 海德格尔：《尼采》，第154页。
③ 同上书，第155页。
④ 同上书，第280－281页。

至也不再为最艰难和最可怕的事物所推翻。……对尼采来说,'快乐的科学'无非是一个表示'哲学'的名称,这种'哲学'的基本学说讲的就是相同者的永恒轮回。"①在德里达看来,尼采一次又一次地被海德格尔赶进形而上学的思想领域,这种立场是与尼采本人的思想不相符合的。德里达并没有把尼采归为形而上学家,也没有把他的思想安置在"形而上学的完成"的位置。而是从他的作品出发,对尼采进行传记式、符号学、文字学与解构主义的解读,这些作品也不是《强力意志》,而是那些充满隐喻与面具色彩的、意义模糊的文本。德里达认为,他的思想与尼采相同,没有首尾一致的论断,没有超验所指的符号概念、真理概念与本体概念。他将尼采哲学看作一种不断自我完善的历史发展过程,这个过程通过哲学的基础要素、关节点或网结而形成一个完整、统一、连续的整体。在德里达看来,海德格尔的尼采解释是黑格尔式的,中心、起源、目的、统一等形而上学概念始终在起作用。

三、对海德格尔与解释学形而上学性的批判

德里达与海德格尔都深受尼采影响,而德里达又深受海德格尔影响,正是基于这种双重关系,德里达才认为海德格尔的尼采解释是牵强而武断的。

德里达认为,海德格尔之所以如此解释尼采,这与海德格尔哲学以及解释学的形而上学性是分不开的。于是,德里达对尼采思想的肯定必然导向对海德格尔尼采解释的批判,如果我们考虑到德里达与伽达默尔的论战,那么就会清楚,贯穿于海德格尔与德里达之间的不仅是德里达对海德格尔尼采解释的批判,更是对解释学的批判。当然,德里达对海德格尔尼采解释的批判与对解释学的批判是联系在一起的。海德格尔的尼采解

---

① 海德格尔:《尼采》,第 281 – 282 页。

释影响巨大,伽达默尔称赞这种解释是哲学解释学的典范。"我认为,海德格尔在其思想中将强力意志与永恒轮回合并起来是完全有说服力也是无可辩驳的。与海德格尔一道,我可以说看到了尼采的形而上学处于自我解体的过程中,并因而在寻求一座通向一种新的语言、通向另一种思想(可能还不存在)的桥梁。"①这样,德里达以海德格尔的尼采解释为例,通过描述解释学是怎样运作的这一事实,既达到了对海德格尔的批判,也达到了对解释学的批判。

德里达认为,整个哲学史就是一个中心取代另一个中心的过程,我们把这些中心称为理念、上帝、主体等,每一个中心在一定历史阶段都具有自身的结构性特征,并规定着其他一切事物的本质,这种结构性特征我们称之为起源、根据、在场。它们以"重复、替代、转换、对调"②的形式一同构成了一个体系,形成了一部哲学史,即在批判形而上学的同时我们不可避免地运用它的概念与整体立场。在德里达看来,海德格尔与解释学都没有避免这种倾向。在海德格尔那里,诸如返回步伐、语言是存在的家、此在是存在的近邻的论断,都具有一种形而上学的痕迹。伽达默尔承认传统与成见的合理性,把理解视为一种视域的融合。德里达认为,形而上学所强调的整体性、统一性、一致性、连续性、联系性、相合性与扩展性等概念都在解释学中发挥着或大或小的作用。那里虽然没有固定的中心,但却有一个移动的中心,例如将理解看作一种视域的融合;这里虽然也包括差异,但却是在一定的结构模式上的差异,例如在存在历史中的存在与存在者的差异。德里达认为,理解应该是一种思想的断裂与突破,而不能是一种意义的延续,更不应乞灵于整体性的意义语境。基于此,德里达认为,尼采哲学中绝没有任何整体性的思想。例如尼采对永恒轮回与生死

---

① 德里达等:《德法之争:伽达默尔与德里达的对话》,孙周兴等编译,同济大学出版社,2004,第74页。
② 德里达:《书写与差异》,第503页。

问题的论述并不具有整体性特征,而是充满歧义的,甚至是矛盾的,并且在尼采那里,矛盾也不是黑格尔式的辩证法的运动。

德里达认为,在海德格尔那里仍然具有"属于形而上学或他所谓的本体—神学的符号"。① 而尼采的游戏哲学则完全没有这种迹象,所以"必须根据一种尼采的而非海德格尔的方式"②行动,"出于结构和战略上的考虑,海德格尔认识到他不得不借用形而上学语言的句法和词汇的资源,因为当一个人要消解这一语言时,他必须要这样做"。③ 很显然,利用这套语言是不得以而为之,它们只是大厦的脚手架,网结,支撑点。德里达看到了这些网结的脆弱性,因为它仍具有形而上学的痕迹。海德格尔的这种存在者状态—存在论状态差异的思想仍然受到一种试图返回本真起源思想的束缚。海德格尔提出追求存在意义的优先性问题,仍然囿于中心—边缘的二元对立。追问存在的意义问题演变为"海德格尔在对待在场形而上学和逻各斯中心主义方面的模糊立场"④的一种隐喻。尽管后期海德格尔用打了叉的"存在"来避免各种嫌疑,但仍难脱其窠臼。

海德格尔在《论人道主义的信》中反对各种以主体为取向的哲学思路,以为自己辩护。德里达承认,海德格尔的此在决不是形而上学意义上的人,人道主义与人类学并不是海德格尔的思想关切。所以不能把海德格尔与胡塞尔、黑格尔在人道主义形而上学这个意义上相提并论。但在海德格尔那里,人具有"一种更加细致、更加隐蔽、更加顽固的特权"⑤,在海德格尔追寻存在的意义问题时,他不得不以此在作为追寻存在之意义问题的切入点。"我们可以看到,此在,虽然不是人,但也不是人以外的其

---

① 德里达:《多重立场》,第 11 页。
② 同上注。
③ 同上注。
④ 德里达:《论文字学》,汪堂家译,上海译文出版社,1999,第 29 页。
⑤ Jacques Derrida. *Margins of Philosophy*. Trans by Alan Bass, the Harvester Press, 1982, p.124.

他东西。正如我们看到的那样,它只不过是一种对人之本质的重复,是对人(humanitas)的形而上学概念的回归。"①海德格尔的存在之思将传统的形而上学与人道主义统统悬置起来,而为了追寻存在之意义,存在之思即变为此在之思。而这实际上是"对人的本质和人的尊严的重估和评价"②与存在之思相关的"邻居、守护、居所、服务、护卫、声音以及倾听"③的隐喻之言不绝于耳。在德里达看来,从海德格尔哲学的根本出发点、基本结构及可能性条件看,从诸如家乡、邻近性、存在、在场等哲学话语看,海德格尔并没有摧毁逻各斯与存在之真理,而是重建了这种真理。尼采的主动遗忘脱离了形而上学,而海德格尔的被动遗忘则以新的方式重建了形而上学。德里达认为,"延异"则没有这种印记,它比作为海德格尔思想出发点的存在者状态—存在论状态的差异更为原始,而"延异"概念则来源于尼采。很显然,德里达的尼采不是海德格尔所阅读的构造体系化的人物,而是一个对以往哲学具有超凡解构能力的思想家。

德里达也从声音与写作的区分批判海德格尔对尼采的解释。在他看来,这种区分始于古希腊,从柏拉图、亚里士多德到现代的索绪尔,声音与书写、口头语言与书写语言、能指与所指,二者具有严格的等级性。西方符号学理论把声音看作内在、必然的能指,而写作只不过是一种派生性的、引申性的所指,用以翻译作为在场的声音,用以再现口头语言。也就是口头语言优越于书写语言。这种观点决定了形而上学关于各种问题的中心—边缘的二元对立,如内在与外在、偶然与必然的对立。关于口头语言与书写文本,西方思想向来扬前而抑后,其结果便是语音中心主义,即德里达所说的逻各斯中心主义。德里达所要做的就是将文本书写从语音中心主义中解放出来,它不再依附于逻各斯,这种书写本身便具有始源意

---

① 同上书,第127页。
② 同上书,第128页。
③ 同上书,第130页。

义。他的尼采解释就是以他的声音与写作的根本区别为出发点的。他在尼采那里关涉的问题是游戏、符号、风格问题。随着书写的发展,由能指与所指的对立逐渐演化出了写作与书之间对立,书写与作品之间的对立。"这种书本观念就是能指的有限或无限总体的观念"①,书是自我封闭的能指的总体,书的真理与意义先于文字而存在。所以文本就是书或者作品。然而,编辑们却把尼采的大量笔记编辑成一本叫做《强力意志》的书,这样便把书写归结为作品,把文本归结为书。德里达由这一理论出发反对海德格尔将尼采的写作视为一本书:海德格尔主要依据这部著作对尼采进行解释,把这部书中的强力意志与永恒轮回结合起来,断定尼采行动在西方形而上学的轨道上。在海德格尔的尼采解释中,尼采所强调的"解释、观点、评价、差别的概念"②消失得无影无踪。"尼采写了他已写的东西。他写道,文字,首先是他自己的文字,本不从属于逻各斯和真理。这种从属关系产生于我们必须对其意义加以解构的时代。"③德里达认为,从将书写与书混为一谈的角度来说,海德格尔也陷入了能指与所指的等级关系中,也是一种语音中心主义与逻各斯中心主义。德里达认为,尼采的著作不是体系性的,而是随笔性的。

四、结语

德里达在论及海德格尔的一篇文章中曾引用了蒙田的一句话,"对解释的解释比对事物的解释有更多的事要做"。④ 可能他已预知了评论海德格尔尼采解释的复杂性。因此,我们必须认真看待德里达的批判:他的观点是深刻而严肃的。然而,我们也必须严肃对待海德格尔对尼采的解

---

① 德里达:《论文字学》,第 23 页。
② 同上书,第 24 页。
③ 同上书,第 25—26 页。
④ 德里达:《书写与差异》,第 502 页。

释,他是否对尼采文本进行了独占、侵吞与肢解,这不是一个结论的问题。毕竟海德格尔对尼采的解释是一个历经十余年、变换不同角度、进行不断尝试的过程。《尼采》"是一部至今为止所出现的唯一能做到面面俱到且自圆其说的解释尼采的著作"。① 海德格尔的论证也同样是严肃而深刻的。

二者的差异在于,海德格尔是典型地从本体论和形而上学的角度来解读尼采,故而形成了《尼采》开门见山指出的"作为形而上学家的尼采"。德里达则反对从尼采哲学连续不断自我发展的历程去解释尼采,进而把尼采的著作以及概念进行统筹归类,最后将尼采以一种先入之见的形式被安置在某一个位置上。因为这势必会形成统一性与整体性的哲学观点。德里达彻底摒弃了本体论,注重尼采学说的矛盾性质,从解构主义、符号理论、文字学的视角出发,对那些被正统解读所忽略的文本进行研究,而不是对其作一种系统的哲学解读。所以,他反对海德格尔将尼采思考的一些问题都纳入形而上学的轨道。用他自己的话说,海德格尔像一个不会冒任何危险的走钢丝者,他已预先为尼采设定了那个形而上学的框架。我们承认德里达批判的合理性,同样也应该承认海德格尔解读的合理性。正如伽达默尔所说,"尼采语言的高度技巧也未能帮我们提供一个共有的基础。因为情况恰恰是,你能以根本不同的方式来解读尼采"。②

尼采的思想内容与写作方式给后世读者造成了很大的困难,使阅读本身显现为多重面目的形式。但这也无疑启发了后世的哲学家,进而展现了尼采思想的丰富性。尼采多样化的写作形式与他内在内容之间是否达成了一种和解,也就是说是否具有一种本质的同一性?海德格尔做出

---

① 恩斯特·贝勒尔:《尼采、海德格尔与德里达》,李朝晖译,社会科学文献出版社,2001年,第1页。
② 德里达等:《德法之争:伽达默尔与德里达的对话》,第73页。

了否定的回答:二者之间存在着激烈的冲突与矛盾,尼采哲学有其内在的统一性。而德里达则做出了肯定的回答:二者具有一致性,尼采的格言式写作抛弃任何体系化的诉求,讴歌事物的非完整性,追求思想发展的开放状态,排斥思想发展的完满性与统一性,崇尚表达的多样性、差异性与非连续性,把每次写作都视为思想的一次实验与冒险。既然德里达本人都说过,尼采真正的作品与真正的尼采之类的东西都是不存在的,那么,我们为何要苛求海德格尔呢?这何尝不是一种对话的开始,一种理解的开端?"因此,那个让我关心解构论的人,那个固执于差异的人,他站在会话的开端处,而不是在会话的终点。"①

(原载《学术交流》2015 年第 4 期)

---

① 德里达等:《德法之争:伽达默尔与德里达的对话》,第 100 页。

王船山的贲卦阐释及其文饰礼政思想

周广友

作者简介

周广友,1979年12月出生于山东省菏泽市,首都师范大学哲学硕士,北京大学哲学博士,现供职于中国社会科学院哲学研究所,主要研究领域为儒家哲学、宋明理学。在《中国哲学史》、《周易研究》等刊物发表论文数篇。

船山解易,注重从卦象及卦辞中发挥其经邦济世和修身养德思想,认为《易》为四位圣人正谊明道之教而非谋利计功之术,具备审世知事、治理天下、善其德业的功能。伏羲、文王、周公、孔子作易的本意是一以贯之的,并不存在义理之损益。学易旨在明天理、通人道,而占易不过是在此基础上进行谋疑决断的行为。占体现学,学包含占,占学一理,以学为主。卦爻辞之得失吉凶悔吝皆是在显示天理,为人事之指导。他说:"吉者吾道也,凶者吾义也,悔者吾行之几也,吝者吾止之时也……天下不可无吉也,无吉则道不行;不可无凶也,无凶则义不著;不可无悔也,无悔则仁不复;不可无吝也,无吝则志不恒。"①所以,易为君子谋,占君子不占小人,占义不占利。以此,船山解卦注重从两方面入手,一是通过卦象解析来揭示其所蕴涵的天理人道,二是在明理基础上指出君子在筮得某卦时所应遵守的行为规范和采取的行为方式。贲卦即是其中很典型的一例。

---

① 王船山:《周易外传·系辞下》,《船山全书》第一册,长沙:岳麓书社,1996,第1031–1033页。

一、卦象与卦辞

贲,上艮下离,为刚柔杂糅交错之象,其彖辞曰:"贲亨,柔来而文刚,故亨。分刚上而文柔,故小利有攸往。"船山释为:"贲之为卦,一阳甫立即间以一阴,至于五而又改其常度,一阴而间以一阳,萋斐以成贝锦,人为之巧毕尽,阴阳之变至此极矣,是不足与于天地之大文,而徒为贲饰也。"①"文"来自《易传》:"物相杂,故曰文""文不当,则吉凶生焉",据此看,文是与纯相对应的。阴阳刚柔相间曰文,阴阳同类相连皆曰纯,乾坤为至纯之卦象。然六十四卦中阴阳交错之象甚多,以贲为"文饰"之象的原因如船山上述所言。此外,他把彖辞中的"文"阐释为"饰",并由此展开了文饰之辩并于其中深有用意。

卦变是解释卦象、卦辞的方式之一,是指"由卦中阴阳爻象的变动、爻位的移易或卦体的反复、交错而产生另一卦象"。② 这一体例最早即存在于彖传中,如"颐中有物曰噬嗑"等。"《彖传》之以卦变言者十五,随曰'刚来而下柔'……贲曰'柔来而文刚'……皆三阴三阳之卦,故古注认为自否泰而变。"③在此船山举出了随、蛊等十五卦包括贲卦都是否泰而变,他在具体解贲卦时采取了一种迂回间接的方式,即贲卦是由损卦而来,而损则由泰而变。此外,贲与损和噬嗑一样皆是由颐卦而来。船山开篇指出:"噬嗑,非所合也;贲,非所饰也;颐外实而中虚,外实以成形,中虚以待养,虚中以静,物养自至。饮食男女,无师而感,因应而受,则伦类不戒而孚,礼乐因之以起,其合也为仁,其饰也为礼,大和之原,至文之撰,咸在斯也。故曰:无欲故静,无欲者不先动,动而不杂者也。自阳入四以偪阴,

---

① 王船山:《周易内传·贲》,《船山全书》第一册,岳麓书社,1996,第213页。
② 伍华主编:《周易大辞典》,中山大学出版社,1993,第741页。
③ 王船山:《周易内传发例》,《船山全书》第一册,第662-663页。

而阴始疑,入三以间阴而阴始驳,疑乃不得已,而听合于初上;驳乃姑相与用,而交饰于二四;皆已增实于虚,既疑既驳,而理之故曰:噬嗑,非所合也;贲,非所饰也。"①他认为颐中虚而未有物,静以待养,一切礼乐仁义皆由此兴起,故为一切人事现象之源头。阳入四则成噬嗑,一阳入于三阴之中而失其位,不与阴相合,故疑而不合。入三则为贲,一刚而即间以一柔,故象驳杂。此都是破坏颐之静虚之道的卦象。那么保有颐道的只有损卦。船山说:"夫颐以含虚为德,而阳入焉,其能效品节之用者,惟损乎?二与初连类以生而未杂,故'二簋可用享',犹未伤其静虚之道也,若乃以损为约,而更思动焉,则分上文柔,柔来文刚之事起,而遂成乎贲,处损约之余,犹因而致饰,此夫子所以筮得贲而惧也。"②因为损卦初二同类相连而不杂,不破三阴之纯,处损约之地,如九二之阳往上之四位再去文柔,六四来而文刚,则成贲卦。损卦本应保阳而惩忿窒欲,然阳之往阴而成致饰,故孔子得此卦而惧。由上可见,贲由颐增阳而来,由损阳上文柔而来两种释义。事实上,贲也可以由泰卦直接变来。他说:"'分'谓泰之变,从三阳之中,分而往上也。"③只不过泰卦之义与贲卦相去较远,故船山采用了这种间接的解释方法。船山释卦爻象是从多个角度出发,寻找卦象之间及卦辞之间的联系并作出阐释,其解十分灵活然而又符合卦象、卦义之间的联系。

贲之卦辞为"亨,小利有攸往。"船山从扶阳抑阴的角度对"亨"与"利"作了具体分疏:"'贲亨',言贲之所以亨者,阳之亨;'小利有攸往',阴之利,非阳之利也。自上接下曰'来'。一阳之上,一阴即至,以相错而文之。阳道本质实而刚正,阳甫动而阴即来,虚柔以适于人情,刚不戾物,而贵贱灵蠢皆乐观而就之,阳道亨矣。'分'谓泰之变,从三阳之中,分而

---

① 王船山:《周易外传·贲》,第875-876页。
② 同上书,第876页。
③ 同上书,第214页。

往上也。柔在上而易流,或至泥于情欲而违于理;刚舍中位,离其类而上,以止阴之过,则色臭味皆有节而不拂于理,阴之往乃以利焉。"①孔子曾经筮得贲卦而惧。《吕氏春秋·壹行篇》载:"孔子卜,得贲。孔子曰:'不吉。'"《说苑·反质》载:"孔子卦得贲,喟然仰而叹息,意不平。"对孔子之惧,船山释为:"阳为性、为德,阴为情、为养,以阴文阳,则合乎人情而可亨;以阳文阴,则虽顺人情以往,而缘饰之以不诡于道,则'小利有攸往'。'小'谓阴也。虽亨虽利,非大始自然之美,利而不足于贞,彖于四德有亨利而无元贞,夫子筮得贲而惧,以此也夫!"②这说明贲卦虽然不能作为天地之大文,然而阴阳相互文饰是顺应人情事理的,因而有亨利,但未有元贞之卦德。他又从颐之卦象卦德进一步解说:"至实者,太虚也;善动者,至静者也,颐以之矣。无思而感,因应而受,情相得而和,则乐兴,理不可违而节具则礼行,故礼乐皆生于虚静之中。而记礼者曰:礼自外来,是变之九三,一阳揭至者也,乃以启蔑裂者之嚚讼,夷人道于马牛,疾礼法如仇怨,皆其有以激之也,故夫子之惧,非徒以其世也,甚惧乎贲之疑于文,而大文不足以昭于天下也,贲者,非所饰也,而岂文之谓哉。"③可见孔子之惧不仅在于其卦德无元贞,更重要的是警惧人们以贲为文,名不副实,而"大文"隐于天下,忧患天理难以昭显。"夫子之世,贲之世",孔子之心之世与船山之忧患意识与时代境遇庶几相近,故他于此卦阐微显幽,数论夫子之惧。

二、及情者文,不及情者饰

一般而言,文饰应该从人事的经验现象说起,是指通过一定的物品、

---

① 王船山:《周易外传·贲》,第214页。
② 王船山:《周易外传·贲》,第213页。
③ 同上书,第877页。

色彩、声音、礼仪礼节等来增加或者节宣所要表达的特定对象。此可以从孔子的文质之辩里得到一定程度的类比性说明。《论语》曰:"质胜文则野,文胜质则史,文质彬彬,然后君子。"这个说法对后世的文学理论、修辞学和文化观都产生了重要影响,有人释为外在表现和内在品质,有人释为质朴和文采,有人释为内容和形式等,都是带有合理性的创新性阐释,庶几近之。在船山这里,"文"综合了"修饰、文采、润色、现象、文化"等内涵而成为一个哲学概念,"文质"成为理解事物的一种基本识度。虽然在贲卦解读中没有完全展开文质之辩,但他在《尚书引义》中作了很多引申发挥,兹不能详论。

严格说来,"文"经历了一个由自然现象到人类现象,由天文到人文的意涵丰富化过程。从"文"的起源与本义看,"文"是与"纯"、"一"相对应的一个概念,意指多种自然物象并存之现象。《说文》曰:"错画也,象交文。"《国语·郑语》曰"物一无文",《易传·系辞》曰"物相杂,故曰文","参伍以变,错综其数,通其变,遂成天下之文"。因此单一不能为文,"文"是多种物象相错之现象或状态。因此最初之"文"实指一种天地间的自然现象,后来演化为主要指人类现象。举数例如下:《逸周书·谥法解》:"经纬天地曰文,道德博闻曰文,学勤好问曰文,慈惠爱民曰文,愍民惠礼曰文,锡民爵位曰文。"《国语·周语》则更详细:"能文则得天地……夫敬,文之恭也;忠,文之实也;信,文之孚也;仁,文之爱也;义,文之制也;智,文之舆也;勇,文之帅也;教,文之施也;孝,文之本也;惠,文之慈也;让,文之材也。……经之以天,纬之以地,经纬不爽,文之象也。文王质之,故天祚之以天下。"孔子在《论语·八佾》中说:"周监于二代,郁郁乎文哉,吾从周。"孔颖达《论语注疏》注解说:"文"指"周之礼法"。又,《论语·子罕》:"文王既没,文不在兹乎?"朱熹《论语集注》释为:"道之显者谓之文,盖礼乐制度之谓。"又,《论语·颜渊》:"曾子曰:君子以文会友。"刘宝楠《论语正义》释为:"文谓诗书礼乐也。"这些都是从人文的角度释"文",意指人类社会发展到一定阶段所出现的状态和现象。

船山释"文"也是从天文和人文两个方面入手的,贲之彖辞曰:"天文也。文明以止,人文也。"天文两字前显然有阙文,有先儒说应该是"刚柔交错"四字,船山存而未论,却多次说贲终不得"天地之大文",只是一种人为巧饰。天地之文乃是一种真正体现乾健坤顺之德性的自然现象,日月星辰、海岳丘原所昭示之"文"正是反映了阴阳德性之"质",昭著天下大美。"天地之大文,易知简能而天下之理得。故纯乾纯坤并建以立易体,而阴阳刚柔各成其能,上清下宁,昼日夕月,水融山结,动行植止,不待配合而大美自昭著于两间。"① 又说:"蚑者、蝡者、芽者、荂者,五味具,五色宣,五音发,殊文辨采,陆离斒斓,以成万物之美。"② 从大文之义看人文,其意涵应是指人类的一切行为表现和经验活动,它体现了人类的本性与活动。船山释人文为:"人之有情必宣,有志欲见,而风气各殊,止于其所习而不迁此,古今之异趣,五方之别俗,智愚之殊致,各有其美,犁然别白而自止其所安,均为人文而相杂以成章者也。"③ 风气习俗为"文"之表现,而人之情志则为"文"之内涵。因此,"文"体现天道人情固有之实,天道人情也自然、必须和必然通过天文和人文的方式来表现。"天道人情固有贲之理势也……贲之文饰,非天地自然易简之大美,然天人亦固有之,所以阴阳之变必有贲也"。④ 这里的"情"并非仅指情感。船山论说:

> 夫情无所豫而自生,则礼乐不容阙也;文自外起而以成乎情,则忠信不足与存也。故哀乐生其歌哭,歌哭亦生其哀乐,然而有辨矣,哀乐生歌哭,则歌哭止而哀乐有余;歌哭生哀乐,则歌哭已而哀乐无据;然则当其方生之日,早已偺至无根而徇物之动矣,此所谓"物至知知,而与俱化"者矣,故曰:贲者,非所饰也,非所饰也,其可以为文乎?……及情者文,不及情者饰。不及情而强致之,于是乎支离漫

---

① 王船山:《周易外传·贲》,第213页。
② 王船山:《周易外传·坤》,《船山全书》第一册,第835页。
③ 王船山:《周易内传·贲》,《船山全书》第一册,第214页。
④ 同上书,第214—215页。

滥,设不然之理以给一时之辩慧者有之矣。①

"情"一般指人遇物事而在内心生发的一种心理体验和状态。"文"通过具体的制度仪节来宣发表达心中本有的忠信哀乐之情。然仅仅以"情感"释"及情者文"不够确切。"情"也指一种真实,或为情实。船山并没有完整系统地加以注解,只是随文衍义地说明。联系下节所论"礼者,文也,著理之常"可以看出,"文"或"礼"都在表达特定的内容,②即情感和天理,而"饰"则不能表达这些特定的内容,船山所举哀乐与歌哭的关系可以很好地说明这一点。心中有哀乐之情实,则必然生发歌哭,而仅仅因为歌哭所生发出来的哀乐是没有根据的。同为歌哭,则是一为文,一为饰。可见,船山反对的是"文之外起"的思想和"礼自外作"的说法,《乐记》说:"乐由中出,礼自外作。乐由中出,故静;礼自外作,故文。"船山则说"仁义理智之四德,体用具足,皆人性之固有者也。喜怒哀乐自然之节,父子之亲,长幼之序,爱敬之实,根心生色,发于不容已。经礼三百,仪礼三千,皆由此以生焉。岂文饰外物,拘制筋骸,而后生其恭敬哉! 学者反求诸己而自得之,则固知其不妄矣。"③"文"必然来自于内心独有之实。仁义智、喜怒哀乐、爱亲恭敬都是内心最基本的真实存在,礼乐仪文皆因此而生,而非因礼乐仪文才发生上述一切。二者可以看作是本末源流的关系。虽然礼乐仪文表现于外,而其根源来自于内。

"饰"只是为了特定目的而作出的行为或状态,未必是内心真实的呈现。如戏曲表演中用歌哭来表达哀乐等,都是人为的不及情之饰,只是徒具形式而无内容的行为,而礼却有可能流入这种状态之中。孔子生活在

---

① 王船山:《周易内传·贲》,《船山全书》第一册,第 876–877 页。
② 这里并非以礼或文为形式而情理为内容。这颇似体用关系,体只代表了更重要的一方面,或由不同识度而来的分别。如船山说:"缘仁制礼,则仁体也,礼用也;仁以行礼,则礼体也,仁用也。大哉礼乎! 天道之所藏而人道之所显也。"(王船山:《礼记章句序》,《船山全书》第四册,岳麓书社,1996,第 9 页。)
③ 王船山:《礼记章句》卷十九,《船山全书》第四册,第 903 页。

礼崩乐坏、纲纪混乱的春秋后期，那时有"八佾舞于厅"的越礼事件，也有名不副实、仁礼分裂的"挟天子以令诸侯"。那是一个礼文丧于天下的时代，故船山说："夫子之世，贲之世也；夫子之文，非贲之文也。"老子也讥之曰："礼者，忠信之薄而乱之首也。"船山对此作出了有力的批评：

> 礼者，仁之实也，而成乎虚，无欲也，故用天下之物而不以为泰；无私也，故建独制之极而不以为专。其静也正，则其动也成，章而不杂。增之于颐之所不受，则杂矣；动之于损而相为文，则不成乎章矣。分而上，来而文，何汲汲也！以此为文，则忠信有涯而音容外贷，故老子得以讥之曰："礼者，忠信之薄而乱之首也。"彼恶知礼！知贲而已矣，则以礼为贲而已矣。……天虚于上，日星自明；地静于下，百昌自荣；水无质而流漪，火无体而章景；寒暑不相侵，元黄不相间；丹垩丽素而发采，箫管处寂以起声。文未出而忠信不见多，文已成而忠信不见少。何分何来！何文何饰！老氏固未之知，而得摘之曰"乱之首"与？①

老子在对时代问题的省察中觉知"礼"之产生是因为忠信之薄，"大道废，有仁义；智慧出，有大伪；六亲不和，有孝慈；国家昏乱，有忠臣"。（《老子》第十八章）因此，礼、忠信、孝慈等常常成为小人行利谋私的借口和手段从而造成社会的混乱，而礼为乱之首。故要摒弃儒家的礼乐制度等人为形式而走向自然无为的道路。然而他没有认识到礼与仁、忠信是合二为一的。不仁之礼已经不再是礼，虽然还具有迷惑性的礼之外表。对同一行为，要分清是文是饰，文则礼，饰则贲。故船山说他不知礼，以礼为贲。这种批评可谓切中要害，是十分有力的。

---

① 王船山：《周易外传·贲》，《船山全书》第一册，第876－877页。

三、礼者文也,政者饰也

承上述文饰之辩,船山接着引申出礼政之别并以此发挥其经邦济世思想。这里船山对饰及贲卦的看法有了意义的滑转。由对"饰"的贬义性评价转为中性论述,"文""饰"变成重要性和影响力有大小轻重的一对概念。语义滑转的原因一方面在于文饰在广义上的通用性,并没有严格纯粹的性质上的区别,另一方面在于阐释贲之彖辞进而表达自己礼政思想的需要。他说:

> 礼者,文也,著理之常,人治之大者也,而非天子则不议,庶人则不下。政者,饰也。通理之变,人治之小者也,愚者可由,贱者可知,张之不嫌于急,弛之不嫌于缓。故子贡之观蜡而疑其若狂。礼以统治,而政以因俗,况其在庶焉者乎!是以贲不可与制礼而可与明庶政,所饰者小也。①

作为治理国家、规范社会、教化人心的一种手段,"礼"是人制定出来规范人的社会行为的一种制度和仪文,具有合天地之德与父子之亲、明长幼之序和尊卑之别的功能,其内涵十分丰富。船山也是从人治的角度认识和论述礼政之功能。作为卓越的思想家,他更从理学视角或哲学高度对礼政作了新的阐释。这无疑对全面理解礼政的形而上意蕴至为重要,借助于这种诠释,我们可以从文化整体观的角度更深入地理解人类的一切现象,为现象间的联系、地位与作用等提供全面性、系统性认识。

从静态之结构上说,礼兼有"文"与"理"两个层面。"以礼为文"在《礼记》中多有表述。《礼器》说:"先王之立礼也,有本有文。忠信,礼之本也。无本不立,无文不行。礼也者,合于天时,设于地财,顺于鬼神,合

---

① 王船山:《周易外传·贲》,《船山全书》第一册,第 877–878 页。

于人心,理万物者也。"礼有两个层面,其表现为文,其内涵为忠信。按照郑玄解释《礼记》"物有本末"时所说的"质犹本也,文犹末也"的说法,则可以说"礼"也有本末。"以礼为理"则在理学家那里得到充分阐释。《礼记·仲尼燕居》:"子曰:'礼也者,理也。'"《礼记·坊记》:"子云'礼者,因人之情而为节文。'"宋明儒的一个普遍观点认为礼为天理之节文。事实上,天理人情都是礼之本质,均需"节文"之才能显发呈现出来。

从动态之形成与表现过程言,礼兼具"节"与"文"两个层面。船山解说:"勉其不足之谓文,裁其有余之谓节。节文著而礼乐行,礼乐行而中和之极建。"①即是说礼之形成包括节和文两个层次:节谓节制,即把过分过多的欲望加以限制和约化,如《乐记》说:"人生而静,天之性也,感于物而动,性之欲也。物至知知,然后好恶形焉。好恶无节于内,知诱于外,不能反躬,天理灭矣。夫物之感人无穷,而人之好恶无节,则是物至而人化物也。人化物也者,灭天理而穷人欲者也。"这意味着人欲如果不节制于内,则物交物,相互牵引,欲动情胜,则人化物,与物无异。"物至知知,而与俱化。"文谓增饰、渲染,即是把天理人情之隐微幽潜的内容通过一定形式增显宣发出来。

在现实中,"礼"则具有与"政"相为辅益的作用。"礼"是治理国家的常用形态,常和"乐"联系起来,代表社会的和谐完美状态。"政"是管理社会的一种必要手段,常和"刑"联系起来,代表治理社会的低层次状态。如《乐记》说:"是故先王之制礼乐,人为之节。礼节民心,乐和民声,政以行之,刑以防之,礼乐刑政,四达而不悖,则王道备矣。"又说:"礼以道其志,乐以和其声,政以一其刑,刑以防其奸。礼乐刑政,其极一也,所以同民心而出治道也。"礼乐刑政四者治理社会的区别,粲然可分,又可统一起来。"礼"是显明天理之常,是理自身的显现者和承载体,因此"礼"通之四海而皆准,故为人治中重大的根本性方面;"政"则要求根据各地风俗

---

① 王船山:《周易外传·乾》,《船山全书》第一册,第831页。

习气而治定可行之则,而具体条文的制定、贡税徭役的管理等也要根据时间环境的变化作出相应的调整,所以是可变的、常变的。但变中有理,它表证了天理具体的变化或表现形式,在其多样性、差异性中体现了统一性之理,故"通理之变"。严格说,礼也可变化。这里船山只是在礼政对待关系中取其相对义。礼政虽然有别,但其目标和功能为一;礼政又是相互影响和制约的,礼敝则政乱,政敝则礼乱。① 因贲之卦象,其"不可与制礼而可与明庶政",船山对为政思想也作了申述:

> 若夫刑,则大矣。五礼之属三千,五刑之属三千,出彼入此,错综乎生杀以为用。先王之慎之,犹其慎礼也。而增之损之,不因乎虚静之好恶,强以刚入而缘饰之,则刀锯之憯,资其雕刻之才,韩婴所谓"文士之笔端,壮士之锋端",良可畏也。故曰"文致",曰"深文",曰"文亡害"。……戒之曰"无敢折狱","无敢"者,不忍之心所悚肌而震魄者也。操刀笔以嬉笑,临铁锁而扬眉,民之泪尽血穷、骸霜骴露者不可胜道,然且乐用其贲而不恤,则"敢"之为祸,亦烈矣哉!②

为政以德是儒家的传统,《论语·为政》:"道之以政,齐之以刑,民免而无耻;道之以德,齐之以礼,有耻且格",船山继承孔子上述慎刑罚、重礼制的思想,特别指出要慎重对待把缘饰与刑罚结合起来的情况,即"文致"——非所至而致之——为欲加之罪而文;"深文"——入其藏而察之——在缘饰之文上"咎其已往,亿其将来"以加深刑罚,"文亡害"——求其过而不得——为徇私而文饰其过。前两者刑过其实,后者则刑不及实。船山多次引史对文致和深文之罪加以批判:"王晏、徐孝嗣文致郁林

---

① 如《礼记·礼运》所论:"礼者,君之大柄也,所以别嫌明微,傧鬼神,考制度,别仁义,所以治政安君也。故政不正则君位危,君位危则大臣倍,小臣窃;刑肃而俗敝则法无常,法无常而礼无列,礼无列则士不事也。刑肃而俗敝则民弗归也,是谓疵国。故政者,君之所以藏身也。"

② 王船山:《周易外传·贲》,《船山全书》第一册,第878页。

之恶,以拚骛滔天之罪,欲加之罪,何患无辞乎?"①"何晏、夏侯玄、李丰之死,皆司马氏欲篡而杀之也。而史敛时论之讥非,以文致其可杀之罪,千秋安得有定论哉?"②"诛非其罪而徒以长奸,深文之害世教,烈矣哉!"③防奸禁伪的刑罚一旦被私利所用,"托于政以文其奸,假于刑以互相讦"④或者被竞尚滥用,则造成的后果触目惊心、悚肌震魄。这是船山对小人当道之际酷刑之害的愤慨控诉,对时代之弊亦有含沙射影之义。

四、用贲之道

君子学易,就要从卦象中体认天理人情进而指导自己的行为活动。就贲卦而言,船山一方面称许其刚柔相文之亨利,为阴阳之变必然之理势。另一方面又对此卦的"极阴阳之变和人为之巧"提出警戒。因此,用贲之道应包含两个层面,一是善于观察天文与人文来明理通时进而作出适宜的行为,观察乃是一个条件。船山在释贲彖辞"观乎天文,以察时变;观乎人文,以化成天下"时阐述说:

> 此言圣人用贲之道也。刚柔杂糅,交错以致饰,既为天道人情之所固有,圣人观而知其必然,而所以用之者,则不因天之变而易其纯一之道,不随人之变而伤其道一风同之至治。故天人虽贲,而圣人之治教自纯。天合四时而一致,而当寒暑相授之际,则一雨一霁,一温一凉,与夫日月五纬之交错于黄道内外,圣人观而察之,以审时之变,节宣以行政令,乃以当变而不失其常。人之风气习尚,粲然殊致,而

---

① 王船山:《读通鉴论》卷十六·鬱林王,《船山全书》第十册,岳麓书社,1996,第613页。
② 王船山:《读通鉴论》卷十·三国,《船山全书》第十册,岳麓书社,1996,第409页。
③ 王船山:《读通鉴论》卷九·献帝,《船山全书》第十册,第341页。
④ 王船山:《四书训义》卷六,《船山全书》第七册,岳麓书社,1996,第281页。

各据其所安;圣人观风施化,因其所长,济其所短,不违其刚柔之则,而反之于淳。自非圣人,因贲而与之俱贲,则随化以流而与人争美利于小节,贲之所以可惧也。夫子既释象义,而引伸以言。贲虽非大美之道,而圣人善用之,则治教资焉,特非大贤以下所可庶几耳。①

"观"首先是一个学习和体认的过程,天文和人文都是在变动不居中展示其天理人情的。观天文才可以知时变,观人文才可以知习尚。这些都是不能违背的刚柔之则或者客观情势,只有因随这些条件,圣人君子才可以避开人为之饰的弊端与干扰而确立治世之教。只有把这些结合起来,才能合天时、因人情、体天道、明人事,才能实现大象传之精义:"贲,君子以明庶政,无敢折狱。""庶政,事物之小者,如〈周官〉羃、庶、赤友、服不之类,明察其理,而制为法以授有司,使详尽而不敢欺。'无敢折狱者',赦小过而得情勿喜,以矜全民命也,使饰法以文致之,则人无以自容矣。大象皆取法卦德之美,独于贲、夬二卦有戒辞焉,智仁勇皆天德,而非仁以为之本,则智伤于察,勇伤于傲,自恃为德而以损天下。故君子慎德,尤于此致警焉。"②明庶政显然应该建立在"观"之基础上,然而随之而来的就是"折狱"之类的政治实践。确切说,庶政折狱活动本身也影响和造成了人文之"观",因为从"化成天下"的角度而言,圣人君子就是庶政的制定者和实践者,并没有一套固定不变的庶政。这显然是一个知行相互滚合、不断推进的过程。通过"行"及行之结果来深化和更新"知",通过"知"来进一步改进和完善"行"。人文不仅为圣人之教和君子之行提供了一个展开的情景,而且也体现了圣人教化的结果和进一步改进的基础和状况。

另一层面是从君子自身修养和践行的角度而言,此不同于上述治理社会与化成天下的宏观视野。从孔子得贲卦而惧及船山阐释象传的警戒

---

① 王船山:《周易内传·贲》,《船山全书》第一册,第215页。
② 同上书,第215–216页。

之词可以得知,滥用"人为之巧"是背离天理与中和之极的行径。他说:

> 圣人体天之不贰以为德之纯,极变蕃之用而皆贞夫一,而盛德之光辉自足以经纬乎万物。若其疑此之有余,忧彼之不足,一刚而即间以一柔,组五色以成章,调五味以致和,美不足而务饰之,饰有余则诚愈不足矣。词赋,小技耳,司马相如非知道者,且以一经一纬、一宫一商为非赋心之所存,况君子以建中和之极者乎!①

致中和是儒家修身为政等一切行为的最高理想,也是自然、社会和谐的最佳状态。《中庸》说:"中也者,天下之大本也;和也者,天下之达道也。致中和,天地位焉,万物育焉。"中和与中庸同义,"和"更强调了一种状态和结果,而"庸"为"用"义,更侧重一种行为方式和态度,因此孔子说"君子中庸,小人反中庸"。问题之关键是如何做到中庸,"不偏之谓中",饰有余与文不足,都是未能正确体现或实现其道其情的偏颇状态,是"不及情"之饰,船山以"及"与"不及"来区分文饰,意在强调一种名副其实、文质相称的中庸之道,其理想就是使万物各得其所、各遂其性和实现人的本性、建立中和之极。

文饰的含义是接近的,常常可以互文使用,如"文过饰非"等。船山在其使用过程中也如前人一样并没有精确的区分二者②,他所论之"文"有"贲之文"和"天地之文"之别,而"饰"亦有正面"文"之内涵。文有余而实不足则为饰,饰得宜则为文。二者之区分与界限不是十分明显。然其文饰之分自有其理论价值,船山因"贲饰"未达到"文"一样的中和状态

---

① 王船山,《周易内传·贲》,《船山全书》第一册,第213页。
② 如他说"敢于亵鬼倍亲而不恤也,虽以技巧文之,归于狄而已矣"(《周易外传·系辞上传第八章》第1015页)此处之"文",不是正面褒扬之词,实是背离原意与事实的造作掩饰之意。即使在贲卦之象辞里,使用的亦是"柔来文刚"之"文"。他说:"夫子之世,贲之世也;夫子之文,非贲之文也。"(《周易外传·贲》第876页)又:"贲者,非所饰也,非所饰也,其可以为文乎?"(《周易外传·贲》第877页)可见"文"之内涵的多义性和模糊性。

而特别提出要慎重对待"余与不足"的问题,其如过犹不及一样,是以中庸为理想的贤人君子修身处事要加以审察的对象。以此为背景来看待文饰之分,其必要性和价值就十分明显。它为人们提供了一种行为规范,即要用"文"的方式来处理人情物事,而"文"的方式之内涵就是中庸之道。过犹不及,只有恰如其分地体现天理人情才能做到文。船山文饰之辩寓意深远,旨在为君子修身、为政两者提供一种理想的行为方式和目标,以"文"的方式来致中和、建人极,这是体天德之纯以经纬万物、化成天下,在万千变蕃中贞一守正的唯一途径,而这一方式和状态本身也可以看作君子修养的最高理想,正如阳明的"致良知"思想一样,一方面行为要以良知为理想,一方面要在行为中把良知推致出去。"文"与"良知"都兼有手段和目标、途径与结果的双重内涵。

(原载《周易研究》2009 年第 6 期)

"存在—时间"、"技术—时间"
与时间技术的现代演变

郭洪水

作者简介

郭洪水,1976年1月出生于山东省济南市,首都师范大学哲学硕士,中国社会科学院哲学博士,现供职于西北农林科技大学马克思主义学院,主要研究领域为科技哲学。主持陕西省社科规划项目,在《哲学研究》、《马克思主义与现实》、《科学技术哲学研究》等期刊发表论文十余篇。

一、"存在—时间":存在论揭示的源始时间

近代以来,科学家基于数学和物理学视角,把时间看成是永恒向前的运动序列,是"绝对独立"的某种实体。比如牛顿认为,存在"绝对的、真实的数学时间",它不依赖于任何外界事物。① 但是哲学家们则提出,时间并非独立存在的实体,时间不能脱离事物存在。莱布尼茨认为:"没有事物的时间只不过是单纯理想的可能性。"②

海德格尔则指出时间与人的存在的直接关联。人的存在是面向未来实现自身诸种可能性的过程,这个过程本身就是时间。在海德格尔看来,

---

① 牛顿:《自然哲学的数学原理》,赵振江译,商务印书馆,2006,第7页。
② 莱布尼茨:《莱布尼茨与克拉克论战书信集》,陈修斋译,商务印书馆,1996,第37页。

人的存在是"可能之在",并面向死亡这一终极可能性不断筹划自身。然而死亡是"未来事件",为了"现在"展露人的本真存在,人要把死亡意识"提前"承担起来,这就是"先行赴死"。面向死亡,人领悟生的意义。因此,海德格尔把人的存在过程称为"此在的消逝":"此在就是他的消逝,就是在向这种消逝先行中的可能性。在这种先行中,我本真地是时间,我具有时间。"①人的本真存在,展现在其"消逝"——这一时间进程中。海德格尔进而指明:"此在的消逝不是'什么',而是'如何'"。②"什么"指向"内涵"或"内容","如何"指向"怎样"或"形式"。海德格尔在总结存在的时间特质时又说:"时间就是如何"。③ 展现存在的时间乃是一种"形式",时间形式是展露存在内容的实质特征。

由此,哲学存在论提示了一种源始时间,它是人之存在的显示形式,我把这种时间标记为"存在—时间"。存在的"发生",这一过程本身带来源始时间,存在"存在"于"存在的历史"中。这在海德格尔之"存在的天命"思想中已经暗示出来。存在是否到来以及如何到来,这取决于某种"天命"。存在的到来,乃是"天命"的"遣送",是"赠礼"。这一天命自然地规定了存在的某种时间性特征。海德格尔说:"存在之历史的历史性的东西就是从一种遣送的天命中自行规定的。"④存在在其天命中遣送出时间,这一事件海德格尔称为"Ereignis"⑤。

不过,时间不局限为人之存在的形式,它也是展现一切存在者之存在的必要形式。存在须由时间来揭示。一切存在者之存在乃是过程,过程唯有时间来表现。另一方面,时间是形式,"时间本身是无意义的"⑥,它

---

① 海德格尔:《海德格尔选集》上卷,孙周兴选编,三联书店,1996,第24页。
② 同上书,第18页。
③ 同上书,第25页。
④ 同上书,第670页。
⑤ 同上书,第685页。
⑥ 同上书,第24页。

"存在—时间"、"技术—时间"与时间技术的现代演变

需要内容来充实,需要和存在结合起来。时间嵌入各种事物,表现为变化与生长的过程;时间嵌入人,表现为人的生存过程。康德已经看到,"时间本身并不变化,而是某种存在于时间中的东西在变化"。① 时间原本只是纯粹形式,唯有和内容结合在一起才会"鲜活"起来。

如果说时间是显示存在的形式,那么空间则是显示时间的形式。实际上,时间是事物存在的"内在形式",不是外在形式。比如植物的形状是外在的,但是植物的生长历程是内在的。康德指出:"时间不可能是外部显象的规定:它既不属于形状,也不属于位置等等。"②因此,时间的内在隐蔽性要"解蔽",需要借助空间。"内直观不提供形状,我们试图通过类比来弥补这一缺憾,通过一条无限延伸的线来表象时间序列。"③

当然,另一方面也要看到,尽管时间嵌入一切存在者,但是只有人才有"时间意识",即感知时间、反思时间乃至对时间进行理性规划。人的时间意识,使人能感知存在的时间性,事物的本真存在因此才能被揭示出来。人的时间意识不仅能感知事物存在,而且尤能感知自身存在。对此康德曾提出:"时间无非是内感官的形式,即直观我们自己和我们的内部状态的形式。"④海德格尔也发现,西方思想的发展历程中,人的时间性"存在"被空间化的"存在者"所遮蔽了,此时人失去了本真的时间意识,不能揭示自身的本真存在。存在的真理首先要面向人自身,揭示人存在的时间性,此为海德格尔的"基础存在论"。

"存在—时间"于人而言也是自由时间。人的存在不仅要在时间中显示出来,而且显现的也必须是人的存在本身;人的存在自己展露出来,是为"自由"。人在时间中展现出自身的过程,也必将是人之"自由"的"实现"过程。柏格森启示人们,只有在时间的纯粹绵延中,才能看到生命的

---

① 康德:《纯粹理性批判》,李秋零译,中国人民大学出版社,2004,第72页。
② 同上书,第67页。
③ 同上。
④ 同上。

自由。人的自由表现为人能创造,即面向未来不断实现新的可能性。"士别三日当刮目相看"。作为揭示人的自由的"存在—时间",正是"不断变异的绵延"①。它是不可分割因而没有"缝隙"的连续过程②,生命的自由在此时间中才有保证。人在"存在—时间"的尺度上本真地"生活","存在—时间"是人的生命时间,这应是"时间就是生命"的本来意义。这个意义上的时间是 F. Franco 所谓的"不可抵押的时间"(nonmortgaged time):"主体既发现自己的限度,也揭示自己的潜在天赋。这种时间带来不确定的结果,是主体的机遇,是他(她)人生的冒险。"③

二、"技术—时间":时间的技术谋划

然而,在人类文明进程中,"存在—时间"最终还是被纳入了技术谋划。因为人要主动地改造事物,这需要从根本上控制事物的时间节奏。"存在—时间"被改造为"技术—时间",后者是社会生产的必要条件。"技术—时间"成为马克思所说的"劳动时间",柏格森所说的"物理时间",海德格尔所说的"时钟时间",布迪厄所说的"科学时间"④。"技术—时间"是对时间的数学谋划,以精确控制人和事物的存在。对时间越来越精确地计算,是时间技术史的主题。

对"存在—时间"进行技术谋划,有两个必要前提。一是"存在—时间"本身具有形式特征。只有形式的东西才能够被符号化、被计算和进行推理。始创于亚里士多德的形式逻辑学提供了最早的形式计算和推理的经验。柏

---

① 叶秀山:《"进入""时间"是"接近""事物本身"的唯一方式》,载《学术月刊》2006年1月号。
② 叶秀山:《从 Mythos 到 Logos》,载《中国社会科学院研究生院学报》1995 年第 2 期。
③ F. Franco, 2000, "Time, Technology, and the Transformations of Social Life", *in International Journal of Politics, Culture and Society*, Vol. 13, No. 3:539–549.
④ 布迪厄:《实践感》,蒋梓骅译,译林出版社,2003,第 126 页。

"存在—时间"、"技术—时间"与时间技术的现代演变

格森曾指出:可计算的时间乃是形式的时间,实质的时间不可计算。① 而"存在—时间"的真实内容只能定性,不能量化。"技术—时间"的第二个必要前提是"存在—时间"的空间化。"存在—时间"的形式是内在的、隐蔽的,需要把它转化为外在形式,以空间方式来界定,才能被谋算。这个过程是把"存在—时间"的只能感知的内在形式转化为可以计算的外在形式,即把"存在—时间"的可感性转化为可知性。

对"存在—时间"进行技术谋划的基本步骤也有两个。第一,把它"无缝"的连续过程"打碎"为间断点的前后相继过程,即把时间简约为"瞬间"。"存在—时间"由此成为可分割的连续过程。"存在—时间"本来作为纯粹绵延,是不可分割的绝对运动过程,必须让它静止下来才能进行数学谋划。对此,柏格森曾在批判时间的形而上学规定时指出:"我们通过静止的东西去思考运动的东西。"②

第二,把时间的"瞬间"用空间的"点"来定义,即把时间形式以空间为参照物来界定。柏格森指出:"物理时间"把活生生的事物分割成许许多多的"瞬间",时间的瞬间和空间的点是等同的。③ 这种思路在古希腊的芝诺那里已有提示。芝诺在说明"飞矢不动"时提出:"位移"的物体,在每一个时刻只占有一个与自身相等的空间,因此这个物体是不动的。④ 飞出去的箭之所以"不动",实际上是把整个"飞行过程"简化为一系列静止的"点",由于各个"点"是静止的,整个过程看上去是静止的。这种静止的点在近代物理学中称为"质点"。当存在的连续过程被简化为"质点"的相继,人就可以掌握时间的"多少"和"前后"。

综上,时间本来是嵌入事物存在的内在形式,"技术—时间"则把它从存在中"脱嵌",抽离成外在形式加以计算。于人而言,时间与其存在的

---

① 谢地坤主编:《西方哲学史》第7卷上册,江苏人民出版社,2005,第163页。
② 柏格森:《创造进化论》,肖聿译,华夏出版社,2000,第235页。
③ 谢地坤主编:《西方哲学史》第7卷上册,第160页。
④ 亚里士多德:《物理学》,张竹明译,商务印书馆,1982,第190-191页。

源始关联就这样被割断,时间可以不再是他的自然拥有物、合法拥有物,变成可以被他人和社会制度加以安排的"资源"。"技术—时间"与"存在—时间"、劳动时间与自由时间的对立由此开始。"技术—时间"在前工业化时代的例子有"日晷"和"沙漏",在工业化时代的典型代表是机械钟,在信息时代的典型代表是电子手表和各种电子计时器(如手机中的"时钟")。

从对"存在—时间"的技术谋划可以看出,"技术—时间"的生成逻辑是把时间的纯粹"绵延""切断"为"可分割"、"均质化"、"可重复"和"可逆"的序列。这四者成为"技术—时间"的基本特征,而且这四个特征有着内在的逻辑关系不能颠倒。首先,"存在—时间"的整体序列被"分割"成各个部分;然后,各个部分是完全同质的,可以进行定量描述;海德格尔说:"唯因为时间被构造为均匀的东西,它才是可测量的。"①接下来,"同质的"部分既然都一样,也就是"可重复"的;那么在这个均质化序列中,我们就自然可以回复到它的任何一个阶段,"技术—时间"也是"可逆"的。当把"存在—时间"简化为"瞬间—点",就把不可倒流的"存在—时间"变成了可倒流的"技术—时间"。"时间隧道"显露了"技术—时间"的雄心,即通过技术规划,人可以回到"过去"。

不过,通常我们说,时间是"一去不复返"的。即使是时钟时间,已经消逝的时间也不能追回。那么在何种意义上说时间是"可逆"的?从近代科学视角看,时间"可逆"的观点是把事物的存在过程看成是"可还原"的。通过实验对这个过程进行反复"重演",发现事物变化的规律,是为"科学"。由于"技术—时间"把事物的存在和发展变成"可再现"的过程,人们可以由"任意的现在"对"技术—时间"做初始规定。海德格尔曾提出:时钟做的初始规定是对现在的当下确定。②

---

① 海德格尔:《海德格尔选集》上卷,第10页。
② 同上书,第11页。

"存在—时间"、"技术—时间"与时间技术的现代演变

此外还需要说明，从"存在—时间"到"技术—时间"，中间还有一个过渡阶段，即"自然时间"。"自然时间"是人们以自然事物本身的变化为参照，来安排生产和生活节奏。比如根据季节变化安排农耕，或根据昼夜更替安排生产与生活。在"自然时间"尺度上生存，人实现了"天人合一"。"自然时间"也是"可计算"的。只不过，它并非"由人算"，而是"由天算"。

"技术—时间"的基本功能有两个。第一，它把时间与人的存在剥离，使之成为社会可以调度的"社会时间"。这好比现代商品经济把"劳动力"从劳动者身上剥离出来，使之变成可以自由转让的，并为资本安排使用"劳动力"提供了可能。其实，资本买断"劳动力"进而实现利润最大化的一个基本前提，也是把劳动者的"自由时间"从其存在中剥离，并把它变成"劳动时间"。资本剥削正在于隐蔽地"占有"别人的时间。"技术—时间"也许是人所制造的最重要"工具"，社会生产和社会交往都以它为必要前提。第二，"技术—时间"可以充当衡量事物变化的尺度。现代社会经常有对事物量化描述的需求，这种描述需要定量的"标尺"，"技术—时间"正是这种标尺。"技术—时间"把时间本身从存在中抽离出来，成为一种无内容的纯粹计量形式（如计时器或手表），从而可以测算事物变化过程。为了衡量无限发展的事物，时间也必须变得足够长，乃至无限。牛顿意义上的"绝对时间"正是这样无限变化的"独立实体"。

由此推论，随着对时间的技术谋划越来越重要，时间的独立倾向愈加明显，它甚至会继续挣脱空间束缚，成为独立的"核算单元"。前文述及，"存在—时间"的空间化为"技术—时间"创造了条件，那么"技术—时间"的发展则是进一步摆脱空间限制，对此下文将详述。

总之，从"存在—时间"到"技术—时间"的转变是人类文明进程的一个重大事件。这个转变渐渐地使时间本身脱离存在，变成工具，人在拥有的众多技术中多了一种"时间技术"。它不断遮蔽"存在—时间"，而且社会越是发展，科学技术越是发达，这种遮蔽越是加深。人的存在意义，也被"技术—时间"所掩盖了。比如，当人们看着时钟，感觉到在"无聊地打

发时间"时,人实际上是"沉沦"在"技术—时间"中失去了自我;而当人忙着干自己喜欢的事业时,人往往忘记了时间。这时候,人实际上摆脱了"技术—时间",在"属于自己"的"存在—时间"中创造未来。

三、时间技术的现代演变

近代以来,技术和资本主导了现代化进程。技术追求效率,资本追求利润,现代化的生产逻辑即是最快实现最大化的利润。这需要不断"压榨"人的"存在时间/自由时间"以提供更多"工作时间"。时间成为宝贵的社会资源。如何高效率地利用时间,成为决定人生成败的关键。在"一寸光阴一寸金"的氛围中,"时间就是生命"的含义也被扭曲了。在有限的生命中加快节奏干事业,以不枉此生,结果生命的透支反而成为生活的意义。时间不是通向生命自由的条件,而是攫取生命能量的手段。现代化进程的深层哲学基础是对时间越来越精确的谋划,这样才能实现它的生产和发展目标,它隐含着一部时间技术演变史。这个过程中确立了"时间的专制"①。

时间技术演变的第一个重大事件是18世纪下半叶精密机械钟的发明,这是"技术—时间"的重大开端,人类进入了"时钟时间(clock time)"支配的时代。"时钟时间"不仅打破了时间与存在的原始关联,而且打破了时间与空间的关联,结束了人们长期依靠自然时间的历史,使对时间的社会安排成为可能。前工业化时期,人们只能根据日出、日落和太阳位置"盘算着时间"。吉登斯指出:前现代时期,时间与地点没有分开,不参照空间标记,每天的某个时间无法分清。② 机械钟的出现,使得时间计算只

---

① 哈维:《后现代状况——对文化变迁之缘起的探究》,阎嘉译,商务印书馆,2003。

② 参见吉登斯:《现代性的后果》,田禾译,译林出版社,2000,第15页。需要说明,前现代时期出现的"沙漏"已经使时间开始独立于空间,不过沙漏计算时间的性能缺乏持久性,而且携带不便。

"存在—时间"、"技术—时间"与时间技术的现代演变

依靠机械装置,不再依赖某个自然界的空间或物体。时间从空间中"持久"脱离,获得了"独立形式"。它至少带来三个优点:一是这种装置可以随身携带;二是可以随时"校正时间",与他人时间同步;三是把时间精确到了"秒"这样的"时刻"。这样,正如吉登斯指出的:每日的时间可以精确"分区",工作时间也可以精确安排了。

从此,人们不再根据"自然节奏"和人自身的生理规律,而是按照现代资本的运行逻辑安排时间。以前人们"日出而作、日落而息",现在人们必须"朝九晚五";以前人们和时间的距离是遥远的,那时候的"钟表"在天上。工业时代以后,人和时间的距离拉近了,钟表就挂在家里或戴在手腕上,"随时"看到,时间也就"随时"控制着人。曼纽尔·卡斯特一语中的:"现代性是时钟时间对空间和社会的支配。"

到了当今信息时代,时间技术以移动通讯和网络技术为基础,发展到了登峰造极的程度。我试图把这一时期的"技术—时间"称为"自决时间"。自决时间意谓个人可以相当"自由"地决定自己的时间安排。自决时间把三个优点集中在了一起:时间安排既精确到了某个时刻,也精确到了某个地点,而且时刻和地点都是灵活机动的。所谓的"自决"正是体现在第三个优点上面。在线交流和手机是这三个优点的集合体,后者更是把三个优点的结合发挥到了极致。信息时代的手机颠覆了工业时代的手表:手机是移动的"办公室"和生活空间,不仅能随时知道时间,而且能随时随地地谈工作、做生意,和亲朋好友聚会,保证了"随叫随到"。手机是"移动的时间"和"移动的空间"(比如 GPS 导航)的复合体,手表的功能已被合并到了手机之中。曾几何时,大街小巷的上班族都戴着手表;现在,人们几乎都摘下了手表换上了手机。

"技术—时间"本来就是把"存在—时间"简约为"瞬间—点",以便对时间的控制可以达到最大化的精确。但是在信息时代之前,这个"理想目标"离现实还很远。只有到了信息时代的自决时间才把"技术—时间"的这种实质发挥到了极致。

自决时间的一个重要功能是在"现在"预支"未来"。信息技术为此创造了必要条件,比如"过去"的资料可以保存在硬盘里以在"将来"查阅;"现在"的工作没有做完,可以带到家里,"以后"加班完成。现代技术本来就追求效率,要求人们"只争朝夕"、"趁年轻大干一场"。资本主义时间计算的逻辑是"现存就是全部存在"①,把未来拿到现在"提前消费"。自决时间的另一个重要功能是使人们可以在瞬间安排全球范围内的各种事务。当前的互联网技术把全球空间纳入了流动网络之中,使其成为"流动空间"②,人们可以在瞬间与全球各地的人们联络。瞬时机动的时间与"流动空间"相适应。

从自然时间到自决时间,时间和空间的关系走过了一个"否定之否定"过程:自然时间中时空一体;后来出现了社会时间,即时空分离的状态——时间从空间中独立出来;如今到了自决时间,时间又和空间结合在一起。不过,事情并非简单地回到原点。自决时间不同于自然时间。与自然时间相比,自决时间对时间的把握和控制是高度精确化和高度流动的,它在任何时候都能适应分散的网络人群之多样化的、即时性的生存和生活需要。这一次,人们不必适应自然时间,倒是自决时间适应了人们的各种需要。自决时间是一种能在瞬间和局部决定长远和全局的时间。

由此看来,现代化进程内含时间技术的"辩证运动":把时间从空间中"解压缩",然后把"计算好的时间"再放入空间中。时空的分离和后来时钟对时间的有效控制,都不过是当代时空重构的前奏,并逐渐成为"现代社会合理化组织运行的机制"③。

---

① 哈维:《后现代状况——对文化变迁之缘起的探究》,阎嘉译,商务印书馆,2003,第300页。
② 卡斯特:《网络社会的崛起》,夏铸九等译,社会科学文献出版社,2001。
③ 吉登斯:《现代性的后果》,第17页。

四、"存在—时间"与人的自由发展

最后,时间技术造成了怎样的社会后果呢?一方面,它使得社会生产与生活的安排越来越有效率,成为推动现代化的重要力量。然而另一方面,时间技术对社会的深层控制,也越来越遮蔽人的本真存在,妨碍了人的自由发展。

首先,时间技术使社会节奏越来越快,最终将整个社会置于高速运作中。哈维对此描述道:

> 尽管有工人的抵抗,但大多数工作时间表都安排得极其紧张,生产的强度和速度,在很大程度上是按照有利于资方而不是劳动方的方式来组织的。为AT&T电话公司工作的电话接线员,被期望每28秒钟接一次电话,以此作为合同的条件;卡车司机们通过服药保持清醒而把自己推向了忍耐和招致死亡的极限,空中交通管制人员忍受着极大的压力,流水线上的工人们吸毒喝酒,日常工作节奏的一切组成部分都是由赢利而不是由建立人道的工作时间表来确定的。正如马克思很久以前就观察到的,各种补偿如带薪度假、较高的工资、较短的工作周和较早退休,都经常由资方以甚至更为紧张和加速地工作的形式来加以恢复。[①]

在此,时间不是实现自由存在的条件,而是物质利益最大化的现实条件。当时间技术演变为当今的自决时间,更是加剧了时间与存在的矛盾。自决时间不断占用更多自由时间,鲜活的生命能量异化为僵死的生存技术。自决时间的实质是灵活机动的工作时间,它实际上把本来固定的工作时间和地点分散化了,使之变成了流动的,以适应不断变化的工作环

[①] 哈维:《后现代状况——对文化变迁之缘起的探究》,第289页。

境。过去人们尚可以在工作时间之外享受自由,现在工作时间和自由时间的界限模糊了,大量的自由时间都变成了工作时间。马克思的时代,人在家里尚有不当"机器奴隶"的自由。但是在信息时代,机器无处不在地束缚着人。工作不仅可以在"单位"进行,而且还可以带到家里,只是按时"交差"就行了。员工不得不在自家电脑旁,整日面对屏幕敲打着键盘,保持网络在线,随时听候主管吩咐,经常连周末时间也要牺牲才能完成工作。这是看不见的"血汗工厂",不固定在某个车间,而是可以在很多地方;不再是简单重复的体力劳动,而是繁重的脑力劳动。信息时代不仅没有改变工业时代"人是机器"的局面,而且相反,人变成了"自动的机器"。人们有了更多的自决时间,却并不感到自由。

正如本文开始提出的,时间在其本体意义上需要和存在结合起来,时间有一个存在论的维度需要被重新揭示。时间因为展现存在而为生命的自由提供可能。"存在—时间"自然奉送了自由时间。如果说自由时间是带有价值负载的,并且这一价值具有某种天赋性质,是因为这一价值恰恰来自时间与生命存在的源始关联。"存在—时间"从存在论深度提示出,"对自由时间的占有"应该纳入现代政治哲学的研究视野,这对人的存在和发展具有根本意义。对人权的政治讨论由此可以在哲学深度进行。哲学作为时代精神的精华,也因此回应了现代社会"人的自由时间被高度挤压"的问题。人享有自由时间的程度,应该成为衡量社会文明程度的标志。

在社会现实层面,回到"存在—时间",就是继续反思资本逻辑引发的"存在—时间"的不断透支。在现代化进程中,资本借助"技术—时间"强行征用一切可以利用的时空资源,以实现利润最大化。资本主义学者提出天赋人权,包括平等、自由、私人财产权等,却唯独忽略了人对自由时间享有和安排的权利,个中奥秘在于这种权利将摧毁资本制度的生存基础。当代社会,时间技术的过度膨胀进一步加剧了各种生存危机,为此也许需要通过某种必要的制度设计,以控制时间技术的负面作用。

"存在—时间"、"技术—时间"与时间技术的现代演变

实际上,马克思已经提示出,社会主义是消解时间技术之负面作用的路径。马克思的资本批判中包含了对资本主义劳动时间的批判,并指明社会主义可以消解劳动时间与自由时间的对立,技术进步带来的自由时间的增加,将成为人的全面而自由的发展的条件。按照马克思的理论,技术进步带来必要劳动时间的缩短,在资本主义条件下它却继续成为劳动时间;但在社会主义条件下,这些节约下来的劳动时间不再归资本占有,而是归劳动者自己所有。这将建立劳动时间与自由时间的良性循环。马克思预想:"节约劳动时间等于增加自由时间,即增加使个人得到充分发展的时间,而个人的充分发展又作为最大的生产力反作用于劳动生产力。"①

马克思的最高理想是实现人的全面而自由的发展,让全体公民享有更多的自由时间是根本保障。"存在—时间"意义上的"自由时间"应成为社会主义的重要"福利"。正如马克思指出:"自由时间,可以支配的时间,就是财富本身。"②在"技术—时间"尺度中,时间在役使着人;在"存在—时间"尺度中,人在享受时间。社会主义国家应该通过经济发展不断增加全体国民的自由时间,比如健全各种休假制度,提高双休日的休假质量,约束各种强制加班,在法定假日提供便利公民出行的公共服务等。这将更好地实现社会主义的制度优势。

(原载《哲学研究》2015 年第 7 期)

---

① 《马克思恩格斯选集》第 2 卷,人民出版社,2012,第 790 页。
② 《马克思恩格斯全集》第 26 卷第 3 册,人民出版社,1974,第 282 页。

资本主义生产机制的现代转型及其社会效应

荣 鑫

作者简介

荣鑫,1983年4月出生于安徽省六安市,首都师范大学哲学硕士,北京大学哲学博士,现供职于北方工业大学马克思主义学院,主要研究领域为国外马克思主义、马克思主义基础理论。主持国家社科基金后期资助项目,博士后科学基金项目,在《天津社会科学》《山东社会科学》等期刊发表论文近二十篇,获北京高校思想政治理论课(原理组)社会主义核心价值观教学展示一等奖等多项奖励。

一、资本主义生产危机以及凯恩斯主义——福特主义的形成

西方资本主义经济危机的周期性爆发,特别是1929－1933年经济危机,给西方社会带来极大震动。经济危机引起了学界的普遍反思,经典理论遭到质疑。一方面,由亚当·斯密提出并成为后来西方经济思想主旨的"自由放任原则"受到挑战,人们发现"看不见的手"并不必然地实现各种生产要素的和谐一致;另一方面,"萨伊定律"受到根本质疑,它在逻辑上所否定的生产过剩已经成为社会现实。与之相应,大萧条前后的西方思想界,出现了不少与传统经济思想不同的声音,其中最为嘹亮的当属凯恩斯。①

---

① 有关同时期与凯恩斯思想相近的思想家的介绍,请参阅约翰·米尔:《一种批判的经济学史》,高湘泽译,商务印书馆,2005,第230－236页。

凯恩斯思想的重要性集中体现在对古典经济学特别是一直为学界所信奉的萨伊定律的批判上。萨伊定律建立在原始的物物交换或对货币的交换功能的简单化抽象之上。它主张"资本主义经济中有效需求与供给趋于平衡"①，一定的储蓄必然会带来等值的投资。而凯恩斯则指出储蓄和投资都是出于个人意愿的活动。②"储蓄是各个消费者的活动，其内容是消费者不把全部本期收入用于消费的消极行为"，而"投资则是企业家的活动，其内容是发起或维持某种生产过程，或是保持流动资本等积极行为"。在资本主义发展的上升时期，从社会总储蓄和总投资来看，往往一定的储蓄会跟随等值的投资，但时间先后并不代表逻辑必然。现实情况是一定的储蓄并不必然跟随相应的投资，投资的需求未必总能完全吸收储蓄的供给。从个人的消费以及储蓄的情况来看，"储蓄的出现可以没有任何相应的投资出现"。③ 另一方面，投资总是以一定的可预期的利润为前提的。利润或资本的增减虽然由产品价值和生产成本之间的差额即由投资价值和储蓄之间的差额决定，但关键仍取决于投资量而非储蓄量。另外投资也并不必然是完全理性的，其结果可以是正利润也可以是负利润。所以，储蓄必然引起投资这一说法是"不完整的"，是"会引起误解的"。它错误的根源就在于包含了太多主观臆想的成分，而缺少逻辑分析。④

凯恩斯对投资与储蓄关系的分析，建立在其"有效需求原理"之上。

---

① 萨德－费洛、约翰斯顿编著：《新自由主义：批判读本》，陈刚等译，江苏人民出版社2006，第39页。

② 凯恩斯指出对一定货币或资本是用来进行消费还是用来进行投资完全是由个人所决定的，从而社会的"总收入和总储蓄的数量是社会上的个人对是否进行消费和是否进行投资自由选择的结果"。（参见凯恩斯：《就业、利息和货币通论》，高鸿业译，商务印书馆1999年版，第71页。）

③ 参见凯恩斯：《货币论》（上卷），何瑞英译，商务印书馆1986年版，第120，146－147页。

④ 参见凯恩斯：《就业、利息和货币通论》，第91页。

如果将社会生活作一简单抽象,就可以看出投资和储蓄之间存在着一种悖论式关系。① 投资带动生产、就业,进而影响供给的发展;储蓄取消一定的消费(需求)进而影响供给、生产、就业,二者相互掣肘。只有在生产进而供给与需求相交汇之处,是生产的最稳定状态,也是可实现的就业最为充分的状态,这时的需求被凯恩斯称作"有效需求"。② 社会不可能一直保持处于有效需求进而实现充分就业的状态,生产有超出消费需求的趋向。因此,凯恩斯倡导刺激消费以缓解经济危机。

大萧条后,西方学界认识到像大萧条那样"深层的资本主义危机绝不是来自供应方面的危机",而"问题总是对这个制度已经生产和可能生产的所有产品的需求不足"。③ 然而传统生产完全不顾生产阶级的消费,并且他们的消费还往往被视作应付出的劳动力价格即工资被减缩到只够维持生产力再生产的地步。这必然导致工人的消费远低于生产。但是,生产与消费的矛盾需要从制度层面上加以解决。这种现实要求生产制度进行变革,一种能刺激消费的生产方式呼之欲出。福特制生产便在这种情况下产生并成为战后资本主义生产的典型模式之一。

福特制生产之所以能成为对资本主义生产有持久影响的生产模式在于它独特的生产方式和管理方式。福特制生产总体说来有两大特征。第一,大规模高度自动化流水线的应用。有学者将福特制生产归结为泰勒制加机械化。泰勒制生产的一个重要特征是在生产过程的各环节之间有

---

① 储蓄和投资之间的关系远非萨伊定律所规定的那么简单,按照凯恩斯对储蓄和投资的界定,可以发现其实储蓄和投资是被供给和消费(需求)所媒介了的。扩大化的投资必然引起供给增多、消费需求提升,从而影响储蓄;反之,储蓄的增多也会影响投资的扩大。如此就可以理解葛兰西所说,储蓄特别是非生产阶级的储蓄是"资本积累的最骇人听闻的和最不健康的方法之一"(葛兰西:《狱中札记》,葆煦译,人民出版社,1983,第387页)。

② 总供给函数、总需求函数以及有效需求的详细分析参见凯恩斯:《就业、利息和货币通论》,第28-30页。

③ 大卫·施韦卡特:《超越资本主义》,宋萌荣译,社会科学文献出版社,2006,第63页。

严格区分,福特制继承了这点,只不过在它的生产过程中人的区分原则由隶属于人的技能方面转向了机器,人为机器所规约。① 另外,福特制生产实现了生产工具的革新,通过在生产中应用自动化流水线实现了生产的标准化、高效率和高度自动化。流水线生产具有专门化的特性,其设计具有很强的针对性,往往一条流水线只为了生产某一特定的商品,从而,经过流水线生产出的产品消除了人为的不确定性,实现了标准化,成为完全可被替代的东西。流水线生产是按照特定的生产步骤预先设定好的,其操作过程也几乎全部为机器所替代,人的生产速度完全为机器所规定,从而实现了高效生产。流水线是按照一定的生产程序对各种机器进行重新规定的结果,生产过程只要遵循流水线流动的顺序就可顺利进行,以此实现自动化生产。由于生产工具以及生产技术的革新,福特制生产实现了生产能力的极大提升,保证了供应充足。总之,半自动化流水线生产是福特主义生产过程的主要特征。它一方面实现了生产过程的垂直整合,将不同的生产程序纳入同一生产流程,另一方面为两大部类间生产力的本地化转移提供物质保证,从而使之成为相对剩余价值生产的最适宜的方式。② 第二,福特制生产确立了将工人的可能性消费纳入到生产之中的运行机制。这一机制是使福特制生产区别于以往各种生产并使其能够在战后成为一种生产的典型模式而被确定下来之根本所在。哈维认为,福特制生产确立的标志是亨利·福特于1914年引入"一天5美元、工作8小时以作为操作自动化汽车装配线的工人们的酬劳"这一制度。③ 这一标准并非意示薪水和劳动时间那么简单,在当时的生产条件和生活境遇

---

① 参见 Alain Lipietz and Angus Cameron, "The Post-Fordist World: Labour Relations, International Hierarchy and Global Ecology", *Review of International Political Economy*, Vol. 4, No. 1 (Spring, 1997), p. 2.

② 参见 Michal Aglietta, *A Theory of Capitalist Regulation: The US Experience*, tr. by David Fernbach, London: NLB, 1979, p. 117.

③ 参见戴维·哈维:《后现代的状况——对文化变迁之缘起的探究》,阎嘉译,商务印书馆,2003,第166页。

下,它是在生产制度和组织原则上对工人的现实消费的根本保证。在此制度下,工人有足够的支付能力,同时又有充足的闲暇时间来进行消费。由此,福特制生产在一直处于割裂状态的生产与消费之间搭建了一条沟通的桥梁,将大规模生产与大众消费结合起来,实现生产的可持续发展,并且通过将消费纳入生产机制,使生产过程本身构成一个自足的体系。在战后,福特主义被作为典型的社会积累模式和调节方式确定下来,并被称为大西洋福特主义。它具有经济和社会两方面特性。经济上,主要通过进行需求管理和集体谈判的调节来保证充分就业;在社会层面,通过推广、标榜大众消费让所有人都能够享受到经济发展的成果,并且以此为福特式发展提供动力支持。①

福特主义生产制度的确立首先是对资本主义生产体制的自觉革新,它具有重要的社会效应。从生产的角度来看,福特制生产将工人限定在由现代工业机器所构筑的"看不见的链条"当中。它实现了社会生产对主体的包围,而且这种现代性的围困已经深入并扩散到社会的"每一个缝隙和角落"当中;它取消了生产者的合法地位,原本为生产者所具有的不可替代的智力、技能被剥夺,在稳固的"流动的链条"中生产者变得再也不稳固,他们时刻面临着被流动的危机。在这种不断流变当中,现代社会实现对生产主体的操控。正因此,福特制生产是现代社会反人类的"自我觉醒"。② 然而,从社会发展的角度来看,福特制确立了全新的社会景观。这种社会景观构建的深层逻辑是:"大规模生产意味着大众消费、劳动力再生产的新体制、劳动控制和管理的新策略、新的美学和心理学,简言之,

---

① 参见 Bob Jessop,"Capitalism and Its Future: Remarks on Regulation, Government and Governance", *Review of International Political Economy*, Vol. 4, No. 3 (Autumn 1997), p.572.

② 参见齐格蒙特·鲍曼:《流动的现代性》,欧阳景根译,上海三联书店,2002,第88-89页。

意味着一种新的理性化的、现代主义的和平民主义的民主社会。"①福特制生产在制造出现代社会商品的全面包围的图景的同时,也缔造了大众生活走向消费时代的神话。

战后资本主义社会,无论是美国还是欧洲各国,在福特制生产和凯恩斯主义的共同作用下,纷纷从经济危机和战争的创伤中恢复,实现了社会的飞速发展。资本的生产不再咄咄逼人,而是带上了温顺的假面。社会大众所体验到的不再只是生产的狂热,而是不断涌动的消费欲望以及它的满足和满足之后的狂喜和眩晕。与此相应,资本主义社会的现实生活给人们营造了一种"历史感的消失",整个社会开始"丧失保留它本身的过去的能力,开始生存在一个永恒的当下和一个永恒的转变之中"②,资本主义被视为人类社会的最后范型而走向终结。在这一意义上它是现代化进程在战后的进一步延伸。

二、福特主义与消费社会的兴起

福特制生产指向资本主义生产体系各个环节之间的简单化和专业化。福特制继承了泰勒制对劳动分工的管理方式,同时在工业技术和调节方式上超越了它。雅索普(Bob Jessop)将福特制生产归结为四个层面的意涵:劳动过程、积累机制、调节方式和社会化模式。其中,福特制生产的劳动过程是指在标准化产品的生产中引入特定的技术配置和分工,指向对生产过程的系统化管理。③ 在劳动过程中,生产规范和生产秩序的标准化让泰勒制省去了操作者理性思维的不确定性和犹豫的过程,使每

---

① 戴维·哈维:《后现代的状况——对文化变迁之缘起的探究》,第167页。
② 詹明信:《晚期资本主义的文化逻辑:詹明信批评理论文选》,张旭东编、陈清侨等译,三联书店,1997,第418页。
③ 参见 Bob Jessop, "Fordism and Post-Fordism: A Critical Reformulation", *Regulationist Perspectives on Fordism and Post-Fordism*, ed. by Bob Jessop, Cheltenham, UK; Northampton, MA, USA: Edward Elgar Pub., 2001, pp. 32-38.

个工人的生产变得更加简单也更加机械;半自动化流水线的应用则使福特制生产进一步取消了操作者的生产技能和现实的生产过程,操作者存在于流水线生产的缝隙之中,充当生产机器的铆钉,生产变得简单化。同时,简单化在另一层面意味着生产过程的进一步分化,意味着生产的专业化。福特制时代,生产与技能、生产过程的设计进一步分离。福特制生产"将专家决策的上层建筑提升到真正的任务执行水平之上,同时将所有需要技能的决策从执行者那里转移开去"。① 生产者的任务变得更为简单,生产者主体与生产过程进一步分离。另外,福特制生产将消费从生产过程分离出去,这具有更重要的社会意义。在前福特制时代,生产者阶层的消费建立在小商品生产之上,而且其水平也只维持在足够实现劳动力再生产进而资本再生产的地步,但是福特制生产将消费从生产—再生产体系中"分离"出去,消费被建构为脱离资本主义生产体系之外的体验生活狂喜的行为过程。这一转变的现实意义需要从社会结构的整体视角加以把握。

福特主义生产方式实现了将现代社会建构成为这样一种社会:大众终其一生都依赖于个人工资和社会福利来满足自身需求的社会,可称之为工薪社会(société salariale)。在这种社会当中,个人消费被赋予新的社会意义。消费成为消费者适用于"美国式生活方式"的一种自我调控机制。② 消费的意义转变具有普遍的社会效应,伴随着福特制生产在美国乃至整个西方社会的发展,一种新的生活方式即建立在消费的意义转变之上的生活方式逐渐为人们所接受。③ 消费社会正是建立在消费的这种

---

① 参见齐格蒙特·鲍曼:《现代性与矛盾性》,邵迎生译,商务印书馆,2003,第318-319页。
② 参见 Bob Jessop, "Fordism and Post-Fordism: A Critical Reformulation", p.36-37.
③ 戴维·哈维曾指出,战后的福特主义与其说代表了现代资本主义生产方式即大规模生产体制的确立,倒不如说是一种全面的生活方式。生产方式的社会效应比生产方式本身意义更为重大。(可参见戴维·哈维:《后现代的状况——对文化变迁之缘起的探究》,第179页。)另外,"福特主义"一词的创造者葛兰西也曾探讨过福特制生产对社会生活的合理化以及随之而来的社会条件、生活方式、价值观念上的变化,详参葛兰西:《狱中札记》,第389-414页。

意义转变的基础之上。① 消费社会理论作为一种社会理论,是对现实社会进行抽象的结果;消费社会作为一种社会状态,它是由社会主体的行为及其对社会现实的理解和体认所构成。可以简单地将消费社会理解为以消费为主导的社会。其中,人与人之间的关系主要在消费活动中构成。简言之,消费不仅是需求满足的过程,更是主体身份构建和社会认同得以实现的过程。那么,关键在于理解福特制生产与消费社会形成的内在关联,换言之,福特制生产方式中包含了哪些有益于促成消费社会的有效因素。

首先,从总体上说,福特制生产使社会大众与资本主义生产体系更多地通过消费而不是生产结合起来。福特制生产是衔接商品大批量生产和大众消费的纽带,它构建了生产—消费—再生产的良性循环:流水线生产提高了生产效能,增加收入;高收入刺激需求;需求保证了生产的预期,使生产有足够的利润空间;新技术、足够的利润与高需求刺激再生产。② 它改变了生产和消费在资本主义生产体系中的比重。福特制生产在生产过程上的简单化、专业化的直接结果是使工人只是作为机器的简单操作者,人成为工具(机器)的附庸。生产者的附属地位表现在:生产者对产品设计、流水线设计、生产次序、生产技能乃至生产行为本身的无知,生产者对生产过程的总体失控。福特制生产"将责任从操作者转到了他所操作的工具之上,而且原则上允许个体参与几乎无限范围之内的、需要技能的活动,这些活动远远超出了他们自己可能已经掌握的能力"③。现在不是人而是机器拥有生产技能,人不再是合法的商品生产者。生产与人疏远,而

---

① 消费不能简单地理解为与"主动生产相对的被动的吸收和占有",而应该清楚地意识到消费是一种建立人与物之间关系以及人与人之间的整个社会关系的主动模式,是人参与到现实世界当中的系统性活动。(参见尚·布希亚:《物体系》,林志明译,上海人民出版社,2001,第222页。)

② 可参见 Bob Jessop, "Fordism and Post‒Fordism: A Critical Reformulation", p. 33, 以及 Michal Aglietta, *A Theory of Capitalist Regulation: The US Experience*, p. 116‒117.

③ 齐格蒙特·鲍曼:《现代性与矛盾性》,第319页。

消费则成为日常生活的重要构件。在福特制时代,消费在两个方面得到提升:大批量标准化产品在核心家庭中的个人消费;由官方提供的标准化大众商品以及服务。从而,标准化产品的消费成为日常生活的普遍现象。与在生产中所面临的总体失控相比,消费则易于把握。福特制生产正是简化了生产者的生产,同时强化了消费,从而迎合了社会现实和社会心理的发展、变化。

其次,福特制生产赋予商品以符号性意义,使消费与社会地位紧密相连并从而成为标示大众身份的对象化活动。福特式生产一方面带来商品的极大丰盛,另一方面为现代生产引入标准化商品生产的概念。前者带动商品消费的大众化、社会化,后者带来"标准化"消费。二者为大众消费提供必要前提,同时也为消费意义的转变奠定基础。商品生产的标准化,是对使用价值进行系统化区分的初步尝试,是对多样化社会生活的一种抽象,是现代消费的先在预设与现实前提。标准化商品消除了多样化消费的可能性,造成标准化的消费。同时,消费成为人实现社会化的纽带,在消费中形成的人与人之间关系在标准化的商品以及标准化的消费中被"标准化"。法国调节学派代表人物阿格里塔曾鲜明指出消费意义的此种转变。他指出,福特制生产时代的消费不应该如通常所理解的作为一系列花费活动的总和,而应该理解为一种活动或更确切地说一套有组织的活动的总和即过程,从而可以将消费理解为一种社会实践,一种由一定的社会关系所支配的社会化的实践过程。[①] 福特制生产的成果即标准化商品,是区分社会各阶层的有效工具。福特式生产的高工资以及银行借贷方式的应用,为标准化商品的消费提供可能。从而福特制生产一方面为消费树立标准,另一方面又为该标准的实现提供可能途径。商品,特别是作为标准的商品,是福特制生产引领大众消费并以此保证生产持

---

① Michal Aglietta, *A Theory of Capitalist Regulation*: *The US Experience*, p. 155 – 156, 160.

续进行的意识形态力量。此外,现代生产赋予商品以更重要的社会意义。商品被作为一种标准,一种符号,用以区分社会身份。由此,商品的标准成为人的标准,普遍存在的商品关系渗透到人与人关系之中。有史以来,福特制生产第一次为工人阶级的消费提供范型、标准,但是也正是这种生产方式使商品关系拓展进个人的消费行为当中,从而导致非商品化人际关系的消失。个人的社会认同不是通过在与他人的质询中确立为主体来实现,而是通过被建构为一个消费者,由外在于人的、物化的力量来实现。[①] 社会关系被物化。

最后,福特制生产所树立的范型既是生产的范型,也是被广告媒介意识形态化了的范型,是消费的意识形态化及其普遍化并进而构成消费社会意识形态性的前提。福特制生产将产品的设计过程从生产过程中分离出去,交由专门化的决策者、设计师来完成。这一分离对于商品生产具有重要意义。一方面是生产的进一步专门化,进一步取消了生产执行过程中的智力投入;另一方面为赋予产品以特定的符号意义奠定基础。产品的符号化对于现代商品生产体系来说至关重要。在马克思对资本主义生产的批判中,商品的二重性即使用价值和交换价值在现代生产即符号化的生产过程中在一定程度上被扬弃。专门化设计是在商品的实用性之外,赋予商品以"工具美学"(functional aesthetic)上的意涵,使商品获得"美"的形式。"美"是外在地赋予商品的,具有随意性,象征性。这种象征意义一方面来自产品的前提设计,另一方面来自于后期宣传,而这主要通过大众媒介。"一切媒介都给我们的生活赋予人为的感知和武断的价值。"[②]大众媒介赋予商品以自我言说、自我重复的能力。从而,从前期设计的自我关照到后期大众媒介的自我重复,商品完成了自我符号化的标

---

① 同上书,第158,161页。
② 麦克卢汉、秦格龙编:《麦克卢汉精粹》,何道宽译,南京大学出版社,2000,第409页。

榜过程,将自身的美学价值、符号意义传递到现代生活当中。

通过福特制生产以及随之兴起的大众消费,现代社会逐渐走向以消费为主导的社会。在消费社会,大众消费成为日常生活的重要组成部分,消费成为人与人之间社会关系组构的对象化活动。

三、福特主义生产制度的结构性危机

福特制生产一直是战后至上世纪六七十年代资本主义社会生产的主要机制。福特主义和凯恩斯主义在战后比较长时间内保持了资本主义的繁荣,"建构起了一系列劳动控制的实践、技术上的组合、消费习惯和政治—经济力量的结构"①,但是这种繁荣的景象只维持到1973年以英美为先导随后传递到西方社会的经济衰退为止。当时,通货膨胀几乎达到无法抑制的程度,暴露出西方社会过剩的生产能力。从根本上说,虽然福特主义能解救大萧条时期的西方社会于水火,但因其没有从根本上改变资本主义的内在本质,从而也无法取消其固有的根本矛盾,无法彻底消除资本主义经济危机。从福特制生产的生产机制本身来看,它内含先天的结构性矛盾,并随着生产的不断发展日益暴露出来,成为西方社会生产衰退的重要原因。

首先,从生产过程来看,福特制生产过于僵化刻板,不能满足多样化、变动不居的社会需求。生产过程的僵化主要表现在它特有的生产方式和对企业内部员工的管理上。一方面,流水线生产是福特制生产在技术上的标志,具有专门化、针对性强的特点,但正因此导致福特制生产过于刻板而不够灵活。流水线需要大量的资金投入,虽然可以持续、反复投入使用,但一旦投入使用就无法灵活地进行革新,所以很难做到灵活适应生产需求的发展变化。大规模生产线的投资"排除了设计上的很多灵活性与

---

① 戴维·哈维:《后现代的状况——对文化变迁之缘起的探究》,第164页。

所设想的不变的消费市场中的稳定增长"①,导致产品过于呆板而不能适应发展变化的消费需求以及不断变更的创新设计。另外,流水线生产无法在时间上做到各生产环节之间的平均分配,从而导致总体的时间流失,致使平衡延迟时间(balance delay time)不断增长,影响生产效率。② 另一方面,在员工管理上,福特制生产的劳动关系具有两个特性:其一是刚性的雇佣合同;其二是沿自泰勒制生产的对劳动力各项活动的直接控制。③刚性的雇佣合同导致稳定的生产群体,有助于形成具有统一利益进而统一的意识形态的生产阶层,为生产带来一定的不确定因素。在生产过程中,不断增强的标准化生产、缩短的休息时间以及不断加深的疲惫与精神紧张,导致工人身心严重失衡;流水线生产有助于强化工人之间的关系以对抗他们的劳动状况。④ 同时,固定的雇佣工人也无法适应变化着的市场以及生产需求,导致劳动力的闲置与浪费。对劳动力的直接控制并不有助于形成持续而有效的社会需求,甚至会起到相反的作用。这些刻板的因素无疑会阻碍福特制生产的发展,必将为弹性化以及民主化的社会生产所代替。但是,福特制生产的僵化本性乃是其本身所固有的,是由各种复杂交织的利益所决定着的⑤,因而很难从自身内部加以革新或修正。

其次,从积累方式来看,福特制生产无法阻碍日益增长的资本有机构成。大规模的固定资本投入是福特制生产的必要前提,流水线一旦建成,

---

① 戴维·哈维:《后现代的状况——对文化变迁之缘起的探究》,第187页。
② 参见 Michal Aglietta, *A Theory of Capitalist Regulation*: *The US Experience*, p. 120。
③ 参见 Alain Lipietz and Angus Cameron, "The Post – Fordist World: Labour Relations, International Hierarchy and Global Ecology", p. 4 – 5. 对劳动力的直接控制不只是在生产过程中,甚至会发展到对工人私生活的监督、干预。葛兰西指出,福特式生产甚至会利用特别的视察人员去干预员工的私生活以及监督他们怎样使用自己的工资和怎样安排生活的企图。(参见葛兰西:《狱中札记》,第404 – 405页。)
④ 参见 Michal Aglietta, *A Theory of Capitalist Regulation*: *The US Experience*, p. 120 – 121。
⑤ 参见戴维·哈维:《后现代的状况——对文化变迁之缘起的探究》,第187 – 189页。

就可以维持长时间的生产。如果从长远来看,有机构成中的不变资本数量或许不会增加,但相形之下,福特制生产是一种取消生产者的生产方式,无论是从绝对数量上还是从生产技能上看都是如此。福特制生产必然导致可变资本相对于不变资本投入的大量减少。从而资本有机构成(不变资本与可变资本之比,即 C:V)将会呈不断上升的趋势。而资本主义生产方式正是建立在对剩余价值的无偿占有之上,不断上升的资本有机构成会带来剩余价值率进而利润率的下降,最终导致资本生产的停滞。另外,从现实层面来看,由亨利·福特首创的福特制生产从来都没有完全实现,即便在福特自己的工场中也是如此[①]。换言之,高工资的福特制生产从来都伴随着大量的廉价劳动力生产。相对增加的固定资本投入和相对减少的劳动力投资是福特制生产无法根本改变的社会现实。

最后,从现实的消费来看,福特制标准化商品生产与消费无法持续有效地带动消费,导致大宗商品积压过多,无法及时实现资本形式的转换,最终致使无法维持再生产。福特制生产以汽车为主要生产对象,如此大宗商品一旦不及时转换为货币资本,必将破坏资本的有效运行,使资本运转陷入停滞。然而,正因为福特制生产以大宗商品为对象,而大宗商品又具有更新周期长的特点,所以福特制生产极具生产停滞的危险。在生产发展时期,扩大的消费能够带动并刺激生产,但在危机前期,这就成为将生产拉入危机的重要原因。另外,流水线生产使生产能力极度膨胀,同时带来不断地投资并形成异常庞大的规模,而它的顺利实现必须要社会保证它具有不断增长的商品周转速度,而这只有通过不断更新的消费需求和逐渐增长的有效消费来完成。这无疑增加了固定资本贬值从而导致流动性下降的风险。[②] 另一方面,标准化生产更新速度慢,无法及时有效地

[①] 参见 Bob Jessop, "Fordism and Post – Fordism: A Critical Reformulation", p. 39.
[②] 参见 Michal Aglietta, *A Theory of Capitalist Regulation: The US Experience*, p. 119.

拉动消费需求。福特制生产发展到一定阶段,"对于标准化的大众消费统治之下的生活质量的平淡乏味的批评,不止是少数。通过国家行政机关无区别对待的体制提供服务的质量,也受到了大量批评。福特主义和凯恩斯主义的国家管理人主义,与理性化了的设计领域里简朴的功能主义美学(盛期的现代主义)有了联系"①。福特制生产以大众消费品的生产为不断深化的资本生产与再生产的基础,以普遍的大众消费模式为前提。然而,标准化商品生产过于僵化,设计更新过慢,跟不上大众的审美趣味,无法激起消费需求的现实发展,导致大众商品的消费及生产步履艰难。

战后,福特主义生产方式在全球范围内不断推广应用,并被一度称为"全球福特主义"。福特制一时间成为各国用来发展生产的典范。此外,植根于美国土壤的福特制,无视国家之间的现实差别,在全球范围内构建"工薪社会"或"雇佣者社会"。② 同时由于其固有的结构性危机,导致上世纪六、七十年代在英美爆发并逐步蔓延到西方社会的生产危机。这促成更为灵活的生产方式即被称为"灵活积累"或"弹性生产"的后福特制生产方式的产生。

四、后福特主义生产方式的产生及消费社会的新阶段

后福特制生产"依靠同劳动过程、劳动力市场、产品和消费模式相关的灵活性"③与刻板僵化的福特制生产形成鲜明对比。其根本特性是"迅速转换生产线、针对有利可图的部分市场小批量制造产品的能力"④。通

---

① 戴维·哈维:《后现代的状况——对文化变迁之缘起的探究》,第183页。
② 参见 Josef Esser and Joachim Hirsch, "The Crisis of Fordism and the Dimensions of a 'Post-Fordist' Regional and Urban Structure", Post-Fordism: A Reader, ed. by Ash Amin, Oxford, UK & Cambridge, USA: Blackwell Publishers, 1995, p. 75–76。
③ 戴维·哈维:《后现代的状况——对文化变迁之缘起的探究》,第191页。
④ 菲利普·史密斯:《文化理论:导论》,张鲲译,商务印书馆,2008,第340–341页。

过采用灵活而有弹性的生产方式,使深陷僵化刻板的标准化生产之累的西方社会继续发展下去。

后福特制生产的灵活性主要表现在以下几个方面:

第一,后福特制生产采用灵活的雇用机制,从而与采用长期而又稳定的用人方式的福特制形成对比。后福特制生产用人方式非常灵活,作为其生产核心群体的是具有全日制工作时间和公司永久员工身份的雇员。在所有员工中,这个群体享有最好的工作保障、技能培训和社会福利。包围核心群体的是流动性强、非全日制的生产群体。通过这种灵活而又立体的雇用方式,后福特制生产一方面节约了在可变资本上的投入,避免了因市场需求不稳定所导致的生产力浪费,另一方面通过加速生产阶层的流动性,使得生产阶层在思想意识上的结合变得更加困难,避免因待遇、生产部门之间的不平衡所导致的阶级对抗。

第二,后福特制生产采用灵活的生产机制,从而与采用大批量流水线生产的福特制生产形成对比。福特制生产时期大规模生产所追求的规模经济"已经遭遇了日益增加的小批量廉价制造各种商品的生产力的抗衡",后福特制生产采用小批量生产,绕过刻板的福特主义生产体制,满足更大范围且快速变化的市场需求。① 与大批量生产相比,小批量生产具有以下优点:其一,小批量生产需要较少的固定资本投入,具有较小的生产风险;其二,小批量生产具有生产周期短的特点,有助于缩短资本周转时间从而加速资本的循环运动;其三,小批量生产的产品易于消耗,更新换代时间更短,有效缩短消费周转的时间,有助于进一步带动消费;最后,小规模生产便于技术创新,有助于将科技研究的最新成果及时有效地应用于现实生产。这些优势是福特制生产所缺乏的,导致它必然为后福特制生产所代替。

---

① 参见戴维·哈维:《后现代的状况——对文化变迁之缘起的探究》,第200 – 201页。

第三,后福特制生产建立灵活的信息传递机制,从而与相对沉默的福特制生产形成对比。福特制生产时代,生产与消费之间建立的是相对沉默的交流机制。消费品的绝对匮乏决定了生产对消费的最终决定作用,社会生产在足够的支付水平的前提下能够被有效的消费需求所消耗,从而福特制生产不需要倾听市场的需求。福特制生产只需要"集中设计"产品,再"通过法令把它们强加给必然出现的公众"①。另外,福特制生产时代,生产与消费之间的内在沟通由于一些结构与技术因素而受到种种限制。②但是随着标准化产品大规模消费的推广以及大众对标准化产品的审美疲劳,生产与消费之间相对沉默的状态已不能适应消费需求的发展变化。后福特生产时代,生产与消费进行频繁而又快速的交流,从而让生产能够很好地与消费相契合,在根本上保证生产的零库存。同时,后福特制时代信息和通讯技术的快速发展,使针对具体消费者来设计产品成为可能。"通讯和信息已开始在生产中担任一个新型中心角色"③,为生产与市场之间的交流提供必要的技术支持。④

在此,我们无意于深究后福特制生产的具体生产机制和诸种模式,而意在关注后福特制生产所具有的社会效应,特别是对大众消费的影响。后福特制生产灵活的生产机制,在消费模式上也有别于福特制生产:弹性生产为多元化的消费需求提供物质基础,同时通过信息控制、需求生产策

---

① 弗雷德里克·詹姆逊:《时间的种子》,王逢振译,江苏教育出版社,2006,第183页。

② 在福特制生产时代,"从消费到生产的反馈周期允许市场上的变化刺激生产和行业的变化,但这种交流的周期既受限定(由于规划和设计结构上的有限而细分了的各种渠道),又很缓慢(由于大众生产的技术和程序上的僵化)"。(哈特、奈格里:《帝国——全球化的政治秩序》,杨建国、范一亭译,江苏人民出版社,2003,第276页。)

③ 哈特、奈格里:《帝国——全球化的政治秩序》,第276页。

④ 新技术对生产方式转变的重要作用不止于生产与市场之间的信息传递领域,后福特制生产倚重新技术在生产过程当中的应用。福特制生产是建立在以生产手段的自动控制为中心的生产力的复合体,是个整合了信息的测度与处理、数据分析和(确保生产过程顺利进行和生产过程中各项指令顺利传递的)程序制作的有机体系。(参见 Michal Aglietta, *A Theory of Capitalist Regulation: The US Experience*, p. 167 – 168.)

略引导并创造新的消费需求。从而,在福特制生产所缔造的丰裕社会和大众消费基础上,后福特制生产迎合并刺激生成新的消费方式,促进大众消费进入新的发展阶段。这一新阶段具有以下几点特征:

首先,后福特制灵活多变的雇佣方式,导致消费水平乃至社会群体的分化。后福特制采用灵活、立体的雇佣方式,其中处于核心地位的生产群体享有最高的工资和福利待遇。相比之下,核心之外的生产群体由于处于经常的变动当中,享受到的各种待遇、收入水平也有限,所以在消费水平上与核心群体存在一定的差距。从而与福特制相对稳定的状态相比,后福特制时代,生产发展与收入相分离,进而生产群体内部的消费模式逐步分化。由此,逐步走向生活方式的个性化与多样化。

其次,后福特制小批量生产,导致消费的多极化和多样性发展。后福特制生产时代,大批量和小批量生产并存,多样性产品可以满足处于不同收入水平消费者的需求,刺激消费向多极化方向发展。另外,由于小批量生产所具有的周期性短的特性,产品生产可以及时更新换代,能够"更加密切地关注快速变化着的时尚、调动一切引诱需求的技巧"[1],不断生成多样性的消费欲望。从而,后福特制生产所缔造的新阶段的消费社会,消费不是"功能性的纽带",不是"一系列言明的需要","更不是一系列固定的需要",而是一系列消费欲望,即"更加易逝的和短命的、无法理解的和反复无常的、本质上没有所指的现象"。[2]

最后,后福特制生产灵活的信息传递机制,使有效地引导和生产消费成为可能。得益于科技革命带来的信息技术的发展,后福特制生产可以与市场即时对接,生产可以有效地引导并催生新的消费需求。依赖于计算机技术,生产可以依照消费者特定的消费需求定制生产策略。在生产

---

[1] 参见戴维·哈维:《后现代的状况——对文化变迁之缘起的探究》,第201页。
[2] 齐格蒙特·鲍曼:《被围困的社会》,郇建立译,江苏人民出版社,2005,第190页。

技术允许的前提下,消费不再局限于现有产品的规定性,消费可以决定生产的范围与发展方向。从而,在消费社会,多样化的消费成为"所有人都可得到的生活方式"①,成为个性、"风格"的体现。

后福特制时代多样性和差异化的消费方式表征着"福特主义的现代主义相对稳定的美学,已经让位于后现代主义美学的一切骚动、不稳定和短暂的特质,这种美学赞美差异、短暂、表演、时尚和各种文化形式的商品化"②。蕴含着美学价值、体现"风格"的消费渗透进大众生活的各个层面,成为大众受控的主导方式。如此,消费成为消费社会生产与再生产的主导机制。

(原载《天津社会科学》2013年第1期)

---

① 同上书,第189页。
② 戴维·哈维:《后现代的状况——对文化变迁之缘起的探究》,第201-202页。

宗密《原人论》三教关系之探析

杨　浩

作者简介

杨浩，1981年10月出生于陕西省榆林市，首都师范大学中国哲学硕士，北京大学哲学博士，现供职于北京大学哲学系，主要研究领域为三教关系、隋唐佛教和宋明理学。在《中国文化研究》、《原道》等刊物发表论文十余篇。

　　宗密（780～841）在中国佛教史上具有独特的地位，在其身上体现出两个最具中国特色的佛教宗派的合流。他不仅被奉为禅宗祖师，更被尊为华严宗五祖。他在少年时代就精通儒家经典，期望建功立业，因儒学不能解答他所思考的宇宙人生问题，故从遂州道圆禅师出家，后又师从清凉澄观国师，以华严教义为其一生学问的归宿。由宗密所倡导的禅教一致思想成为中国佛教的主流，逐渐形成的华严禅还影响了后代宋明理学等思想的形成。

　　宗密由儒入释，兼具了内学与外学的素养，晚年著成《华严原人论》（简称《原人论》）一书，从探索人生命本质的角度出发，用佛教理论来会通儒道二教。《原人论》受到后世僧人、文士的推崇，如北宋晋水净源、南宋大慧宗杲、金元之际的万金行秀、明末的钱谦益等。

　　宗密《原人论》广为现代学者所研究，其中有关三教关系的看法亦受到普遍关注，[①]但学者们在对其阐释上则有一些分歧。[②]对于宗密《原人

---

　　① 如镰田茂雄的《宗密的三教观——以〈原人论〉为中心》[J]（杨曾文译，载《世界宗教研究》，1996年第2期，第6－10页）、黄国清的《宗密〈原人论〉三教会通思想之

论》中的三教关系,一种流行看法是儒道二教被纳入佛教的体系之中,有着"三教合一"、"三教融合"的明显倾向。①黄国清《宗密〈原人论〉三教会通思想之探讨》一文从《原人论》的章节铺排和立论内容两方面进行分析,指出宗密的"会通"并不具有"融合性"的意义。本文进一步从儒道与判教观等方面分析《原人论》儒道二教与佛教的关系问题。

《原人论》是一篇三千多字的短文,顾名思义,其内容旨在探求人的生命本质。全书共五个部分:"序"指出了之所以探究人生命本质的缘由。第一章"斥迷执",阐述并批评了儒道二教的观点;第二章"斥偏浅",阐述并批评人天教、小乘教、大乘法相教、大乘破相教的观点;第三章"直显真源",展示一乘显性教的教义;第四章"会通本末",以一乘显性教为本,以其他各教为末,逆向会通了大乘破相教、大乘法相教、小乘教、人天教,以及儒道二教的观点。

探讨》(载《大专学生佛学论文集(六)》,台北:华严莲社,1996)、黄国清的《宗密之三教会通思想于中国佛教思想史上的意义》(载台湾《中华佛学研究》,1999 年第 3 期,第 271 - 303 页)、王开府的《宗密〈原人论〉三教会通平议》(载台湾《佛学研究中心学报》,2002 年第 7 期,147,149 - 183 页)、林文彬的《宗密〈原人论〉三教和会思想初探》(载台湾《国立中兴大学台中夜间部学报》,1997 年第 3 期,第 51 - 70 页)、何国铨的《宗密〈原人论〉对儒道之批判及其会通之道》(载台湾《台中商专学报》,第 29 期 1997 年 6 月,第 61 - 91 页)、唐大潮的《"夫一心者,万法之总也"——唐宗密禅师调合三教思想略析》(载《社会科学研究》,2000 年第 2 期,第 76 - 78 页)、董群的《融合的佛教——圭峰宗密的佛学思想研究》第二、三章"三教合一论"(北京:宗教文化出版社,2000 年 6 月,第 48 - 107 页)等。

② 黄国清《宗密〈原人论〉三教会通思想之探讨》一文梳理了一些学者对三教关系的看法,如镰田茂雄(《宗密教学の思想史の研究》,东京:东京大学东洋文化研究所,1975,第 160 页)和杨政河(《华严哲学研究》,台北:慧炬出版社,1997 年,第 601 页)采取比较接近融合论的立场,木村清孝则认为是以儒、道二教来辅助佛教(《中国华严思想史》,东京:平乐寺店,1992,第 236 页)。

① 如董群《融合的佛教——圭峰宗密的佛学思想研究》一书即以"三教合一"、"和会三教"来讨论宗密对三教关系的看法。

一、儒道二教与判教观

《原人论》中三教关系体现在其判教观上。这里有一个值得讨论的问题,儒道二教与宗密判教观之间存在何种关系。具体来说就是,儒道二教是否纳入在宗密的判教观中。①

《原人论》第一章"斥迷执"阐述儒道二教的观点,而第二章、第三章实际上是传统意义上的判教。判教就是对佛的各种教法依据不同的标准进行拣择。判教在传统上是仅就佛教内部的各种教法而言的。在华严宗中,最具代表性的是华严三祖法藏所判的五教(见《华严五教章》、《华严经探玄记》),即小乘教、大乘始教、终教、顿教、圆教。法藏弟子慧苑指摘法藏的五教判,认为其取自天台智者大师的"藏通别圆",外加顿教而成。慧苑创立了四教判,将一切外道归入迷真异执教(孔子、老子、庄子的思想即在其中),打破了传统上仅就佛教内部进行判释的做法(见《续华严经略疏刊定记》卷一)。澄观批评慧苑的离经叛道,在其名著《华严经疏》卷二中恢复了法藏的五教判。宗密的判教观则有多种,在《圆觉经大疏》(《圆觉经略疏》同),判为五教(小、权、实、顿、圆,见《圆觉经大疏》卷一),与法藏的标准大致相同,在《禅源诸诠集都序》,以禅之三宗,配教之三教。《原人论》则指出,

> 佛教自浅之深,略有五等:一、人天教,二、小乘教,三、大乘法相教,四、大乘破相教,五、一乘显性教。(《原人论》"斥偏浅第二")

显然这是典型的判教语言,仍然按照传统的做法,判释在佛教内部进

---

① 一种看法即认为宗密《原人论》中的判教将儒道二教亦判入其中。如圣严指出,《原人论》一改自印度以来各家教判的惯例,把人天教的儒、道二教,也列入佛教的范围(《华严心诠:〈原人论〉考释》,宗教文化出版社,2006,第77页)。董群指出,"佛教的传统的判教一般只限于佛教内部,而宗密的判教,还涉及儒道"(《融合的佛教——圭峰宗密的佛学思想研究》,第49页)。

行。与法藏的五教相比，多出了人天教，将始教的法相教独立，将始教的空宗或终教，合并为大乘破相教。然后用一乘显性教，涵盖了法藏的顿教及圆教。①

由此可见，《原人论》中所判的"教"仍然是佛教，儒道二教在《原人论》中是不属于判教体系的。有人认为宗密五教判比法藏五教判多出人天教是为了收摄儒道二教，②但从《原人论》中具体内容来看，儒道二教、人天教对于人生命本质的看法迥异，而且宗密在对儒道二教进行会通时，人天教是儒道二教的理论基础，两者并不等同。

"原人论序"认可"孔、老、释迦皆是至圣，随时应物，设教殊涂，内外相资，共利群庶"容易给人一种三教并列的错觉，然而宗密更强调"二教唯权，佛兼权实"。宗密指出，

> 策万行，惩恶劝善，同归于治，则三教皆可遵行；推万法，穷理尽性，至于本源，则佛教方为决了。（《原人论》"原人论序"）

此即一方面肯定三教都具有一定的教化作用，但是能够推究本源的则只有佛教。用《原人论》第四章"会通本末"中本末的关系来说，儒道惟末，而佛教则兼本末。如宗密在《原人论》结尾指出，

> 欲成佛者，必须洞明粗细本末，方能弃末归本，返照心源。粗尽细除，灵性显现，无法不达，名法报身；应现无穷，名化身佛。（《原人论》"会通本末第四"）

显然是以成佛（三身）作为人生的最终目标。在《原人论》中，儒道二教作为"迷执"与五教判并列。这种做法相比慧苑已经较为保守，较之传

---

① 圣严：《华严心诠：〈原人论〉考释》，第76页。
② 圣严指出，宗密在《禅源诸诠集都序》用人天因果教来收摄儒道二教（《华严心诠：〈原人论〉考释》，第75页），但实际上宗密《禅源诸诠集都序》卷一所言："一人天因果教，说善恶业报令知因果不差，惧三途苦求人天乐，修施戒禅定等一切善行，得生人道天道乃至色界无色界，此名人天教"，其中未说明人天因果教中收摄了儒道二教。

统的做法则有所革新。传统上，儒道二教是外道，是批判的对象，与佛教不可并列。如吉藏《三论玄义》中列"摧外道"，其中就包含了对孔子、老子、庄子的批评。

宗密《原人论》中判教观并未同慧苑一样将儒道二教直接纳入判教体系，但与传统判教观亦略有不同，具有一定的独特性，那就是，在判教之前首先列出传统上外道的看法，使得其与对佛教的判教并列起来，形成一种独特的"儒道+判教"结构。这种结构为其用一乘显性教的思想来会通佛教各派与儒道二教提供了方便，形成了在破斥过程中由表及里、步步深入、层层剥离，在会通过程上又由本到末、从深至浅、由内及外的双向的瑰丽结构。

二、对儒道的批评

传统上判教对佛不同的教法进行判释，往往对应于不同的经论，如智顗的"五时八教"，法藏的五教判等皆是如此。这种判教虽然对应于经论所代表的教义，但相对来说仍是笼统的。《原人论》中的判教则围绕一个紧密的中心，即人生命本质而展开，可以说是对传统判教观的一个创新，较之更为生动、具体。在围绕这一中心对佛教内部进行判释之前，首先阐述了儒道二教的理论，从而使得判教理论具有了更为广阔的文化背景。

《原人论》中，三教关系指的是儒道二教与佛教之间的关系，儒道二教之间，宗密未作区分，在具体内容的阐述中也是混同起来的。在宗密看来，儒道二教关于人生命本质的看法是：

> 习儒道者，只知近则乃祖乃父，传体相续，受得此身；远则混沌一气，剖为阴阳之二，二生天地人三，三生万物。万物与人皆气为本。（《原人论》"原人论序"）

> 儒道二教说人畜等类，皆是虚无大道生成养育。谓道法自然生

于元气,元气生天地,天地生万物,故愚智、贵贱、贫富、苦乐,皆禀于天,由于时命;故死后却归天地,复其虚无。(《原人论》"斥迷执第一")

前一种习儒道者的看法代表了一般人通常的看法,即人在本质上就是身体,更深来说则是气。此处宗密所述的儒道二教的思想中有着明显的庸俗唯物论立场。后一种则代表了理论性较强的儒道二教的相关学说。在宗密看来,儒道原人理论总体为"虚无大道生成养育",具体的生成养育过程则是:"道法自然生于元气,元气生天地,天地生万物。"由这个生成过程可以导出"愚智、贵贱、贫富、苦乐,皆禀于天,由于时命"的天命论与"死后却归天地,复其虚无"的生死论。由此,庸俗唯物论导出了机械决定论。从宗密的语气看出,人活着的一切都是由天命所支配,人死了则归于虚无,儒道二教所说的人的生命是彻底悲观的。

于是宗密站在佛教的立场上对儒道批评道:

然外教宗旨,但在乎依身立行,不在究竟身之元由。所说万物不论象外,虽指大道为本,而不备明顺逆、起灭、染净因缘,故习者不知是权,执之为了。

宗密指出儒道二教原人理论的本质是以身体为出发点,仅关注身体的外在行为,没有深究人的身体产生的缘由。这种理论流于表面或笼统,虽然指出抽象的大道是人生命的根本,但没有详备地说明其中之所以有顺有逆、有起有灭、有染有净等的因缘,远远不够深入与详尽,不能够说明人生命本质的问题。

宗密戳到儒道在因缘方面不深入与详尽的软肋,继而对儒道原人问题上的四个环节进行各个击破,指出其理论上的漏洞。[1]

---

[1] 董群认为"宗密把儒道对人的本原的看法归纳为四种:大道生成论、道法自然论、元气本体论、天命决定论"(《融合的佛教——圭峰宗密的佛学思想研究》,第54页)。这是根据宗密对儒道批评的四个方面归纳出来的,但须指出的是,宗密所批评的并非四种不同的独立看法,而是同一理论的四个环节。

一、"从虚无大道而生"的矛盾。如果万物从大道中产生,那么大道就是人之生死、贤愚、吉凶、祸福的根基,这种根基是常存常在的,这样人的祸乱、凶愚也就不可消除,福庆、贤善也无法企求。老子、庄子的教导又能改变什么呢?

二、"自然生化非因缘"的矛盾。如果万物都是自然而然产生,并不需要依仗内因外缘的话,那么一切无因无缘的地方,也应该有生养及化育的功能。石可以生草,草可以生人,人可以生畜类等。而且,产生也不应该有先后的区别。不需要丹药就可以成神仙,不需贤良天下就可以大治,不需要教习就可以实现仁义的美德。

三、"从元气而生成"的矛盾。如果万物都是从元气中生成,那么突然产生的精神,尚未学习与思虑,尚在婴儿时期怎么就已有了喜爱、厌恶、骄纵、恣肆等现象呢?依此类推,仁、义、礼、智、信五德,以及礼、乐、射、御、书、数六艺,也应当随着精神的产生而被掌握,为何还须凭借学习才能够具有呢?

四、"贫富、贵贱、贤愚、善恶、吉凶、祸福皆由天命"的矛盾。如果贫贱、富贵等都是由天命所决定,那么为什么现实世界会有贫贱常多,富贵常少等现象呢?如果说这种或多或少仍然是天命的安排,那么天岂不是太不公平了。如果世间祸乱与反逆等现象也都是天命,那么圣人教诫人们责怪祸乱与反逆的人而不得责怪天命就是不恰当的。

宗密批评儒道,目的并非要否定儒道,而是要说明儒道的原人理论并不完备,不足以彻底地说明人生命本质的问题,对这种理论的执着则是固步自封。

三、对儒道的会通

《原人论》在判教观的框架下阐述人天教、小乘教、大乘法相教、大乘破相教的原人理论,亦分别进行了批评。具体来说,人天教以"业为身本"，小乘教"以色心二法及贪瞋痴，为根身器界之本"，大乘法相教以"识为身本"，大乘破相教"约此原身，身元是空，空即是本"。（《原人论》"斥偏浅第二"）宗密认为佛教的这些教法都是偏浅，不了义之教，只有一乘显性教才是能够揭示人生命本质的唯一正确的理论。一乘显性教的理论核心是本觉真心。宗密说：

  一乘显性教者，说一切有情皆有本觉真心，无始以来常住清净，昭昭不昧了了常知，亦名佛性，亦名如来藏。从无始际，妄相翳之不自觉知，但认凡质故，耽著结业受生死苦。大觉愍之，说一切皆空，又开示灵觉真心清净全同诸佛。（《原人论》"直显真源第三"）

宗密指出，决定人生命本质的，不是迷执儒道二教所说的虚无大道，也不是佛教中偏浅之教所说的业、色心、识、空，而是本觉真心。他以真心理论为基础，逆向逐层会通了佛教内部的各种教法（大乘破相教、大乘法相教、小乘教、人天教）以及儒道二教。宗密指出，

  真性虽为身本，生起盖有因由，不可无端忽成身相。但缘前宗未了，所以节节斥之。今将本末会通，乃至儒道亦是。（《原人论》"会通本末第四"）

宗密用一乘显性教会通佛教内部各种教法环环相扣，大致形成了从本觉真心、生灭妄想、不觉的阿赖耶识、法执、愚痴之情，到业报轮回的一个链条。首先，根本上只有一个本觉真心，是不生不灭、不增不减、不变不易的。由于众生从无始以来都是迷睡而不自觉知的，本觉真心被隐覆了，由此就产生了生灭的妄想心。其次，会通大乘破相教。不生灭的真心与生灭的妄想心和合起来，非一亦非异，名为阿赖耶识。再次，会通大乘法相教。阿赖耶识有觉与不觉之分，若是不觉，便有了最初的动念。然而，如果没有觉知到此动念是本不存在的，能见之识便由此转变出来，所见之境界相也就显现了。进而，如果没有觉知到此境界相是自心的妄想所显现，而执著以为定有，就形成了法执。再其次，会通小乘教。生起了法执，

于是对自己与外物便产生了分别心,则又生起了我执。有了我执,便对于顺情诸境生起贪爱,对于违情诸境生起嗔恨,愚痴之情也就辗转增长。最后,会通人天教。随着愚痴之情的增长,于是造作了杀生、偷盗等恶业,心神乘此恶业之因,转生于地狱、饿鬼、畜生道中。如果害怕堕入三恶道中受苦,或者根性善良,从而修行布施、持戒等善业,心神乘此善业之因,投入母胎中。

宗密总是用前一理论来会通后一理论,所以接下来对儒道二教的会通则重点运用业报轮回的人天教理论。

首先,用引业①理论来会通儒道禀受气质而生的思想。由于前世引业的作用,投入母胎,禀受了气质,气的层面上具有了四大(地、水、火、风),形成眼、耳、鼻、舌、身等诸根;心的层面上具有四蕴(色、受、想、行),形成眼识、耳识、鼻识、舌识、身识、意识等诸识。在母胎中满十月后,出生为人,即是我们的这个身心。儒道二教仅看到身体是由气质形成的,没有看到身与心各有其根本,二类和合,方成为一个人。

其次,用满业②理论来会通儒道自然生化的思想。满业说明了人出生之后之所以有贵贱、贫富、寿夭等不同的原因。前世的造业在今世产生别报,如前世敬今生贵,前世慢今生贱,前世施今生富,前世悭今生贫,前世仁今生寿,前世杀今生夭等等。由此,在今生中,如果出现有人未作恶而降祸事,未修善而得幸福,不仁而长寿,未杀生而夭亡等现象,那都是由于前世所造满业所注定的。儒道二教则仅靠眼睛的观察,看不到前世今生的因果法则,以为一切都是自然而然产生的。

再次,用满业理论会通儒道天命的思想。前世年少、年老的不同造业在今生产生相应的别报。在前世中少年时期修善,老年时期造恶,在今生

---

① 引业是决定同一种报应之果的业。引业只能引起一生,不会引起多生。
② 满业是在同一报应之果中又分出具体的差别果报的业。满业决定生于某一生命类型中是否圆满。

则年少富贵,年老贫贱;相反,在前世中少年时期造恶,老年时期修善,在今生则年少贫苦,年老富贵等。儒道二教不知有前世今生的因果法则,以为是由于时运才有了人生在否泰间的转换。

最后,用阿赖耶识变现理论来会通儒道太易、大道、元气等思想。推究其本源,人所禀之气即是混一之元气,所起之心即是真一之灵心。实际上,心外无有别法,元气亦是心之所变现,是转识所现的境界相,是阿赖耶识的相分所摄,从最初一念的业相,将心与境分别为二。此心从细至粗,辗转妄计,乃至造作了种种业。此境从微至著,辗转变起,乃至出现了天地。儒道二教所说的始自太易而经太初、太始、太素,太极五重运转,至太极而生两仪,描述的仅是此境变现了天地这个过程;所说的自然大道,即真性,实际上仅是一念能变的见分;所说的元气,即一念初动,实际上仅是转识所现的境界相。

由此可见,宗密在会通儒道理论的过程中,对于禀气、自然、天命等思想仅用人天教业报理论就予以会通,但对于更为抽象的太易、大道、元气则不得不抬出阿赖耶识变现的理论,以阿赖耶识的见分、相分来对应大道、元气,以阿赖耶识所成之境的变现对应太易五重运转至太极而生两仪。这实际上间接地承认了儒道二教的理论并非低于人天教,甚至还达到大乘法相教的理论水平。宗密在会通的过程中主观上倾向于将儒道二教列于佛教之下,即坚持"故知佛教法中,小乘浅浅之教,已超外典深深之说"(《原人论》"斥偏浅第二"),但在具体会通上又不得不拿出更深的理论来会通儒道二教的抽象理论。

四、结语

《原人论》折射出宗密本人一生学习儒释道的探求过程。宗密在"原人论序"中说,故数十年中，学无常师，博考内外，以原自身，原之不已，果得其本。

宗密早年即以《诗经》、《尚书》等儒家经典为业，但他"志好道而不好艺，纵游艺而必欲根乎道"(《圆觉经略疏》卷二)，生性希望探求宇宙人生的真理，不满足于获得一些具体的知识，逐渐对儒学感到失望，后来学习了佛教的不同教法，"先于大小乘、法相教中，发心习学数年，无量疑情求决不得"(《圆觉经大疏释义钞》卷十三)，但是这些教法仍然不能解决他所探求的人生命本质的问题。遇到道圆禅师之后，逐渐"于始终根本、迷悟升沉之道已绝其疑，至于诸差别门、心境本末、修证行位、无量义门、及权实教，犹未通决"(同上)，宗密最终通过研习《华严法界观门》、《圆觉经》、《大乘起信论》、《华严经疏》等，以及从学澄观之后，终于对人生命本质达到了彻底的了悟。《原人论》中，从儒道二教，到人天教、小乘、大乘等，一直到一乘显性教体现了宗密对人生命本质的亲身探求过程。从会通角度上来讲，宗密则指出儒道二教与佛教各派皆有其合理性又皆有其不足，表达出对自己一生学习的各个阶段的肯定。

宗密《原人论》中三教关系实际上是儒道二教与佛教的关系问题。宗密虽然承认儒道二教在教化上具有与佛教同等的地位，但是在探讨人生命本质上则认为只有佛教才能达到极致。具体来说，在判教观上，儒道二教并不列入判教体系，只是作为"迷执"与判教观并列起来。对儒道二教的批评则主要站在佛教立场上从其缺少"因缘"理论出发。在对儒道二教的会通上，虽竭力用佛教最浅的人天教业报理论来会通，企图表现出儒道二教低于整个佛教的立场，但在针对儒道二教太易、大道、元气等更为抽象的理论则不得不动用更高层的佛教理论来会通，从而也表现出宗密在三教关系方面的矛盾立场。

宗密《原人论》中三教之间，儒道是一个整体，未加区别，亦未探讨两者之间的关系，而儒道与佛教体系则始终是分离的，佛教在理论上较儒道更完善、更详尽、更真实、更根本。儒道二教的理论虽具有一定合理性,但不可以执着为完善、详尽、真实、根本的理论。这种三教立场显然与明末之后三教"融合"、"合一"的角度大不相同,只能说宗密对三教关系会通的思路可能是后代三教融合理论的重要开端。

(原载《中国文化研究》2012年第3期)

"道之大原出于天"

——董仲舒天命信仰下的王道理想

张宏斌

作者简介

张宏斌,1985年10月出生于河南省周口市,首都师范大学中国哲学硕士,中国社会科学院哲学博士,现供职于中国社会科学院世界宗教研究所,主要研究领域为中国哲学、儒学和儒教。在《世界宗教文化》、《世界宗教研究》等期刊上发表论文近二十篇。

一、道之大原出于天——价值的形上基础

董仲舒在天人三策中阐释道"《春秋》大一统者,天地之常经,古今之通谊也"①,由之天道——"天地之常经",树立天道本体,赋予了大一统以本体的基础;由之《春秋》等六经——"古今之通谊",挺立历史文化的主体意涵以及凸显道统的不断源流,赋予了大一统以历史文化的人道意义,董仲舒从两个方面给予了大一统以本体的逻辑论证。天下的秩序寻绎天道作为本体,而顺次推衍的现实价值其本体亦属一源。"道之大原出于天",董仲舒将"天"作为现实价值以及理想宏图的形而上基础。

---

① 《天人三策》册三,下文董仲舒材料均引自苏舆《春秋繁露义证》,中华书局,1992。

(一) 天地者,万物之本

在《天人三策》册三中,董仲舒言道:"天者群物之祖也",以天作为万物之所出的渊源,此处虽有发生学的意思,但是其含义重点在于天道,"遍覆包函而无所殊,建日月风雨以和之,经阴阳寒暑以成之",下面接着论述,"圣人法天而立道,亦溥爱而亡私,布德施仁以厚之,设谊立礼以导之",以及效法天时的四季阴阳,而施于人间的法则等无不取此意。在汇归其思想统系的《春秋繁露》之中,独取一意,或者兼取两者的论述多见:

1. 天地者,万物之本,先祖之所出也。(《春秋繁露·观德》)

2. 是故孝子之行,忠臣之义,皆法于地也。地事天也,犹下之事上也。地,天之合也,物无合会之义。(《春秋繁露·阳尊阴卑》)

3. 为生不能为人,为人者天也。人之人本于天,天亦人之曾祖父也。(《春秋繁露·为人者天》)

4. 父者,子之天也;天者,父之天也。无天而生,未之有也。天者万物之祖,万物非天不生。(《春秋繁露·顺命》)

5. 何为本?何谓本?曰:天地人,万物之本也。天生之,地养之,人成之。(《春秋繁露·立元神》)

分开来看,1和3、4在实质上的意思多相合,侧重点均取发生的源头意思,"天者万物之祖,万物非天不生";而区别在于,1还兼有取法的意思,"君臣、父子、夫妇之道取之此",以及3与4是以人为天之所出,而不与物同,"人之人本于天,天亦人之曾祖父也";2和5的天、地的意思有万物从其所出的含义,"天地人,万物之本也",但是重点在强调法理源于此的涵义,"孝子之行,忠臣之义,皆法于地也"。从发生学的意义上看去,综合以上,董仲舒虽目的不在于为万物积极寻绎形而上的本体,而是为社会规范、伦理政治提供宇宙论的根据,如上言:"天地者,万物之本,先祖之所出也。广大无极,其德昭明,历年众多,永永无疆。"

但是在本体论的意义层面却无法规避,万物从天地所生,万法从天地之则,宇宙的生灭成坏、物物的生老存亡诸现象以及决定因素归之于天道,"天之道,春暖以生,夏暑以养,秋清以杀,冬寒以藏"①。册三云:"人受命于天,固超然异于群生。"最为贵的人,超然万物之上,"天、地、阴、阳、木、火、土、金、水,九,与人而十者,天之数毕也。故数者至十而止,书者以十为终,皆取之此。圣人何其贵者? 起于天,至于人而毕"②。但是亦归于天之数,"毕之外谓之物",超然万物之上,却也是构成天的因素之一,《春秋繁露·官制象天》:"天有十端,十端而止已。天为一端,地为一端,阴为一端,阳为一端,火为一端,金为一端,木为一端,水为一端,土为一端,人为一端,凡十端而毕,天之数也。"天有十端或十数的说法,是构成天的十个因素,是宇宙的根本。

以上,以天为论述论证的本体,董仲舒从两个方面分别予以了阐释,一是从万物之所从生的角度,一是世间万法之所取正的角度。其目的或许是拿天说事,意图并不在于本体论,但是在此之前的逻辑,要确立逻辑的前提无法规避,这就将本体之天呈现了出来。指其本体却又不以其为归,董仲舒真正的目的有二:一是确立以天为本的逻辑前提,但却只是逻辑的最高形式,内涵并没有绝对化;其二,以人道来填充天最高形式的逻辑本体,使之具有丰富的价值内涵以及目的属性。这个侧重在他的论述中多有表现,"人之受命于天也,取仁于天而仁也。是故人之受命天之尊,父兄子弟之亲,有忠信慈惠之心,有礼义廉让之行,有是非逆顺之治,文理灿然而厚,积知广大有而博,唯人道为可以参天"③,人受命于天,但与天地相参,以人而补天地之造化;"圣人副天之所行以为政,故以庆副暖而当春,以赏副暑而当夏,以罚副清而当秋,以刑副寒而当冬"④,天有四时,王有四政,"以类相应"也。

前者天道本体的树立,取逻辑上最高的形式,而不绝对化其本体性;

---

① 《春秋繁露·四时之副》。
② 《春秋繁露·天地阴阳》。
③ 《春秋繁露·王道通三》。
④ 《春秋繁露·四时之副》。

后者以人道将本体而进行内涵的灌注,而不滑落至无根之俗、术之流弊。结合董仲舒的现实政治文化立场来看,确立天道在于确立政治文化的施政纲领,挺立人道在于以人民之所需为目的,而不至于以法为法、刻酷寡恩。二者失之于一,则是天人之道两分,偏于前者则流于独断,偏于后者则陷于纷乱。董仲舒此举承继了儒家一以贯之的天人合一思想。天或天道,指喻万物大化流行之中的自然理体,是关于万物之共性及合理性的理念性存在。人有人性和人事两个层面。人性相对于形而上之道而言,是人之成其为人的本质,也是生命主体的一种自我意识。人事则综括形而下之器而言,其大本大端,即是社会文明之建构。①《庄子·天下篇》云:"不离于宗,谓之天人;不离于精,谓之神人;不离于真,谓之至人;以德为本,以道为门,兆于变化,谓之圣人。"概言之,天人合一即天与人的合一,言天必下及于人,言人必上溯于天。天人合一是一种双向互动的思维模式,一方面援引天道来论证人道;另一方面又依据人道来塑造天道,务使两者形成一种有机的结合而不流入一偏。②

(二)"天不变,道亦不变"——董仲舒的天命信仰

万物之从生,万理之所从出的本源性,侧重于道的本体性的解读,而诠释道的本体属性的另一角度则在于关注道的圆满、自足性。"道之大原出于天,天不变,道亦不变"并不是将天设置为道的本体,而在于以天作为道的具象化显现。天与道本就是一而二、二而一的,道的形象难觅,天的具象可寻,以天作为形而上之道的形而下的方便法门。假"天"言"道",董仲舒首先确立天的至上性,

1."天者百神之大君也"

"天者百神之大君也,天人同类,以类合之,天人一也"③,"天者,百神

---

① 卢国龙:《道教哲学》,华夏出版社,导论第1页。
② 余敦康:《中国宗教与中国文化》,中国社会科学出版社,第231页。
③ 《春秋繁露·郊祭》。

之君也,王者之所最尊也"①。董仲舒将天作为信仰,这与中国传统的天命信仰一脉承之。张光直先生在《中国青铜时代》中言道,夏商周三代在政治上代表相对立的政治集团,但是在文化上是一系的,虽彼此之间有地域的差异,亦都是中国文化。② 作为文化的核心——三代宗教所呈现的状态是什么呢?陈梦家先生认为卜辞所记载的殷商人的崇拜,可以分为三类,一是天地崇拜,二是自然崇拜,三是祖先崇拜,这和《周礼·大宗伯》所记的周人的崇拜对象是一致的。卜辞中尚无以天帝为其高祖的信念,则尊上帝无疑。上帝是掌管自然天象的主宰,实为农业生产的神。他和人王不是父子关系。人王不能直接向上帝求雨祈年,而是通过先公先王的神祇向上帝求雨祈年的。天、天命和天子的观念,是到了西周才出现的,这是殷周宗教观念最主要的区别。③ 余敦康先生以为陈梦家的看法符合历史的实际。殷人的三个崇拜对象与周人是一致的,殷人与周人的宗教观念属于同一个系统,殷人的上帝是掌管自然天象的主宰,并非由殷人自己的祖先神转化而来,周人继承了殷人的上帝观念做了适当的变革,因而殷周两代的宗教没有什么根本性的不同,而是一个连续性的发展序列。④ 三代宗教风云百态,取张光直先生之意来看,三代以来对于天之具体意涵虽有殊别,但是对其的信仰确实是连续的。

宗教信仰的连续性表明对天的信仰一以贯之,一以贯之的天命信仰显示了对天的绝对至上性的认同。作为信仰的对象,其主宰性的一面多是人格神的属性,《尚书·皋陶谟》云:"天命有德,五服五章哉,天讨有罪,五刑五用哉",《尚书·汤誓》云:"王曰:'格尔众庶,悉听朕言,非台小子,敢行称乱!有夏多罪,天命殛之。'""天命"、"天剿绝"等有人格属性的命令以及有罪有德的价值取向表明了天之人性的一面,而天或者天帝

---

① 《春秋繁露·郊义》。
② 张光直:《中国青铜时代》,三联书店,1983,第28页。
③ 陈梦家:《殷墟卜辞综述》第十七章,中华书局,1988。
④ 余敦康:《中国文化与中国宗教》,中国社会科学出版社,2005,第29页。

的具体角色,或许是祖先神的投影或者是至上神的一元,张光直先生认为,殷人的"帝"很可能是先祖的统称或者先祖观念的一个抽象,上帝与先祖并无严格清楚的界限。① 帝后来被用为人间君王的称号司空见惯,李申以为,帝既用来称呼至上神,也用来称呼地上的君主,也就是说,地上的君主和至上神用着同一个名字,这只能说,是至上神源于地上的君主;而不能说,是地上的君主借用了至上神的名字。② 帝与祖先是否合一姑且置之不论,是否两者投影以及孰为先后无需纠结,确定的是天或者帝具有人格神的面相。

以天或者帝为核心的信仰,灌注于三代生活的层层面面,构成了一个具有宗教色彩浓重的政治文化社会。《周易》观卦彖辞:《彖》曰:大观在上,顺而巽,中正以观天下。"观,盥而不荐,有孚颙若",下观而化也。观天之神道而四时不忒,圣人以神道设教,而天下服矣。观卦讲的是宗庙祭祀的典仪祀礼,所谓"王道之可观者,莫盛乎宗庙";"盥者,进爵灌地以降神也"③,所谓"宗庙之可观者,莫盛于盥也"。"荐者,谓既灌之后陈荐笾豆是也"④,"荐"只是大礼之后的小礼,所谓"至荐简略,不足复观",孔子曰:"禘自既灌而往者,吾不欲观之矣。""颙"是严正貌,"孚,信也,但下观此盛礼,莫不皆化"⑤。《诗》云:"维天之命,于穆不已",宗庙里所进行的祭天祀祖的典仪是天道的体现,以神道设教之实质即是以天之信仰为核心施之于国家政治、文化各层面,"下观此盛礼,莫不皆化"。

天命对于朝代的更迭以及政权的存亡具有决定性的一面,如汤伐桀时,其师出之名在于"有夏多罪,天命殛之",以天的名义进行诛伐,言下之意是夏桀失去了天的庇佑。《商书·盘庚上》云:"先王有服,恪谨天

---

① 张光直:《中国青铜时代》,三联书店,1983,第264页。
② 李申:《中国儒教史》上卷,上海人民出版社,1999,第6页。
③ 见《周易集解》。
④ 见《周易正义》。
⑤ 同上注。

命,兹犹不常宁;不常厥邑,于今五邦。今不承于古,罔知天之断命,矧曰其克从先王之烈?若颠木之有由薜,天其永我命于兹新邑,绍复先王之大业,厎绥四方。"殷商受命于天,恪谨天命,得以"天其永我命"。

进于西周以来,传统的天命信仰有所式微,这主要表现在将人格神的天加上了"德",即以德配天。《尚书·召诰》云:"我不敢知曰,有殷受天命,惟有历年;我不敢知曰,不其延。惟不敬厥德,乃早坠厥命",将殷商政权的失去归结为天命不再眷顾,而背后的决定因素在于"丧师","不敬厥德,乃早坠厥命"。姬周汲取教训,修德以配天,《诗经·周颂·敬之》云:"敬之敬之,天维显思,命不易哉",力求把握天意,躬行发奋完达自己的使命,时时刻刻警示自己"维此文王,小心翼翼。昭事上帝,聿怀多福"①,以德配天,克配上帝。

虽虚化天,以德充之,在实质上实体化了人,但是虚位化的天,其至上性并没有被废除,"文王在上"、"在帝左右",世间的君主其权威来源以及终极的目标均指向"天帝"。"皇矣上帝,临下有赫。监观四方,求民之莫"②,"维天之命,于穆不已,于乎不显文王之德之纯",天帝的主宰性并没有被取消,仍以天命的形式支配着人的命运。

董仲舒继承并发扬了天帝人格神的一面,将其涵义做了时代的诠释,《春秋繁露·郊语》云:"《诗》云:'不愆不忘,率由旧章。'旧章者,先圣人之故文章也。率由,各有修从之也。此言先圣人之故文章者,虽不能深见而详知其则,犹不知其美誉之功矣。"圣人之故文章在于,栗精奉之以事上天,以此得到天的眷顾,而秦朝不尊天畏天,自然导致了其败灭。周朝取得天下,得以长久的根源在于获得了天的眷顾和庇佑,"《诗》云:'维此文王,小心翼翼,昭事上帝,聿怀多福。'多福者,非谓人也,事功也,谓天之所福也"。"今秦与周俱得为天子,而所以事天者异于周",周与秦对于天

---

① 《诗经·大雅·文王》。
② 《诗经·大雅·皇矣》。

命的态度和方式不同,所得到的结果自然是迥异的,"受命之君,天意自所予也"①。以天子的角度从事就要"以身度天","天子者,则天之子也。以身度天"②。察身以知天,敬天、祭于天,使之教化大行以达天命。董仲舒认为知天还要敬畏天,《春秋繁露·郊语》引孔子之言,君子有三畏,畏天命,畏大人,畏圣人之言。

以上,董仲舒重塑天的意义多取人格神的面相,但是其究竟深意何在呢?徐复观先生言道"董仲舒所说的天,似乎回到古代宗教的人格神上面去了。我相信董氏会有宗教神的影响,往来于他的心目之中。但他的天的实体是气,气表现为阴阳四时五行;认真地思考一下,把气当做人格神来看待,是非常困难的事。因此,他在很多地方,以很大的比重,从天到人,只当做是一个大的'有机体的构造',而是可以互相影响的"③。徐先生认为董仲舒言说之天有宗教神的意味,但是重点在于人与天的相互影响,有宗教神的意味,但是重点不在于此,徐复观先生之论确属不易。而深究仲舒的元意,自然会发现,在其言语论说之间,言天却不忘人事,言人却不离于天,虚化天的本意明显,但又将天绝对化。撇去为人事论述的目的,不妨言之,董仲舒言天只是虚晃一枪,塑造天的人格神性也是表面现象,真正在于塑造天的权威,突出其至上性。具有绝对权威的至上之天命的流行决定政权的存灭更迭。如果以朝代作为文明主体的时代显现的话,那么可以说,天命以其自己内在的逻辑决定了文明的前进方向。这就关涉到天命或者说道的确定含义是什么以及其何以能够决定文明前进的必由之路。

2."道者,万世亡弊"

"乐而不乱复而不厌者谓之道;道者,万世亡弊,弊者道之失也。"道

---

① 《春秋繁露·深察名号》。
② 《春秋繁露·郊语》。
③ 徐复观:《两汉思想史》卷二,华东师范大学出版社,2001,第245页。

在董仲舒心中是完美圆满的,乐而不乱复而不厌,它是万世无弊的,稍行差池不过是道之失也,是偏离了道的结果。三代之政所行所施自有其不同处,但在董仲舒看来,"三王之道所祖不同,非其相反,将以救溢扶衰,所遭之变然也"。夏商周三朝所祖不同,只是遭时变而已,道并没有什么不同,"其道如一而所上同也"。道之大原出于天,天不变,道亦不变,道是绝对的,万世不易。道的涵义是什么呢?仲舒以"三代损益"进行演说,"孔子曰:'殷因于夏礼,所损益可知也;周因于殷礼,所损益可知也;其或继周者,虽百世可知也。'此言百王之用,以此三者矣"。三代损益之不变的部分,百世可知的内核就是"道"。以此,道的功用就是能够明诸往,将历史文化的传统呈现出来,人类文明由何而来;导诸来,为未来社会的发挥指明航向,人类文明该往何去。

庄子《天下篇》云"古之人其备乎!配神明,醇天地,育万物,和天下,泽及百姓",明晓道的根本,贯通于法度,六合四时、大小粗精的事物,都存在着它的作用,其运"无乎不在"。道术显明在典章制度的,旧时的法规、世代相传的史书上保留了很多,以《六经》为载体的最主要代表,如《诗》以道志,《书》以道事,《礼》以道行,《乐》以道和,《易》以道阴阳,《春秋》以道名分。"道术将为天下裂"之后,"内圣外王之道,暗而不明,郁而不发,天下之人各为其所欲焉以自为方",但《六经》所载的道术百家之学时或称而道之,刘歆曾言:"今异家者各推所长,穷知究虑,以明其旨,虽有蔽短,合其要归,亦六经之支与流裔",百家之学以六经为源流和依归,六经成为道之所在。

"《春秋》之道,举往以明来,是故天下有物视《春秋》所举与同比者,精微眇以存其意,通伦类以贯其理,天地之变,国家之事,粲然皆见。"[①]董仲舒以为春秋之道,举往以明来,通伦类贯其理,天地、国家之事均能够从中有所启迪,有来有往,而道之核的文明主体揭示人类文明由何而来,决

---

① 《汉书·五行志》。

定人类文明该往何去,两者正相合,显然仲舒是将六经之一的《春秋》作为道术的所在了。那么以春秋来看,圣人作春秋,揆之天道,质诸人情,参之于古,考之于今,将天地神人之迹、古今往来的事理、治乱兴废的经验笼统其中,"仲尼之作春秋也,上探正天端,王公之位,万物民之所欲,下明得失,起贤才,以待后圣。故引史记,理往事,正是非,见王公"①,以春秋作为标准版式,"得一端而博达之,观其是非,可以得其正法"。以此,如果以春秋所载之道来言"道"的话,具体切实的道就是圣人承天道以治人道的历史经验和理论之和以及适于治道的文化政治范式,那么,不妨言之,道并不载之空虚而具有具体的历史文化内涵。

接上而言,天在形式上是具有绝对权威的人格神,道在内涵上是具有深切历史文化内涵的一以贯之的文明主体。可以言之,天是逻辑的形式,道是逻辑的实质,天与道是一而二,二而一的,将天作为道的形而上基础,或许在于将道具象化,而"天不变,道亦不变"实质却是确立了道的主体性。万世不变的道左右了历史的前进方向和文明演进的必然路径。作为文明主体的道对于整个文明的必然趋向的决定性,其实质就是对于整个国家、社会的政治文化的建构以及运作的支配性。换言之,政治文化的主体在于人,其实也就是决定了整个时代人的命运,从这个角度去讲的话,道之于全体人的命运,何所来,何所去,而言即是"命",或者言"天命"。"天命的最根本含义,是'我们'所有人的共同命运,从这个意义上说,'道'是一以贯之的我文明主体,而'天命'是主体之流行"。②

"子曰:'道之将行也与,命也;道之将废也与,命也,公伯寮其如命何。'"

道之将兴将废取决于命,而命显然不是单个人的作为所能左右的,不

---

① 《春秋繁露·俞序》。
② 卢国龙:《孔子的信仰世界》,载《儒教研究》第一辑,社会科学文献出版社,2009。

然孔子也不会说"公伯寮其如命何"？合以上来看，命是全体民人的命运共同体，而道之兴废又取决于天命，这似乎有点陷入逻辑上的循环了。那么，或许分开来看，会显得明确些，道作为文明主体，对从何而来、从何而去(全体之命)具有绝对性的决定作用，这种决定是一种合理的价值导向和取舍标准，准确意义上是一种趋势或者说倾向性；天命是道的主体流行，其对道的决定性是全体人民对道的体悟和自我担承，求则得之，舍则失之，更大意义上是对道的自我意识。返本求之，道的具体意蕴是什么呢？不外是从民所需而已，文明主体的决定作用就在于自然形成的传统对民众现实生活模式的无形塑造以及价值取向相对定向的陶铸。从民所需，道的逻辑主词落到了"民"上，道以"民"为取舍，"民"又成了第一要素；以"民"为第一要素的另一层涵义在于"人能弘道，非道弘人"，弘道的主体落实在人上，这个整体的"人"涵盖了每个自觉体达到"道"的文明主体意蕴的个体。弘道是每个人的使命所在，弘道的路径在于取法"道"，效法"道"的历史经典模式，从道的载体六经以及其他文化源泉中寻绎道术所在，并与时损益、俱进。

孔子曰："君子有三畏：畏天命，畏大人，畏圣人之言。小人不知天命而不畏也，狎大人，侮圣人之言。"董仲舒承孔子之语："以此见天之不可不畏敬，犹主上之不可不谨事。不谨事主，其祸来至显，不畏敬天，其殃来至暗。"①至上神形式外衣下的具有绝对性的天命，深切历史文化内涵的决定历史趋向的文明主体之道，董仲舒以"天"与"道"两个话头进行论述，天作为形式而历史文化为内涵的道，一方面使道的内涵有物，不至流于空弊，另一方面将道的本体放在闳博的层面上，使道的属性兼容、开放，主体明确又函摄百流。这种做法的实质为一，即是以"道"、"天"作为信仰，畏敬天命，自觉体达到道的文明主体涵义，觉察到天命之于自己的历史使命。

---

① 《春秋繁露·郊语》。

二、奉天法古——合理的秩序原则

道之大元出于天,树立价值的形而上基础,董仲舒以"天"作为"道"的逻辑源头,确立天的至上权威性,阐释方式分别从万物之所生的本源性以及决定兴衰亡存的决定性入手;以"道"作为天的实质内容,凸显道的文明主体性,论述方式则从"万世无弊"的圆满性以及典册所载的历史具体经验入手。合言之,具有深切历史文化内涵的道是一以贯之的文明主体,它决定了文明从所来、何所去的方向;被唤醒天命意识和文化使命的每个个体是道的继承和发扬者。自居于后者的董仲舒其目的在于前者的筹划,那么可以说以现实切入进行道统的时代诠释是将现实以理想化,是为本体张本。而在与现实态势博弈的过程中以"道"之原则来构架合理的秩序原则,可以说是将理想现实化,为本体之"道"寻绎王道模型。

(一) 反之于天

国家形态建构的合理性以及合法性在于"天地之常经"和"古今之通义",大一统是它的逻辑自然和必然形式,也是此传统下本族人民的生活常态和不易宿命。现实的政治形态的合理、合法构建亦难以脱此,"反之于天"的逻辑路径其理想模型首先则是政制建构的取法于天。

《春秋繁露·官制象天》云:"王者制官,三公、九卿、二十七大夫、八十一元士,凡百二十人,而列臣备矣",三公、九卿、二十七大夫、八十一元士,共一百二十人的群官设置。在董仲舒看来,圣王之所以如是者是取法天则,"圣王所取仪,金天之大经",何谓天之大经?"三起而成日,三日而成规,三旬而成月,三月而成时,三时而成功。……三而一成,天之大经也。"取此法,"以此为天制。是故礼三让而成一节,官三人而成一选。三公为一选,三卿为一选,三大夫为一选,三士为一选,凡四选"。合一四重,得合天道,"三人为选者四重,自三之道以治天下,若天之四重,自三之时以终始岁也。一阳而三春，非自三之时与？而天四重之，其数同矣"。

关于四重，四重之法即是四选，董仲舒云"天有四时，时三月；王有四选，选三臣。是故有孟、有仲、有季，一时之情也；有上、有下、有中，一选之情也。三臣而为一选，四选而止，人情尽矣"。一年四个季节，即四变也，每个季节三个月，王臣有四选，每一选三个臣子。人之四选如天之四变，"四选之中，各有节也。是故天选四堤十二而人变尽矣"。从人有四节上说去，天之四时与官制四选亦合符节，"人之身有四肢，每肢有三节，三四十二，十二节相持而形体立矣"。人之四选十二臣，如天之四时十二节，"三公之位，圣人之选也。三卿之位，君子之选也；三大夫之位，善人之选也；三士之位，正直之选也。分人之变以为四选，选立三臣，如天之分岁之变以为四时，时有三节也"[①]。

此外还有十端，"天有十端，十端而止已。天为一端，地为一端，阴为一端，阳为一端，火为一端，金为一端，木为一端，水为一端，土为一端，人为一端，凡十端而毕，天之数也"。天、地、阴、阳、火、金、木、水、土、人，各为一端，十端是天之数，笼统宇宙间所有，至于十而极，形成一个小循环。"王者受十端于天"，而十二臣为一条，取诸岁之度；其至十条而止，取之天端。每条一端有十二个臣子，犹如天的每一年有十二个月。"用岁之度，条天之数，十二而天数毕"，十年之周循而有一百二十个月，"是故终十岁而用百二十月，条十端亦用百二十臣"，这种设置皆合于天。

"率三臣而成一慎，故八十一元士为二十七慎，以持二十七大夫；二十七大夫为九慎，以持九卿；九卿为三慎，以持三公；三公为一慎，以持天子。"慎者，苏舆《春秋繁露义证》释为"臣，慎也。慎于其事，以奉其上也"。慎有臣子之意，此处仲舒以慎为计算臣子数目的单位名称，三臣为一慎，八十一元士为二十七慎，以扶持二十七大夫，二十七大夫为九慎，以

[①] 参见吴文璋：《巫师传统和儒家的深层结构》，台湾：复文图书出版社，2001，第290页。

扶持九卿；九卿为三慎，以扶持三公；三公为一慎，以扶持天子。① 天子累计四十慎，而成四选，每选有一慎，有三位臣子。

"天之数，人之形，官之制，相参相得也"，董仲舒以人、天、官相参，将天象与官制对应相配，政制的格局由天子官制乃至诸侯之爵位之设均取法于此，《春秋繁露·爵国》云："天子分左右五等，三百六十三人，法天一岁之数。五时色之象也。通佐十上卿与下卿而二百二十人，天庭之象也。"服制亦象天。"天地之生万物也以养人，故其可适者以养身体，其可威者以为容服，礼之所为同也。剑之在左，青龙之象也。刀之在右，白虎之象也。"

《五行之义》云："天有五行：一曰木，二曰火，三曰土，四曰金，五曰水。木，五行之始也；水，五行之终也；土，五行之中也。此其天次之序也。"《五行之生》云："天地之气，合而为一，分为阴阳，判为四时，列为五行。行者行也，其行不同，故谓之五行。"五行由阴阳二气分化而来，而阴阳由天地之气而来，"是故阴阳入出实虚之处，所以观天志。辨五行之本末顺逆小大广狭，所以观天道也"②。以五行而设官制从这个层次说亦是效法天，《如天之为》曰"列官置吏，必以其能，若五行"，如《五行相生》五官之设正是顺应五行而来："西方者金，大理司徒也"，"北方者水，执法司寇也"。

"备天数以参事，治谨于道之意也"，取法天数之备，以适于现实治道之意，董仲舒以为"道必极于其所至，然后能得天地之美也"，而这种政制形象的法天，其背后的深层基础在于世间政治的种种，包括政制形态、服制祀典等所关涉的内容不外是人的活动，正是人与天的某种相类才使得官制象天具有了实质的内容，才是理想的模型所在，"尽人之变，合之天，

---

① 见余治平：《唯天为大》，商务印书馆，2003，第419页，以上官制象天疏解部分多参阅此书。
② 《春秋繁露·如天之为》。

唯圣人者能之,所以立王事也"。此种天人相类,在实质上为一,但是层次为二,一是君,政制的制定和运作枢纽;一是民,政制的施与对象和内容核心。关于前者,"天执其道,为万物主,君执其常,为一国主",王作为世间法则的制定者,在于天的类通上,以"王道通三"为轴。

世间的统治为王,王又名天子,"是非之正,取之逆顺,逆顺之正,取之名号,名号之正,取之天地,天地为名号之大义也",天子的名号源于天,"受命之君,天意之所予也。故号为天子者,宜视天如父"①。天子名号来源于天,是由天而顺说王,王在本质上与天地相通的属性是其"通三"。《春秋繁露·王道通三》云:"古之造文者,三书而连其中,谓之王。三书者,天地与人也,而连其中者,通其道也。取天地与人之中以为贯而参通之,非王者孰能当是。"

从王字的三画而演说王的三贯通,中间一画谓之通其"道",董仲舒显然在取"人生于天"的理路将王作为普通人的属性,但是更将王置于中介者的位子,能够"取天地与人之中以为贯而参通之",贯通天、地、人,实质上将"唯人道为可以参天"的逻辑推向了现实的政治操作,由此,王"唯天之施,施其时而成之,法其命而循之诸人,法其烽而以起事,治其道而以出法,治其志而归之于仁",于天取法的基础上,"循之诸人"的理念亦凸显,天与人互相影响。

关于后者,人与天的相类。《春秋繁露·为人者天》曰:"人之形体,化天数而成;人之血气,化天志而仁;人之德行,化天理而义。"天生万物,人亦受命于天,为天所生,称天为之"曾祖父",不仅人的形体化天数而成,"天以终岁之数,成人之身,故小节三百六十六,副日数也;大节十二分,副月数也;内有五藏,副五行数也"②。人的喜怒哀乐,情绪的变化与天亦有合处,"春爱志也,夏乐志也,秋严志也,冬哀志也。……人无春气,

---

① 《春秋繁露·深察名号》。
② 《春秋繁露·竹林》。

何以博爱而容众？人无秋气，何以立严而成功？……天乃有喜怒哀乐之行，人亦有春秋冬夏之气者，合类之谓也"①。

无论是在王与天相通以及人天相类的表述中，董仲舒事实上在推演"同声相应同气相求"的理论，《周易·乾》云："同声相应同气相求"，而将之发挥为"天人感应"之说。首先，物以类相召，"今平地注水，去燥就湿，均薪施火，去湿就燥。百物去其所与异，而从春所与同，故气同则会，声比则应，其验然也"②。美事召美类，恶事召恶类，帝王之将兴，美祥先见，反之，国家将亡，妖孽亦先见，君主行为的善恶与国家兴亡相感应，以此，天与人的相应类如是，《春秋繁露·同类相动》云："天将欲阴雨，又使人欲睡卧者，阴气也。"

天人的感应是天人的阴阳互相感应，天地的阴气可以影响人本身的阴气，反之亦然，人的阴气，也可以影响天地的阴气，如天将阴雨时，人受到感应，其身上的阴气之旧病就会发作。阴雨而使人昏昏欲睡，是阴气，而有忧亦使人卧者，是阴相求也；有喜者，使人不欲卧者，是阴相索也。推而广之，人的行为善恶则对应善报、灾殃的后果，"非独阴阳之气可以类进退也，虽不祥祸福所从生，亦由是也。无非己先起之，而物以类应之而动者也"③。

合而言之，官制之类象天，和人天相类在逻辑上达到了自洽。官制象天在现实取舍上以天象为模式，由"天之数，人之形，官之制，相参相得也"的逻辑而将官制、爵位等次一一"法天地之数"、"法天地之象"，而作了现实的设制。这种取舍实质上是以人天相类的背景为前提的，天人相类在董仲舒的思想中预设为人由天生，人之形命、血气、秉性均源于此，由之所生、所成、所形，在人天相副的基础上，自然有所相应，所相应的理论

---

① 《春秋繁露·天辨在人》。
② 《春秋繁露·同类相动》。
③ 同上注。

即是天人感应的逻辑顺延。不妨言之,官制象天是人天相类的现实政治操作,天人感应是政制象天的逻辑前提,董仲舒将天人感应作为前提,并没有将天绝对化的意思,其目的在于以天人感应的路子,将人的要素凸显,顺次的"官制象天"的归宿自然要以人为本,旨在将人作为官制等政治秩序的目的,而"反之于天"的理想模型于兹定调。

(二)迹之于古

由"迹之于古"的路子而建立理想的王道模型,在董仲舒看来,首先要做的是法圣王之所以为法。他在《天人三策》册三中说:"夫古之天下亦今之天下,今之天下亦古之天下,共是天下,古以大治,上下和睦,习俗美盛,不令而行,不禁而止"。① 达到大治以及文王复治而天下洽和的黄金律在董仲舒看来就是,圣王"法天以立道"。

法天究竟要法天的什么呢?《春秋繁露·天地阴阳》云:"夫王者不可以不知天。知天,诗人之所难也。天意难见也,其道难理。是故明阳阴、入出、实虚之处,所以观天之志。"所以法天,就是要观天之志,观天之道,以此人间的列官置吏、德刑仁戾得以合理取舍。而天道、天志主要通过显于四时、五行、阴阳来体现。"天道之大者在阴阳。阳为德,阴为刑;刑主杀而德主生。"②将天道之大者判为阴阳,以阳主阴辅而言之,阳为德教,阴为刑罚,取法天道就在于任德教而不任刑。

"天有四时,王有四政,四政若四时,通类也,天人所同有也。庆为春,赏为夏,罚为秋,刑为冬。庆赏罚刑之不可不具也。"圣人副天之所行以为政,副春天天气暖而政以庆,副夏暑而赏,副秋季清而罚,副冬天寒而刑,所行四政庆、赏、罚、刑与春、夏、秋、冬相符合。圣王效法天道以施行政令,董仲舒将天道视为人道之源。

---

① 《天人三策》册二。
② 同上注。

圣王观天之志,观天之道,取法天而进行人间秩序的现实操作,或德或刑或赏或罚以天为本,董仲舒将之总结圣王为治之法,其实本意在将历代为治之法的传统呈现出来,这个传统是圣王之所以为法,冠名之曰"法天以立道"。法天的主词是统治者,而立道的施于对象和最终目的在于民众,而道的具体实在在于用。这个一以贯之的传统虽历代有所损益,但主体不断,不妨称之为道统。而王道理想模型于此的取舍和意义有二,其一,"为人主者法天之行"①,天作为至上性的表征,它是历代为治的根本所在;其二,"天意难见也,其道难理。是故明阳阴、入出、实虚之处,所以观天之志。辨五行之本末顺逆、小大广狭,所以观天道也"。② 天志、天道至隐难见,需从可观处以观之,而可观之处在尽于人道。"天无所言,而意以物。物不与群物同时而生死者,必深察之。是天之所以告人也。"③"为人主之道,莫明于在身之与天同者而用之。"④人道为天道之目的,由此,效法圣人法天之道,当以人为本。

"天积众精以自刚,圣人积众贤以自强,天序日月星辰以自光,圣人序爵禄以自明"⑤,以天人相参的路子作为为治之道,历代圣王无不循此,然而上古尧舜之时,天下大治,上下和睦,习俗美盛,至于桀纣之时,却是"逸贼并进,贤知隐伏,恶日显,国日乱",董仲舒以为"道者万世之弊,弊者道之失也。先王之道必有偏而不起之处,故政有眊而不行,举其偏者以补其弊而已矣。三王之道所祖不同,非其相反,将以救溢扶衰,所遭之变然也"⑥。绝对化"道",将它视为万世无弊,其弊者是道之失,三王所祖之不同,非其相反,将以救溢扶衰,所遭之时变也。董仲舒举诸三代盛衰、废

---

① 《春秋繁露·离合根》。
② 《春秋繁露·天地阴阳》。
③ 《春秋繁露·天地之行》。
④ 《春秋繁露·阴阳义》。
⑤ 《春秋繁露·立元神》。
⑥ 《天人三策》册三。

兴的历程意思有二,其一,"治乱废兴在于己,非天降命,不可得反,其所操持悖谬失其统也"①,失其统者,非行王道也,桀纣之君不知天命所降,不明治乱兴废在己的关键而致使天下大乱、黎民涂炭。《孟子·告子》云:"求则得之,舍则失之,是求有益于得也,求在我者也。求之有道,得之有命,是求无益于得也,求在外者也",体会天命,实行王道的主体在人;二是在于凸显道的时变性,同样的"道"放不同的时代,乃至不同的统治者,会有不同的成效。为君者不失其统是核心,但更要与时俱进,迥异的时代要寻绎合适的切入点,"琴瑟不调,甚者必解而更张之,乃可鼓也;为政而不行,甚者必变而更化之,乃可理也。当更张而不更张,虽有良工不能善调也;当更化而不更化,虽有大贤不能善治也"②。

圣人法天以立道,本立而道生,道以人为本,此为治之枢纽;与时更化,乘势以行道,此为施政之关键。"道者,所繇适于治之路也,仁义礼乐皆其具也。故圣王已没,而子孙长久安宁数百岁,此皆礼乐教化之功也"。圣王以仁义礼乐作为为治之具,适之于道,子孙的长久安宁正在于教化之功,

> 王者未作乐之时,乃用先五之乐宜于世者,而以深入教化于民。教化之情不得,雅颂之乐不成,故王者功成作乐,乐其德也。乐者,所以变民风,化民俗也;其变民也易,其化人也著。故声发于和而本于情,接于肌肤,臧于骨髓。故王道虽微缺,而管弦之声未衰也。③

礼乐为教化之具,在某种程度上可视为纲纪的制度化,册二中董仲舒曾言"制度文采玄黄之饰,所以明尊卑,异贵贱,而劝有德也。故《春秋》受命所先制者,改正朔,易服色,所以应天也。然则官至旌旗之制,有法而

---

① 《天人三策》册三。
② 同上注。
③ 同上注。

然者也"①。改正朔,易服色,官至旌旗之制者虽说是应天而然,以示天命攸归,但实质上是将礼乐所表征的正朔、服色、官制等制度化,以制度为纲纪,循制度以从事,这样使全国上下之人,"饮食有量,衣服有制,宫室有度,畜产人徒有数,舟车甲器有禁。生有轩冕、之服位、贵禄、田宅之分"②。

视礼乐为教化之具,并将其作为为治的主体旨在以德政为主,但是不废刑罚。董仲舒德刑的取舍在于儒家"为政以德,譬如北辰,居其所而众星共之"一脉承之的传统。"郁郁乎文哉"的礼乐文明盛于姬周,其正在于"以德为治"。《诗经·颂·周颂·闵予小子之什·敬之》云:"敬之敬之,天维显思。命不易哉,无曰高高在上。陟降厥士,日监在兹。维予小子,不聪敬止。日就月将,学有缉熙于光明。佛时仔肩,示我显德行。"以我的德行,敬天之承命,"王敬所作,不可不敬德"③,将德作为承命、为治的锁钥传统涓涓不断,"以德服人者,中心悦而诚服也"④,《孟子·梁惠王》云:"王如施仁政于民,省刑罚,薄税敛,深耕易耨,壮士以暇日修其孝弟忠信,入以事其父兄,出以事其长上,可使制梃以挞秦楚之甲兵矣"。孔子云:"道之以政,齐之以刑,民免而无耻。道之以德,齐之以礼,有耻且格。"⑤亦在于形格势禁之使然,秦朝秦始皇以法家立政,《史记·秦始皇本纪》载"(始皇)刚毅戾深,事皆决于法,刻削毋仁恩和义,然后合五德之数,于是急法,久者不赦"。急法厉刑,弃仁义专任刑罚,秦帝国不久而分崩离析,仲舒意图矫正,故以德政为归,"刑者不可以治世,犹阴之不可以成岁也"。

对此的本体论证,董仲舒认为"天之任德而不任刑",由阴阳进行诠

---

① 《天人三策》册三。
② 《春秋繁露·服制》。
③ 《尚书·召诰》。
④ 《孟子·公孙丑》。
⑤ 《论语·为政》。

释。《春秋繁露·阳尊阴卑》云:"阳气出于东北,入于西北,发于孟春,毕于孟冬,而物莫不应是。阳始出,物亦始出;阳方盛,物亦方盛;阳初衰,物亦初衰。物随阳而出入,数随阳而终始,三王之正随阳而更起。以此见之,贵阳而贱阴也。"天之道贵阳而贱阴,"圣人副天之所以为政"①"圣人视天而行"②,为政施法以天道为取,"天之志,常置阴空处,稍取之以为助。故刑者德之辅,阴者阳之助也,阳者岁之主也"③。"天之任阳不任阴,好德不好刑"④,王道在于任德而不任刑。

以礼乐教化为主,德政为先,但不废刑罚,"天之道,有伦有经有权"⑤,"是故天以阴为权,以阳为经;阳出而南,阴出而北;经用于盛,权用于末;以此见天之显经隐权,前德而后刑也"⑥。阳、德为经,阴、刑为权,"庆赏刑罚之不可不具也,犹春夏秋冬不可不备也","庆赏刑罚,异事而同功,皆王者之所以成德业"⑦。仲舒反对任刑,意在于反对刑罚滥施,而"法令,所以道民也,刑罚所以禁奸也"⑧,并不是赞成取消刑罚,"民无所恶,君无以畏也。无以权,无以畏,则君无以禁制也。无以禁制,则比肩齐势而无以为贵矣。……有所畏,然后可得而制"⑨。劝赏、刑罚缺一不可,"刑者德之辅",虽有主次,但是需合一并适时取所比重。

纲纪的制度化或者说制度化纲纪的倾向在于以制度来保证施法为治,董仲舒旨在于以制度作为基本手段来调节个人、社会、国家的种种关系,现实操作做到有本可循、有本可依。而究竟制度化的背后,不难发现

---

① 《春秋繁露·四时之副》。
② 《春秋繁露·天容》。
③ 《春秋繁露·天辨在人》。
④ 《春秋繁露·阴阳位》。
⑤ 《春秋繁露·阴阳终始》。
⑥ 《春秋繁露·王道通三》。
⑦ 《春秋繁露·四时之副》。
⑧ 《史记·循吏列传》。
⑨ 《春秋繁露·保位权》。

制度化其实质是一种政治化,也即是说以制度来作为调节的手段,在本质上将各种关系置于同一个场域之中,所用的操作标准亦被单一化。而以王道为理想的天下、国家模型,如果以董仲舒制度化的完备为实现的话,就使得董仲舒的天下模型在以文化为主要手段的基础上,引进了政治的范畴。征诸现实去看,以文化作为区隔、识别国家、天下的符号是一贯的,夷夏之辨最为典型,传统中国历来以文化的高下判别是否为夏、是否为一个文化共同体,所谓"进于华夏则华夏之,进于夷狄则夷狄之"。董仲舒处在汉朝统一天下之后,国内族属众多、华夏夷狄区分性被淡化,都是汉朝的子民,民族属性的文化层面的意涵渐趋淡薄,而地域属性成为识别的新标识。

处在一个地域之内、一个政治制度之下的众多民族是一个文化政治的共同体,文化与政治作为共同体的两个层面同样重要。于文化上讲去,政治共同体必然有一个共同的文化,不妨称之为核心价值体系;而单个民族的文化只是作为彼此区隔的标志,以及提炼核心价值的文化资源。于政治上讲去,文化的共同体不必然有一个共同的政治体;而只有处在一个同一政治体下,文化共同体才显得有意义。要言之,政治的属性才是国民身份的唯一标识。夷狄华夏的区分,放在一个新天下的体系之内,抹去了其民族性而凸显了政治性,实质上将单个人的属性划归为公民。以公民而不是以文化、民族为单位构建的社会、国家、天下自然以约定的制度作为主要的调节方式。约定之准则、法律条文,乃至宪法,是每一个处在这个文化政治共同体下的个体必须遵循的,制度是规范,而公民是原则。

(原载《世界宗教研究》2013年第6期)

孝:从家庭伦理到政治义务
——基于《孝经》的分析
戴木茅

作者简介

戴木茅,1982年3月出生于黑龙江省密山市,首都师范大学哲学硕士,北京大学法学博士,现供职于河北大学政法学院,主要研究领域为先秦法家和自由主义。主持河北省社科基金项目,在《哲学研究》、《哲学动态》、《求是学刊》等期刊发表论文近二十篇。

君父、父母官、子民,当这些词被用来描述中国传统社会里人与人之间的关系时,反映了政治角色间的拟制血亲化。发端于自然情感的孝连接了子女与家长、臣民与君主,可以说是中国人参加政治生活、承担政治义务的道德基础。但在不同的社会条件下,孝能否前后一致地为人民的政治义务提供有力支持则需要仔细分辨。

本文将通过考察血亲制(源于自然)和郡县制(出自人为)这两种不同的社会结构中对孝的同样要求,来阐述其对中国政治生活所带来的影响,并试图为两千余年来专制统治的形成提供一种可能的解释,同时,蕴藏于这些论述之中的,则是对于社会结构与政治义务的道德基础之间关系的思考。

一、从家到国:人情之孝

"孝"字在不同时期的书写方式向人们传递了隐藏于字形之后的词

义内涵:甲骨文中的"孝"像个小孩头顶树叶;金文中的"孝"字上半部像是一位老人;《说文解字》对"孝"的解释则是该字由省略的"老"字和"子"字构成,表现了子承老之意。① 老、子对举说明孝是一个关系性概念,它连接了两方主体。作为被尊崇的"老"的范围,在孝观念的发展中经历了从祖先到父母逐渐缩小的过程;相应的,"子"也从经过了由后裔到子嗣的变化。

祖先崇拜是孝的初始形态,这可以分为两个时期:首先是崇拜氏族部落团体的共同祖先,氏族部落对图腾的敬仰是这一观念的反映,比如夏人对长蛇、商族对玄鸟、周民对大熊。后来,随着血缘家族和个体家庭的产生和完善,才出现了家族、家庭的祖先崇拜。② 根据周予同考证,先民时期人们尊重祖先来源于生殖崇拜,崇拜祖先并不在于其已死之身,而在于他们给我们生命。③ 所以《诗经·蓼莪》中说:"父兮生我,母兮鞠我,拊我畜我,长我育我,顾我复我,出入腹我,欲报之德,昊天罔极。"《礼记·祭义》也指出:"筑为宫室,设为宗祧,以别亲疏远近,教民反古复始,不忘其所由生也。"但是,不管是氏族祖先还是家族祖先,在祖先崇拜中都是原始性的宗教意义大于实践的道德要求。

周朝建立后采取的分封制和嫡长子继承制对孝观念的发展产生了重要影响,促使其开始由祖先崇拜向遵从父母转化。西周之初,周王以同姓分封建国,《周礼·夏官·司士》记载:"及赐爵,呼昭穆而进之",这种说法表明,当时的贵族统治是以血缘关系为基础而产生的。由于中国文明的早熟性,在私有制没有经过充分发展的情况下,就由保留着血亲制的氏族直接发展成国家,这使得周朝在社会结构上表现出由"家"生"国"的特

---

① 周海春:《从〈论语〉和〈孝经〉看孔子"孝"思想的可能意蕴》,《安徽大学学报》,2006(3),第18页。
② 王长坤:《先秦儒家孝道研究》,四川出版集团巴蜀书社,2007,第25页。
③ 朱维铮:《周予同经学史论著选集(增订版)》,上海人民出版社,1981,第78页。

征。在血缘和宗法制的链接下,西周既是一个"家"又是一个"国",但必须注意的是,这个"国"不是由众多小家聚合在一起而形成的政治统一体,而是由一个大家产生的、不断分化出许多小家的金字塔结构。

在政治结构确立后,权力的转移方式被确定为嫡长子继承制,在徐复观看来这对孝道的发展产生了重要影响①。传子是家天下,父亲是子女获得权力的根据,为了维持政治统治的稳定,子女必须对父亲孝顺。这种孝顺最主要的表现就是对父亲政令的遵守,所以孔子说:"三年无改于父之道,可谓孝矣。"②曾子也说:"吾闻诸夫子:孟庄子之孝也,其他可能也;其不改父之臣,与父之政,是难能也。"③

在分封制体系下,国家处于上下贯通的由"大家"到"小家"的分化式结构中,权力来源于以血缘为纽带的继承,所以家庭内部的行为准则、伦理关系顺理成章地可以由家而"转移"到国中运用。在这样的血亲制国家中,强调继位子女对君父的孝具有双重意义:一方面是子女对父母所怀有的天然的感激之情,另一方面是政权接受者对政权赋予者所必须承担的政治义务。由于孝是基于血缘亲情的,所以在这里不存在为何要孝顺父母的追问,可以说对于孝顺的要求是不证自明的。当这种具有"公理"性质的人伦要求推进到政治生活中时,作为"子民"的人们对"君父"的服从也是自然而然的。

如果从政治义务的产生途径看,我们可以发现,中国这种基于人情的政治义务与西方基于契约的政治义务是截然不同的。在契约论背景下,人们遵守承诺、履行社会契约是人们承担政治义务的逻辑起点。但是为什么本来是出于自愿的许诺一旦说出口就成了必须完成的义务?人们为什么要遵循许诺?契约论的支持者也许会解释说,人们遵守许诺的前提

---

① 徐复观:《中国思想史论集》,上海书店出版社,2004,第133页。
② 《论语·学而》。
③ 《论语·子张》。

条件是对共识的认可,也就是说,订约双方要对交往行为(订约)的内容和后果有相同的理解,并且都愿意以此来约束自己的行为。举个简单的例子:在河边玩耍的甲不小心将足球踢到了对岸,正在他发愁怎样捡回自己的足球时,对岸的乙也不小心将自己的排球打了过来。如果甲认为只要自己将乙的排球扔回去、对方也会相应地帮他把足球踢回来,此时问题就出现了:想要完成这样一个默示契约的前提是,乙必须认可甲的行为逻辑——受助者需要回馈助人者,而倘若乙是一个来自于其他地区的、与甲有着不同思维方式的人,按照他们的习惯完全可以在拿回球后转身走人,那么互相帮助捡球这一交往行为是无法完成的。这就是说,如何在社会中让人们对契约这一共识形成认可是比遵守契约更为基本的问题,这也正是契约论论证的难点所在。

在中西对比的过程中,表面上看起来中国人的政治义务是"级差式"的单向臣服关系,西方人的政治义务是"平等式"的双向协商关系,中国劣于西方。但是,因为契约论中一方守约的行为需要有另一方的"回应",这以建立共识为前提,可以说,这种义务观是培养出来的。而中国的义务观是基于血缘关系而产生的,它来源于自然情感,只要是正常的父母子女关系,就存在"血浓于水"的亲情,这种感情不需要经过任何思考和协商,更不需要以对方的"回应"为自身行动的逻辑前提。这样看来,在特定社会结构中,中国的义务观比契约论下的义务观更容易达到认同和实现。不过需要注意的是,一旦中国这种以"家"为"国"之基础的社会结构发生变化,以孝来论证政治义务正当性的根据也就被抽空了。

二、家国之间:孝观念的丰富

春秋战国虽然承袭了西周家天下的模式,但实际上周天子已经沦为名义上的统治者,"陪臣执国命"的状况屡屡出现。更重要的是,周初依靠血缘关系而建立起的分封制已经在几百年的兼并战争中逐渐瓦解,五百年前是一家的各国诸侯,早已没有西周初建时的亲和与恭让。在此种情况下继续以家族的孝来完成对社会秩序的追求开始出现困难了。

面对社会的激烈动荡,以孔子为代表的儒家学派试图通过恢复周礼来重新实现社会治理。孔子道德哲学的核心是"仁",其实质在于"推己及人"的忠恕之道。由于人们在生活中首先接触的是自己的父母,所以子女对于父母的感情是最真实的,是由己推人的初端,正是在这个意义上,"孝"(悌)被视为"仁之本与"①。在这里孝被视为基础性的善,所谓"基础"不是最简单,也不是说不重要,而是说与其他善相比,孝类似于一种基础元素,具备了这种品格就可以综合调和出其他善行为。这有点像红黄蓝三原色,有了它们就可以调出各种色彩,相应的,孝也具有这种特性。

基础性的孝在儒家经典中被赋予了丰富内涵,概括说来,主要表现为"养"、"顺"、"悦"三个层次。最基本的就是"养",即给予年老的父母衣食住行上的保障,但是这对于儒家来说不过是孝的最低要求,正所谓"大孝尊亲,其次弗辱,其次能养"②,由于"养"在理解和行动上不会出现太多偏差,所以人们在谈论孝的内涵时常常可以将这一层面略去不谈。比"养"高一级别的要求是"顺"。"顺"最主要的表现是听父母的话、不违逆父母:"事父母几谏,见志不从,又敬不违,劳而不怨。"③当子女与父母意见不一致时,要柔声劝谏,如果父母不改变自己的主意,那么孩子就要心无怨言地接受。"顺"一方面规范了子女的言行,要求其不得冲撞长辈,体现了尊老敬老,但另一方面也束缚了子女的独立思想,使其成为父母的附庸。在孝观念的形成阶段,"顺"为维护家庭和谐做出了贡献,但是随着社会的发展,其负面作用则越来越显现了。除了"顺",子女更要让父母"悦"。"啜菽饮水,尽其欢,斯之为孝"④,子女不能让父母担心,因为

---

① 《论语·学而》。
② 《礼记·祭义》。
③ 《论语·里仁》。
④ 《礼记·檀弓下》。

父母唯其疾之忧①,所以孝顺的子女要保全自己的身体;"悦"还表现为子女要承欢膝下、给父母带来快乐,这就要求"父母在,不远游,游必有方"②,但这也为后来"家"与"国"的对立埋下了伏笔。

孔子对于孝的要求表现为一种出于本心的向往。孔子反对"装样子"敷衍行孝,因为这种孝行尽管可能为家庭和睦带来好处,但绝不会让人成为君子。孝的实质要求是,人们不仅要对孝行羡慕,更要对其想要履行。试想,在一个倡导孝的社会,孝行必然被称颂,所以人们很容易对孝子产生羡慕,比如他们被称颂于乡里、获得人们的尊敬,但是,一旦孝行落实到实处,并不是每一个人都想要成为孝子,日常琐事之类的孝敬父母伺候公婆很容易使人产生厌倦之情,但是儒家的孝在这里强调的正是发自内心的想要。

对于父母的孝顺来自于内心,这不是一种强制力,而是人们自愿的行为,最重要的是,在作出这种行为时,不仅外在的行为表现是孝的,内心更应该是欢喜的,这种欢喜不因为任何外界环境的改变而改变,不是因为孝顺父母而得到父母的表扬而感到欢喜,不是因为得到好名声而感到喜悦,更不是因为得到国家的彰显而感到欢喜,这种欢喜仅仅来自于内心,是因为有了孝的行为而感到的欢喜。可以说在早期儒家经典中,对孝观念(动机)的强调远远超过了对孝行为的强调,而这种动机正是来自于血缘的联系。

孔子强调从周③。以周初的眼光看去,国事确实等于家务,所以当人们对孔子有"奚不为政"的质疑时,孔子答道:"《书》云:'孝乎惟孝、友于兄弟,施于有政。'是亦为政,奚其为为政?"④在他看来,在家庭中处理好孝的问题,和参与政治生活是没什么不同的。但问题是,春秋战国以后社

---

① 《论语·为政》。
② 《论语·里仁》。
③ 《论语·八佾》:"周监于二代,郁郁乎文哉,吾从周。"
④ 《论语·为政》。

会结构已经发生变化,原来的家国同构已经变成家国分离,在此情况下继续大力强调家庭内部对父母的孝实际上是对国的反对。

当为孝顺父母而拒绝出仕做官而使贤能之士游离于国家之外时,当以"父母全而生之,子全而归之"①为根据而拒绝上阵奋勇杀敌时,当"子为父隐"为了掩饰父亲的罪行而违背国家法律时,都是因为家庭的"小利"而阻碍了国家的"大利"。韩非子正是看到了儒家学说中家、国之间的利益冲突,才对儒家的孝提出批评,认为其不符合国家的最高利益(在《韩非子》中就是君主的利益)。儒法两家对于孝的相反观点,反映了不同社会结构中对政治义务的不同要求:儒家以家庭来维护国家,将家置于国之上;而法家则是以国来衡量家庭,将国置于家上。儒法两家的争端反映了家与国之间的紧张。

如果从个人而不是国家的角度看,儒家强调家庭生活的重要,虽然表面上与政治无关,但实际上对个人具有重要的政治意义,徐复观将其解释为"反政治的政治"②。人是政治性的动物,总要结群而居,当以家为归宿时(古时的家准确的说是"家族"),家族相当于一个大的自治团体,在这里人们可以找到"群"的依托,即使是远离政治,人与人之间相互关联的关系也可以得到满足。与后来《孝经》中强调的人们要积极参加政治生活相比,早期的儒家理论给人们提供了回避政治的理论支撑。

早期儒家对孝的重视,虽然与当时的社会结构发生了背离,但由于其对孝的强调多是观念中的孝,行为中的孝也只是限于家庭生活中对父母的尊敬,所以就根本上说,当时对孝的倡导并未促使人们脱离家庭走向公共政治。孔子之后,儒家对孝的观点可以分为孝道派与孝治派③,大力践

---

① 《礼记·祭义》:"天之所生,地之所养,无人为大。父母全而生之,子全而归之,可谓孝矣。不亏其体,不辱其身,可谓全矣。故君子顷步而弗敢忘孝也。"
② 徐复观:《中国思想史论集》,上海书店出版社,2004,第145页。
③ 黄开国:《论儒家的孝道学派——兼论儒家孝道派与孝治派的区别》,《哲学研究》2003(3),第46—52页。

行孝的曾子和其弟子乐正子春是孝道派的代表。乐正子春在《曾子大孝》中把孝提高为同行天地的法则,使其具有最高范畴的意义①,这使孝成为《孝经》的理论前提。当政治色彩浓厚的《孝经》出现时,孝不仅仅是一种行为,更是一种政治义务的论证方式了,它标志着孝治派的形成。

三、从国到家:孝行为的强调

虽然目前学界对于《孝经》的作者和成书时间争论不休,但是有一点可以肯定的是,《孝经》在汉代得到空前重视:两汉幼童在完成基本的字书学习后,要进入学习的第二阶段,开始研读《孝经》、《论语》和《春秋》。②"皇太子年十二通《论语》、《孝经》"③,说明皇室贵族子弟在启蒙之后也学习这两本书。平帝时王莽执政,他下令在郡国设立学校,在乡聚的庠序中设《孝经》师一人。此后,《孝经》和《论语》也就被选为初级学校的必读教材了。明代学者朱鸿的《孝经考》中更详细地介绍了汉代重视《孝经》的情况:"汉兴,惠帝除挟书律,孝经自颜贞氏出,乃隶书也,故名今文。文帝为置博士,司隶有专师制使天下诵习焉。及凉州变,令家家习之,诏书诘责。武帝时令虎贲士习之。明帝时令羽林悉通章句。是时,不惟天下之经生学士而家诵户习遍武人矣。况庙号率用孝谥,选士每先孝廉,世称汉治近古,殆不诬哉。"④

与早期儒家相比,《孝经》中对孝的论述有两点重要的转变:

首先是孝地位的变化。《论语·学而》中称"孝悌也者,仁之本与",

---

① 《礼记·祭义》说:"夫孝,置之而塞乎天地,溥之而衡于四海,施诸后世而无朝夕。推而放诸东海而准,推而放诸西海而准,推而放诸南海而准,推而放诸北海而准。《诗》云:'自西自东,自南自北,无思不服。'此之谓也。"
② 孟祥才,《中国政治制度通史》(第三卷秦汉),人民出版社,1996,第363页。
③ 《汉书·疏广传》。
④ 吕维祺,《孝经大全·卷二十五》。

而《孝经》开篇立论称孝是至德要道,对此唐玄宗注曰:"孝者,德之至、道之要也"①。这说明早期儒家关于"仁"的最高追求被替换为"孝","孝"成为终极价值的同时,也意味着"仁"这一更高级别的、完满的人格修养要求遭到了抛弃。汉代以后,晋元帝、梁武帝、梁简文帝、东晋孝武帝等都宣讲过《孝经》,及至唐玄宗为其作注,使《孝经》成为十三经中唯一由皇帝做注的经书,这样其政治地位而非文化地位就更加凸显出来。

第二,《孝经》确立了由观念孝向行为孝的转变。当强调观念孝时,动机是首要考虑的因素。由于孝是发生于人心的自然情感,存在于父母子女之间,没有高低贵贱之别,不会因为外部因素的变化而变化,也就是说,天子对父母的孝顺不会比乞丐对父母的孝顺更高贵。对于这一点,黄侃说得很清楚:"上陈天子极尊,下列庶人极卑,尊卑既异,恐嫌为孝之理由别,故以一'子曰'通冠五章,明尊卑贵贱有殊,而奉亲之道无二。"②

可是,一旦对孝倡导的立足点从观念变成行为,问题便出现了:虽然从感情上说天子与庶人孝心的可贵程度没有差异,但是由此而产生的孝行为却有很大不同:天子之孝带来的是"一人有庆,兆民赖之"。用唐玄宗的解释就是"天子行孝,兆人皆赖其善";而庶人行孝的后果只不过是"谨身节用以养父母"。从后果主义的角度看,万民之福利显然远远高于一家之福利。这种将不同等级的孝行加以区分的方法,实际上改变了早期儒家对人能力的期许:比如《大学》中所说的修身齐家治国平天下,并不是说每一个人都可以达到这样的目标,只是鼓励每一个人都去尽量追求自身完善。但是《孝经》中则很明确的将个人按等级区分开,由期望的"虚"变为生活的"实",理想和现实分开的后果是同样的"孝心"落实为不同的"孝行",这一变化对中国的政治生活产生了重大影响。

以往人们在分析《孝经》时,大多会抨击其移孝作忠的主张,强调人

---

① 《孝经·开宗明义章第一》。
② 李隆基注,邢昺疏:《孝经注疏》,上海古籍出版社,2009,第7页。

民对君主的服从、戕害了人性①,这种说法没有错,但是直接选用《孝经》中对士的孝行要求来加以论证,这个结论来得太快了,而且这是从下往上看的结果,是从臣民仰视君主的视角。实际上《孝经》中还存在着一条从上往下看的方式:由于孝的存在,君主对臣民负有责任——只是这条线索由于社会结构的变化而变得模糊不清,这种视角也常常被忽视了。

《孝经》根据行孝主体的不同身份确定了不同的孝行,而这些行孝的主体则大体上可以分为三类:第一种是统治者,包括天子、诸侯、卿大夫;第二种中间层是士,他们不是统治者,但是能为统治者所用,同时地位又比普通人高,具有向上发展的空间;第三种则是普通民众,即所谓的庶人。

先说统治者的孝。18章《孝经》中以孝言治的章节有15章,占全书的$\frac{5}{6}$,而在这15章中讨论与天子之孝有关的就达8章,如果算上对诸侯和卿大夫孝的讨论,可以说对统治者孝行为的讨论就多达10章,占了全书的一半以上。在这些章节中主要表达的意思是,天子为了实现孝道,必须保民而王,只有承担自己的职责、完成了对国家的善治才算是遵守了孝道。类似的,诸侯和卿大夫也要使自己治下的百姓安居乐业、维持封地的稳定才是遵守孝道。这样从整个社会看来,统治者的孝道构成了一个非常奇特的责任异位的**差序格局**:统治者的责任对上不对下——能够构成对统治者约束的是其上位者而不是其治下的百姓,统治者对自身的约束"顺便"赋予了在下者权利。举个简单的例子来说,《天子章第一》写道:"子曰:爱亲者不敢恶于人,敬亲者不敢慢于人。爱敬尽于事亲,而德教加于百姓,刑于四海,盖天子之孝也。"对父母尽孝、维持宗庙的要求是天子勤政爱民的内在约束力,天子的善政与百姓的行为不存在对应关系,并不是因为百姓的所为而对其有所回馈,百姓之所以享受到德教优待只不过

---

① 这一观点最有代表性的是吴虞的《家族制度为专制主义之根据》,《新青年》,1917年2月1日(第二卷第六号)。

孝：从家庭伦理到政治义务

是天子行孝的附加结果。同样的，这种上下不对等的政治义务也在诸侯和卿大夫这两类统治者的孝行要求中体现出来①。

如果说在血缘制政治结构中对上不对下的政治义务是有一定合理性的——由于亲情所在，既是君主又是人父的统治者自然会去关注在下者的福祉，但是当秦汉之际社会结构发生变化、郡县制代替了分封制之后，各级联系的纽带不再是血缘而是官职，那么这种差异格局的合理性便被大大削弱了：从最高统治者君主来说，秦汉之际受法家思想的影响，皇权被强化了，由此带来的后果是从"法先王"到"法后王"的转变，现世君主的权威得到强调，"先王""明君"的约束变得遥远而模糊，丧失了行为约束的君主，其政治义务仅以"恩惠"赐予臣民利益的方式表现；从诸侯和卿大夫来说，原本在分封制中连接着天子和庶民的这一中间环节，只遗留成一种爵位（荣誉性称号）而不再是政权中的一个级别，在政权层级上就使得天子直接与士发生联系，这样"以孝事君则忠""以敬事长则顺"的士人之孝便被凸显出来。

这样便进入《孝经》中所论述的第二类孝：士人之孝。没有了血缘亲情为依托的孝一旦成为政治关系的纽带，更严重的问题就出现了。父子之情与君臣之义本不相同，《礼记·曲礼下》写道："为人臣之礼，不显谏。三谏而不听，则逃之。子之事亲也，三谏而不听，则号泣而随之。"这是因为"君臣，义合也；父子，天合也。君臣其合也与父子同，其不合也去之，与父子异也"。② 其实《孝经》对于事父与事君这两种情感存在不同之处也

---

① 《诸侯章第三》写到："在上不骄，高而不危；制节谨度，满而不溢。富贵不离其身，然后能保其社稷而和其民人，盖诸侯之孝也。"类似的《卿大夫章第四》也写到："非先王之法服不敢服，非先王之法言不敢道，非先王之德行不敢行。是故非法不言，非道不行。口无择言，身无择行，言满天下无口过，行满天下无怨恶。三者备矣，然后能守其宗庙，盖卿大夫之孝也。"

② 陈澔：《礼记集说》，中国书店，1994，第36页。转引自王长坤：《先秦儒家孝道研究》，四川出版集团巴蜀书社，2007，第152页。

认识得很清楚:"资于事父以事母而爱同,资于事父以事君而敬同,故母取其爱而君取其敬,兼之者父也。"这段话说明事父是"爱"与"敬":"爱"是亲近、喜爱,是一种愿意与之接近的自然情感,而"敬"是害怕、畏惧,是一种保持距离的情感,子女对于父亲既想亲近又有畏惧,这中间存在着"近"与"远"的张力。这两种情感,亲近是来于自然,而敬畏是来于权威。人们对于君主与父亲相同的情感是包含敬,这样就说明,人们对于君主更多的是畏而不是基于自然的爱。

《孝经》对于事长的要求是"敬",这是由家庭伦理中对兄长的恭转化而来。但是家庭中敬兄与政治中敬长有完全不同的内涵,前者是"尚齿",后者是"尚位"——长官之所以要受到尊重,不是因为其如兄长一般年龄高于自己,而是因为其所处的职位高而已。虽然相对于每一个职位来说,尊重是不变的,但这种因职位而生的对人的尊重实际上是不稳定的,当其升职时便会有尊重,当其贬职时变丧失尊重,下级尊重的是"位"而不是"人"。这样,在家庭中对长辈不可更改的敬扩大到政治生活中,就成为了附庸于位的情感,再进一步发展下去,就是个人对于权位的依附。

最后再说庶人的孝。在将士人吸纳于政治社会后,《孝经》对全体人民提出了要求:"夫孝,始于事亲,中于事君,终于立身。"按照唐玄宗的解释,要达到最终的扬名立身,一定要以事君为中间途径,这就将看似最远离政治的庶人也拉入政治中。扬名源于事君的说法大大压缩了孔子所肯定的扬名的范围,在孔子看来德行、政事、言语、文学做得好,都可以扬名。但是《孝经》中对出仕事君的强调,则将个人从孔子无意间构建的家庭壁垒中强制性地拉入政治生活。

至此,本来是出于人伦之情的孝在进入政治生活后被剥离了自然情感、赋予了人为建构的忠顺含义,经过近两千年的发展后,在五四运动中受到严厉抨击,被称为是专制主义的根据而遭到抛弃。

四、结语

孝作为政治义务的道德基础,随着社会结构的变化发生了从合理到不合理的转化,虽然在目前的社会中人们很难再认同孝治的合理性,但是这一思想对于今天人们论述政治义务仍然具有重要意义:

首先,孝治中"差序义务"的治理模式影响了几千年来中国对于权利义务关系的思维方式。"差序义务"展现了上位者的政治义务来源,它含有两个要点:第一,这是上位者给予下位者的"恩惠"(或是好处),这种给予是由上位者单方面决定的,下位者无权参与。第二,这种给予恩惠的行为尽管是上位者的义务,但它来自于一种"善意",是出自于基于自然亲情的内在约束力,而不是外在的法律法规的束缚。虽然西方政治哲学中对于人性的自控力存在怀疑,但是在宋明理学语境中,通过对个人心性修养提升到无以复加的高度,实际上确实为这种内在约束力提供了理论支持。由此而带来的结果是,中国人——尤其是统治者——更习惯以向被统治者展现"善意"的方式来履行自己的政治义务,比如古时的"当官不为民做主,不如回家卖红薯",这一点即使到近百余年来的政权拥有者也屡见不鲜,例如现代革命时期共产党人的"为人民服务"、台湾蒋经国的"为民众服务"、以及今日的"三个代表",都展现的是政权拥有者自觉的为人民的利益服务,这些口号的提出,展现了中国政治文化的深远影响①。

其次,对"孝治"理论的讨论也带来了对社会结构和政治义务关系的关注。如前文所述,在血缘制为主导的社会中,"孝治"比契约论更为合

---

① 孙隆基对这一问题给出了另一种相关的论述,他认为"关心群众生活"的方式体现了中国文化中"心"对"身"的统治,激发出"以心换心"的感动,从而形成"人心归向"的效果,这是由中国人的"良知系统"中"仁者,二人也"的设计决定的。见孙隆基:《中国文化的深层结构》,广西师范大学出版社,2004,第90页。

理,也更易于为人所接受,可是一旦社会结构发生变化,其合理性显然已经遭到削弱。但另一方面不能不加以注意的是,在传统文化影响力不可小觑的情况下,究竟该如何论证今天的政治义务?这里的义务主体不仅包括作为民众"发言人"的政府,也包括应该具有公共意识的现代公民。基于社会结构而论证政治义务的来源是值得我们思考的问题。

(原载《求是学刊》2012年第6期)

朱子、张栻等"《仁说》之辩"书信序次详考

赖尚清

作者简介

赖尚清,1976年5月出生于福建省龙岩市,首都师范大学哲学硕士,清华大学哲学博士,现为南京大学博士后,主要研究领域为朱子学、理学与佛教。主持中国博士后第58批面上资助项目、江苏省博士后科研资助计划等,在《哲学研究》、《中国哲学史》、《厦门大学学报》、《首都师范大学学报》等刊物发表论文数篇。

一、研究现状

牟宗三先生大概是最初对朱子《仁说》及其论辩的时间有所论定者,如牟氏说:"《仁说》之初稿是在《克斋记》以前,现行之定文是在四十三岁以后。……关此之论辩大体开始于四十三岁,其结束当在四十六、七之间。"①陈荣捷先生则说:"《仁说》之作不知何时。……《仁说》大定于乾道七年(一一七一)","南轩与朱子辩论《仁说》,不审经若干年"。② 刘述先先生说:"论辩诸函多在同时,集中讨论这一问题不出壬辰、癸巳两年之外,现行仁说当改定于癸巳朱子年四十四岁时。"③据陈来先生说:"《仁

---

① 牟宗三:《心体与性体》第三册、《牟宗三先生全集》第7册,台北:联经出版事业公司,民国92[2003],第255-256页。
② 陈荣捷:《论朱子之〈仁说〉》,《朱学论集》,华中师范大学出版社,2007,第28-29、41页。
③ 刘述先:《朱子哲学思想的发展与完成》,台北:台湾学生书局,民国73[1984],第139页。

说》之作,……考朱子答林择之书(《别集》六)云'《尤溪学记》及《克斋记》近复改定,及改去岁《仁说》',其书又云'得婺州报云薛士龙物故,甚可伤'。按薛士龙卒于乾道癸巳,故此书在癸巳无疑,时朱子44岁,而以'去岁'之说可知《仁说》之作乃在乾道壬辰,朱子43岁,此决无可疑。"①陈先生首次以确凿的证据,证明朱子《仁说》作于乾道壬辰。另外,陈先生在《朱子书信编年考证》中认为朱子《答张敬夫》第四十三、四十四、四十五书,朱子《答何叔京》第十八书、朱子《答胡广仲》第五书、朱子《答石子重》第十一、十二书皆作于壬辰,朱子《答吴晦叔》第十书在壬辰或壬辰癸巳间,朱子《答张敬夫》第四十六、四十八书,朱子《答吕伯恭》第十八、二十一、二十三、二十四、二十七书皆作于癸巳。束景南先生则进一步考证朱子《仁说》作于壬辰十月,②李秋莎也采束氏说。③

二、书信考证

在简要回顾了关于朱子《仁说》的考证现状之后,下面便来考证朱子和张栻《仁说》及其论辩书信的序次和往复关系。

一、朱子《克斋记》初稿,当作于宋孝宗乾道八年壬辰(1172年)初为近。《克斋记》初稿先于《仁说》初稿。考证见后。

二、朱子《仁说》初稿,约作于壬辰二或三月。考证见后。

三、张栻答复朱子《仁说》初稿书,约作于壬辰三或四月,已佚。考证见后。

四、朱子《答张敬夫论仁说》第四十三书,④此书约作于壬辰四或五

---

① 陈来:《朱子哲学研究》,生活·读书·新知三联书店,2010,第221页。
② 束景南:《朱熹年谱长编》卷上,华东师范大学出版社,2001,第477页。
③ 李秋莎:《朱子与张南轩〈仁说〉讨论相关书信系年再考》,《国学研究》第三十卷,第139页。
④ 朱杰人主编:《朱子全书》(修订版)第21册,上海古籍出版社,合肥:安徽教育出版社,2010,第1408-1411页。

月。考证见后。

五、张栻《寄吕伯恭》第二书①，此书作于壬辰六月。考证如下：

其书云："元晦《仁说》后来看得渠说爱之理之意却好，继而再得渠书，只拈此三字，却有精神，但前来所寄言语间终多病。兼渠看得某意思亦潦草。后所答今录呈，但渠议论商榷间，终是有意思过处，早晚亦欲更力言之。""元晦《仁说》后来看得渠说爱之理之意却好"，当指朱子《仁说》初稿。朱子《答张敬夫论仁说》第四十三书有"熹前说以爱之发对爱之理而言"语，正说明朱子《仁说》初稿已提出了"爱之理"说。此书所说的"再得渠书"，当指朱子《答张敬夫论仁说》第四十三书。此书明显误解张栻把义礼智都作为已发，所以张栻说"兼渠看得某意思亦潦草"。"继而再得渠书，只拈此三字，却有精神"，即指朱子《答张敬夫论仁说》第四十三书"熹前说以爱之发对爱之理而言，正分别性、情之异处，其意最为精密"而来。"后所答今录呈"指的是张栻答复朱子《仁说》初稿已佚书、朱子《答张敬夫论仁说》第四十三书。由此可知，在张栻《寄吕伯恭》第二书之前，已经有了朱子的《仁说》初稿、张栻答复朱子《仁说》初稿的已佚书、朱子《答张敬夫论仁说》第四十三书。此书又有"自归抵此，亦既半岁，省过矫偏，但觉平日以为细故粗迹者，乃是深失消磨，虽庶几兢兢焉，惟恐乘间之窃发耳"。此显然是指张栻乾道七年六月出知袁州，十二月抵长沙事。"自归抵此，亦既半岁"，指的是张栻乾道七年十二月抵长沙后，已经不知不觉过了半年，期间反省自己的过失。由此推断，张栻《寄吕伯恭》第二书作于壬辰六月。由此书逆推，朱子《仁说》初稿当约作于壬辰二或三月，张栻已佚答朱子《仁说》初稿书约作于壬辰三或四月，朱子《答张敬夫论仁说》第四十三书约作于壬辰四或五月。

此是本论文考证最重要的依据之一。关于张栻出知袁州的确切时

---

① 《南轩先生文集》卷第二十五，朱杰人主编《朱子全书》外编第4册，华东师范大学出版社，2010，第379页。

间,进一步考证如下:

《张宣公年谱》云:(乾道七年辛卯)"六月十三日出公知袁州,十四日出都过吴兴。七月寓苏,八月适毗陵,十二月游鄂渚,归抵长沙。"①

张栻在《跋西铭》中有"辛卯孟秋寓姑苏,书以示学生潘友端"语②,张栻《跋西铭》之"辛卯孟秋寓姑苏",当即张栻《答朱元晦秘书》第四十一书之"来吴兴省广德家兄"后寓姑苏。由本人当时的记载可知,张栻确实在辛卯六月出知袁州。

六、张栻《答朱元晦秘书》第二十一书③,此书约作于壬辰六或七月。考证如下:

此书答复朱子《答张敬夫论仁说》第四十三书。证据为:张栻在已佚书中认为朱子《仁说》初稿"'天地以生物为心',此语恐未安",朱子《答张敬夫论仁说》第四十三书答以"熹窃谓此语恐未有病",张栻《答朱元晦秘书》第二十一书答以"《仁说》如'天地以生物为心'之语,平看虽不妨,然恐不若只云'天地生物之心,人得之为人之心'似完全,如何?"具有明显的相承关系,但是或许时间紧迫,或者张栻需要一段时间细细消化朱子的《答张敬夫论仁说》第四十三书,所以张栻才在之后的《答朱元晦秘书》第九书中进一步详细答复朱子的《答张敬夫论仁说》第四十三书。由此可知,张栻《答朱元晦秘书》第二十一书约作于壬辰六或七月。

七、朱子《又论仁说》第四十四书④,此书约作于壬辰七或八月。此书答复张栻《答朱元晦秘书》第二十一书。证据如下:

1. 朱子《又论仁说》第四十四书首句有"昨承开谕仁说之病,似于鄙意未安,即已条具请教矣。再领书诲,亦已具晓,然大体不出熹所论也。

---

① 胡宗楙:《张宣公年谱》,民国二十一年刻本。《宋明理学家年谱》第七册,第357页。
② 《南轩先生文集》卷第二十五,第499页。
③ 同上书,第330-331页。
④ 《朱子全书》(修订版)第21册,第1411-1412页。

请复因而申之"语,"昨承开谕仁说之病,似于鄙意未安"指的是张栻已佚之答复朱子《仁说》初稿书。"即已条具请教"指朱子《答张敬夫论仁说》第四十三书。"再领书诲,亦已具晓,然大体不出熹所论也"指张栻《答朱元晦秘书》第二十一书。

2. 张栻在《答朱元晦秘书》第二十一书中又有"盖公天下而无物我之私焉,则其爱无不溥矣。如此看乃可"语,朱子《又论仁说》第四十四书答以"细观来喻所谓'公天下而无物我之私,则其爱无不溥矣',不知此两句甚处是直指仁体处?"

3. 张栻在《答朱元晦秘书》第二十一书中又有"由汉以来,言仁者盖未尝不以爱为言也"语,朱子《又论仁说》第四十四书答以"由汉以来,以爱言仁之弊,正为不察性、情之辨,而遂以情为性尔"。

由张栻《答朱元晦秘书》第二十一书约作于壬辰六或七月推断,朱子《又论仁说》第四十四书约作于壬辰七或八月。

八、张栻《答朱元晦秘书》第九书,①此书约作于壬辰九或十月。此书答复朱子《又论仁说》第四十四书、朱子《答张敬夫论仁说》第四十三书。证据如下:

1. 张栻《答朱元晦秘书》第九书中有"仁之说,前日之意盖以为推原其本,人与天地万物一体也,是以其爱无所不至,犹人之身无尺寸之肤而不贯通,则无尺寸之肤不爱也。故以'惟公近之'之语形容仁体,最为亲切"。此中的"前日之意"指的是张栻《答朱元晦秘书》第二十一书中"仁道难名,惟公近之,然不可便以公为仁。又曰'公而以人体之故为仁',此意指仁之体极为深切,爱终恐只是情。盖公天下而无物我之私焉,则其爱无不溥矣"。

2. 朱子《答张敬夫论仁说》第四十四书说:"若以公天下而无物我之私便为仁体,则恐所谓公者漠然无情,但如虚空木石,虽其同体之物尚不

---

① 《南轩先生文集》卷第二十五,第318–319页。

能有以相爱,况能无所不溥乎?"张栻《答朱元晦秘书》第九书说:"夫其所以与天地一体者,以夫天地之心之所存,是乃生生之蕴,人与物所公共,所谓爱之理者也。故探其本则未发之前,爱之理存乎性,是乃仁之体者也;察其动则已发之际,爱之施被乎物,是乃仁之用者也。体用一源,内外一致,此仁之所以为妙也。"朱子《答张敬夫论仁说》第四十四书有"虽其同体之物尚不能有以相爱,况能无所不溥乎"语,张栻《答朱元晦秘书》第九书答以"夫其所以与天地一体者……爱之施被乎物,是乃仁之用者也"。

3. 张栻《答朱元晦秘书》第九书中"前日所谓对义礼智而言,其发见则为不忍之心者,非谓义礼智与不忍之心均为发见,正谓不忍之心合对义礼智之发见者言,羞恶辞逊是非之心是也",乃答复朱子《答张敬夫论仁说》第四十三书中"熹详味此言,恐说'仁'字不着。而以义、礼、智与不忍之心均为发见,恐亦未安"。

由朱子《又论仁说》第四十四书约作于壬辰七或八月推断,张栻《答朱元晦秘书》第九书当约作于壬辰九或十月。

九、朱子《答张敬夫》第二十书,朱子自注作于壬辰冬,当约在壬辰十或十一月。此书亦是考证朱子、张栻等人《仁说》论辩的重要书信之一。

张栻《答朱元晦秘书》第九书说:"在中之义,程子曰:喜怒哀乐未发,只是中也。盖未发之时,此理亭亭当当,浑然在中,发而中节,即其在中之理,形乎事事物物之间而无不完也,非是方其发时,别为一物以主张之于内也。"①朱子在《答张敬夫》第十九书中说:"盖所谓'在中之义'者,言喜怒哀乐之未发,浑然在中,亭亭当当,未有个偏倚过不及处。其谓之中者,盖所以状性之体段也。有所谓'中之道'者,乃即事即物自有个恰好底道理,不偏不倚,无过不及。"②由此可知,朱子《答张敬夫》第十九书当为答复张栻《答朱元晦秘书》第九书者。

---

① 《南轩先生文集》卷第二十五,第318—319页。
② 《朱子全书》(修订版)第21册,第1338—1339页。

又朱子《答张敬夫》第十九书有"所谓'在中之义',犹曰在里面的道理云尔"语,张栻《答朱元晦秘书》第五书有"若只说作在里面底道理,然则已发之后,中何尝不在里面乎?"①由此可证张栻《答朱元晦秘书》第五书为答复朱子《答张敬夫》第十九书者。张栻《答朱元晦秘书》第五书有"道之流行,即事即物,无不有恰好底道理,是性之体段亦无适而不具焉"语,朱子《答张敬夫》第二十书有"但'发而中节',即此在中之理发形于外,如所谓即事即物,无不有个恰好底道理是也"。② 朱子《答张敬夫》第二十书显然是答复张栻《答朱元晦秘书》第五者。

由朱子《答张敬夫》第二十书作于壬辰冬,在《答张敬夫》第二十书之前有张栻《答朱元晦秘书》第五书、朱子《答张敬夫》第十九书、张栻《答朱元晦秘书》第九书。由此亦可推断,上考张栻《答朱元晦秘书》第九书作于壬辰九或十月当为允当。

十、朱子答张敬夫《又论仁说》第四十五书③,此书约作于壬辰十或十一月。考证如下:

此书为答复张栻转寄的张栻《答问·答胡广仲》第一书、张栻《答问·答胡伯逢》第二书。朱子答张敬夫《又论仁说》第四十五书有"广仲引孟子'先知先觉'以明上蔡'心有知觉'之说,已自不伦,其谓'知此觉此',亦未知指何为说"语,指的即是张栻《答问·答胡广仲》第一书中所引胡广仲"'心有所觉谓之仁',此谢先生救拔千余年陷溺固滞之病,岂可轻议哉!(云云。)夫知者,知此者也;觉者,觉此者也"。由此可知,朱子答张敬夫《又论仁说》第四十五书当在张栻《答问·答胡广仲》第一书之后不久。由张栻《答问·答胡广仲》第一书约作于壬辰七或八月推断,④

---

① 《南轩先生文集》卷第二十五,第316页。
② 《朱子全书》(修订版)第21册,第1341页。
③ 《朱子全书》(修订版)第21册,第1412—1413页。
④ 据陈来先生考证:"《答胡广仲》第四书云:'至谓静字所以形容天性之妙,不可以动静言,则熹却有疑焉。'《文集》七十五《记论性答稿后》云:'如广仲之言,既以静为天地之妙,又论性可以真妄动静言。'其记作于壬辰仲秋,故知四书作于壬辰。又四

朱子答张敬夫《又论仁说》第四十五书当约作于壬辰十或十一月。

十一、朱子第一次修改《克斋记》,约在壬辰十或十一月。考证见后。

十二、朱子《答石子重》第十一书①,此书亦约作于壬辰十或十一月。考证如下:

《答石子重》第十一书亦讨论"知觉言仁"说,书尾有云:"此义近与湖南诸公论之甚详,今略录一二上呈,亦可见大意矣。(一《答胡广仲书》仁之说,一《答张敬夫书》)。""《答胡广仲书》仁之说"指的是朱子《答胡

书云:'熹详味此数语与《乐记》之说指意不殊,所谓静者亦指未感时言尔,当此之时,心之所存浑是天理。'五书云:'人生而静天之性者,言人生之初未有感时便是天理也。'可知两书相承,皆论《记论性答稿》所说者。故两书皆作于壬辰。"(陈来,《朱子书信编年考证》,页98—99。)《记论性答稿后》作于壬辰仲秋,《记论性答稿后》与朱子《答胡广仲》第四书有直接的相承关系,所以朱子《答胡广仲》第四书当约作于壬辰七或八月,而朱子《答胡广仲》第五书与第四书皆论《记论性答稿》,且朱子《答胡广仲》第五书与第四书、《记论性答稿后》有相承关系,由此推断,朱子《答胡广仲》第五书当约作于壬辰九或十月。朱子《答胡广仲》第五书首句云:"至于仁之为说,昨两得钦夫书,诘难甚密,皆已报之。近得报云,却已皆无疑矣。今观所谕,大概不出其中者,更不复论。但所引孟子'知'、'觉'二字,却恐与上蔡意旨不同"语,其中"昨两得钦夫书"之"两得"指的是张栻答朱子《仁说》初稿已佚书及张栻《答朱元晦秘》第二十一书,此两书张栻对朱子《仁说》提出了众多的诘难,朱子亦作《答张敬夫论仁说》第四十三书、《又论仁说》第四十四书,一一答复张栻的诘难,所以朱子有"诘难甚密"和"皆以报之"语。"却已皆无疑矣",指的是张栻初步认同了朱子"天地以生物为心"说,在以公言仁、以爱言仁、一体言仁、知觉言仁等问题上也已基本取得共识。由朱子《又论仁说》第四十四书作于壬辰七或八月,亦可推断朱子《答胡广仲》第五书当约作于壬辰九或十月。朱子《答胡广仲》第五书中有:"但所引《孟子》'知'、'觉'二字,却恐与上蔡旨意不同。盖孟子之言知、觉,谓知此事、觉此理,乃学之至而知之尽也。上蔡之言知、觉,谓识痛痒、能酬酢者,乃心之用而知之端也。二者亦不同矣"和"愤骄险薄,岂敢辄指上蔡而言"两语,此显然是指张栻《答问·答胡广仲》第一书:"'心有所觉谓之仁',此谢先生救拔千余年陷溺固滞之病,岂可轻议哉!(云云。)夫知者,知此者也;觉者,觉此者也。果能明理居敬,无时不觉,则视听言动莫非此体之流行,而大公之理在我矣,尚何愤骄险薄之有?"由朱子《答胡广仲》第五书作于壬辰九或十月推断,张栻《答问·答胡广仲》第一书当作于壬辰七或八月。由朱子《答胡广仲》第五书和朱子《又论仁说》第四十五书都论"知觉言仁"说推断,朱子《又论仁说》第四十五书当稍后朱子《答胡广仲》第五书,约作于壬辰十或十一月。

① 《朱子全书》(修订版)第21册,第1937—1939页。

广仲》第五书,"《答张敬夫书》"指朱子答张敬夫《又论仁说》第四十五书。由《答胡广仲》第五书和朱子答张敬夫《又论仁说》第四十五书均约作于壬辰十或十一月推断,朱子《答石子重》第十一书亦当约作于壬辰十或十一月,而稍后于朱子答胡广仲、张栻上两书。

又此书有"《克斋记》说'天下归仁'处,先本云'天下之人,亦将无不以仁归之',后本云'视天下无一物不在吾生物气象之中',先后意甚异,毕竟'天下归仁'当如何说"语。由此可知,朱子当约在壬辰十或十一月对《克斋记》进行首次修改,然后把修订稿寄给石子重览阅。此处所说的"先本"即《克斋记》初稿,"后本"即《克斋记》首次修改稿。

十三、朱子《又论仁说》第四十六书,①此书答复张栻《答朱元晦秘书》第九书,约作于壬辰十或十一月。考证如下:

1. 张栻《答朱元晦秘书》第九书有"夫其所以与天地一体者,以夫天地之心之所存,是乃生生之蕴,人与物所公共,所谓爱之理者也"语,朱子《又论仁说》第四十六书有"来教云:'夫其所以与天地万物一体者,以夫天地之心之所有,是乃生生之蕴,人与物所公共,所谓爱之理也。'熹详此数句,似颇未安"。

2. 张栻《答朱元晦秘书》第九书有"体用一源,内外一致,此仁之所以为妙也"语,朱子《又论仁说》第四十六书有"又谓体用一源、内外一致为仁之妙,此亦未安"。

由张栻《答朱元晦秘书》第九书约作于壬辰九或十月推断,朱子《又论仁说》第四十六书,当约作于壬辰十或十一月。

十四、张栻《答朱元晦秘书》第十三书②,此书乃答复朱子《又论仁说》第四十六书,当约作于壬辰十一或十二月。考证如下:

1. 张栻《答朱元晦秘书》第十三书说:"来书披玩再四,所以开益甚

---

① 《朱子全书》(修订版)第21册,第1413–1414页。
② 《南轩先生文集》卷第二十五,第323页。

多。所谓爱之理发明甚有力,前书亦略及之矣。区区并见别纸,嗣有以见告是幸。……《克斋铭》读之无可疑者,但以欠数句说克己下工处如何?"朱子《又论仁说》第四十六书有"来教云:'夫其所以与天地万物一体者,以夫天地之心之所有,是乃生生之蕴,人与物所公共,所谓爱之理也。'熹详此数句,似颇未安。盖仁只是爱之理,人皆有之,然人或不公,则于其所当爱者反有所不爱,惟公则视天地万物皆为一体而无所不爱矣。若爱之理,则是自然本有之理,不必为天地万物同体而后有也"。与张栻详论"爱之理"说。

2. "前书亦略及之矣"之"前书",指张栻《答朱元晦秘书》第九书,张栻在此书中说"后来详所谓爱之理之语,方见其亲切。夫其所以与天地一体者,以夫天地之心之所存,是乃生生之蕴,人与物所公共,所谓爱之理者也"。

3. 朱子《又论仁说》第四十六书"熹向所呈似仁说,其间不免尚有此意,方欲改之而未暇。来教以为不如《克斋》之云是也"语,张栻《答朱元晦秘书》第十三书则说:"《克斋铭》读之无可疑者,但以欠数句说克己下工处如何"。两书均提到朱子《克斋记》。

朱子《又论仁说》第四十六书约作于壬辰十或十一月,由此推断,张栻《答朱元晦秘书》第十三书约作于壬辰十一或十二月。从朱子《又论仁说》第四十六书"熹向所呈似仁说,其间不免尚有此意,方欲改之而未暇。来教以为不如《克斋》之云是也"语气看出,张栻曾作书讨论朱子《克斋记》,应已佚。此已佚的书信或许就是张栻答复朱子《仁说》初稿的第一封书信。"熹向所呈似仁说"即指朱子壬辰二或三月所作《仁说》初稿,"来教以为"即指张栻壬辰三或四月所作答复朱子《仁说》初稿的已佚书。只有张栻在得到朱子《仁说》初稿时已见朱子《克斋记》初稿,才能有"来教以为不如《克斋》之云是也"之语。由此推断,朱子《克斋记》初稿作于朱子《仁说》初稿之前或同时。又《克斋记》主"盖仁也者,天地所以生物之心,而人物之所得以为心者也"说,而《仁说》主"天地以生物为心者也,而人物之生，又各得夫天地之心以为心者也"说，两说有不少差距，所以《克斋记》和《仁说》当作于两个不同的时间。另外，乾道四年戊子正月（1168年，朱子时年39岁），石子重欲以"克斋"名其室，就已求朱子为其作记，朱子说："克斋恐非熹所敢记者，必欲得之，少假岁年，使得更少加功，或所见稍复有进，始敢承命耳。"①由此推断，《克斋记》初稿当作于《仁说》初稿前，其确切时间已很难推断，姑断为约作于壬辰初。张栻《答朱元晦秘书》第十三书"《克斋铭》读之无可疑者，但以欠数句说克己下工处如何"。（张栻作有《克斋铭》，朱子没有《克斋铭》，为《克斋记》之误。）由此语推断，朱子《答石子重》第十一书所说的"后本"《克斋记》并不能确切地断定为就是朱子自署"乾道壬辰月日新安朱熹谨记"的《克斋记》，朱子或在《答石子重》第十一书之后，根据张栻《答朱元晦秘书》第十三书的建议，补充"克己下工处"，此或即朱子自署"乾道壬辰月日新安朱熹谨记"的《克斋记》。如是，则朱子当在壬辰两次修改《克斋记》。由张栻《答朱元晦秘书》第十三书约作于壬辰十一或十二月推断，朱子第二次修改《克斋记》当在壬辰十二月。②

此书有"魏元履，栻两次作书讬虞丞附去，不知何故未达，来谕惶恐，岂有此哉。今复有数字往问其疾，且谢之也"语。由此可知，张栻作此书时知道魏元履得病，而魏元履卒于癸巳闰正月，所以断此书约作于壬辰十一或十二月，当为一合适的时间。

十五、朱子第二次修改《克斋记》，自署"乾道壬辰月日新安朱熹谨记"，时间在壬辰十二月。上已考。

---

① 《朱子全书》（修订版）第22册，第1923页。
② 牟宗三、陈荣捷、刘述先、许家星等皆主《仁说》初稿先于《克斋记》初稿，陈来先生主《克斋记》初稿先于《仁说》初稿，束景南则主《克斋记》和《仁说》初稿均作于壬辰十月间。同时的可能性不大。许家星认为朱子除了《克斋记》外，又作有《克斋铭》，显然为误。其以《克斋记》在义理上优于《仁说》来推定《克斋记》后于《仁说》亦显然缺乏说服力。详见许家星《朱子、张栻"仁说"辨析》，《中国哲学史》2011第4期。

十六、张栻《仁说》初稿,约作于癸巳五或六月。考证见后。

十七、朱子《克斋记》最终定稿,约在癸巳五或六月。考证见后。

十八、朱子修改《仁说》,时间约在癸巳五或六月。考证见后。

十九、张栻《答朱元晦秘书》第十二书①作于癸巳夏末。考证如下:

此书有"不觉伏暑之度",可知作于夏末。此书又有"共甫甚得此方人情,然所以望之者,固不宜少不满也。开府之初,举动多慰人意,甚乐义之风不易得耳"。"开府之初"当指刘珙知潭州事。朱子《刘枢密墓记》:"九年三月,服阕奏事,进大学士以行。"刘珙癸巳三月重知潭州,所以张栻在癸巳夏末说刘珙"开府之初,举动多慰人意"。此书又有"《仁说》,岳前之论甚多,要是不肯虚怀看义理。某近为说以明之,亦只是所论之意却似稍分明,今录呈"。此中的"某近为说以明之"之"说"指的是张栻的《仁说》初稿。由"某近为说"推断,张栻《仁说》初稿应作于癸巳五或六月。

二十、朱子《答钦夫仁说》第四十八书,约作于癸巳六或七月。考证如下:

此书答复张栻《仁说》初稿,即答复张栻《答朱元晦秘书》第十二书。在张栻《答朱元晦秘书》第十二书中"录呈"《仁说》初稿。朱子《答张钦夫仁说》第四十八书首句:"《仁说》明白简当,非浅陋所及。"加上书信题目即为《答张钦夫仁说》,由此可以确证此书为朱子答复张栻《仁说》初稿书。由此可知,朱子《答钦夫仁说》第四十八书当约作于癸巳六或七月。

二十一、朱子《答林择之》第十一书(《别集》卷六),此书约作于癸巳七或八月。考证如下:

此书有"得婺州报,云薛士龙物故,甚可伤"语,而薛士龙物故在癸巳七月十七日,由此推断,朱子《答林择之》第十一书(《别集》卷六)当约作于癸巳七或八月。

此书有"《尤溪学记》及《克斋记》近复改定,及改去岁《仁说》、《答钦

---

① 《南轩先生文集》卷第二十五,第 322 – 323 页。

夫书》"。由此推断,朱子《克斋记》当最终改定于癸巳五或六月。由"及改去岁《仁说》"语可知,朱子癸巳五或六月对《仁说》进行了修改。

二十二、朱子《仁说》最终定稿,约在癸巳八或九月,考证见后。

二十三、朱子《答吕伯恭》第二十四书①,此书当在癸巳九或十月。考证如下:

此书有"《仁说》近再改定,比旧稍分明详密,已复录呈矣"。朱子曾在癸巳五或六月修改《仁说》,寄吕伯恭讨论。所以此书有"近再改定"和"已复录呈"语。由朱子"《仁说》近再改定"语可知,朱子此时对《仁说》已最终定稿。朱子当是在收到吕伯恭《答朱侍讲所问》第二书之后,对《仁说》进行最终定稿,吕伯恭《答朱侍讲所问》第二书约作于癸巳六七月间,②所以朱子《仁说》当最终定稿于癸巳八或九月,而朱子《答吕伯恭》第二十四书则当约作于癸巳九或十月。

二十四、张栻《仁说》,当约最终改定于癸巳十或十一月。考证见后。

二十五、朱子《仁说图》,约作于癸巳冬。

此图当在朱子《仁说》定稿后所作。陈荣捷先生说:"《朱子语类·仁说》节下之仁说图,料系《仁说》成后所作,用以表释而亦为之补充者。"③

二十六、朱子《答吕伯恭》第二十七书④,此书作于癸巳除夕日。考证如下:

此书有"即此岁除"语,知此书作于癸巳除夕日。此书又说:"钦夫近

---

① 《朱子全书》(修订版)第21册,第1442-1443页。
② 朱子《答吕伯恭》第一〇〇书答复吕伯恭《答朱侍讲所问》第二书,朱子《答吕伯恭》第一〇〇书回复吕伯恭《与朱侍讲》第二十三书,吕伯恭《与朱侍讲》第二十三书中有"令嗣到此半月"语,朱子癸巳六月上旬遣子师侍吕伯恭,七月至婺。由此推断,吕伯恭《与朱侍讲》第二十三书当作于癸巳七月。进而可知朱子《答吕伯恭》第一〇〇书当约作于癸巳七或八月,与"窃闻比日秋清"语可相印证。由朱子《答吕伯恭》第一〇〇书作于癸巳七或八月推断,吕伯恭《答朱侍讲所问》第二书当亦约作于癸巳六或七月。
③ 陈荣捷,《论朱子之<仁说>》,《朱学论集》,华中师范大学出版社,2007,第28-29、41页。
④ 《朱子全书》(修订版)第21册,第1446-1447页。

得书,别寄《言仁录》来,修改得稍胜前本。《仁说》亦用中间反复之意改定矣。"由此推断,张栻《仁说》最终改定于癸巳十或十一月。

三、主要结论

通过考证,本论文得出以下主要结论:朱子《克斋记》初稿先于《仁说》初稿,朱子《仁说》初稿约作于壬辰二或三月。朱子分别在壬辰十或十一月和壬辰十二月两次修改《克斋记》,于癸巳五或六月最终定稿。朱子在癸巳五或六月再次修改《仁说》、在癸巳八或九月对《仁说》进行最终定稿。《仁说图》当作于《仁说》定稿之后的癸巳冬。张栻《仁说》初稿约作于癸巳五或六月,约最终定稿于癸巳十或十一月。朱子和张栻关于朱子《仁说》初稿的辩论约发生于壬辰二月至壬辰十二月。张栻《仁说》初稿约在癸巳五或六月作成后,朱子作《答张敬夫论仁说》第四十八书讨论张栻的《仁说》初稿。

(原载《厦门大学学报·哲学社会科学版》2014年第4期)

美育与建国

——新文化运动的美育迷思

闫 恒

作者简介

闫恒,1986年11月出生于内蒙古自治区巴彦淖尔市,首都师范大学哲学硕士,中国人民大学哲学博士,现供职于内蒙古自治区委员会党校,主要研究领域为《诗经》学、儒家政治思想、儒学与边疆。在《中国儒学》、《天津师范大学学报(社会科学版)》等期刊发表论文近十篇。

新文化运动中的一个重要面相即"美育"(Ästhetische Erziehung)观念的滥觞。今人通常将美育理解为挣脱传统枷锁、解放人性、走向自由的启蒙运动,并以孑民先生最为著名的"美育代宗教说"为佐证。就思想资源而论,西方启蒙主义之康德、歌德、席勒等人对中国近代美育思潮的影响毋庸置疑。但若从一种更为宏阔的"古今之变"视野看去,可以发现,从康有为、梁启超、王国维到蔡元培,美育其实始终围绕着一条主轴,即现代国家精神秩序建构的问题而展开。

威斯特伐利亚体系下展开的现代国家是围绕着主权、疆界、人民、宪政民主、现代行政管理体制等一系列元素构建而成的。而相应地,国家精神秩序及其表现的问题也日渐凸显。随着晚清中国对现代国家体系的被动融入与被迫适应,国家象征(National symbol)的问题也渐为当国者所重视,这从清朝国歌、国旗确立法定地位的过程中,便可略窥其急迫性之一斑。在社会与个人的层面,传统中国依靠儒家思想维系其稳定的治理结构,虽然儒家也高度重视"修身"与诗乐美育之教化,但是晚清国民之精神与生活状态,却四处充斥着萎靡不振、不讲卫生、野蛮粗鲁等不文明现象①。这与现代国家要求的国民素质与形象格格不入。

权力的空前集中与政府效能的提升,使得现代国家拥有较以往政治体远为深刻的审美属性与美学诉求。在传统社会,儒家的"听音观政"还只能寄托于那些受过精英教育的圣贤君子实现;而在现代,一个街道社区的整洁与否就直接可以反映该地政府治理水平的良窳,美育与国家精神秩序间的关联大为增强。康有为受到西方文明的震动,最初也是审美观感上的,故有"览西人宫室之瑰丽,道路之整洁,巡捕之严密,乃始知西人治国有法度,不得以古旧之夷狄视之"②的感叹。当时中国一般人民生活习性之恶劣,"各人脑子里都为一种混浊之气所蒙蔽"③,以至于"青年道德日趋卑劣",是美育运动背后深远的社会基础。

一、美育与现代国家精神秩序之形塑

儒家政治思想本来就有通过诗乐教育变化气质,转换风俗,养成君子的理论与制度。《尚书》的一段记载被认为是儒家乐教的源起:

> 帝曰:夔,命汝典乐,教胄子。直而温,宽而栗,刚而无虐,简而无傲。诗言志,歌永言,声依永,律和声。八音克谐,无相夺伦,神人以和。④

《诗经》开篇亦言:

---

① 美国传教士明恩溥对晚清中国之民情民风与生活习惯有着惟妙惟肖的刻画。如中国人重视面子而非真正的尊严、北方农村家庭因重视节俭便可"不论男孩女孩都穿着伊甸园的服装乱跑"、缺乏公共精神、严重缺乏卫生观念、漠视时间、漠视精确,对舒适、便利、美观的不以为意,神经麻木甚至"智力混沌"等等。参见明恩溥:《中国人的气质》,刘文飞、刘晓旸译,东方出版社,2014。
② 康有为:《康南海自编年谱》(《我史》),江苏人民出版社,1999,第9页。
③ 周玲荪:《新文化运动和美育》,载《美育》第3期,1920年6月。
④ 《尚书·舜典》。

> 诗者,志之所之也。在心为志,发言为诗。情动于中而行于言,言之不足,故嗟叹之,嗟叹之不足,故永歌之,永歌之不足,不知手之舞之,足之蹈之也……先王以是经夫妇,成孝敬,厚人伦,美教化,移风俗。①

在儒家看来,良好的政治制度需要有德性的民风支撑,否则制度便会流于空转而无法发挥实效。另一方面,变更制度的前置工作也就在于"开风气""新民",其实质是要把新制度蕴含的价值观念潜移默化地落实到一般人民的日用生活当中去,以收黯然日彰之效。而艺术的宣导,让人们在闲暇娱乐时通过审美活动接受新的价值观念,正是最恰适的手段。虽然孔子"删诗"与否系一大众说纷纭的公案,但历史上的儒家士君子群体确实常会参与到艺术作品的审定或修改之中,俾之合乎伦常观念。变化风俗,构造和维系秩序,是儒家美育思想的核心。惟其精英化的特质,囿于传统国家效能而不得全面推行。鉴于此,康有为在1898年的《请开学校折》中就提出了现代学校构建的设想:

> 令乡皆立小学,限举国之民,自七岁以上必入之,教以文史、算数、舆地、物理、歌乐,八年而卒业。其不入学者,罚其父母。②

张百熙、荣庆、张之洞等于1904年《学务纲要》亦提出了"移风易俗,莫善于乐,秦汉以前,庠序之中,无人不习……惟中国古乐雅音,失传已久。此时学堂音乐一门,只可暂从缓设"③的办学设想。康有为的现代教育制度设计则包含着大量美育内容,在《大同书》中他做了更为详细的说明:

---

① 《毛诗正义·周南关雎诂训传第一》。
② 康有为:《请开学校折》,转引自俞玉姿、张援编:《中国近现代美育论文选(1840—1949)》,上海教育出版社,2011年,第2页。
③ 张援,章咸编:《中国近现代艺术教育法规汇编(1840—1949)》,上海教育出版社,2011年,第3页。

育婴院结构当择与婴儿最相宜之方式,大约楼居少而草地多,务令爽垲而通风,日临池水以得清气,多植花木,多蓄鱼鸟,画图雏形之事物,皆用仁爱慈祥之事以养婴儿之心……婴儿能歌,则教仁慈爱物之皆以为歌,使之浸渍心耳中。

（小学院）以至出入、嬉游、跳舞、戏弄,固不可多束缚以苦其魂,亦不可全纵肆以陷于恶。大概是时专以养体为主,而开智次之……儿童好歌,当编古今仁智之事,令为诗歌,俾其习与性成。

（大学院）大学更重德性,每日皆有歌诗说教,以辅翼其德,涵养其性,而所重尤在智慧也。各大学皆有游园,备设花木、亭池、舟楫,以听学者之游观、安息、舞蹈。①

康氏对美育的思考颇为全面,既贯穿了从育婴院到大学的全部教育过程,又在每一阶段根据学生不同的年龄特点施以相应的美育手段,还特别重视学校外在形制的整洁、美观以涵泳陶冶学生爱美的心性,其运思是儒家美育理论的内在开展。梁启超则以"趣味教育"、"情感教育"的角度出发谈论美育,但实际的着眼点却在民情风俗的改造,其论曰：

一个人麻木,那人便成了没趣的人,一民族麻木,那民族便成了没趣的民族。美术的功用,在把这种麻木状态恢复过来,令没趣变为有趣。②

又曰：

呜呼!小说之陷溺人群,乃至如是!乃至如是!大圣鸿哲数万言谆诲之而不足者,华士坊贾一二书败坏之而有余!斯事既愈为大雅君子所不屑道,则愈不得不专归于华士坊贾之手。而其性质,其位置,又如空气然,如菽粟然,为一社会中不可得避、不可得屏之物,于

---

① 俞玉姿、张援编：《中国近现代美育论文选(1840-1949)》,第4-8页。
② 梁启超：《美术与生活》,同上书,第141页。

是华士坊贾,遂至握一国之主权而操纵之矣。呜呼!使长此而终古也,则吾国前途,尚可问耶?尚可问耶?故今日欲改良群治,必自小说界革命始!欲新民,必自新小说始!①

不管今人反思梁氏的"改造国民性"之论如何造成了激进有害的后果,我们细察其美育的论点,亦可谓基本在儒家理路之内。要之,康梁之所重者,皆在乎开风气,紧抓形塑现代国民精神秩序的主轴,而非尽废传统。正如梁启超在《新民说》中提出的原则:"非欲吾民尽弃其旧以从人也。新之义有二,一曰淬厉其所本有而新之,二曰采补其所本无而新之。"②具体到美育,他们像以往的儒生一样,尤在乎衣服、道路、建筑、公共设施、音乐、小说、戏曲等一般人民"日用之美"的更新与创造,其对治的乃是晚清民初种种颓废腐朽的民气,是故梁氏的美育观念也常被批评为"功利主义"③。

二、"超功利"与美育思想的歧出

较之康梁,王国维的美育思想受到德国哲学的深刻影响,在《论教育之宗旨》一文中,他提出了著名的"知情意"与"真善美"的对应,进而提出其美育观。他认为:

> 德育与智育之必要,人人知之,至于美育有不得不一言者。盖人心之动,无不束缚于一己之利害;独美之为物,使人忘一己之利害而

---

① 梁启超:《论小说与群治之关系》,《饮冰室文集》(卷十),中华书局,1989年。
② 梁启超:《新民说》,辽宁人民出版社,1994,第7页。
③ 任公重视一般艺术作品内容及其导向作用,曾言,"社会腐败以音乐感动之,此当今之急务也"。有论者认为:"在梁启超那里,由于音乐的精神作用和改造国民性相关联,所以他强调教育作为改造手段的重要性,是培养'培养现代国民',一种出于某种功利性或功利主义的教育而审美教育。"见夏滟洲:《"改造国民性":梁启超美育思想在辛亥革命前后的延展》,载《黄钟》2011年第4期,第74页。

入高尚纯洁之域,此最纯粹之快乐也。①

王国维的这一观点,显然受德国美学思想影响极深。盖康德先以"鉴赏判断的快感无利害关系",认为美只是一"单纯形式的合目的性";席勒又倡"通过审美走向自由",主张审美之游戏性,甚至认为审美是实现人生的完整性、克服现代人的"分离状态"唯一且根本的途径;叔本华主张审美是主客之间水乳交融的"观审与自失"、"纯粹无意志之认识主体与纯粹直观"。王氏则在《古雅之在美学上之位置》一文中提出"美之性质,一言以蔽之,曰:可爱玩而不可利用",此言可谓深得德哲之意。在《孔子之美育主义》一文中,他评论道:

> 今转而我观孔子之学说,其审美学上的理论虽不可得而知,然其教人也,则始于美育,终于美育……(浴乎沂风乎舞雩)之人也,之境也,固将磅礴万物以为一,我即宇宙,宇宙即我也。风光霁月不足以喻其明,泰山华岳不足以语其高,南溟渤澥不足以比其大。邵子所谓'反观'者欤?叔本华所谓'无欲之我'、希尔列尔所谓'美丽之心'者非欤?此时之境界:无希望、无恐怖,无内界之争斗,无利无害,无人无我,不随绳墨而自合于道德之法则。一人如此,则优入圣域;社会如此,则成华胥之国。孔子所谓'安而行之',与希尔列尔所谓'乐于守道德之法则'者,舍美育无由矣。②

不过,尽管静安先生以"孔子之美育主义"名篇,但他在这里对儒家美育思想的理解显然出现了一些偏差。《论语·述而》:

> 子曰:志于道,据于德,依于仁,游于艺。
>
> 朱注:志者,心之所之之谓。道,则人伦日用之间所当行者是也。如此而心必之焉,则所适者正,而无他歧之惑矣。据者,执守之意。

---

① 王国维:《论教育之宗旨》,载《教育世界》56号,1903年8月。
② 王国维:《孔子之美育主义》,载《教育世界》69号,1904年2月。

德者,得也,得其道于心而不失之谓也。得之于心而守之不失,则终始惟一,而有日新之功矣。依者,不违之谓。仁,则私欲尽去而心德之全也。功夫至此而无终食之违,则存养之熟,无适而非天理之流行矣。游者,玩物适情之谓。艺,则礼乐之文,射、御、书、数之法,皆至理所寓,而日用之不可阙者也。朝夕游焉,以博其义理之趣,则应务有余,而心亦无所放矣。此章言人之为学当如是也。盖学莫先于立志,志道,则心存于正而不他;据德,则道得于心而不失;依仁,则德性常用而物欲不行;游艺,则小物不遗而动息有养。学者于此,有以不失其先后之序、轻重之伦焉,则本末兼该,内外交养,日用之间,无少间隙,而涵泳从容,忽不自知其入于圣贤之域矣。①

在儒家看来,做人先要立定志向,严守道德,存养仁心,日日用功,忧勤惕厉,在这个基础上才能谈得上通过审玩艺术达到适情养性的效果。一方面,基于对人性怠惰的体认,儒家从不认为美育能够取代修身,不认为单凭美育就能使人乐于守道德之法则;另一方面,修身就是美育,儒家从洒扫应对、言语谈吐、服装仪容、精神状态等各方面对人进行严格要求,以展现出整洁、庄肃之美,而这种整洁庄肃之美是达到更高审美境界的基础。至于"浴乎沂风乎舞雩"那样审美的"巅峰体验",是在艰苦的修身克己与丰富的人生阅历之后,在一定机缘下才可能达到,所谓"优入圣域"非人人可至,更非社会所能一体仿效。儒家教人并非"始于美育,终于美育",审美很大程度上是人格修养的副产品。儒家也并不主张康德—王国维式的"知情意"与"真善美"的分立,孔子论及诗教时指出:"小子何莫学夫诗?诗,可以兴,可以观,可以群,可以怨。迩之事父,远之事君,多识于鸟兽草木之名。"②在诗教当中,知识名物、道德意志、情感审美是浑然一体不可相分的。真善美三种教育的分立,令美育脱离道德伦理之涵养,失

---

① 朱熹:《四书章句集注》,中华书局,1983,第94页。
② 《论语·阳货》。

焦良好风气之培育,走向所谓"超功利"的理想主义,因而偏离了形塑现代国家精神秩序的正轨。

王国维的这一偏差,开启了新文化运动美育思潮的歧出。蔡元培与新文化时贤的美育思想,几乎全部都直承康德—王国维的知情意三分法而来。在蔡孑民看来,"美以普遍性之故,不复有人我之关系,遂亦不能有利害之关系……则其所以陶养性灵,使之日进于高尚者,固已足矣"。①在这种看法的指导下,蔡氏美学观念遂生两大指向:一是所谓"超轶乎政治者":

> 教育有二大别:曰隶属于政治者;曰超轶乎政治者。专制时代,教育家循政府之方针以标准教育,常为纯粹之隶属政治者。共和时代,教育家得立于人民之地位以定标准,乃得有超轶乎政治之教育。②

另一指向就是著名的"美育代宗教说":

> 一、美育是自由的,而宗教是强制的;
>
> 二、美育是进步的,而宗教是保守的;
>
> 三、美育是普及的,而宗教是有界的。③

按,儒家的理念是"政教相维",即教化与政治的互相维系,教育并非仅仅是"隶属于政治",实有其敦化伦理、涵养风俗之普遍意义存在,无论共和专制皆然。就中国而言,教育从来就是既"隶属于政治"(教育行政),又"超轶乎政治"的(教育内容)。而"美育代宗教"最大的问题恐怕是与中国文化的语境的不相契合,盖因儒家是一种文教,中国文化长期都保持着人文的特性,与欧洲传统迥异;如果说它是以康有为等人"孔教论"为潜在批评对象的话,则康论亦并不代表儒家的一般形态。在政法制

---

① 蔡元培:《以美育代宗教说——在北京神州学会演说词》,载《新青年》第三卷第6号,1917年8月。

② 蔡元培:《关于教育方针之意见》,载《东方杂志》第八卷第十号,1912年4月。

③ 蔡元培:《以美育代宗教》,载《现代学生》第一卷第3期,1930年12月。

度实践层面,如何创造一制度保证美育教育的"超功利"？如蔡氏提议并大力倡导的,教育体系中安排音乐美术课程,各地遍设博物馆、音乐厅、美术厅、公园、影剧院等,皆有功于现代美育制度之建立,但这些公共文化设施本身亦不能确保艺术作品之"超功利",他遂又提出对艺术作品进行审查,认为"凡无聊的滑稽剧,凶险的侦探案,卑猥的恋爱剧都去掉。单演风景片与文学家作品"①——很显然,囫囵吞下的西方理念与美育制度实践之间存在着巨大鸿沟。

其实,由于儒家的人文特质,"美育代宗教"虽是新文化运动的著名口号之一,但它在逻辑上反而有着亲和中国文化的导向。子民先生在众多论述中都大量地引用儒家话语来论证其美育思想,肯定我国固有之美育观念与制度,他后期美育思想的重大转变则颇耐人寻味:

> 美育者,应用美学之理论于教育,以陶养感情为目的者也。人生不外乎意志,人与人互相关系,莫大乎行为,故教育之目的,在使人人有适当之行为,即以德育为中心是也。故欲求行为之适当,必有两方面之准备:一方面计较利害、考察因果,以冷静头脑判定之;凡保身卫国之德,属于此类;赖智育之助者也。又一方面,不顾祸福,不计生死,以热烈之感情奔赴之。凡与人同乐、舍己为群之德,属于此类,赖美之助者也。所以美育者,与智育相辅而行,以图德育之完成者也。②

较之"美育代宗教",蔡氏的这一篇发表于1930年的《美育》却几乎为人所忽视。在这篇文章中,他不再提德智美三种教育的并立,而是明确地指出智育美育皆是为了"图德育之完成",也即"使人人有适当之行为",这就回到了儒家美育以培养君子人格为目的的理路中去。蔡氏高度赞扬中国古典礼乐教育中蕴含着丰富的美育元素,谓"(古典教育)无不

---

① 蔡元培:《美育实施的方法》,载《教育杂志》第十四卷第6号,1922年6月。
② 蔡元培:《美育》,转引自俞玉姿、张援编:《中国近现代美育论文选(1840－1949)》,第198页。

含有美育成分者",而在这篇文章中,蔡氏也终于转回了对日用美学的强烈关注,他对国家象征、学校、家庭、市政、建筑、商店、公园、公共文化设施、国民常用礼仪、墓地等皆提出美化之方案,以清洁简单、高尚优美为贯穿一切的总原则。

不过,子民先生的观点转变并未引发足够的重视,"超功利论"仍然占据着新文化运动美育思潮的主流,当新文化先贤们用大量篇幅将美育概念置换为"审美"之时,文化认同、国家(国族)认同、革命与意识形态、艺术作品的审查与导向、资本主义文化工业及其消费品、传播与大众文化问题等,这样一些真正主导着现代中国美育实践的重大议题就悄然隐没在文人脑海里"纯形式"的愉悦之中了。

三、革命的美育

美育不是非历史、非政治的存在,它与人的生活有着本质的联系。相较于康德—王国维的超功利美育思想,马克思列宁主义美育观则凸显其立足生活的现实与深刻:

> 社会的人的感觉不同于非社会的人的感觉。只是由于人的本质的客观地展开的丰富性,主体的,人的感性的丰富性,如有音乐感的耳朵、能感受形式美的眼睛,总之,那些能成为人的享受的感觉,即确证自己是人的本质力量的感觉,才会一部分发展起来,一部分产生出来……五官感觉的形成是以往全部世界历史的产物。[1]

> 托尔斯泰思想是我国农民起义的缺陷和弱点的一面镜子,是宗法式农村的软弱和"善于经营的农夫"迟钝胆小的反映。[2]

---

[1] 马克思:《1844年经济学哲学手稿》,见《马克思恩格斯全集》第42卷,人民出版社,1986,第126页。

[2] 列宁:《列夫·托尔斯泰是俄国革命的镜子》,见《列宁论文学与艺术》,中国社会科学院文学所文艺理论研究室编,人民出版社,1983,第205页。

> 这个党的出版物的原则是什么呢？这不只是说，对于社会主义无产阶级，写作事业不能是个人或集团的赚钱工具，而且根本不能是与无产阶级总的事业无关的个人事业。①

反映论、异化论、阶级论将文艺与其相应的经济政治基础联系起来，大众化要求文艺作品充分切合教育普及的现代社会，特别是列宁在《党的组织和党的出版物》一文中开天辟地地提出创作的党性原则，使得马列主义文艺具备了强大的宣传能力，依靠新生的苏俄党国体制，能够高效地进行社会动员。在经过"五四"与新文化运动的思想铺垫之后，中国革命浪潮也很快就将美育吸纳其中，并成为国共两党斗争的重要阵地之一。1928年，太阳社为首的中国左翼文学界发动了声势浩大的"无产阶级革命文学"运动，代表人物有茅盾、钱杏邨、鲁迅、成仿吾、郭沫若等，主张文学的社会性、阶级性、宣传性、大众性，写工人、农民、兵士、革命的小资产阶级知识分子；写帝国主义的侵略，封建地主阶级的压迫，资本家的剥削；写民众的觉醒，自发反抗，有组织的革命，武装斗争夺取政权。中共主导的左翼文艺运动在马克思列宁主义文艺思想的指引下，切合时代的需要，反映群众的疾苦，因而迅速占据了国内文宣舆论的主阵地。

与军事上的咄咄逼人相反，中国国民党与国民政府的美育文艺思想则几乎完全处在被动因应的窘境。新文化运动中蔡元培"无主义"的自由派美育观在危急的内外形势和汹涌的革命浪潮下完全失语，"上海的文坛只见共产派、无政府主义派和保守派活跃，我党的文艺刊物则可谓寥若晨星"②，1929年6月，国民党中央宣传部在部长叶楚伧的主持下召开了全国宣传会议，认为以往的宣传"散漫而不统一"，决计今后要"创造三民主义文学"、"取缔违反三民主义之一切文艺作品"，并宣布了所谓"发扬

---

① 列宁：《党的组织和党的出版物》，同上书，第68页。
② 廖平：《国民党不应该有文艺政策吗》，载1928年8月《革命评论》周刊第16期。转引自张大明：《国民党文艺思潮：三民主义文艺与民族主义文艺》，台北：秀威资讯，2009，第17页。

民族精神、开发民治思想、促进民生建设等文艺作品"为有益,而那些"斫丧民族精神,反映封建思想,鼓吹阶级斗争的文艺作品"①为有害的评判标准。会议还通过决议:

  一、各省、特别市、县党部宣传部应遴选有艺术素养之同志若干人,组织艺术宣传设计委员会。

  二、各省、特别市、县党部宣传部在可能范围内应根据本党之文艺政策,举办文艺刊物、画报、音乐会、绘画及摄影展览会、戏剧电影幻灯、化妆讲演及仿制民间流行之俗谣鼓词滩簧通俗故事等。

  三、中央对于三民主义之艺术作品,应加以奖励。

  四、中央应制定剧本电影审查条例,颁发省及特别党部宣传部遵行。

  五、一切诲淫萎靡、神仙怪荒及反动作品,应由当地高级党部予以严厉之取缔……②

虽然理论极为贫乏,创作一无所成③,但以政治力量对文艺进行有组织的督导、审查、评判与取缔,国民党此次宣传会议开了先河。这一所谓的"三民主义文艺政策"制定一年以后,才有几篇勉强可称"理论"的文章出现。郭全和《三民主义的文学建设》一文中提出"文学是社会时代的产物",主张"以现社会的中心问题为对象,以文学的力量暴露其弱点";张帆在《三民主义文学之理论的基础》一文中坦承"最高最伟大的三民主义艺术,还在娘胎里";叶楚伧说"三民主义文艺从人类内心而来,是心之表

---

① 《全国宣传会议集会纪》,载《中央周刊》,1929年第53期。
② 同上注。
③ 有论者认为,"三民主义文学也没有贡献出相当水准和数量的作品,除了朱公仆的独幕剧《星夜》和鲁觉悟的小说《杜鹃啼倦柳花飞》以外,就再没有象样的三民主义文学作品了。即使是这两部作品,在对时代状况的揭示能力与回应能力等方面,和象征新的社会力量崛起的普罗文学也相距甚远。可以说,无论是理论上还是创作上,三民主义文学都没有对文坛产生多大影响"。见孙莹:《论三民主义文艺政策的提出与退场》,载《温州大学学报社会科学版(2007)》第20卷第3期,第48页。

现"；张道藩认为"文艺无时无刻不反映政治，无时无刻不受政治的束缚"。① 纵观这些文艺理论，或是照抄马列主义文艺思想反映论中的某些元素，或者杂糅浪漫派文学观的内容，或喊一通空泛口号，不成系统，无甚可观。

国民党内真正有些理论性的美育思想，还是要数蒋介石于1934年发动的"新生活运动"。在《新生活运动纲要》一文中，蒋氏指出：

>新生活运动者，我全体国民之生活革命也，以最简易而最急切之方法，涤除我过敏不合时代不适环境之习性，使趋向于适合时代与环境之生活。质言之，即求国民之生活合理化，而以中华民族固有之德性——"礼义廉耻"为基准也……今欲以优美之艺术，易其粗野卑陋之习尚，以固有之品性，化其争盗窃乞之行为……
>
>政治上各种制度之推行，与社会风俗习惯之关系，至为密切；每当旧制度崩溃，新制度代兴之时，苟不知提倡与新制度相适应之风气，以为推行之助，则新制度每为之迂回颠踬，末由展其效能。必须风以动之，教以化之，而后其政始得为之治也……故任何国家革故鼎新之际，恒以"转移风气"为先……
>
>提倡礼义廉耻使反乎粗野卑陋之行为，求国民生活之艺术化。艺术者，非少数有产阶级之装饰，乃无男女老幼贫富阶级之分，实为我全体民众生活之准绳，所谓人的生活，与非人的生活之分野，即在于此；凡人欲尽其所以为人之道，舍此莫由，故必以艺术"持躬待人"者，始能尽互助之天职……必以艺术治事接物，始能收整齐完善，利用厚生之宏效。②

---

① 参见张大明：《国民党文艺思潮：三民主义文艺与民族主义文艺》，台北：秀威资讯，2009，第19-26页。

② 蒋中正，《新生活运动纲要》，见秦孝仪主编，《总统：蒋公思想言论总集》卷三十，台北：中国国民党中央委员会党史委员会，1984，第156页。

新生活运动以"生活艺术化、生活生产化、生活军事化"为鹄的,以"礼义廉耻"施于"衣食住行",重视日用美学,尤其重视生活细节的改造,提出大量便于一般人民日常遵行的具体要求,如:

> 饮食养生,人之大欲;食贵定时,莫恣口腹。饮具须净,食物须洁;要用土产,利勿外溢。遇酒勿酗,食量有节;饮嚼无声,座必正席;饭屑骨刺,毋使狼藉。
>
> 衣服章身,礼貌所寄;莫趋时髦,朴素勿耻。式要简便,料选国货;注意经用,主妇自做。洗涤宜勤,缝补残破;拔上鞋跟,扣齐纽颗;穿戴莫歪,体勿赤裸。
>
> 住居有室,创业成家;天伦乐聚,敦睦毋哗。黎明即起,漱口刷牙;剪甲理发,沐浴勤加。建筑取材,必择国产;墙壁勿污,家具从简;窗牖多开,气通光满;爱惜分阴,习劳勿懒。
>
> 行是走动,行亦作为;举止稳重,步武整齐。乘车搭船,上落莫挤;先让妇孺,老弱扶持。走路靠左,胸部挺起;两目平看,端其听视……[①]

这些衣食住行的细节规范,用浅白之语言表述"礼义廉耻"的传统精神,其实质则是将儒家对士君子的修身要求普及为现代国民(特别是党员与公务人员)所应具备的基本素质,背后有着明确的形塑现代国家精神秩序之诉求。蒋氏的论述把美育重新建立在修身的基础之上,可谓完全接续了儒家美育的基本内容,把握住以美育"转移风气"这个至要肯綮。《新生活运动纲要》亦可看作现代儒家美育思想的经典之作了。

藉由国民党的体制力量的推动,上行下效,新生活运动俾使当时社会"风起云涌、气象一新、民心一振",在革除陈腐恶习(如吸毒),解放妇女,提升国民道德与知识等方面成效丕著,对抗战建国皆起到了一定的正面

[①] 蒋中正:《新生活运动纲要》,见秦孝仪主编:《总统:蒋公思想言论总集》卷三十,台北:中国国民党中央委员会党史委员会,1984,第169-170页。

作用。然而,由于国民党与蒋氏不可能正确认识到美育文艺的阶级属性,不能充分地走向大众化,"不接地气"的问题始终存在,加之国民党组织的松散,抗战后期政权的急剧腐化,新生活运动终也不免昙花一现的命运。

四、小结

在经历了"样板戏"与泛政治化文艺作品充斥的时代后,人们对政治捆绑艺术的行为深为反感,"革命的美育"有鼓吹动员之能,然毕竟非建设的、常态下的美育。但是另一方面,美育并不等同于审美,也不只是培养美感和审美能力的教育,儒家美育思想的着眼点在"兴观群怨",美育是君子之教的有机组成部分。养成君子、转移风气、凝合社会、塑造国家,始终是儒家美育的主题,而新文化运动前后美育的思想与实践均证明,这一传统美育观念对于现代中国国家精神之形塑仍能发挥效用。

首先,美育离不开政府的主导地位,公民社会、企业社区皆应在其中发挥作用。但是政府的统合指导还是关键,转移风气最有效之手段亦莫过于"上行下效",德风偃草。无论是当年的"鸳鸯蝴蝶"还是今日"利润最大化"原则下产出的大众文化消费品,本身皆不足以匡正风气,故在宪法和法律框架内,对文艺作品的内容进行某种审查和导向,使之辅弼良善风俗,亦是政府理所当为事。融合新旧伦理、护持世道人心、养成开明风气、形塑国家认同,而非以党义意识形态直接灌注于美育教育,则是过去美育一大经验与教训。

其次,美育必自修身始。政府订定美育制度,修建公共文化设施固然是相当重要的方面,但惟将美育立足于修身,才可确收转移风气,形塑精神秩序之效。把儒家传统对士人君子的修身要求予以简化,转变为现代国民的基本文明素养,特别是转变为公务人员的行为规范,是一条有效的途径。对治清末民初的颓靡风气,现代美育诸家皆以清洁卫生、简单朴素、高效守时为第一要求,这些都与修身紧密相关。

第三,"超功利"作为自由派美育论纲乃一歧出,并未对美育实践造成实质的影响。主导现代中国美育实践的两大政治力量在艺术观上则都坚持某种"反映论"、"功能论",即艺术源自生活(或生产劳动)并有一定的社会政治功能,这与儒家"尽善尽美"、"上下同听,莫不和敬"(《礼记·乐记》)等理念略通款曲。此亦可见美育的本质在乎艺术与生活之间,最终还是要回归生活了。

(原载《天府新论》2005 年第 5 期)

道德判断如何可能?
——从"旁观者"透视斯密晚期的伦理学

余 露

作者简介

余露,1988年6月出生于湖南省岳阳市,首都师范大学哲学硕士,清华大学哲学博士,现任职于湖南师范大学哲学系,主要研究领域为规范伦理学、当代西方政治哲学。独立翻译《后果主义》,在《道德与文明》、《社会科学辑刊》等期刊发表论文数篇。

一

芭芭拉·迈凯南在《伦理学:原理及当代论证》一书中指出,"伦理学或道德哲学就是探讨道德领域的基本问题,诸如好的生活,怎样就会更好或更糟,某一行为是否是对的,我们如何知道它是否这样"。[①] 当然,这并非现代伦理学的全部,但它指明了规范伦理学的主要工作之一,就是讨论行为是否正确(right)、善(good)、合宜(proper)并给出理由,即道德判断(moral judgments)如何可能。这也正是亚当·斯密在《道德情操论》中所关注的问题。

一般而言,行为对错的判断总是与某些标准联系在一起的,而这些标准不外乎针对行为的三个方面:"针对产生这个行为的内在意图或感

---

① Barbara Mackinon. *Ethics——Theory and Contemporary Issues*, Beijing: Peking University Press, 2003, p. 4.

情";"针对这种感情所引起的身体外部的行为或动作";"针对这个行为所实际产生的或好或坏的结果"①。(TMS 114 页)

行为本身显然无法作为道德判断的根据,因为最好的行为和最坏的行为往往表现为同一的身体外部行为。警察为解救人质枪毙疯狂的杀人犯和杀人犯冷血地射杀无辜的平民,他们所做的都是扣动了某支枪的扳机而已。

或许,我们应该如功利主义者那样,将行为的对错与其产生的结果联系起来,宣称"行为的对错,与它们增进幸福或造成不幸的倾向成正比"②。回想那个疯狂的杀人犯,杀人的行为或许给他带来了无限的幸福感,如果按照功利主义的标准,杀人犯的行为便是合宜的。这与我们的常识极度冲突。密尔或许会反驳,宣称杀人犯的行为合宜并不是功利计算的结果,"因为功利主义的行为标准并不是行为者本人的最大幸福,而是全体相关人员的最大幸福"。③ 然而,即便悬置含混不清的"幸福"概念,依此标准,我们依旧无法对行为进行判断。一方面,由于大家对于幸福的理解千差万别,我们不知道应该把谁的幸福当作功利计算的参照系;另一方面,如果忽略幸福的多元性,把每个人的幸福增进或减退换算成加、减一个单位求和,就会导致了一个很严重的后果,"我从自己的角度看已经变得不重要了"④,"我是否正确行为"与我自己关联并不太大,因为我只不过是那多少分之"一"而已,这是我们无法接受的。而且,我们对于行为的判断并不总是在行为发生之后,也可能在行为发生之前,那么,从后果来判断行为似乎不大可能,因为"后果并不取决于行为者而是取决于命

---

① 亚当·斯密:《道德情操论》,蒋自强等译,商务印书,1997。参考剑桥版 *The Theory of Moral Sentiments*。为了方便起见,本文之后引自此书的地方只标明页码。
② 约翰·密尔:《功利主义》,徐大建译,上海世纪出版集团,2008,第 7 页。
③ 约翰·密尔:《功利主义》,徐大建译,上海世纪出版集团,2008,第 12 页。
④ Barbara Mackinon. ,*Ethics——Theory and Contemporary Issues* [M], Beijing: Peking University Press, 2003, p.54.

运"。(TMS 114 页)总而言之,根据后果来判断行为是否合宜要么不具普遍性,要么不具可能性。

因此,我们只能根据内在意图或感情的仁慈或不良来判断行为合宜与否。或许,我们可以像康德那样,坚持认为"善的意志并不因它造成或者达成的东西而善,并不因它适宜于达到任何一个预定的目的而善,而是仅仅因意欲而善,也就是说,它就自身而言是善的"①。如果我们的意欲根据理性和义务可以被普遍化、成为一个普遍法则②,那么这种行为便是值得称赞的。以撒谎为例,作为一种行为形式,显然是不能被普遍化的,因为普遍的撒谎可能会导致信任的崩溃。然而,现实生活中,我们却偶尔会赞扬那些"善意的谎言"。可见,对标准的纯形式的抽象思考所带来的确定依旧无法使我们满意,因为我们并不总是遵循"义务"而行动并借此对行为作出判断。威廉姆斯就曾指明,运气实际上塑造了我们各种各样的选择,影响了我们对自己和他人行为的道德判断③。

如何为行为的合宜性提供一个判断标准?从上述分析中,我们得到了一些启示。首先,我们要以个体行为的意图和感情为指向,因为意图和感情是人们行动的动力,也只有奠基于此,才有可能建立道德判断可依据的普遍的标准。其次,我们要立足于生活经验、以实际的道德判断为指向,而不能仅仅停留在纯形式的法则层面,因为"在某一具体情况下,我们的情感很少完全受那种法则控制"(TMS 115 页)。然而,生活经验所体现的意图的多样性和感情的复杂性可能会使得实际道德判断多元化,那如何确立一个普遍的标准?斯密试图借助"旁观者"(spectator)概念解决这一难题。

---

① 伊曼努尔·康德:《道德形而上学的奠基》,李秋零译,《康德著作全集》第 4 卷,中国人民大学出版社,2005,第 401 页。
② 参见同上书,第 428 页。
③ 参见伯纳德·威廉姆斯:《道德运气》,徐向东译,上海译文出版社,2007。

二

斯密把目光聚焦于生活最基本的组成单位——事件(conduct)。在每一个事件中,一个个体的处境大致可以分成两种:当事人和旁观者。当作为当事人参与一个事件的时候,他总是在自爱之心的引导下行动,不断地追求自己的利益。作为旁观者,他则会设身处地地想象当自己身临其境时会产生怎样的感情,这就是同情(sympathy),它与自私一样存在于人的天性之中。斯密指出,我们正是通过别人的感情同我们自己的是否一致来判断它们是否合宜,"在当事人的原始激情同旁观者表示同情的情绪完全一致时,它在后者看来必然是正确而又合宜的,并且符合它们的客观对象;相反,当后者设身处地发现前者的原始激情并不符合自己的感受时,那么,这些感情在他看来必然是不正确而又不合宜的,并且与激起这些感情的原因不相适应"。(TMS 14 页)道德判断就寓居于这种想象和情感比较之中,每个人都是其他人行为的监督者和裁判者,就像一面镜子,让他人看到自己行为的合宜和不合宜。

为了进行准确的道德判断,旁观者总是要尽全力地将自己置身于当事人的处境之中,试图在想象中重现使当事人做出此行为的每一细小的情况。因为,"同情与其说是因为看到对方的激情而产生,不如说是因为看到激发这种激情的境况而产生的"。(TMS 9 页)然而,使旁观者产生同情的处境想象毕竟只是暂时的,作为利己的个体,人虽然天生具有同情心,但"对于人性中的那些自私而又原始的激情来说,我们自己的丝毫之得失会显得比另一个和我们没有特别特殊关系的人的最高利益重要得多"(TMS 164 页),因而,他想象的激情绝对不可能达到促使当事人行动的那种程度。所以,上面提到的关于旁观者与当事人感情的一致难以达成。更甚者,由于纷繁的原因,旁观者可能无法或错误重构行为产生的境况,这可能导致外部的那个人(the man without)错误地称赞或谴责我们,为了我们并未作出的行为,或者为了并未对我们可能作出的那些行为产生影响的东西。由此观之,仅仅依靠实际的旁观者、外部那个人的裁决,我们无法总是达成有效的或正确的道德判断。为了解决这一问题,斯密引入了"设想的公正的旁观者"(supposed impartial spectator)。

"设想的公正的旁观者"出现于我们对自己的行为和感情的评判之中。由于"外部那个人的裁决权完全以对实际赞扬的渴望、以及对实际责备的嫌恶为依据"(TMS 158 页),所以每当在行为前,我们总是渴盼知道我们的行为会得到怎样的评判,而在行动后我们也总是试图对自己的行为作出可靠的评判。为此,我们假定自己是自己行为的旁观者,"通过考虑如果处于他们的境地,他们会对我们表现出什么样子,来着手审察自己的感情和行为,并且考虑自己的这些感情和行为在他们面前会是什么样子"。(TMS 139 页)当我们用公正的旁观者的眼光来看待自己的行为时,由于我们完全理解影响这些行为的全部动机,我们就不会出现错误的裁决,这就避免了实际的旁观者、外部的那个人由于"不明真相或误解"引起的不充分的道德评判。

这一修正涉及一个重要的区分:"赞扬和责备表达别人对我们的品质和行为的情感实际上是什么",它是实际的旁观者、外部那个人对我们行为作出判断时的依据;"值得赞扬和应该责备表达别人对我们的品质和行为的情感自然应该是什么",这是公正的旁观者、内部这个人(the man within)在审视自己行为时所采取的评判标准(TMS 156 页)。① 正是借助"设想的公正的旁观者",斯密把道德判断从"实然"拉向了"应然"的领

---

① 罗卫东在《情感秩序美德——亚当·斯密的伦理学世界》中提到"……一种是被称赞或者被谴责的现实感觉,一种是对值得被称赞和该当受谴责的心理感觉。应该注意,这两种感觉都要借助于公正旁观者这个关键的角色。"(中国人民大学出版社,2006,第 139 页。)显然,这里存在误解。斯密在《道德情操论》有明确的说明,现实感觉依赖的是外部的旁观者,只有心理感觉依赖的才是设想的公正的旁观者。(TMS p. 156)

域。实然的不可靠和非必然性一次次被经验所证实,正如斯密所引用的卡拉斯的例子(TMS 149 页)所昭示的那样。这也正是上文提到的实际的旁观者无法一贯地形成有效的道德判断的原因所在。相反地,借助于对实际境况的知悉和应然性原则的依赖,公正的旁观者总是能给予我们的行为以正确的评判,当外部那个人错误地对待我们时,内心那个人马上就会给予修正(TMS 159 页)。

这样,我就把自己分成了两个人,"一个我是审察者和评判者,扮演和另一个我不同的角色;另一个我是被审察和被评判的行为者。第一个我是个旁观者……第二个我是行为者……"(TMS 140 页)作为旁观者的我就是良心(conscience)。上文提到,人总是会更在意自己微不足道的不幸,这是自爱之心的自然流露。然而,在人内心有一种更为有力的动机,它能抑制这种自爱的欲望之火,使得人会站在旁观者的立场同情他人的行为和感情,同时也尽力使自己做出站在他人的角度来看合宜的行为,这就是"理性、道义、良心、心中的那个居民、内心的那个人、判断我们行为的伟大的法官和仲裁人"。(TMS 165 页)良心之所以能够纠正自爱之心的天然曲解,就是因为它是对值得赞扬的热爱和值得责备的嫌恶,它是"对光荣而又崇高的东西的爱"、"对伟大和尊严的爱"、"对自己品质中优点的爱"。(TMS 166 页)

也就是说,人心中总会存在着两种性质不同的、导致不同行为的看法:"天生的、自发的和任性的感觉"总是使得他夸大自己的激情、不顾一切地行动;"荣誉感"、"对自己尊严的尊重"则驱使他控制自己的自私感情、对他人予以同情。最初的时候,人会偏向于听从天性的差遣,夸大和曲解自己的不幸;但在逐渐的社会交往中,他慢慢会学会自我控制,"把自己看成同想象中的内心那个人一致的人","使自己成为自己处境的公正的旁观者"那样地看待自己的不幸。(TMS 180 页)这与我们的生活何等接近,我们从小就被教导要"按照介于自己和他人之间的某种公正的原则行事"。(TMS 167 页)在利己的社会里,道德判断就借助于旁观者以及内化于心中的良心得以可能。

但是,无论是寻求赞扬、避免责备(实际旁观者的判断标准)还是寻求值得赞扬、避免应该责备(设想的公正的旁观者的判断标准),都不可能概括我们道德判断的全部。我们有时自我控制或者同情别人是借助于一般的道德准则。当然,斯密没有回避这个问题,他也认同一般行为准则在道德判断中的作用,他指出"当那些一般行为准则在我们头脑里由于惯常的反省而被固定下来时,它们在纠正自爱之心对于在我们特定的处境中什么行为是适宜和应该做的这一点作出的曲解起到了很大的作用"。(TMS 195 页)但是,斯密并不像康德那样,认为一般行为准则是先天的绝对命令,而是认为它们源自我们与他人相处的生活经验,就像人们学会自我控制一样。"我们对他人行为不断地观察会不知不觉地引导我们为自己订立了关于什么事情适宜和应该做或什么事情不适宜或不应该做的某些一般准则。"(TMS 192-193 页)

斯密进一步指出,"对一般行为准则的尊重,被恰当地称作责任感"。(TMS 197 页)责任感之所以重要,是由于两方面的原因:一,人类社会的存在需要人们遵守这些道德责任,"如果人类没有普遍地把尊重那些重要的行为准则铭记在心,人类社会就会崩溃";(TMS 199 页)二,某种宗教情感促使人们如此行为,人们总是心存这样的想法,"这些重要的道德准则是造物主的指令和戒律,造物主最终会报偿那些顺从的人,而惩罚那些违反本分的人"。(TMS 199 页)

斯密从个体行为的意图和感情出发,展示了实际道德判断可能的全过程。一方面,利己的个体在同情心的引导下,尽量地从旁观者的角度设身处地地想象他人行为的处境,进而通过想象的感情和他人实际的感情对行为的适宜与否给出判断。另一方面,人们又受良心的驱使,站在"设想的公正的旁观者"的角度对自己行为的适宜性予以评判。当然,"设想的公正的旁观者"仅仅是实际旁观者的内化,"如果一个人有可能在同任何人都没有交往的情况下,在某种与世隔绝的地方长大成人,那么,他……不可能想到自己情感和行为的合宜性或缺点"。(TMS 138 页)也正是根据我们从经验中发现的某些行为的合宜性,我们形成了一般行为准则,这些行为准则在某些情况下也如同判断标准(实际旁观者给予的赞扬和责备以及公正的旁观者依据的值得赞扬和值得责备)一样指导着我们的道德判断。而我们对一般行为准则的尊重来自社会存在的必然性和与生俱来的"宗教"情感。就这样,斯密借助"旁观者"概念形成了一个三维两线的网状结构,立体地解释了我们形成道德判断的实际过程。斯密的此种尝试——依据行为的意图和感情,从生活经验出发,为道德判断提供一个普遍的标准——是否成立?我们将在下一节进行探讨。

还需提及的是,斯密这里的"宗教"情感到底是宗教意义上的,还是伦理意义上的?也就是说,斯密是试图与当时流行的宗教信仰融贯,还是试图让宗教伦理化?斯密自己并没有给出明确的回答,但我们在《道德情操论》中可以找到一些启示。斯密在第三卷第六章开篇中提到这么一些人,他们认为"我们的行为的唯一原则和动机,应当是造物主要求我们去履行它们的责任感",虽然没有花多少笔墨谈论这一观点,但是斯密指出了此观点中致命的一个问题,"我们实际上是为了自己的缘故而热爱自己,并不仅仅因为被要求才去这样做"。(TMS 209 页)很显然,斯密并不认为宗教对于伦理(本文所谈论的道德判断问题)是必要的,伦理更是出于本性——自爱之心和同情之心之间的张力。所以,笔者更倾向于认为,这里提到的宗教情感是试图让宗教伦理化。拉斐尔通过对《道德情操论》不同版本进行研究,也认为"……斯密的有神论在晚年被他的伦理学所改变:一种神学如果不能与'我们所有的道德情感'一致,那么它就不会被接受"。[1]

---

[1] D. D. Raphael, *The Impartial Spectator——Adam Smith's Moral Philosophy* [M], New York: Oxford University Press, 2007, p.104.

三

斯密这种三维两线的网状结构是否成功地为道德判断提供了一个普遍的标准？斯密伦理学开始于人们的生活经验，而非建基于某些先天的原则或者某个假设的前提。他着眼于人们实际行动的意图和感情，把当事人和旁观者感情一致与否作为道德判断的标准。而且，依赖于"旁观者"，尤其是"设想的公正的旁观者"的道德判断也是具有普遍性的，它并不是仁者见仁、智者见智的，而是可以达到某种一贯性，在相同的境况下人们对相似的行为总会作出类似的判断，在此基础上甚至可以形成一般行为准则。那么，问题就在于，个体感情的经验基础与这种依赖公正的旁观者确立的普遍性是否融贯？也就是说，斯密是否一贯地坚持了经验主义的立场？

这涉及对公正的旁观者、良心的解读。第二节已经提到，斯密为了解决实际的旁观者对行为可能的不正确的判断的问题，在谈到对自己的行为进行判断时，他引入了"设想的公正的旁观者"概念，而这也就是"良心"。"公正的旁观者"、"良心"到底是什么？来自哪？斯密并没有明确地回答。正如鲁迅对《红楼梦》的评析一样，不同的学者对此也有不同的诠释，"神学家读出了上帝，道德学家读出了良心，而进化论者则读出了自然秩序"。[①] 而这正是判断斯密对于道德判断如何可能问题的回答是否融贯的关键之所在。如果公正的旁观者、良心是某种形而上学的假设的话，由此所确立的普遍性就与理性主义所依赖的先天的普遍性别无二致，斯密在回答道德判断如何可能的问题上就出现了不一致：经验主义的起点和理性主义的终点的不一贯。

[①] 罗卫东：《情感秩序美德——亚当·斯密的伦理学世界》，中国人民大学出版社，2006，第47页。

我国斯密伦理学的研究者罗卫东就坚持此观点,他认为,公正的旁观者、良心所指的是"……一种信念,一种绝对的善恶观念,是那个受困于外部之人评判和内部之人苦恼的真实人的一种终极期待,也就是对最终审判的公正性的信念……斯密实际上将道德评判的最终标准交给了一种信念,这一点是完全接近康德的"。① 在此基础上,他认为"斯密保留了一个形而上学的假设",斯密的伦理学是经验主义和理性主义的一种折中,有着鲜明的二元论色彩。②

这一观点在《道德情操论》中可以找到两方面的证据。一是良心的来源。斯密指出与眼睛之于颜色、鼻子之于气味等一样,良心(是非之心)是评判我们的其他一切天然本性并给予责难或称许的特殊功能,"可以把它们看做某种感官,其他那些本性是它们评判的对象"。(TMS 201 页)从这里,我们似乎可以推测出,斯密把人的道德能力(良心做出道德判断的能力)看作人的自然本能,就像视觉、味觉等自然官能一样。二是良心的作用。斯密在第三卷中多次提到,公正的旁观者、良心作为我们全部行为的最高仲裁者,是绝不可能做出错误的判断的,它"监督我们的意识、感情和欲望,并对它们该放纵或抑制到何种地步作出判断"。(TMS 201 页)这里的确可以找到某种与康德哲学类似的特征,良心在某种意义上也是先天的、是人与生俱来的,而且具有绝对必然性、对人的所有行为具有绝对的约束力。

但是,这有可能不是斯密的真实意思,至少不是斯密的主要意思。首先,即便斯密认为良心是类似于其他自然感官的一种先天能力,这也并不代表他有理性主义的倾向。自然感官对感觉的评判是复杂的,它依赖着主体的生活经验。以味觉为例,如果我生活在中国的南部,就可能对北京

---

① 罗卫东:《情感秩序美德——亚当·斯密的伦理学世界》,中国人民大学出版社,2006,第 147 页。
② 同上书,第 173—174 页。

的炸酱面不感兴趣,尽管在北京人看来那是难得的美食。而这正是斯密在谈论公正的旁观者和良心时所强调的。在第二节已经提到,斯密认为如果没有社会交往,人不可能具有善恶的观念,不可能对行为进行道德评判。道德之镜首先"存在于同他相处的那些人的表情和行为之中"(TMS 138页),然后才逐渐内化成公正的旁观者、良心。而且"内心的那个人,我们感情和行为的抽象的和理想的旁观者,经常需要由真实的旁观者来唤醒和想到自己的职责"。(TMS 186页)可见,即便良心如罗卫东所说,是某种道德信念,它也不具任何神秘性,而是来源于生活之中,"它的本质在于作为他人行为的旁观者同时也知道别人是自己行为的旁观者的社会经验"①。

其次,斯密在这里强调良心的不可错性,是相对于实际的旁观者而言的,这在第二节已有详细的分析,这里不再赘言。至于良心对于其他天性(如自爱之心)的约束性,实际只是针对"真正坚强和坚定的人",因为这些人"几乎认为自己就是那个公正的旁观者,几乎把自己变成那个公正的旁观者,并且除了自己行为的伟大的仲裁人指示他所应当有所感受的东西之外,他几乎感受不到其他什么东西"。(TMS 177页)而对于那些懦弱和道德意志薄弱的人来说,良心、内心的公正的旁观者所起的作用可能远小于实际的旁观者。

正因为如此,笔者认为亚当·斯密在此问题上坚持了一贯的立场,较为成功地为道德判断提供了一个普遍性的标准,他用奠基于生活经验的"良心"(作为公正的旁观者的我)替代了"理性"和"法则"为我们呈现了一个受自爱之心引导的个人做出道德判断和合乎道德判断的行为的真实的过程②。

---

① D. D. Raphael. *The Impartial Spectator——Adam Smith's Moral Philosophy*. New York: Oxford University Press, 2007:128.

② 参见 D. D. Raphael. *The Impartial Spectator——Adam Smith's Moral Philosophy*. New York: Oxford University Press, 2007:48。拉斐尔提到,斯密要做的工作并不是对"道德判断"给予词义的分析,也不是要提出一种关于仅仅可能情况的假设,而是要呈现道德判断如何可能的真实过程。

不过,需要说明的是,斯密借助"旁观者"概念所确立的普遍性与康德"绝对命令"所保证的普遍性是不一样的。绝对命令(如不能说谎)对每个人在任一情况下都有效,它是纯形式的,与现实境况毫无关系。但是,旁观者则是要求每个人在相同的境况下会采取相同的行为,这是境况相关性的,是有内容的。

(原载《武汉理工大学学报·社会科学版》2015年第1期)

进步观念与中国

——一个观念史的考察

陈国清

作者简介

陈国清,1988年5月出生于福建省莆田市,首都师范大学哲学硕士,北京师范大学博士在读,主要研究领域为教育哲学。在《前沿》等期刊发表论文数篇。

一、进步观念

无可否认,在近代以前也有一些思想家提到历史可能在进步的想法。"人们也许认为文明在过去一直逐渐地发展,但是唯有继之设想文明在未来注定要无限期发展时,人们才获得了进步的观念。"[1]而这个观念是在近代逐渐形成的。"人可以进步,这直到17世纪才成为一种主流的思想。"[2]"多数文化都设想最好的年代是在以前,各种神话都把宇宙描绘成从黄金时代,到白银时代,到青铜时代,再到黑铁时代。要么把历史描写成一个堕落的过程,要么像阿拉伯人一样把历史描写成一个循环,要么描写成是起起伏伏的过程,哪种文化都不主张人可以大胆地创造一种新生活。"[3]

---

[1] 伯瑞:《进步的观念》,上海三联书店,2005,第4页。
[2] 陈嘉映:《从感觉开始》,华夏出版社,2005,第179页。
[3] 同上注。

理论上,1795年,《人类精神进步史表纲要》出版,作者是法国启蒙运动的杰出代表、有法国大革命"擎炬人"之称的孔多塞。这是进步观念的第一次系统言说,产生了广大而深远的影响,此后各种进步理论不断涌出。

在进步观念的变化过程中,产生了一些内容不同的进步理论。但是不管怎样,进步观念从其产生至今,有一个核心因素并没有变化,那就是人类历史在未来会不断发展。

进步观念的早期信仰者——启蒙思想家,认为自己掌握了一把利器,那就是理性。人们不再依赖传统来告诉自己什么是好的,而是通过理性推理和计算,甚至传统本身也被置于理性的法庭前,传统必须在此为自己辩护。"人类一直在摸索中朝着正确的方向前进的观点,极其相似于波斯维特描述为神圣计划的东西,而正是人类行为在不知不觉中创造了这一计划;这种观点完全不同于伏尔泰和当时其他哲学家的观点,因为他们无一例外地将进步归因于有意识地反抗蒙昧和激情的人类理性。"[1]

如果说启蒙思想家只是把进步当做一个信念,那么18、19世纪的思想家所做的工作就是去论证进步观念,充实这个观念,乃至把它做成真理。斯宾塞、孔德、马克思是他们中的杰出代表。这种工作的代表性成果是历史阶段论。孔德认为整个世界的发展经历宗教、形而上学、科学三个阶段。马克思区分了奴隶社会、封建社会、资本主义社会。

一种很有影响的思想认为这种历史阶段论是基督教末世论的产物。"众所周知,自从基督教诞生之后,教徒就处于对即将来临世界末日的期待和思辨之中。公元12世纪佛罗利斯的约阿希姆(Joachim,1131–1202年)构造出一种社会秩序向世界末日演进的历史图式,把历史看做是一个救赎的历程。这是一种天意规定的向末世演进的历史观。约阿希姆利用三位一体理论,将与其相应的三种不同秩序在三个不同历史时期展开。

---

[1] 伯瑞:《进步的观念》,第111页。

第一种是圣父的秩序,第二种是圣子的秩序,第三种是圣灵的秩序。"①毫无疑问,基督教的这种阶段论为后来的阶段论提供了一个范例。但是这种影响不应该被高估。人们生活以及生活的世界的巨变是阶段论产生的主要原因,可以想见,当现在的生活和世界在短时间内变得与以往的生活和世界不同,思想家自然要对它们做出区分(就像把蔬菜和水果区分开一样),而这种划分在历史(时间)上就表现为阶段论。

宗教信仰和追求现世进步的差别还是很大的。"希望并不要求信仰进步。它要求信仰公正:深信有恶必报、有错必纠、愚弄事物的潜在顺序必受惩罚。"②几乎所有宗教都持有这个信念。生活的变化具有更大的力量。经过文艺复兴和工业革命之后,人们的生活和世界都已是今非昔比。"新近获得的需要和品味、新的个人享受的标准……打破了陈旧的社会成长和腐败的循环,产生了某种能够无限扩张的社会形式。"③"当需求被认定为不是自然的而是历史的,因此是永不满足的时候,古老的思维方式便被决定性地打破。"④这是一种不那么明显的进步论。肇始于斯密和休谟,他们的思想暗示了一种个体自利促成社会不断进步的观念,这种隐秘的进步观念现在还以相信市场、相信"看不见的手"的形式存在于现代社会。"与斯密对欲望的种种社会含意的深刻分析相比,对于动机的力量以及对于艺术与科学进步的热情洋溢的颂词,关于未来一个完美的社会形态的思索,以及描绘了从简单到复杂的社会发展的各历史阶段的各种各样的计划对于一种似是而非的进步理论贡献实在是太少。"⑤

---

① 金观涛,刘青峰:《中国现代思想的起源:超稳定结构与中国政治文化的演变》,法律出版社,2011,第272页。
② 拉什:《真实与惟一的天堂:进步及其评论家》,上海世纪出版集团,2007,第65页。
③ 同上书,第37页。
④ 同上注。
⑤ 同上书,第39页。

二、遭遇进步观念

进步观念在 19 世纪末进入中国。"进步"这个词在近代首见于 1890 年。① 进步不是个外来词,这个词我们语言中本来就有。在近代以前,它是个不起眼的小词。大概有"迈步向前"、"升官"、"比原来好"等基本含义,从它的这些含义可以看出,它转变为"进步观念"是顺畅的。需要指出的是,这个词在被"进步"观念改造以前,从没用来说"社会"或者"历史"这种大的整体,而只是用在各个具体事物中。这点从侧面说明"进步观念"是个近代观念。当然我们现在也在"进步"的那些原来含义上使用这个词,不同的是增加了"符合时代要求"、"对社会发展起促进作用"等新义。② 当它在近代经过日本回到中国,身价就大大升值。因为它是承载着原来所没有的进步观念回来的。

进步观念在中国的迅速传播很大程度上得归功于严复。"《天演论》自 1898 年出版后,立即风行大江南北,十几年间,就发行了三十多种不同版本,成为知识界老少争阅的必读书。小学教师往往拿这本书作课堂教本,中学教师则用'物竞天择、适者生存'做作文题目。正如梁启超所描绘的,在甲午以后二十年中,新文化运动之前,《天演论》一直处于中国思想界霸主的地位。进化论已成为毫无疑问的新天道。"③

新文化运动之后,"进步观念"并没销声匿迹,相反,通过李大钊、陈独秀等介绍进来的马克思主义,"进步观念"无疑变得更有力、深入人心了。

---

① 马西尼:《现代汉语词汇的形成——19 世纪汉语外来词研究》,汉语大词典出版社,1997,第 222 页。
② 参见《近代汉语词典》,知识出版社,1992,第 407 页;还有《汉语大词典》(第十卷),汉语大词典出版社,1992,第 982 页;亦参见《古今汉语词典》,商务印书馆,2002,第 733 页。
③ 金观涛,刘青峰:《中国现代思想的起源:超稳定结构与中国政治文化的演变》,第 278 - 279 页。

三、进步观念的影响

19世纪末进步观念进入中国的时候,已经在西方发展了一二百年,携带了启蒙思想家的信念、社会达尔文主义的社会竞争乃至民族竞争的观念。而这些信念、观念,一下子就俘获了甲午战败后的国人。

"物竞天择、适者生存",这简短的八个字概括了生物演化的规律。类比于自然物种有进化,社会也有进步。于是这种原本用来描述生物界变化的规律,被用来说明社会。说明中国为什么打不过西方,国家、民族之间互相竞争,强者欺负弱者,落后的会挨打,要在这竞争中取胜,就必须使国家富强,才能摆脱屈辱的地位。物种变化不是生物自主决定的,所以是天择,但是对于人类不是如此,人类族群之间的竞争不是天决定的,而是需要人类自身的意志努力。因此,一方面,"物竞天择、适者生存"像自然规律一样给中国的几近被淘汰作了说明,另一方面,也是超出对物种变化作说明的一面,它刺激鼓舞着国人的努力。指出了挨打的原因——落后的同时,也指出了解决问题——怎样才能不挨打的方向。于是,在困境中我们仍然有希望。

当然说国家富强了就不会挨打、光指出方向还不够,还得指出怎样才能富强。经历了"洋务运动"、"戊戌变法"失败之后,革命似乎作为一条别无选择的道路呈现出来并逐渐被接受。

进步和革命是姐妹花,是20世纪中国历史的双重奏。就在进步观念开始风行的时候,革命观念也开始传播。邹容在《革命军》中说:革命者,天演之公例也;革命者,世界之公理也;革命者,争存争亡过渡时代之要义也;革命者,顺乎天而应乎人也;革命者,去腐败而存良善者也;革命者,由野蛮而进文明者也;革命者,除奴隶而为主人者也。[①] 可以看出,一开始,

---

① 邹容:《革命军》,载《邹容全集》,周永林编,重庆出版社,1983,第41页。

"革命观念"就和"进步观念"连着。但是,在对近代历史的叙述中,我们对革命谈得很多,却对进步谈得很少。本文论述的一个主要目标就是阐明"进步"观念的被低估了的重要性。

首先需要谈的是"进步观念"对"革命"的塑造。

中国自秦统一以来两千多年中央集权统治下,农民起义不断。有些起义推翻了旧政权,建立了新政权。然而,朝代更替,江山易主,却还是"兴,百姓苦。亡,百姓苦"。百姓的"苦"道出了中国历史的循环。

察看此类革命,可以看出一些特点。此类革命之爆发原因,往往是天下无道,民不聊生,不得已起而反抗。陈胜吴广起义的"伐无道,诛暴秦"的革命精神,为后世起义所遵循。不过,由于人性和社会历史的局限,革命之后还会有革命,革命也许带来改朝换代,但是从根本上说并没有带来新东西。

"革命"一词,源出《周易》,"天地革而四时成。汤武革命,顺乎天应乎人。革之时义大矣"。[①] 中国古人认为天命靡常,帝王受命于天,这里"革命"就是天命变动,就是改朝换代,而说顺乎天应乎人就是说得了天命。[②] 革命是个褒义词。当然"天道远",如何知道谁得了天命?在实际中,往往是成王败寇,成功了就是"革命",失败了就是造反、暴动。

在近代,"革命"还是个褒义词,但是内涵已然不同。"进步观念"重塑了"革命"。在循环历史观念下不带来新东西的"革命",成了带来新事物的必要手段。这种观念大概肇始于法国大革命。从辛亥革命开始,革命就带有除旧革新之意。孙中山立志要建立民主共和之中国,此中国与以往之中国根本不同。革命的这个含义,在国民党和共产党那里并无不同,差别在于两党的目标,想要建立的社会制度不同。

当"进步观念"以马克思主义面貌出现,"革命"几乎成了进入新的社

[①] 《周易》,郭彧译注,中华书局,2006,第258页。
[②] 参见《辞源》(下册),商务印书馆,2001,第3364页。

会形态的必然方式。历史的最大进步——社会形态的演变——通过革命实现。这无疑使革命的意义变得非同寻常。而随着"革命"变得必要,革命也从以往是被迫的、突发的变成主动的、有计划的。这在某种意义上,使我们更好地理解了毛泽东为什么一再发动各种"革命",包括"文化大革命"。

换言之,是"进步"引导了"革命","革命"的目的是为了获得"进步"。

"进步观念"对"革命观念"的塑造是一个极其重要的历史现象,忽视了"进步观念"对"革命观念"的改造将使我们无法很好地理解 20 世纪发生在华夏大地上的一场场革命。"进步观念"还塑造了一些其他的重要观念,比如"历史",历史变得不再是"帝王将相史",比如"发展",它从生发、伸展转变为"上升的变化"。

还有一些概念,没有被"进步观念"改造,而是和"进步观念"构成一个语族,互相加强各自作为观念的力量。值得一提的有"新"和"现代"。"新"这个词原本就是褒义的,事物会折旧、会衰弱,万物也会更新,因此就像"旧"和"破败"、"衰退"连着,"新"和"生机"、"发展"连着,"新"的就是"好"的。显然,"进步观念"加强了"新"的这种含义。以至于人们不仅仅是像通常那样喜新厌旧,甚至对"旧"事物充满恨意,而对"新"事物趋之若鹜。这点也许有助于理解近百年来——从新文化运动到"文化大革命",国人破坏旧事物、破坏传统的那种极高的热情。

"现代"这个概念和"新"明显连着,正如"传统"和"旧"连着。不过现代不仅仅是个时间概念,还是地域概念,因为西方代表着现代,同时,"现代"概念还有社会、政治以及文化内涵。因此,当我们在十一届三中全会之后,放弃了"以阶级斗争为纲"[这个"斗争"当然包括"(文化大)革命"]的路线,这个具有如此丰富内涵的概念在很大程度上就取代了"革命"的地位。① 其实,改革开放某种意义上就是在继续因为战争和其

---

① 邓小平,作为继续未竟的"现代化"事业的领路人,大概是喜欢这个词的,比如他提到"教育要面向现代化、面向世界、面向未来"。

他原因中断的现代化进程。

改革开放三十几年来,在思想观念上,各种主义接踵而来。进步观念的版本也有一些变化。比如相信"市场"、"看不见的手"这种类型的进步观念得到越来越多的认可。值得一提的是,学界逐渐放弃用进步观念来解释世界,并对进步观念进行批判。

我们从19世纪以来对"进步"的相信和利用,转向批判。如何理解这个转变?因为进步观念,已经不像从前那样是鼓舞国人,激励中华民族奋斗的了。在国门开放、交流互往这么多年后,我们已经不会在马克思主义历史阶段论的框架内,认为我们国家是最先进的——社会主义比资本主义在社会形态上更高,而是渐渐有一种所谓"崇洋媚外"的心理,认为西方,尤其是美国在各方面比我们更好,认为我们还不够"现代",这让我们民族感到自卑,觉得还是低人一等。这是批判进步观念的心理原因。同样一个观念,从一开始的鼓舞人到现在的让人自卑,百年变化,令人感慨唏嘘。

当然学界批判进步观念不能只从民族心理出发,意气用事。20世纪西方思想界对进步观念的批判很多,我们学界对进步观念的批判显然受到了西方的这种影响。

四、对进步观念的评论

人类社会不断进步,这在启蒙思想家那里还只是个信念,像信仰上帝存在那样没有得到实证的信念。19世纪时,斯宾塞、孔德、马克思等思想家试图使这个信念变成真理。尤其是1859年达尔文的《物种起源》发表之后,更加刺激思想家在社会历史领域寻找规律,建立社会历史科学。马克思恩格斯说:"我们仅仅知道一门唯一的科学,即历史科学。"[①]自然科学三四百年来已经使世界发生了翻天覆地的变化。众所周知,马克思恩

---

① 《马克思恩格斯选集》第一卷,人民出版社,1995年,第66页。

格斯创立的历史科学对19、20世纪的整个世界的社会、政治实践产生了极其重大的影响。但是,20世纪以来,思想家已经普遍地认识到我们不可能在人文、社会以及历史领域建立起19世纪这些伟大思想家所设想的那种科学。

华勒斯坦在《历史资本主义》中为资本主义算了一笔账,得出的结论不支持历史在进步的观念。① 显然,如果进步只是一个信念,它面临的困难还不至于太多,人们可以对人类社会这么乐观。但是如果它要做成真理,就不可避免面临无法解决的困难。毕竟,声称历史会不断向前发展,这个观点不可能得到实证。

"20世纪的中国是黑格尔主义最后的、也是最大的一块地盘了。"② 我们的正统意识形态是马克思主义,而进步观念内嵌于马克思主义,因此,只要马克思主义依然保持现在的地位,进步观念,不管采取了什么样的形式,都会像一个幽灵一样,继续盘旋在中华大地。

作为平头百姓,生活过日子,一般来说,不会去管历史是不是在不断进步。受过一定教育、有学识的人却容易把自己的观念当回事。在教育普及、传媒发达、信息交流迅速便捷的当代,我们的脑子已经充满了各种各样的观念,当然有许多观念是虚假的。进步观念就是其中之一。人是观念动物,观念——即使是虚假的观念,也会影响人们的行动。因此批判虚假的观念就不乏意义。

(原载《前沿》2012年第21期)

---

① 伊曼努尔·华勒斯坦:《历史资本主义》,社会科学文献出版社,1999,第71 - 90页。

② 孙周兴:《我们时代的思想姿态》,东方出版社,2001,第273页。

"自恋"的出场澄清

——对弗洛伊德"自恋"理论的文本考察

王志强

作者简介

1983年5月出生于安徽省滁州市,首都师范大学哲学系博士在读,现供职于三亚学院马克思主义学院,主要研究领域为政治哲学。主持海南省社科基金项目,在《哲学研究》、《中国青年政治学院学报》等期刊发表论文二十余篇。

自恋(narcissism)是一个精神分析理论的重要概念,在精神分析理论界最早由弗洛伊德提出。弗洛伊德早期的力比多理论借用了经典力学模型,将儿童的心理发育理解为力比多向对象的流动过程,并通过对力比多的流动、固着、退化来解释癔症和强迫症的病理机制,可以统称对象力比多理论。但在弗洛伊德理论构建的后期,他发现单向度的讨论自我和对象关系的对象力比多理论,并不能很好地解释自我的形成,以及妄想型痴呆症的病理机制,于是其又探索发展出对称性的"自恋力比多"理论。虽然弗洛伊德后期的自恋理论是对"对象力比多"理论的一个对称性补充,但其理论意义其实非常重要,对后来的精神分析发展产生了重大影响。克莱因在弗洛伊德对象力比多理论基础上发展出客体学派,而科胡特则延续了弗洛伊德关于自恋力比多的讨论,在其基础上发展出自体心理学,而拉康的"镜像阶段"理论的源头也可以追述到弗洛伊德的"自恋"概念中。但在弗洛伊德那里,"自恋"是一个暧昧和复杂的概念,该词散见于弗洛伊德的多部作品,并被在多重意义上使用过,这就给准确把握它的内涵造成一定困难。现有的研究文献对于这个问题的理解大多基于弗洛伊德1914年的论文《论自恋:导论》。这篇论文是他专门撰写论述自恋问题的文献,对于厘清他的自恋理论当然非常重要,但是必须指出的是,这篇论文概念纷呈、逻辑繁复,且大量篇幅是和早前多部文本中的早发性痴呆以及精神分裂症等专题杂糅论述,其实很难仅凭借这篇论文理解其自恋理论全貌。由此带来的问题是,仅仅基于这篇论文的自恋解读往往支离破碎、含糊不清,很多解读甚至无法自圆其说。可以说自恋概念的出场原意至今依然混沌不清,这不但是对弗洛伊德理解的理论缺憾,也给正确理解其后理论家的很多作品造成困难。比如当拉康说自己要重返弗洛伊德的时候,他究竟是在什么意义上重返弗洛伊德?许多研究者仅将其理解为对潜意识的再度重视,并认为其背后是更加彻底的对弗洛伊德的叛离,却忽视了作为拉康理论起点的"镜像阶段"与弗洛伊德后期结构主义视角中自恋结构明显的继承关系。而拉康那篇重要的《"我"之功能形成的镜子—阶段》论文中大量使用"原始自恋"、"自恋力比多"、"继发认同"、"理想—我"、"妄想型痴呆"等弗洛伊德自恋理论的专有概念,不对弗洛伊德自恋理论进行理解,几乎无法正确解读拉康的论文。正因如此,笔者认为对弗洛伊德涉及自恋理论的主要文献进行梳理,在文本对比解读中,澄清弗洛伊德关于自恋问题的理论全貌,对于推进相关理论问题的研究是非常必要的。

弗洛伊德在20世纪初期提出"自恋"概念,他声称从纳克(Paul Nacke)用以描绘性倒错和哈夫洛克·霭理士(Havelock Ellis)描绘用以表述"似自恋"(narcissus–like)心理状态的概念那里"借来了自恋(narcissism)这个有关力比多分配方式的名词"①。1909年11月10日弗洛伊德

---

① 《精神分析导论》,《弗洛伊德文集》第4卷,车文博译,长春出版社,2010,第245页。

在维也纳精神分析学会上提到自恋概念①,这是迄今所知弗洛伊德最早使用这个概念的场合。在弗洛伊德的作品中,自恋作为名词最早出现在1910年《达·芬奇对童年的回忆》的第三章关于同性恋问题的讨论。随后在1911年《精神分析对一个偏执狂病人的自传性叙述的说明》和1913年《图腾与禁忌》中,弗洛伊德将自恋概念逐步扩展为力比多理论的一个特殊类型。之后他在1914年的《论自恋:导论》、1915年《性学三论》中增改的"力比多理论"部分、1915年《本能及其变化》、1917年的《精神分析导论》的第26讲和《精神分析路径中的一个困难》、1918年《处女的禁忌》、1921年《自我与群体心理学》、1923年的《自我与本我》以及1940年的《精神分析纲要》等文本中逐步丰富和完善了自恋理论,其中在《处女的禁忌》第一次出现形容词"自恋的"(narcissistic)修辞。弗洛伊德的自恋理论以力比多理论为基本架构,同时穿插了"妄想痴呆(paraphrenia)的发病机制"和"性本能—自我本能"两条诠释路径。如果用最简单的语言概括弗洛伊德的自恋理论就是:以自我(ego)为力比多投注对象。当然这个概括无疑太过稀薄,弗洛伊德在其诸多文本中,构建起来的是一个涵盖原始自恋、继发型自恋、疑病症自恋、对象化自恋等各种情况的复杂体系。因篇幅有限,本文集中讨论力比多理论图式下的"自恋理论"形成和发展的过程,以及弗洛伊德后期对这个理论的补充修正。

  弗洛伊德的自恋理论发轫于《性学三论》中的"自体性欲"学说,其发展大致可分为三个阶段:早期的"自恋—力比多发展阶段论":自恋是在"自体性欲"阶段和"对象爱"阶段之间必要的过渡阶段,代表文本是《精神分析对一个偏执狂病人的自传性叙述的说明》、《图腾与禁忌》;中期的"变形虫—仓库"收放模型:原始自恋离开自我(ego)指向外部客体,并再次返回自我的继发过程,代表文本是《论自恋:导论》、《性学三论》的增补、《精神分析导论》、《精神分析纲要》等;后期自恋理论的结构主义视

---

① 《达芬奇对童年的回忆》,《弗洛伊德文集》第7卷,第96页。

角:作为本能辩证转换轴心结构的自恋,代表文本是《本能及其变化》、《自我与本我》等。

一、弗洛伊德自恋理论的概念准备

虽然1905年最初版本的《性学三论》中并没有出现"自恋"概念,但弗洛伊德却在这部作品中为后来构建自恋理论做了一系列的概念准备。在《性学三论》的早期版本中弗洛伊德提出了儿童性欲理论,他认为在婴儿早期生活中,性本能和获取营养的本能本来纠合在一起无法分开,当婴儿的营养摄取本能被满足,并分辨出自己与哺乳者乳房之间的区别后,性本能就会独立出来,进入一个所谓的"自体性欲"(auto-erotic)阶段。"自体性欲"被弗洛伊德用来描述婴儿早期的性欲状态,及依靠自己身体的快感区,而不依赖他人获得快感满足,典型表现是吮吸手指(thumb-sucking)。"这种性活动的最突出特征表现为,本能指向他人,却从自身获得满足"①,"儿童是带着性活动的基因来到尘世的,在摄取营养的过程中他们已经体验到了性的满足,并坚持在吮吸拇指的活动中不断重复这一体验",②在弗洛伊德看来,"自体性欲"统治了幼儿早期的性本能:由于幼儿完全属于前性器组织时期,生殖器官还没有统摄整个性快感,幼儿的身体、粘膜和内脏都可以作为快感区,在特定刺激下获得快感。这种弥散于整个身体的性快感,会延伸至我们成年时期,包括我们生殖区占主导地位之后,比如挠痒给我们带来的满足感。"自体性欲"这种完全依靠自身,而不依靠外部对象客体的快感满足,是弗洛伊德后来自恋概论的理论原型。

同时在《性学三论》中弗洛伊德提出了"对象爱"(object love)概念,

---

① 《性学三论》,《弗洛伊德文集》第3卷,第34页。
② 同上书,第62页。

他认为在自体性欲阶段之后,儿童会选择对自己进行照顾的人(母亲及其替代者)作为欲望对象。弗洛伊德将"对象爱阶段"作为"自体性欲阶段"之后的一个力比多发展阶段,构建出性本能从"自体满足"到"对象选择"阶段式发展的理论,这个理论是后来弗洛伊德解释自恋问题的主要模型。此外在《性学三论》中弗洛伊德还提出一个重要的概念:"性高估"(sexual overvaluation),它最原始的概念是"作为性本能的目的,对性对象的心理评价几乎很少仅限于性器官上,而往往扩展至性对象的全身及由此产生的所有感觉"。① 同时,这个高估不仅仅局限于性领域,它随后还被理解为对整个对象价值的高估,"性对象心智卓越,完美无缺,对性对象听之任之"。② 也就是说,"性高估"不仅涉及直接与性相关的心理意义,也会导致对非性的人格问题进行高估。弗洛伊德在之后的著作中将"性高估"以及其引申出的"自大狂"(megalomania)、"思想万能"和"理想化"(idealization)概念作为分析自恋问题的重要工具。

二、弗洛伊德前期的"自恋—力比多发展阶段论"

在1910年的《达·芬奇对童年的回忆》中,弗洛伊德在分析同性恋起源问题时第一次使用了"自恋"的概念。他这样解释同性恋的成因:"他把自己放在母亲的位置上,使自己被母亲同化(identify),他以自己为模特儿,选择与自己相像的作为他的新的爱慕对象。这样他就变成了一个同性恋者。实际上他是悄悄溜回到自恋,待他长大成人以后,他现在爱的男孩是他自己儿童时代的替代性形象和复活,并且以他小的时候他母亲爱他的方式来爱这些孩子。正像我们所说的,他沿着自恋(narcissism)的途

---

① 《性学三论》,《弗洛伊德文集》第3卷,第17页。
② 同上书,第57页。

径找到他所爱的对象。"①弗洛伊德最早只是在男同性恋的心理病理机制意义上使用"自恋"概念：将自己认同于母亲的角色，然后以过去自己的形象为模型寻找新的性对象，及爱"过去的自己"。所以我们发现《达·芬奇对童年的回忆》中的自恋概念依然隶属于《性学三论》中的"对象爱"范畴，仅是这一范畴的病态特例，并不具有完全独立的理论地位。

但在1911年的《精神分析对一个偏执狂病人的自传性叙述的说明》中，"自恋"概念有了根本性转变。弗洛伊德不再把"自恋"作为少数病人的病态特例，而将其视为每个正常人心智发育过程中一个独立且必需的阶段。"最近的分析(1910c)让我们认识到在力比多从自体性欲向对象爱的发展过程中有一个过渡阶段，这个阶段可以称为自恋阶段。"②在这个阶段"他把他自己，他的身体，作为他的对象"。并且"这个过渡性的阶段是必不可少的"，"只有在自恋阶段发展之后，他才会继续成长，在之后的阶段才会以他人而不是以自己为选择对象"。③ 弗洛伊德突破了《达·芬奇对童年的回忆》中的狭义自恋定义，赋予自恋更普适和更独立的地位。据此他重新解释了同性恋的成因：如果有人发展受挫，出现心理固着，把自恋阶段带到了心理发展的下一个阶段(later stage)，即"对象爱阶段"，他才会变成同性恋：寻找一个和自己有着相同生殖器的人。"自恋"由此不再从属于"对象爱"范畴，成为一个意义独立的自治概念。更重要的是，他把自恋纳入到力比多理论框架中，使其从孤立的解释性概念发展为系统的自恋理论。这个介于"自体性欲阶段"和"对象爱阶段"之间新独立出来的"自恋阶段"具有一个无可替代的重要心理功能：它将之前"自体性欲阶段"中分散于各个性快感区中孤立的性欲整合在一起，贯注

---

① 《达芬奇对童年的回忆》，《弗洛伊德文集》第7卷，第96页。

② *Phycho-analytic notes on an autobiographical account of a case of paranoia*, *The standard edition of the complete psychological works of Sigmund Freud*, pdf 版，第2430页。

③ *Phycho-analytic notes on an autobiographical account of a case of paranoia*, *The standard edition of the complete psychological works of Sigmund Freud*, pdf 版，第2430页。

在统一的自己和自己身体之上,这是"自我"(ego)形成的关键过程。拉康曾经把儿童的身体比喻为一个承载着破碎感觉的盔甲,这个思想就是从弗洛伊德的"自恋阶段"整合"自体性欲阶段"破碎欲望的理论中发展出来的。

1913年的《图腾与禁忌》中"自恋阶段"整合破碎感觉成为独立自我的思想再次被系统地表述:"原来彼此孤立的性本能已合为一个整体,同时还找到了一个对象。但是,这个对象并不是一个外在物,它并非外在于主体,而是主体自身的自我(ego)。这一自我大约正是在这一时期形成的","在自恋阶段,原来互不相连的性本能已合成一个整体并将自我作为一个对象予以情感贯注。"①弗洛伊德在此基础上还进一步提出:"一个人即使在自己的力比多找到了外部对象之后,仍会多多少少保留自恋的性质……力比多仍然留存在自我之中,而且能够被重新收回到自我之中"②,在这个表述中,我们可以看到弗洛伊德中期关于自恋的"变形虫—仓库"收放模型的雏形。

此外,在这个时期弗洛伊德还提到了几个值得注意的概念。在《精神分析对一个偏执狂病人的自传性叙述的说明》中,他提出了:退行(regression)和自大狂(megalomania)的概念。这本书主要讨论妄想偏执狂(paranoia)的成病原因,弗洛伊德认为妄想偏执狂是一个人固着于自恋阶段的结果,这是他的力比多因为某种原因发生"退行"而造成的。"力比多退行回到自我"是弗洛伊德中期成熟自恋理论的核心表述,"退行"也是后期"继发自恋"理论的基础概念。只是此时弗洛伊德并没有沿着"退回"的逻辑去理解自恋和妄想偏执狂,没有把退回的力比多与自我(ego)联系起来。他还是将成病原因归结在"固着"机制上:固着于"自恋阶段"会使患者出现大量力比多堆积而无法释放的紧张状态,结果就在自体性欲阶

---

① 《图腾与禁忌》,《弗洛伊德文集》第8卷,2010,第65页。
② 同上注。

段、自恋阶段和对象爱阶段三者的某个过渡边缘出现爆发，导致早发型痴呆（dementia praecox）和"精神分裂症"（schizophrenia）。另外一个重要概念是妄想痴呆的病症："自大狂"，及病人完全封闭在自我中心的狂想之中，不受外界治疗干预的影响。弗洛伊德认为，"自大狂"是对"自我的性高估"①，就把自我（ego）当成了一个性对象，并予以性意义和心理意义上的聚焦和放大的结果。他还提出，"自大狂"不仅仅是妄想型痴呆的病理表现，同时在本质上也是人们的原始天性，只有当人们投入狂热的对象爱以后，"自大狂"才会被牺牲掉②。这个表述非常类似于后来论述"原始自恋"的"变形虫—仓库"收放模型，也正基于此"自大狂"成为《论自恋：导论》中分析和再现"原始自恋"的关键工具。

与之相对应，弗洛伊德在《图腾与禁忌》中讨论原始人的"泛灵论"思维时，提出了基于"投射机制"的思想万能（omnipotence of thoughts）问题。弗洛伊德把内部知觉向外投射看做是一种原始机制，"对情感过程和思维过程的内部知觉可以按照感性知觉的相同方式，作向外投射"③，原始人往往认为自己的思维过程和外部世界的现实过程是一回事情。弗洛伊德将其称为"思想万能"，他认为"思想万能"其实是对心理过程的高估。如前文述，"高估"是一个对性对象的性价值过高评价的概念，所以"思想万能"也是一个与性贯注有关的问题："这一态度（作者注：思想万能）与自恋有关，也许可以视做自恋的一个必要组成部分……思维过程在很大程度上仍然是性取向的（sexualized）。"④弗洛伊德将性趋向作为"思维万能"的起点："无论对于思维的过度性贯注，是一种原生现象，还有由退行

---

① Phycho - analytic notes on an autobiographical account of a case of paranoia, The standard edition of the complete psychological works of Sigmund Freud, pdf 版，第 2433 页。
② Phycho - analytic notes on an autobiographical account of a case of paranoia, The standard edition of the complete psychological works of Sigmund Freud, pdf 版，第 2433 页。
③ 《图腾与禁忌》，第 47 页。
④ 同上书，第 65 页。

所产生的,它们的心理结果是一样的:心智自恋(intellectual narcissism)和思想万能。"①这里涉及一个根本性的区分:自恋本质上是性(sexual)心理现象,还是非性(non-sexual)的心理现象。在弗洛伊德看来"心智自恋"和"思想万能"就是对于自身理性思维的自恋,是性—力比多对理性思维过程贯注的结果,是性欲望刺激理性的结果,本质上是一种性心理现象。与《精神分析对一个偏执狂病人的自传性叙述的说明》中的"自大狂"问题做比较,可以发现在弗洛伊德那里,妄想痴呆患者的"自大狂"情结和原始人的"思想万能"思维其实是一回事情,都是以自我为对象的性欲刺激、影响、放大、扭曲了人们的理性思维过程。弗洛伊德在1923年的《自我与本我》中对这个观点做了部分调整,将对非性意义上的自我理想化界定为一个通过升华作用而达到的祛性化(non-desexualized)的过程。

综上所述,我们可以把从《精神分析对一个偏执狂病人的自传性叙述的说明》和《图腾与禁忌》中的自恋理论概括为"自恋—力比多发展阶段论",即自恋是介于"自体性欲"和"对象爱"两个阶段之间的独立阶段,它使得原本破碎分散的性欲被整合为指向自我的单一性欲。弗洛伊德将"自恋阶段"描述为自我发展成形的时期,但并没有详细描述这个阶段的具体特征,而是通过两个特例:痴呆妄想患者的"自大狂"和原始人的"思想万能"的描述去暗示自恋阶段的心理特征:原始状态下对自我的性高估,以及由此带来的心智自恋。

三、弗洛伊德自恋理论的成熟——"变形虫—仓库"收放模型

1914年的《论自恋:导论》是弗洛伊德第一个也是唯一一个独立讨论自恋问题的文本。虽然在论文开篇弗洛伊德表示:"分配给自恋的力比多

---

① Totem and Taboo, *The standard edition of the complete psychological works of Sigmund Freud*, pdf版,第2732页。中文版参见《图腾与禁忌》,第66页。

可能比我们原来设想的多,它在我们人类的正常性发展中是有一席之地的",但之后他却没有顺着"自恋—力比多发展阶段"展开讨论。弗洛伊德可能意识到"自恋—力比多发展阶段论"的假设缺少详细的描绘和充分论证,所以他调整了论述逻辑,从对自恋的病理考察入手,论证和描述原始自恋(primary narcissism)的存在,然后在此基础上进一步讨论正常心理状态下的常态自恋(normal narcissism),进而提出"原始自恋向外投射于对象,再从努力从外部撤回自身,形成继发自恋(secondary narcissism)"的自恋力比多运动模型:

(一)"原始自恋"与"变形虫—仓库"模型

弗洛伊德首先否定了自恋的性倒错(同性恋)性质,而将自恋定性为普遍的"对自我保存本能的性欲的补充",然后他提出了研究"原始自恋"和"常态自恋"的目标。但原始自恋是隐蔽的,分析工具的粗糙使我们之前只注意到力比多的对外投射,而忽视了"原始自恋"的存在。那么怎样才能发现原始自恋的存在呢? 弗洛伊德另辟蹊径通过对妄想型痴呆(paraphrenics)的病理机制的考察去反向推论"原始自恋"的存在。

上文提及,在《精神分析对一个偏执狂病人的自传性叙述的说明》中弗洛伊德虽然提出却没有深化对"退行"的讨论,只是沿用"固着"解释自恋。但在《论自恋:导论》中,弗洛伊德回到"退行"问题,他指出在包括癔症和强迫性神经症在内的转移性神经症(transfer neurosis)中,也存在力比多从外部撤回,退行的力比多转向了记忆或幻想中的客体,他们实质上是使用幻想的客体替代了真实的客体。但与之相对的是,在妄想痴呆中,力比多撤回主体,却没有投注于幻想的对象,"在妄想痴呆中,从外部对象退回的力比多会发生什么变化? ……撤回的力比多转向了自我(ego)"。[1]

---

[1] *On narcissism: an introduction*, *The standard edition of the complete psychological works of Sigmund Freud*, pdf 版,第 2932 页。中文版参见:《论自恋:导论》,《弗洛伊德文集》第 3 卷,第 122 页。

"自恋"的出场澄清

在这个前提下,弗洛伊德再次讨论了妄想痴呆的"自大狂"问题,他指出"自大狂并没有创造任何新的心理过程,它只是对之前既已存在的心理结构的放大和病态表现"①,即病态自大狂是对某种原始心理状态(儿童和原始人天性中的原始自大狂)的放大和再现的继发过程(secondary one),然后他用这个结论反推原始自恋:"所以这可以引导我们去理解自恋问题,在对象贯注减少中生成的自恋,其实是一个继发过程,它是对因各种影响而混沌不清的原始自恋之上的叠置。"②弗洛伊德的逻辑是这样的:原始自恋是一个缺席的在场,我们无法直接观察它,所以我们通过对病态自大狂的反向推论,推测出力比多从外部对象退回而产生的病态自恋,其实是对先前既已存在的"原始自恋"的再现,进而推定"原始自恋"的存在。"于是我们形成了这样一个观念:存在一个对于自我的原始力比多贯注(original libidinal cathexis),随后这个贯注的一部分投射到了对象之上,但其基础部分依然保留了下来。它和对象贯注的关系,就像变形虫的身体和它伸出去的伪足的关系一样。"③对于"原始自恋"的这个变形虫比喻形象地概括了弗洛伊德的中期自恋理论:原始自恋始终存在,只有一部分力比多投注于客体,而大部分力比多继续聚积在自我之中。

在1915年的《性学三论》第三篇《青春期的变化》增补的一节"力比多理论"中,弗洛伊德有一段类似的论述:"当它从对象撤回之后,便进入了一种特定的紧张的悬浮状态,最后又返回自我(ego),再次成为自我力比多……自恋或自我力比多如同一个大仓库,将对象力比多贯注送出去又收回。对自我的自恋力比多贯注,是在童年早期就形成的原始状态,虽为力比多的扩散所掩盖,但仍在幕后保持原色。"④这里,他用"仓库"来比喻原始自恋,"仓库"和"变形虫"的比喻贯穿于其后弗洛伊德一系列关于

---

① 同上注。
② 同上注。
③ 同上书,第133页。
④ 《性学三论》,《弗洛伊德文集》第3卷,第55页。

自恋的讨论中。

在1917年的《精神分析导论》第26讲中,弗洛伊德再次重复了对自恋的变形虫的比喻:"我们对自我力比多(ego-libido)和对象力比多(object-libido)之间的关系已有了一定的印象,这个印象可以借助于动物学方面的比喻进行解释。要知道最简单的生物由一团未分化的原形质(protoplasmic substance)组成。它们常借所谓的"伪足"(pseudopodia)向外伸张;并且能够使自己重新缩成一团。这些伪足就好像是力比多投射到客体之上,而大多数的力比多则仍然聚积在自我之中。"①同样在1917年弗洛伊德的另一篇论文《精神分析路径中的一个困难》中,我们也能看到这个变形虫比喻:"对象力比多一开始是自我力比多,并能够被转换回到自我力比多。对于健康而言,力比多不能失去它的全部动力。如果要用什么东西来比喻的话,我们可能会想到变形虫,它粘稠的身体释放出伪足,那是它身体的延伸,但它又可以随时将其收回,这样原生质的结构一直被保存着。"②

1940年的《精神分析纲要》的第一章第二节"本能理论"中,弗洛伊德又一次重复了这两个比喻:"起初,力比多的整个适用部分都蕴藏在自我中,我们称这种状态是纯粹的、原始的自恋(narcissism)。这种纯粹的、原始的自恋结束于自我开始将力比多贯注于对象观念,开始把自恋的力比多转变成对象的力比多。在整个一生中,自我都是个大贮存库,力比多贯注由此迁出、达到对象,而又一再地退回于此。这正像一个变形虫在用它的伪足活动。只有当一个人处在热恋当中的时候,力比多的主要部分才转移到对象上,对象才在某种程度上取代了自我。"③自恋即对自我的力比多原始贯注是普遍的和原始的现象,有了这种过程,才会有对象选择的

---

① 《精神分析导论》,《弗洛伊德文集》第4卷,第245页。
② A difficulty in the path of psycho-analysis, *The standard edition of the complete psychological works of Sigmund Freud*, pdf 版,第3608页。
③ 《精神分析纲要》,《弗洛伊德文集》第5卷,第209页。

发生,而在对象选择后,自恋也不必完全消失,这个思想从1914年提出一直延续到1940年(1923年有过一次补充,后文详述),所以可以视之为弗洛伊德成熟的自恋理论,我们将其称之为"变形虫—仓库"收放模型。①这里"原始自恋"可以说是对早期"自恋—力比多阶段论"假设更为精确的论证和描述,而对"原始自恋"的投射和收回的论述,则引出了"继发自恋"问题。

(二)常态自恋(normal narcissism)与继发自恋(secondary narcissism)的几种结构

正如"原始自恋"的发现必须借助病态自大狂情结的理论折射,研究正常状态中的"常态自恋"亦或"继发自恋"(力比多撤回自我)依然要部分地借助病态研究的方法,弗洛伊德一再强调病理过程是对正常心理现象的变形和夸张。弗洛伊德首先举例指出生理性病变的痛苦,会使我们把所有兴趣和性趣都从外部世界撤回,将全部的注意力专注于自身的病变器官之上。其次他指出"疑病症"(hypochondria)其实是自体性欲的再现,我们身体的各个器官原本都是快感区,是可以感受性兴奋的,当力比多返回自身以后,这些器官的所谓病态感觉,不过是性兴奋的一种变形,就像生殖器受到性刺激之后的生理变化。在弗洛伊德的大范畴中,这些从外部撤回到自我的力比多过程,都可以算成是"继发自恋"。

而"继发自恋"在普通人的正常状态下表现为"常态自恋",它主要体现为对象爱中的"自恋型"选择模式:它包括自我欣赏(self-contentment)、同性恋、对自己孩子的高估以及自我理想。弗洛伊德首先修正了《性学三论》的对象爱选择类型是母亲及其替代者的判断,提出在这种"依恋型"(attchment)模式外,还有第二种类型,就是以自我为爱欲对象

---

① 在弗洛伊德文集《自我与本我》的附录二中编者有一个与之类似但更为全面的总结。

的选择模型,而这种模型可以归结为"自恋型"模式。他指出每个人都拥有两种类型,人最初有两个性对象,一个是自己,一个是养育自己的女人,在随后的发展中,一部分人会始终坚持自恋型的选择标准。这些自恋型的人所爱对象包括:

(1)现在的自己——"自我欣赏",弗洛伊德认为"冰山美人"的"自我欣赏"是通过对原初自恋(original narcissism)的强化来对社会性约束进行补偿。这样的人往往对外部世界对象表现得毫无兴趣,而只关注于自己的内心世界,比如《红楼梦》中的妙玉形象。弗洛伊德指出一个有趣的现象,越是带有自恋态度的对象越是对我们有特殊诱惑力,包括一些有自恋气质的动物比如猫、鹰隼甚至艺术作品中自恋的恶人,也充满同样奇特的诱惑力。这是因为我们惊羡于它们的极乐状态——那种我们早已失去的无懈可击的自足的性欲(力比多)状态。①

(2)过去的自己——"同性恋",可参见《达·芬奇童年的回忆》的论述。

(3)曾经属于过他的人——孩子,弗洛伊德指出一些女性可能没有对自己的身体进行高估,但她们会对自己的孩子进行高估,怀孕时孩子是自己身体的一部分,但出生后便可视为"外在对象",通过对孩子的高估,她们可以实现从自恋到完全对象爱的过渡,但这种高估式的对象投注本性上还是自恋的。与此同时,父母还会将自我投射于孩子之上,父母在童年时代的原始自我(infantile ego)对待现实自我(actual ego)时会高估,把一切优点都归于自己,而忽视缺点。现在他们以同样的方式看待自己的孩子,希望孩子帮他们实现未实现的理想:父亲希望儿子成为英雄,而母亲则希望女儿嫁给王子,这其实是"父母被现实压抑的'永恒自我'在孩子

---

① *On narcissism: an introduction*, *The standard edition of the complete psychological works of Sigmund Freud*, pdf 版,第 2943 页。中文版参见:《论自恋:导论》,《弗洛伊德文集》第 3 卷,第 130 页。

身上的复活,并找到了安全保障"①而已,这也是自恋的一种常态表现。

(4)未来的自己——"自我理想"

自恋不但是对自己身体的固着,也是对人格的固着。弗洛伊德认为在成人那里早期的自大和早期自恋(infantile narcissism)消失了,但它们没有全部变成对象爱。其保留在体内的部分被转变为理想自我(ideal ego):"把一切优点都赋予自己","人们并不想放弃童年时代的'自恋的美好',虽然随着他的成长,在来自他人的告诫和他自己批判意识的觉醒的作用下,他被迫放弃了这个好处,但他希望恢复它,在自我理想中恢复它。他以理想形式自居,去替代已经失去的童年自恋"。② 通过自我理想化而生成的"继发自恋",会让人们再次重回"原始自恋"的自足快乐,"当自我中的某些东西与自我理想相符合时,总是出现狂喜的感情"。③ 所以弗洛伊德将自我的发展概括为:"自我与原始力比多相分离,并再力图回到原始自恋状态。分离是由力比多从自我转向外部强加的自我理想之上完成的,快感来自于满足这个理想。"④

这样弗洛伊德就勾勒出了一幅更加完整的基于"变形虫—仓库"收放模型的自恋图式:人们在婴儿时期存在着一个"原始自恋",到了对象贯注时期,这个原始自恋被终结并被遗忘,但人们无法放弃自恋状态的自足和美好,又不断地通过各种"继发自恋"的方式寻得自恋状态回归。

(三)《自我与本我》中的补充类型

1923年弗洛伊德在《自我与本我》第三章"自我和超我(自我理想)"中提到一种新的"继发自恋"模式:人们可以通过"认同作用"将性对象纳入自己心中重建,比如一女孩模仿她的父亲的动作,或者恋爱中的人会模

---

① 同上书,第131页。
② 同上书,第133页。
③ 《群体心理学与自我的分析》,《弗洛伊德文集》第6卷,第97页。
④ On narcissism: an introduction, The standard edition of the complete psychological works of Sigmund Freud, pdf版,第2943页。中文版参见:《论自恋:导论》,第137页。

仿爱人的一些习惯和动作。这种情况其实是自我"把自己作为一个恋爱对象强加给本我……它说：'瞧，我这么像那个对象，你也可以爱我'。"①弗洛伊德将这种由于认同作用而进入自我的力比多也称为"继发型自恋"，我们可以将其理解为常态"继发自恋"的第五种类型。弗洛伊德在其后进一步描述了这个新的补充类型："这似乎表示自恋理论的一种重要的扩充。最初，所有力比多都是在本我中积累起来的，而自我还在形成过程中，或者说它还很不健全。这个力比多的一部分被本我释放出来，成为性欲的对象—贯注，于是，现在日益强大的自我就试图获得这个对象力比多，并把自身作为恋爱对象强加给自我。自我的自恋因此就被看做是继发的，是由于力比多从恋爱对象身上撤回而获得的。"②

这个补充看似是弗洛伊德对原有的"自恋阶段论"和建立在此之上的"变形虫—仓库"模型的颠倒：在早期的结构中，力比多从本我出发，到达自我后，再到达对象。现在变成了力比多直接从本我出发，到达对象后，再重返自我。其实"自恋阶段论"和"变形虫—仓库"模型讨论的是原始力比多指向对象的过程；而《自我与本我》中提出的基于认同机制的补充结构，表达的是"继发自恋"的力比多返回过程。弗洛伊德在后一种情况中并没有否定"不完整"的自我获得力比多的可能，这两种路径其实是一个有交叉的叠置关系，而不是颠倒的关系。所以笔者将弗洛伊德在1923年做的这个补充，作为对《论自恋：导论》中提出的"变形虫—仓库"模型的一个补充，而不是作为独立的新理论。

四、自恋理论的结构主义视角——作为本能辩证转换结构轴心的自恋

弗洛伊德在《论自恋：导论》中确立了自恋理论的成熟模型之后，在

---

① 《自我和本我》，《弗洛伊德文集》第6卷，第130页。
② 同上书，第141页。

1915年的《本能及其变化》中,弗洛伊德从本能的辩证法角度赋予自恋一个新的功能视角。《本能及其变化》的主要内容是对《性学三论》第一篇"性变态"问题的继续讨论,特别是主被动性角色的辩证转换问题。这种对角色转换的辩证方法论此前也出现过,比如《性学三论》中关于受虐狂不过是施虐狂的对象选择转向自我的判断,以及在后来的《达·芬奇的童年回忆》中同性恋是将自己认同于母亲的角色,再以童年的自我形象为模型寻找爱对象的思想。而在《本能及其变化》中弗洛伊德用结构功能的辩证法集中讨论了"施虐狂—受虐狂"、"窥视癖—暴露癖"之间的主被动转换以及"爱和恨"的内容转换问题,与此前不同的是,他将这种辩证转换明确为一个加入了"自恋"轴心的固定结构。

首先在虐恋问题上,弗洛伊德主张没有原始的被虐狂,被虐狂是原始施虐欲望的变形结构,这个变形经历了三步:

1. 施虐狂以别人为对象,进行攻击;($A \xrightarrow{虐待} B$)

2. 施虐狂放弃外部对象,转而以自己为对象,自己虐待自己;($A \xrightarrow{虐待} A$)

3. 再用一个他者替代主体地位的自己,使自己完全变成虐待对象。($A' \xrightarrow{虐待} A$)①

其次在窥视癖—裸露癖的对立状态中也可以分出同样的三个阶段:

1. 看作为指向外在对象的范畴;($A \xrightarrow{窥视} B$)

2. 放弃外部对象,将窥视本能转向主体自身的一部分。于是在转向被动的同时建立了新的目的——被别人看;($A \xrightarrow{窥视} A$)

3. 引进新的主体,展示自己以让他看。($A' \xrightarrow{窥视} A$)②

在两种情况中,阶段2都是继发的"继发自恋阶段":即"自己爱/虐/窥视自己"。我们会发现这个"继发自恋"阶段是本能辩证转换中起决定作用的功能结构:主体元素A通过自恋实现了主体到客体的位移,使它成

---

① 《本能及其变化》,《弗洛伊德文集》第3卷,第151页。
② 同上书,第152页。

为三个阶段诸多元素中唯一内容保持不变、未被舍弃或为他者替换的元素。这就是我们所说的本能辩证转换的自恋轴心,围绕着它构造起整个主动性与被动性的结构性转向。

弗洛伊德通过进一步分析窥视欲的"预阶段",更加明确了自恋的这个结构轴心功能。弗洛伊德认为窥视欲与施虐欲有所不同,其一开始并不直接指向对象,而是"起初是自体性欲的:它有对象,但这个对象是主体自体的一部分。只有到了后期,通过比照这一对象才以他人身体的类似部分所替代——进入第一阶段"。这个阶段可称为"预阶段",将预阶段纳入结构,模型就变成了:

(α)自己观看自己的性器官　　　＝　　　自己的性器官被自己观看

(β)自己观看一个外在的对象　　(γ)　　自己作为对象被他人观看

　　(主动性窥视癖)　　　　　　　　　　　(裸露癖)

弗洛伊德进而将这个"预阶段"定义为"自恋阶段":"在自我发展的早期阶段,性本能旨在寻找自体性欲满足,我们已经习惯于把它叫做'自恋',但却从未就自体性欲与自恋的关系做过探讨。此后的问题是,窥视本能的预阶段(即主体的自我变成窥视对象)必须归类为自恋,并被描述成一种自恋形式。主动性窥视本能由此发展而来,它将自恋抛之脑后;相反,被动型窥视本能却固着于自恋对象。施虐狂转化为受虐狂同样意味着对自恋对象的回归。在这两种情形下(暴露癖和受虐狂),自恋主体通过认同机制,被一个外在自我所替代……我们可以得出一个更普遍的结论:本能的转变(本能转向自我主体,主动转换为被动)依赖于自我的自恋部分,并打上了自恋的印记。"[①]

而在"爱"的内容转换中,自恋依然起着"轴心"的功能。弗洛伊德指出爱的对立转化情感有三种:毫无兴趣、恨和被爱,这三种情感都是爱的

[①]《本能及其变化》,《弗洛伊德文集》第3卷,第154页。

转化结果。爱的对立面的第一种形式是"毫无兴趣",这是主体对待外部世界的一种情感,因为在自体性欲和自恋阶段,本能贯注于自我,个体兴趣还未贯注于外部世界,所以主体对外部世界的态度是毫无兴趣。而"恨"是"毫无兴趣"的特殊形式:"它源自于自恋性自我通过排除其刺激,对外部世界的原始否定,同时作为对对象引发的不愉快的反应。"①而"被爱",则和此前讨论的施虐/受虐、窥视/暴露的主被动转换分享同样的转换结构。

将"自恋"作为本能辩证转换的结构轴心,是弗洛伊德对自己自恋理论的一个应用,它并没有构成对"变形虫—仓库"收放模型的替代,弗洛伊德在《本能及其变化》之后的作品论及自恋时依然坚持使用"变形虫—仓库"收放模型,但作为功能结构之轴的自恋,它理论意义决不能低估,它预示着一种非常重要的转型。"变形虫—仓库"收放模型本质上是对弗洛伊德早期对象力比多理论的一个补充,其解释逻辑是比较朴素直观的力学守恒原理——力比多的放出和收回。但是1915年的《本能及其变化》中作为本能辩证转换结构轴心的自恋已不再是一种朴素力学模型,而进化为一种带有明显结构主义特征的结构功能模型。1923年的《自我与本我》中的基于认同机制的补充结构,可以说是在内容上延续了这种转型,弗洛伊德基于认同机制提出了"自我是对象的沉淀物"的思想,从这里我们可以看到后来拉康的结构主义精神分析学"镜像阶段"理论的滥觞。

弗洛伊德的自恋理论的总体图式大致描绘如下:人们在婴儿时代存在一个"原始自恋"阶段,它介于自体性欲和对象爱阶段之间,通过将整合起来的力比多贯注于自我,完成了对自我统一性的整合。但在随后的对象爱阶段,力比多投注于外部对象,原始自恋便隐匿了。但自恋情结没有消失,在此后力比多一直力图以各种方式从外界对象重返自我,以期回

---

① 《本能及其变化》,《弗洛伊德文集》第3卷,第158页。

到曾经自足的自恋状态,于是便产生了各种"继发自恋"。其中有些是病态的,比如自大狂、同性恋、疑病症等;有些则是常态的,比如自我满意、溺爱孩子、理想自我等。自恋不仅仅是对自我身体的高估和性贯注,同时也是对自我人格的高估和固着,伴随性贯注而生的是心智自恋、思想万能以及自我理想化等"非性自恋"。弗洛伊德的自恋理论总体上被困于古典的力比多理论模型之中,主要突出其性意义,对非性自恋的心理机制探讨有限。但在他后期精致而复杂的本能辩证转换的结构分析中,明显表现出了结构主义的思想萌芽,由此开启了精神分析由古典通向现代的大门。

(原载《海南师范大学学报·社会科学版》2015年第12期)

内格尔"论死亡"

吴小安

作者简介

吴小安,1984年3月出生于江苏省南通市,首都师范大学哲学系博士在读,主要研究领域为数理逻辑、递归论、集合论和死亡哲学。在《世界哲学》等期刊发表译作、论文数篇。

一、导论

令人好奇的是,在西方像"死亡"这么重要的主题,自古典作家(柏拉图、亚里士多德)之后的哲学著述中似乎变得越来越边缘了。古典时期之后是所谓希腊化时期。有别于古典时期的哲学家一本正经对死亡本性的思考,也许再没有哪个团体像希腊化时期的哲学家那样把死亡融入到他们的沉思中去、生活中去,引出了一个对待死亡态度的新方向,把西方古代死亡哲学推进到一个新的阶段。但给人感觉,尽管吹气若兰,但脉息终于微弱了。

这些希腊化的哲学家中比较出名的当属伊壁鸠鲁、卢克莱修。伊壁鸠鲁在对他作品的简短综述的《准则学》中包含着对死亡的论证。在《致赫罗多德》和《致美诺寇》的信中,也有反对死亡是一件坏事的论证,在他的任何一个选集中都应该能找到这两封信。他的信徒和继承者卢克莱修吸取了他对死亡的反思,并把它融入到他的哲学长诗《物性论》中去,特别是第三卷,几乎是整个用来讨论死亡问题。马可·奥勒留对死亡的思索在他的名著《沉思录》中也星星闪烁。

现代对死亡最著名的也是最经久不衰的思考当属于海德格尔《存在与时间》的第一部第二篇的第一章。对此讨论甚多,兹不赘述。

而在当代哲学家中,首推托马斯·内格尔(Thomas Nagel)的文章《论死亡》(1970),这篇文章对死亡是一件坏事的探讨意义深远。后来的哲学家们都在围绕着内格尔所留下的问题、所未解决好的问题展开讨论。

内格尔的文章写于1970年,之后在西方引发了一系列的关于死亡是否是一件坏事的讨论,惜中国学术界鲜有涉及,今天,我们把这样一篇文章拿出来条分缕析,细细探讨一下,我觉得是有意义的。

二、生命的好处和死亡的坏处

内格尔的开篇没有讨论死亡的标准是什么,讨论死亡的过程,强调人终有一死,或者讨论死后生命是否以另外一种方式延续,而是直接提出:如果死亡是我们存在确定和永恒的终结,即死了将不再以任何形式的意识存在,那么死亡是否是一件坏事?①

显然内格尔讨论的这个问题是十分重要的,"任何对于死亡的说明,都必须包含对于死亡之恶的说明。明白了死亡之恶,我们也就能够更深入的理解杀生之恶"。②

内格尔对这个问题的回答和我们常识对于死亡的回答是一样的,死亡是一件坏事。那么随之而来的问题就是:如果死亡从根本上就是一件坏事,那么死亡为什么是一件坏事?

---

① 我们这里所讨论的一个人生命死亡的价值是与这个拥有生命或者死亡的主体相关的价值,而不是他的死亡对于其他人的价值,或者生命死亡的客观价值。
② 程炼:《思想与论证》,北京大学出版社,2005,第195页。

【A】生命的好处

在内格尔看来,死亡是一件坏事,绝不是因为它的"积极特征",而是因为它是我们生命中好处的终结。关于生命的好处众说纷纭,归结起来大略如下:知觉(perception)、欲望(desire)、行动(activity)、思考(thought)。但是显然这些能力并不必然带来好的东西,比如人能看见东西是一件好事,因为能看到百花盛放,看到风华绝代,但是人也同样看到了疾病、贫穷、痛苦。有的时候如果一个人一生注定颇为不幸,他将承受更多的是后者,而不是前者。所以在内格尔看来这些所谓的好的东西,有些如果添加到人们的经历中去,会使生活更美好,有些如果添加到人的经历中去,会使生活更糟糕。在内格尔看来这些并不是问题的关键,关键在于:活着本身就是好的。这也可以理解木心所谓尽管往事中"大有不堪回首者","即使不给我逢凶化吉的特权,我还是愿意接受这个机会,再过一遍同样的生活——我也愿意了,也愿意追尝那连同整船痛苦的半茶匙快乐"。

这让人想起了维特根斯坦,濒死之际,维特根斯坦希望转告他的朋友,他度过了极为美好的一生。这让他的朋友马尔康姆甚感诧异:"当我想到他的深刻的悲观主义,想到他精神上和道德上遭受的强烈痛苦,想到他无情地驱使自己的心智,想到他需要爱而他的苛刻生硬又排斥了爱,我总认为他的一生是非常不幸的。然而在临终时他自己竟呼喊说它是'极为美好的'!对我来说这是神秘莫测而且感人至深的言语。"[①]也许对于这个疑惑我们可以用内格尔的观点来解释。

对这个观点,内格尔还做了两点补充:

1. 生活的价值与单纯的有机体的存活无关。相信大多数人都会对是现在就死,或者昏迷二十年之后再死这两者之间做选择而漠然置之。生命存在的本质特征在于融入到一种生活世界中去,去摩拳砥砺,否则,机体哪怕能千秋万载的存在,于机体本人无益。

---

① 马尔康姆:《回忆维特根斯坦》,商务出版社,2012,第90页。

2. 像大多数好处一样,生命的好处会随着时间的延续而水涨船高。活得越久生命的价值和意义会越发彰显,关于为何如此的问题似乎不再是一个哲学问题,更是一个社会心理学问题,但这个事实本身是毋庸置疑的。甚至,在内格尔看来这种时间数量的增加可以在时间上不是连续的(尽管连续性也有它的好处)。

谈论完了生活的好处是什么,那么死亡的坏处似乎就呼之欲出了。

【B】死亡的坏处

当我们谈论自己生活的好处的时候,我们会一一细数那些让我们欲罢不能的好处:某种状态,某些情况,或者某项活动。正是我们活着做某些事,有某种经验使我们觉察出生活的美好以及对它无穷的眷恋。但如果我们谈论死亡的坏处,那就是生活的"失去"(loss of life),而不是死后的状态(being dead),或者不存在的状态(nonexistent),或者无意识的状态(unconscious)。

所以必须廓清的一个问题是:死亡对一个人来说是一件坏事,并不是因为他比另外一个人死的更久。

如果我们谈论生活的好处,这件好事可以体现在生活的每一个方面,每一个细节。所以巴赫(活了65岁)相对于舒伯特(活了31岁)来说更幸运一点,这仅仅是因为巴赫比舒伯特活得更长。对于死亡却不同!莎士比亚和普鲁斯特都只活了五十多岁,但是莎士比亚比普鲁斯特早死了几百年,但我们并不因此就说,莎士比亚的死相较于普鲁斯特的死就是一件坏事。

综上所述,我们得出了如下的结论:死亡是坏事必是因为生命着是好的,死亡是相应的剥夺或者失去,死亡是坏事不是因为任何积极的特征,而只是因为它(剥夺)移除了很多值得我们希冀和向往的东西。

三、关于死亡是坏事的三个反对意见和内格尔的反驳

死亡的剥夺理论似乎很有说服力,但是它还是要面对一些古老论证的挑战,如下:

(A)某件事对某个人是否就是一件坏事,如果这件事确实没有引起他的不快?即某些事是坏事吗?如果这些被剥夺或者不存在的仅仅只是可能的好处,这些事也不依赖于当事人是否在意到(minding)这样一种"剥夺"。

(B)死亡,这个假定的不幸将如何完全降临到这个主体头上?这里问题有两个,一个就是承受死亡这个坏事的主体是谁?还有一个就是他何时承受死亡?只要一个人存在着,他就没有死,但一旦他死了,他就不再存在。所以,死亡这种不幸,似乎没有时间降临到那个不幸的主体头上。

(C)出生前我们不存在的和死后我们不存在了同样都是不存在,我们并不认为前者是一件坏事,那么我们也有理由认为死亡也不是一件坏事。

前面三个质疑中的前两个质疑都是对古希腊哲学家伊壁鸠鲁的下面这一段话的不同理解而已。

这是伊壁鸠鲁一段非常著名的谈论死亡的话:"因此死亡这种最可怕的恶,对于我们来说啥也不是,我们存在的时候,死亡还没有到来,而死亡到来的时候,我们已经不存在。所以无论是对活人还是对死人,死亡都不算什么,因为活人没有它而死者不再存在。"①

---

① Epicurus, "Letter to Menoeceus," trans. C. Bailey, *The Stoic and Epicurean Philosophers*, edited and with an introduction by Whitney J. Oates(New York, N. Y.: The Modern Library, 1940), p. 30 – 31.

【A】对上面一段话的一种理解是:"你所不知道的东西是不能伤害你的。"

伊壁鸠鲁是一个享乐主义者,而享乐主义的基本精神是,感觉上的快乐和痛苦是所有善恶的根源。所以伊壁鸠鲁的论证依赖着一个前提:"好或坏意味着有感觉(experience)",就是说,某个东西对于一个人是好事或是坏事,那么这个人能够感觉到这个东西。

对于伊壁鸠鲁的这个观点,我们可以从中找到如下论证:

(a)某些事情对于某人来说是一件坏事,只有当某人感觉到了这些事。

(b)死亡并没有为某人所感觉。(既然人已经死了,他根本就不能感觉任何事情)

(c)因而,死亡并不是一件坏事。①

1. 内格尔反驳了前提一,并以此推翻了整个论证。他反驳的方法是用反例来证伪它。在内格尔看来这个论证的意思是即使一个人被他的朋友出卖了,被他的朋友在背后嘲笑,一些人对他表面客气,背后诋毁,只要他最后还是懵然无知,且并不会因此遭罪,那么这就不能算是一种不幸。这就意味着如果一个人的遗嘱执行人对他的身后要求置若罔闻,那么他就不算受到了伤害,或者,他死了之后,所有人都一致认为,奠定他声名的那些文学作品都是他的一个28岁死于墨西哥的兄弟写的,那他也没有受到伤害。②

在内格尔看来如果我们被朋友欺骗和背叛,尽管他并不知情,但我们

---

① 对伊壁鸠鲁的文本还有一种相似的理解:(A) Something can be bad for you only if you exist. (The existence requirement) (B) When you are dead you don't exist. So (C) death can't be bad for you.

② "存在要求"的意思是:如果某事在时间T发生,而那时某人已经不存在,那么那人就不会被伤害(对他是一件坏事)。有感觉(experience)显然必须存在(exist),不存在就不会有感觉,在我看来这两种理解是相通的。

有理由认为他被伤害了。

【B】价值:相关性的性质(relational property)和非相关性的性质(nonrelational property)。

对于这第二个诘难我们可以通过下述论证来理解。

1. 如果某事是不幸,那么它必能置于某个主体之上(即经历那件事的那个人)和置于某段时间内(即主体经历那件事的时间)。(前提)

2. 如果一个人死了,那么他停止存在。(前提)

3. 如果某事物不存在,那么不幸就不能置于它之上(或者归属于它),那么也没有时间不幸置之于它之间。(前提)

4. 因而,死亡不能够置于一个主体和某段时间之内。(由2、3)

5. 因而,死亡不是一件坏事。(由4、1)

内格尔反驳了前提1,因而也推翻了整个论证。

关于死亡如果是一件坏事,那么承受这个坏事是谁的问题,内格尔并没有详细论述,似乎在内格尔看来这个问题并不难回答,死亡这件坏事的承受者就是死者本人,尽管死亡让他化归为无,但是他依然可以是价值的承担者。①

对于死亡是一件坏事,但似乎这个坏事没有一个确切时间的问题,内格尔对价值进行了深入的讨论以期来回应伊壁鸠鲁的挑战。在内格尔看来价值既可以是一种相关性的性质,也可以是一种非相关性的性质,两者按照具体的情况而定,并不相冲突。比如我现在感受到疼痛,疼痛现在对我而言就是一件坏事,现时的疼痛对我而言是一件坏事就是一个非相关性的性质,它只与我现时的感受相关。但是生活中有太多的事情,我们所认为它是好是坏,与某人在那个时间所处的状况,他自己的感受不尽相同。通常我们要俯览这个人的历史,才能够说这件事对他是好还是坏。

---

① Pitcher, G., 1984. "The Misfortunes of the Dead," in *American Philosophical Quarterly*, 21 (2): 217–225; reprinted in Fischer 1993, p. 119–134.

这种好和坏是前前后后诸多因素的好和坏的比较。比如我们也许认为生病是一件坏事,但是如果进医院之前,他的生命悬于一线,但是进医院之后身体逐步在恢复。所以他现在尽管还在病中,但相较于以前的状况,也算是好事了。

上述看法内格尔通过一个"剥夺"的例子来加以说明,这个被剥夺的严重性堪比死亡。假设一个原本聪明的成年人脑部受到重创之后,智商下降到了只有婴儿的水平,他所残留的对人生和世界的欲望可以从一个监护人那里得到满足,因此他不用再操心。这样一种变化在许多人看来都是一种严重的不幸,不仅对他的朋友和亲戚,或者对于这个社会是这样,更根本的,对于这个人自己也是一样。

但这并不是说一个可以轻易得到满足的婴儿就是一种不幸(《老子》:含德之厚,比于赤子。),一个原本智性的成年人蜕变为这样一种状态,才是这个不幸的真正主旨所在。对他我们深表同情,但显然他自己却并不以为然。

这个人遭到不幸的观点会遇到的反驳与死亡会遇到的反驳一样,即他不在意他的这个状况。事实上他现在这种状况和他刚出生三个月大的时候是一样的,只是形体更魁梧罢了。如果我们不对他小的时候抱有同情,为什么要对他现在这个状况要抱有同情?总之我们是在为谁感到遗憾?那个智性十足的成年人不见了,站在我们面前的只是一个和他相似的人,只要吃饱肚子和有一块尿不湿就欢呼雀跃了。

如果我们不再一门心思地专注于这个尺寸过于庞大的"婴儿",而是考虑曾经的他,现在本该什么样子的他,他的心智退化成现在实际这个样子,原本依循着自然规律的身心成长的戛然而止,这些构成了一个完全的智性上的巨大灾难。[①]

[①] Nagel, Thomas, 1993, "Death," in Fischer 1993, pp. 61 – 69. First published in Noûs 4.1 (1970): p. 73 – 80. Also reprinted in Nagel, Thomas, *Mortal Questions*, Cambridge: Cambridge University Press, 1979.

这件事使我们信服把会降临到一个人头上的好处和坏处限定为会在特定的时间属于他的不相关联的性质是武断的。①

所以伊壁鸠鲁的错误在于他把好和坏、损害和收益局限于痛苦和享受之上,未能把源自未得到满足的可能性或者希望而来的坏处考虑在内。

以此,限制不仅排除了诸如显而易见的退化这样一些事件,也包括关于成功和失败什么是重要的和作为一个有变化过程的一个生活的其他特征。②

一个人的生活包含着太多东西并不在他身体和心灵界限之内发生,发生在他身上的也包含着太多不在他的生活的界限之内发生。这些界限通常会被像被欺骗或者被歧视或者被背叛的不幸所跨越。(如果上述论断是正确的,便可以简单说明违背临终诺言为什么不对。这是对死者的伤害。在某种意义上,不妨认为时间是另一种距离)。心灵退化的例子告诉我们坏处依赖于现实和可能的选择之间的比照。某人作为好事和坏事的主体,是因为他有受苦和享受的能力,也是因为他抱有可能或者不可能满足的希望,或者可能或者不可能实现的可能性。如果死亡是一件坏事,他必须基于以上这些理由,而这个坏处不能放置在生命之中不应该让我们有所困窘。③

正如之前那个退化为婴儿的例子,它和死亡非常的相似,既然我们有关于死亡伤害的时间段的安置问题,自然我们也要问:脑部伤害对于他来说是一件坏事的时间是?我们没有理由为现在的他感到遗憾,因为他现在很怡然自乐,而之前那个智性十足的成年人也不再存在了,我们也不必要画蛇添足地感到遗憾,所以在内格尔看来,把它看成一种不幸的正确路径应该是:"考虑曾经的他现在本该什么样子。"

---

① 同上书,第6页。
② 同上书,第6页。
③ 同上书,第6页。

【C】这种方法（即"Deprivation Approach"）也为由卢克莱修提出的"时间不对称问题"提供了解决方案。

在《物性论》第三卷中,卢克莱修说道:

回头瞧瞧,那些我们出生之前的永恒的时间的过去岁月,
对于我们如何不算一回事。
并且自然拿这个给我们作为镜子,
来照照我们死后那些未来的时间。
难道里面有什么东西显出这样可怕?
难道一切中有什么东西那样悲惨?
难道它不是比任何睡眠更平静更好?①

也许卢克莱修试图向我们表明惧怕死亡是没有道理的。也许卢克莱修只是试图说明死亡对我们不是一件坏事,也许他是劝我们在死亡面前表现得更淡定一点,也许还有其他吧,他的真正意之所在我们不清楚。但普遍认为他的这段话里面包含着如下论证:

（1）我们出生之前不存在,对我们来说这不是坏事。

（2）死后的不存在只是出生之前不存在的时间镜像而已。

（3）由（1）和（2）,那么死后的不存在对我们来说也不是坏事

（4）如果死后的不存在对我们不是坏事,那么对死亡的恐惧是没有道理的。

（5）因而,惧怕死亡是没有道理的。

卢克莱修的论证似乎很有道理,生前和死后的两段时间都是经验的空白,而且生前的不存在所包含的对生活的"剥夺",似乎和死后的不存在所包含的对生活的"剥夺"是同样的:一个人如果比他实际的出生时间

---

① 卢克莱修,方书春译:《物性论》,商务出版,1981,第 173－181 页。

早出生了,似乎他就能够多享受这段时间给他带来的生活的好处。既然他没有早出生,那段没有早得时间某种意义上不就是对他的一种剥夺吗?正如死亡对人的那种剥夺一样。但我们扪心自问总会觉得似乎不是这样的,我们直觉上并不这么认为或者这么想。我们大多数人对出生之前的那无限时间基本上是无所谓的,但是对死后的时间,自己灰飞烟灭了,而世界依然如故,却觉得难以忍受。我们应该怎么来驳斥卢克莱修的对称论证呢?

内格尔认为生前和死后的这两段时间是有区别的。"两段时间之间的区别解释了为什么我们有理由要对它们分别对待。"①的确,不管是出生之前的时间还是死亡之后的时间,这两段时间他都不再存在了。但是他死后的时间是他被他的死亡剥夺的时间,这个时间,如果他那时候没有死,他就会鲜活地存在着。所以任何死亡都蒙受着某些生活的损失,如果那时候没有死或者之前没有死,受害人将会过这样的生活。我们都很了然,如果是拥有它而不是丧失它会是怎样,而且要确认那个受损者毫无困难。

但是我们不能说如果一个人不是那时出生,而是早就出生,那么这两者之前这段时间差,他是原本可以生活着的。因为除了早产所允许的很短的时限外,他不可能被更早地生出来:任何人出生时间若大大的早于他原本出生的时间,将会是另外一个人了。因而他出生之前的时间,并不是他后来的出生阻止了他生活的时间。他的出生发生时并不包含他的任何生活的丧失。

四、对内格尔回应的再回应

【A】内格尔对第一个问题的反驳似乎无懈可击,的确"你所不知道的

---

① 卢克莱修,方书春译:《物性论》,商务出版,1981,第7页。

东西不会伤害你"（或者更准确地说："一件事对某人而言不是一件坏事，只要这件事没有对他造成任何不愉快的体验"）这个前提假定太强了，有很多事情，尽管没有给我们造成任何不愉快的体验，我们还是认为它是一件坏事。比如朋友的背叛。但是如果我们把这个前提弱化一下，似乎我们就可以击退内格尔的反驳，即：一件事情对某人而言是坏事，只要这件事可能对他造成任何不愉快的体验。内格尔所举的例子似乎就不能反驳这个前提了，因为他所举例子中那个被背叛的人是有可能性发现自己被朋友背叛了，从而会有不愉快的体验。而死亡排除了发现背叛和体验为坏的可能性，所以死亡不是一件坏事。

【B】内格尔对第三个问题的回应他自己也不是特别满意。"（卢克莱修的）论证太诡辩了，以致于我们不能够解释我们对于生前的不存在和死后的不存在两者态度的简单差别。"①之所以不满意，是因为内格尔的反驳依赖的前提是：一个人逻辑上不可能比他出生的时间早出生太久，反之，一个人逻辑上却有可能相较于他死的时间活得更久。以此，内格尔认为我们为一个必然错误的假定的不正确感到遗憾显然是不必要的，所以我们的不对称态度是合理的。显然这个所依赖的前提是有问题的。是否比我们实际出生的时间早出生很久在逻辑上不可能的？关于这一点我们并不清楚。为什么老子就不能（逻辑上）比他实际出生的时间早生二十年？为什么一个人实际出生的时间确然就是一个人的本质特性？给定的这个实际出生时间的本质性是一个有争议的形而上学的论断，用它来并不足以解释我们直觉上对于这两段时间的不对称态度。内格尔举了 Robert Nozick 提出的一个例子来解释他的疑惑：也许有一天我们会发现我们是由在我们出生之前就已经存在了无限久远的时间（假设是几千年吧）

---

① Nagel, Thomas, 1993, "Death," in Fischer 1993, pp. 61 – 69. First published in Noûs 4.1 (1970): p. 73 – 80. Also reprinted in Nagel, Thomas, *Mortal Questions*, Cambridge: Cambridge University Press, 1979.

的孢子发展而来。人死之后,孢子就永恒结束存在了,所以人一般不能在孢子永恒结束存在之前 100 年出生,但这时我们发现一种方法,可以刺激孢子过早孵化,于是人就生了出来。以此,我们是不是就可以认为人在出生之前已经有了几千年的实际生活了。假定有这种情况,就有理由相信一个人可以早几千年出生。所以一旦别人拒绝内格尔的那一个假定,内格尔对卢克莱修的反驳也就不为他所接受了。在最后内格尔说:"我猜想需要全面探讨一下我们对待自己生活的过去和未来的不同态度。"

(原载《天涯哲学文存》,复旦大学出版社,2014 年)

奥斯汀的偏离

——《劝导》第二部第九章解读

赵 林

作者简介

赵林,1979年2月出生于河南省南阳市,首都师范大学哲学系硕士在读,主要研究领域政治哲学、经学。在《古典研究》(香港)等期刊发表论文数篇。

夫妇之际,人道之大伦也。

——《史记·外戚世家》

那些幸运地对简·奥斯汀比对陀思妥耶夫斯基有一种更自然的喜爱的现代读者,会特别地比别的读者更容易接近和理解色诺芬,他们只需把对哲学的爱和他们的自然偏好结合起来。

——《论僭政》

在奥斯汀(Jane Austen)《劝导》(*Persuasion*)的读者中,据说对史密斯太太(Mrs. Smith)的部分(主要是小说第二部第九章)发生疑惑的人为数不少。[①] 那么,是否真像这些目光如炬的读者(其实主要是研究者——学者)所看到的那样,这部分是小说的瑕疵呢?如果真如这些学者所言,无外乎两种可能:要么奥斯汀一时犯了胡涂,写下了败笔;要么这部分系他

[①] 参考《〈劝导〉中的哲学修辞》一文,见刘小枫主编:《古典诗文绎读·西学卷·现代编》(下),华夏出版社,2008,第143页。中译本常将《劝导》分为上下两部,本文写作主要依据中译本,故从之。

人篡改甚至篡入,并非奥斯汀的本意。

在我看来,这两种可能都微乎其微,第二种可能需要以大量版本、笔迹等考据为证,自然要交给有考据癖的专家们来回答。① 在这里,我主要响应第一种可能,并试图理解,如果关于史密斯太太的部分并非作者的败笔,那么,奥斯丁何以写下这一章?她的意图何在?

《劝导》共两部,每部十二章,史密斯太太的一章处在临近结尾的地方,从位置上看重要性不言而喻,从内容上说更是如此。小说的故事始终围绕安妮(Anne)与温特沃斯上校(Captain Wentworth)之间或隐或显的感情线索展开,艾略特先生(Mr. Elliot)的出现,使故事变得复杂,在即将结束之际,安妮几乎已经处在难以抉择的位置,读者也会跟着着急,安妮到底是选择温特沃斯上校,还是选择艾略特先生,这是个问题。而在这一章中,史密斯太太的陈述暴露了艾略特先生的"真面目",使选择难题轻易化解,小说也迎来了自己的光明结尾。

史密斯太太首次出现在第二部第五章,在她正式出场之前,小说使用了以下语言对她进行了介绍:"不同气质的故友","过去对安妮非常友好,而眼下境况又很悲惨","曾在安妮一生中最需要帮助的时刻给了她友谊","她处处帮助安妮,对她十分体贴,大大减轻了安妮的痛苦"。我们稍加审视便不难发现,作者似乎有一个小小的疏忽,作为主人公安妮的的朋友,作者并未真正介绍史密斯太太的品性,只是陈述了她对安妮的仁慈。除了语境作用外(此处对史密斯太太的介绍是由安妮引出的,因此着重讲她与安妮的关系),是否还意味着作者的一种保留——暂时保留了对史密斯太太自身德性的评价。②

同样耐人寻味的是,接下去作者描述了安妮对此的反应:"安妮一想

---

① 据奥斯汀的侄子回忆,奥斯汀对《劝导》的原结局不满,曾重写了最后两章。如此精益求精,疏忽的可能性很小。(参朱虹编选:《奥斯汀研究》,中国文联出版公司,1985,第3页。)

② 试比较拉塞尔夫人出场前作者的介绍:"明达事理、受人爱戴","性格坚强"。

起这段往事,总是难以克制内心的激动。"①在整部小说中,安妮的性格冷静克制,能够使她感到激动的,除了温特沃斯上校,似乎只有这位史密斯太太了。这一点再次说明,史密斯太太地位非常重要,关于她的事绝非可有可无,更不会是疏忽大意。"激动"这个语词也为本章定下了调子,因为整部小说保持了奥斯汀的一贯风格——温和克制,本章则显得有些不同。

在安妮见到史密斯太太之后②,透过安妮的眼睛,作者开始"直接"描述史密斯太太的性格:

> 安妮发现,史密斯太太还跟过去几乎完全得到她信赖时一样通情达理,态度和蔼,而且出乎安妮的意料,她还喜欢交谈,为人开朗。无论是流逝的岁月——她的确历尽沧桑——还是目前的困苦,无论是疾病,还是忧愁,都没有使她变得性格内向或意志消沉。
>
> ……
>
> 安妮看着,观察着,思考着,最后得出结论:这不仅仅是坚强或听天由命。逆来顺受者可能善于忍耐,深刻的理解力能使人表现果敢。史密斯太太还不止这些。她具有应变能力,易于使自己得到慰藉。她能迅速将坏事变成好事,只要有事可做,她的烦恼便一扫而光。这完全出于天生的气质,是上天最好的赐予。③

最后一段话不能不让我们想起色诺芬(Xenophon)的教诲:"记住好的事情而不是坏的事情,那既是高贵的,又是公正的;既是虔诚的,又是更令人愉悦的。"④这样看来,史密斯太太似乎符合古典哲人笔下的理想形象,

---

① 原文语句是"……could never be remembered with indifference."似译作"总是不能无动于衷"更贴切。

② 一位给予安妮特殊帮助的朋友,两人之间竟然有十二年没有见面,似乎也没有通信联系,作者并未交待原因,这一点显得颇为奇怪。

③ 奥斯汀,裘因译,《劝导》,上海译文出版社,2008,第166—167页。本文《劝导》译文均引自该书。

④ 色诺芬,《苏格拉底往事录》(*Memorabilia*),转引自施特劳斯(Leo Strauss):《论僭政》(*On Tyranny*),华夏出版社,2006。

她的节制因出乎天性而显得更加高贵。

我们不免再次想起安妮的性格特征:温和克制①。作者在安妮出场时介绍说:"她人品高雅,性格温和。"那么我们有理由相信,由安妮到史密斯太太,至少从文本表面来看,是一次上升;然而作者似乎意犹未尽,紧接着又带领我们见识了一位更高的人物:鲁克护士(nurse Rooke)。据史密斯太太说:

> 这是一位精干、聪明、通情达理的女人。她的长处是看得透人的本性。她为人明智,善于观察。作为一个伴侣,她与成千上万受过"世界上最良好教育",但对值得注意的事物却一无所知的人相比,不知要强多少倍。

"看得透人的本性"、"明智"、"(知道注意真正)值得注意的事物",这些语词怎么看怎么像是在描述一位哲人,我们没有理由不认为这是作者带领我们所作的第二次上升。事实果真如此吗?我们无法判断,因为接下去作者没有对鲁克护士花太多笔墨。不仅如此,史密斯太太也并未因其高贵品性一经作者写出,立即占据作品重要人物的位置,事实上,在第五章作者对她做了正面描述之后,她只出现了两次。一次出现在安妮势利的家人所作的刻薄评论中(第五章),第二次是安妮为了推迟与她的约会去向她道歉,两人的交流只有短短的几行字(第七章末尾)。这使得这一人物仿佛空穴来风,多少有些突兀,我想这也是读者和研究者认为这是一个败笔的重要原因。然而应该想到,之所以如此至少有两方面原因,一是史密斯太太的客观情况使然,残疾和生活困窘使她无法经常出现在安妮所属的社交圈中,二是这个人物所起的作用(使命)使作者不会将她放置在聚光灯下。后者的原因我们下面将会看到。

---

① 与奥斯汀小说风格一致,也可见安妮是奥斯汀笔下的理想形象。参奥斯汀1817年3月13日写给友人的信:"你也许会喜爱那位女主人公的。在我看来,她几乎是一个完美的女性。"(转引自《劝导》,第5页)

现在，我们不得不回过头去，看一看书中所提到的另一位重要人物：艾略特先生。虽然本文的篇幅限制使我们不可能全面考察与安妮有关的几个重要人物，但对艾略特先生还是不得不花些笔墨，因为如前所述，尽管史密斯太太的品性在安妮的眼中显得极高，但她在作品中所起到的客观作用，主要是证明了艾略特先生的不堪，从而解决了安妮的选择难题。

自艾略特先生出现后，得到的几乎都是正面评价。彬彬有礼、大方和气、聪明而有洞察力，诸如此类。最高的褒奖来自拉塞尔夫人（Lade Russell）：

> 她（指拉塞尔夫人）无法真正找出一个更为和气、更值得尊重的人。他身上包容了一切良好质量：善解人意、见解精辟、通达世故、为人热心。他有强烈的家族感情和家族荣誉感，既不骄傲，也没有明显的弱点。他过着一种富有而慷慨的生活，但不摆阔气。他对一切重大的问题都有自己的见解，但在世俗礼节方面从不违背公众的舆论。他坚定、细心、温和、公正，从不因为情绪不好和私心而发脾气——尽管有人会以为这是感情坚强的表现。但他对可亲可爱的事情很敏感，很珍视幸福的家庭生活——自以为热情奔放和性格异常冲动的人不大会真正具有这种品德。

从言辞上看，这段评价与安妮对史密斯太太的评价颇有近似之处——都近乎完美。从位置上看，拉塞尔夫人对艾略特先生的这番评价恰恰出现在安妮去探访史密斯太太之后，也就是说，与前面引述的安妮对史密斯太太的评价前后相接。那么，拉塞尔夫人与安妮，谁的眼睛更可靠？紧接着拉塞尔夫人的评价，是安妮对艾略特先生的两点担忧：一、艾略特先生的过去令人怀疑；二、艾略特先生不够坦率：

> 他从不对别人的好坏表示明确的好恶，从不表露极强烈的愤怒或高兴。安妮认为，这是个重大的缺陷。她早期的印象无法磨灭。她珍视直率、坦荡、热情的性格，认为这高于一切。激情和热忱仍然

使她着迷。……她宁愿信赖这些人的真诚,而不愿相信那些总是十分镇定自若、说话得体的人。

在第三章和第四章,安妮也曾流露出对艾略特先生的担心,一是怀疑他为何事隔多年之后重新与自己家人亲近,二是觉得他比自己更看重关系和地位。考虑到后面的故事发展,第二点基本上回答了第一点疑问。同样,如果过早地联系故事的结果,上面提到的艾略特先生的过去看上去是导致他失败的原因(安妮没有选择他),但细加审视不难看出,即使他没有这样的过去,即使他像拉塞尔夫人描述的一样,安妮同样不会选择他。这样说来,真正令他失败的是他的性格。既然艾略特先生不够坦率,过于世故的性格已使安妮否定了他,为什么还要写接下去的第九章呢?我们带着这个问题,先看下第九章的内容。

第九章一开篇,作者又把艾略特先生与史密斯太太并置在一起:安妮事先答应去看史密斯太太,才避开了艾略特先生的来访。作者首次明确提到:"安妮对艾略特先生颇有好感",她"感激他,尊重他,也许还同情他"。

史密斯太太先后对艾略特先生有两次评论。在她以为安妮要嫁给艾略特先生时,她告诉安妮:

虽然我不能称他为我现在的朋友,但请让我为我过去的朋友说几句好话。你在哪儿能找到更合适的对象?你在哪儿能见到更有绅士风度、更可爱的男人呢?

……

在一切世俗的事物方面,你都将万无一失。你对他的性格也可以放心。任何人也不可能将他引入歧途,没有人能使他走上毁灭的道路。

在得知安妮并未打算嫁给艾略特先生后,她给出的评价是:

艾略特先生是个没有心肝和良心的人,是个诡计多端、谨小慎微的冷血动物。他只考虑自己,为了自己的利益和舒适,只要无损于他的声誉,什么残酷或背信弃义的事情都干得出来。他对别人毫无同情心。他会无动于衷地抛弃那些主要因为他而破产的人。他没有任何正义感或同情心。啊!他非常卑鄙,既虚伪又卑鄙!

对于这一变化的原因,史密斯太太给出的解释是起初她认为安妮一定会嫁给艾略特先生。作为读者,我们自然想到,既然是朋友,既然史密斯太太认为艾略特先生这么恶劣,为什么不向安妮揭破这位艾略特先生的"本来面目"?文本不忘交待一个细节:史密斯太太并不确定两人已订婚,那么为什么会认为安妮必将嫁给艾略特呢?消息主要来自先前提到的那位看护——鲁克护士。此刻联系史密斯太太对鲁克护士的崇高评价,实在让人怀疑史密斯太太的眼光大有问题。检视文本不难发现,这位"明智"、"能看透人的本性"的鲁克护士给史密斯太太带来的消息往往无关人的本性,更多的是社交场合一些浮华的人与事。史密斯太太说:

> 我只能把他当成你丈夫来谈论,哪能说实话呢。其实,我提到幸福的字眼时,我的心在为你流血。不过,他聪明而又讨人喜欢,同你这样的女子生活在一起,并非绝对没有希望。他对前妻非常不好。他们生活在一起十分痛苦。不过,她十分无知,为人轻浮,不值得尊敬,况且艾略特先生也从来没有爱过她。我原来是希望你的命运会好一些。

看完这段话,难免让人觉得别扭。史密斯太太说这段话时的缠绕委曲,更令人怀疑她自己是否相信自己的说辞。史密斯太太之所以认定这桩婚姻会实现,除了鲁克太太提供的错误信息,另一个不大不小的原因是她自己希望通过安妮对艾略特先生施加影响,帮助自己解决财务问题。那么安妮听到这番话有何反应呢?小说写道:"安妮刚在心中承认有可能受人影响而嫁给艾略特先生,就因想到必然会带来的悲惨结局而不寒而栗。"尽管这里说的"别人的影响"主要指的是拉塞尔夫人,但是联系史密斯太太刚刚提到的,两人的结合"并非绝对没有希望",安妮想到的却是

"必然会带来的悲惨结局",那么,安妮的不寒而栗中恐怕包含了一丝对史密斯太太的失望,然而作者并未写出。我们马上想到,真正能做到忘记不好的事情的,当然不是史密斯太太,也不是安妮,而只有奥斯汀。

那么,引起史密斯太太如此气愤的艾略特先生的主要"罪行"是什么?文本中明确提到两点:一是艾略特先生对史密斯先生(Mr. Smith)的挥霍无度未加劝阻,反而竭力怂恿;二是史密斯先生曾指定艾略特先生为遗嘱执行人,艾略特先生并未接受。至于艾略特先生的拒绝究竟给史密斯太太带来了什么困难和灾祸,文中并未明说。鉴于"竭力怂恿"是出自史密斯太太之口,我们无法保证其客观性。只是可以想到,艾略特先生与史密斯先生本就是一对一起玩乐的朋友,挥霍是他们的习惯,所以在史密斯太太看来,"未加劝阻"其实就等于"竭力怂恿",他的无所作为也就是他对朋友犯的罪。至于第二点,如果艾略特先生接受了史密斯先生的请求,成为遗嘱执行人(显然是个麻烦的任务),可以说他是一位急朋友之难的义人,而他没有接受,似乎只能说明他是个损友[①],而无法证明他的本质有多坏。我们发现史密斯太太的评价显然太过情绪化,粗看上去这种情绪化的判断与前面安妮对史密斯太太的高度评价有矛盾,但实际上却是统一的。第五章提到史密斯太太一度"几乎完全陷于绝望",但最终还是挺过来了,而且认为自己遇到了好人,觉得当时的困难处境对自己颇有好处。这说明她确实"易于得到慰藉",能够将坏事变成好事,也说明安妮的眼光没有问题。那么奥斯汀何以让史密斯太太在这里偏离节制,从而看上去失去了高贵?如前面提到的,真正接近色诺芬的是奥斯汀,我们先前由安妮对史密斯太太的评价联系到色诺芬确属操之过急,然而作家写出史密斯太太的激动情绪,是否意在把她放到古典美德的对立面进行批评?我们不要忘了史密斯太太的具体处境,她的丈夫与艾略特先生

---

① 《论语·季氏》:"孔子曰:'益者三友,损者三友。友直,友谅,友多闻,益矣;友便辟,友善柔,友便佞,损矣。'"

是最要好的朋友,她的期许和批评都是在友谊的前提下发出的。一方面为了表明史密斯太太的指责不无道理,另一方面似乎为了纠正情绪化的印象,奥斯汀让安妮也对艾略特先生的行为给出了评价:

> 艾略特先生显然是一个诡诈、虚伪、老于世故的人。除了自私,他从来不曾有过任何更好的处事原则。

相比之下,安妮的评价显然更加理性。细加审视不难发现,"诡诈、虚伪"主要是在与史密斯太太交谈的语境中自然说出的,而艾略特先生的主要问题在于自私。

读到这里,总会觉得这故事在哪儿见过。是的,《诺桑觉寺》(Northanger Abbey)。尽管故事更加复杂,头绪更加繁多,但多少是有些相似。《诺桑觉寺》中,凯瑟琳(Catherine)偶然交了一个好友伊莎贝拉(Isabella),而这位伊莎贝拉正像如今的艾略特先生,热衷追逐利益,伊莎贝拉本来与凯瑟琳的哥哥订婚,后来遇到了更加有钱、有地位的蒂尔尼上尉(Captain Tilney),试图与蒂尔尼上尉结合,只是未能成功。在《诺桑觉寺》中,当伊莎贝拉刚刚表现出对蒂尔尼上尉过度的好感时,主人公凯瑟琳已经离开了那里,作者的视角随之转移,我们无法得知详情。凯瑟琳哥哥的角色就像现在的史密斯太太,作者没有让他像史密斯太太一样控诉朋友(爱人)的背叛,他只给凯瑟琳写了一封短信,不愿提到自己受伤害的详情。伊莎贝拉在抛弃自己的未婚夫,试图投奔别人的怀抱时,无疑是无耻的,然而作家并未在此满足我们过度的道德愿望,充分展露伊莎贝拉的丑态,而是故意挪开了视线,任何一个细心而善良的读者都会感觉到作家的温厚和智慧。两个故事对比,可以看出,《诺桑觉寺》显然更加符合节制的美德。这样说来,《劝导》至少有两处使我们震惊,一是史密斯太太对艾略特先生过于激烈的指责,不符合奥斯汀小说一贯的温文尔雅,不仅使笔下的人物偏离了作品中的评价(安妮对史密斯太太的评价),使作品本身也显得离开了中道；二是安妮对激情和热忱的重视，显得是对古老传统的反对。现在我们先考察第一点，如果仅仅是故事发展的需要，因为已经设置了艾略特先生，给主人公设置了选择难题，要使难题在故事结尾得以解决，只能用史密斯太太的遭遇来消除读者和主人公共有的焦虑，那么肯定会像学者和评论家们一样，认为这是一个败笔。奥斯汀这样一个以冷静克制著称的作家为什么会在晚年发生这样的偏离，是对世事的看法有了改变？现代的聪明的研究者或许还会发现，是作家身体的原因，使她的心态不再平和。但那不是我们要考虑的因素。我们不妨打量一下我们所处身的现代社会，再看看艾略特先生这样的人物，或许更容易理解作家的苦心。

艾略特先生的特点是永远在追逐利益。① 一个人替自己打算没有错，某种情况下还堪称明智，文中就不止一次提到他的聪明（明智），但他的明智仅仅体现在永远为自己的利益打算。如果说温特沃斯上校是某种新人的代表②，那么艾略特先生同样如此，而且是更为彻底的新人。与陀思妥耶夫斯基（Фёдор Михайлович Достоевский）笔下的新人相比（如《群魔》[Бесы]中的彼得·斯捷潘诺维奇[Пётр Степанович]），艾略特先生行事同样没有宗教—道德顾忌，只是少了一些理想抱负。这种人在奥斯汀的时代或许是刚刚崛起，成为新兴的社会阶层，然而今天已经大行其道，充斥着整个社会。他们的追求和价值观已经不需要遮遮掩掩，变得越来越具有"正当性"。史密斯太太在讲述早年与艾略特先生的交往时说：

> 对活在世上的人来说，一个男人或女人为了钱而结婚的事太平常了，不会对此感到应有的惊讶。……当时我并不觉得艾略特先生的行为有什么可指责的。人们认为，"为自己寻找最好的出路"是一种本分。

乍一看，这些话很像是在写当下的社会状况，今天恐怕很多人都不再认为艾略特先生的行为有何不当，我们会为他辩护，他顶多算个损友，而

---

① 见第十六章史密斯太太说艾略特先生："钱，钱，他要的就是钱。"
② 《古典诗文绎读·西学卷·现代编》（下），第132页。

损友当然不一定是坏人。"为自己寻找最好的出路"不仅不需要被指责,甚至已经成为成功人士的一种标志。① 其实这种人自古以来就代不乏人,只是从来没有像现代社会一样,获得了自然正当性,变得理直气壮。甚或有的聪明的现代读者会对史密斯太太感到厌烦,是你自己的丈夫太过愚蠢,却把罪过归到朋友的身上。这也正是使奥斯汀这一写法显得颇为危险的原因所在,史密斯太太的观点确实代表了世俗的道德,在这里,奥斯汀把目光从高处降下来,站在普通民众的角度审视新的行为准则,不能不让人替她捏了一把汗。奥斯汀所处的时代,正是启蒙思想日益大行其道之时,知识分子以蔑视、挑战世俗道德为荣,奥斯汀这样做,显得是逆历史潮流而动。今天,许多更勇敢的知识分子更进了一步,以提到道德为耻,认为那是幼稚和浅薄的表现。果然,奥斯汀的小说被许多人视为浅薄。从某种意义上来说,启蒙时代的特征之一是明智与道德之间的差距被人为拉大,原有的张力被撕裂为悬隔的、两不兼容的事物,知识者以矫俗为能。奥斯汀的伟大之处就在于她勇敢地选择了居间的位置(更多地出乎她的天性),偏爱作两者间的黏合剂。② 看奥斯汀的小说,最打动人

---

① 值得注意这样一个细节,当艾略特先生知道安妮对史密斯太太的探望时,似乎感到由衷的高兴,这表明他不认为史密斯太太的存在对自己构成什么威胁,这显然不是因为愚蠢,因为他很聪明,尤其在与自己利益相关时(也并非出于掩饰的伪装,因为后文提到,当安妮已经知道他的所做所为、对他感到厌烦时,他还试图引起安妮的注意,使安妮知道他是从史密斯太太那儿知道安妮的。),只能认为他确实没有这方面的道德顾忌,他根本不认为自己当年所做所为有什么大的错误,可以想象,他甚至也不认为史密斯夫妇会抱怨他,因为他只是在为自己打算。

② 正是从这个角度,文本一再提醒我们注意奥斯汀作品与色诺芬在质量上的相似。表达这种相似性的语词,似乎莫过于中庸一词:"中庸之为德也,其至矣乎。"(《论语·雍也》)无论人的感情、行为,还是作品的美,无不合乎中道。缺乏现代作品的犀利、深刻,也使她易于被轻视。奥斯汀终生书写男女恋爱—婚姻之间的那点事,是因为她深谙人世生活的本质,这一点使她在许多方面都像是中国古典政教诗人的知音。除"题记"引《史记·外戚世家》外,经传之中比比皆是:《礼记·中庸》:"君子之道,造端乎夫妇,及其至也,察乎天地。"《易·序卦传》:"有天地然后有万物,有万物然后有男女,有男女然后有夫妇……有上下然后礼义有所错。"尤参《韩诗外传》卷五"《关雎》何以为《国风》始"章。

的就是作品背后作者审视世界的眼睛,那双眼睛洞悉世事,但又不因此变得凉薄。① 她几乎从不直面丑,如果她真的是道德情感过胜,那么她大可以尽情描述反面人物(如伊丽莎白和艾略特)的丑态,另一方面在他们的打算落空以后会尽情地予以嘲弄,甚至会让他们痛哭流涕,忏悔自己的罪行,但在奥斯汀的作品中找不到这些。她爱惜自己的笔墨,甚至都不会让我们看到反面人物失败后失落的样子。因为她知道,人的本性难以改变,"一代过去,一代又来"(《旧约·传道书》),总是要有这样的人。而我们又恰好生活在这样一个世界上,怎样的活法才更好?"记住好的事情而不是坏的事情,那既是高贵的,又是公正的;既是虔诚的,又是更令人愉悦的。"除了色诺芬这句话,我们找不到更贴切的解释。明白了这一点,自然能够理解奥斯汀何以始终未将史密斯太太放入主要场景,因为她不会让史密斯太太真正进入安妮的生活圈子,更不会让她与艾略特先生打照面。最后,我们也不应忽视前面留下的一个细节:奥斯汀为何给史密斯太太安排了那次似乎并未达到的上升?我认为这正彰显了奥斯汀思想的深微之处:她既不愿明智把道德踏在脚下,也不会把世俗道德拉到它所不应有的高度,而是尽量各归其正。通观全书,她并未将史密斯太太放在至高处,②也就意味着,她没有把世俗道德放在至高处,由此也可看出作者如何看待史密斯太太过度的道德激愤:她对这个人物和她所代表的德性有所保留。我想这就是她之所以对史密斯太太和鲁克夫人作出不易理解的赞扬的原因:从文本来看是上升,实际上德性在往下走。

当然,我们也不会忘了本书的主题:"劝导"。奥斯汀偏爱在书中对古老的美德进行辨析,在她的笔下,任何一种美德都处身具体的生活事件中,也就具有了美德本身如其所是的复杂性。出于审慎,一个明智而温和

---

① 试比较国人喜欢的张爱玲。
② 小说结尾,安妮与温特沃斯结婚后,温特沃斯上校帮助史密斯太太解决财务问题,"充分报答了史密斯太太过去给予或打算给予他妻子的帮助"。"打算给予",应该理解为善意的嘲讽而非批评。

的人自然应该乐于接受朋友(父母、上司、下属)的劝导,但在本书中,安妮遇到的两次劝导都是错误的。如前所述,安妮因对激情和热忱的重视使她看清了艾略特先生,这一点看似是对中道的偏离。① 如果据此认为作者有意识在教导新时代的人们要敢于冲破传统,从而给奥斯汀添加上现代色彩,那就错了。结尾处把这一表面的偏离又扳了回来:"我虽然经受了不少折磨,但是当时我听从朋友的劝告,是正确的,是完全正确的。……我并不是说,她的劝告没有错。也许,在这种情况下,劝告好坏与否,要由事态发展来决定。至于我个人,在任何类似情况下,决不会提出这样的劝告。"②这是奥斯汀小说中最富有政治哲学意味的话,今天经受个人自由洗礼的作家们很难写出这样宽容而富有智慧的句子。审慎并非教条,安妮的激情和热忱并未破坏这种美德,因为她的激情不是盲目的。奥斯汀乐于在作品中探讨美德的复杂性,我想这正是因为她深明文明的"暧昧品性"③。透过安妮这段特别冷静的话,我们可以看出,她所以获得幸福,显然不光是靠激情和热忱,最终使她做出正确判断的,还有明智,这使摆脱了艾略特先生[包括伊莎贝拉和蒂尔尼上将(General Tilney)]的庸俗品质的明智又一次占据了上风。

(原载《古典研究》2012春季卷,香港)

---

① 联想夏洛蒂·勃朗特对奥斯汀的著名差评:"她不用任何强烈的东西来骚扰她的读者,不用任何深刻的东西来使他不宁。她全然不知激情为何物,她甚至拒绝同那些性情暴烈的姐妹有泛泛之交。"不能不佩服勃朗特眼光犀利——她准确地看出奥斯汀缺少什么,但又让人惋惜勃朗特的偏狭——她不知奥斯汀为何不写这些。

② 我们现代的文学研究者从中读出的是什么?据说,他们看出,奥斯汀劝诫女性在婚姻中一定要重视对方的财产。这恰恰说明我们现代人的灵魂已经变得何其鄙俗。但鉴于奥斯汀一贯的复杂性,她显然没有教导要轻视婚姻中的财产。不妨说,她给了财产在婚姻中应有的位置——正如在《劝导》中,她给了激情应有的位置。

③ 参见《显白的教诲》一文,见施特劳斯,郭振华等译:《古典政治理性主义的重生》,华夏出版社,2011。

编后记

首都师范大学哲学系是一个年轻的哲学系。从上世纪80年代发展至今，风风雨雨，她终于走过了第一个十年。十年虽短，却是老一辈学者们浸润了生命、付出了青春的里程碑，也是青年学者继往开来的起跑线。"滋兰九畹，树蕙百亩"（引自屈原《离骚》）当有此意。值此首都师范大学哲学系十周年之际，我们特地编辑了《树蕙集·内篇》和《树蕙集·外篇》，以展示这个年轻的哲学系薪火相传的决心，展示年轻学者们在这个大家庭里的活力。

《树蕙集·内篇》展示了首师大哲学系十年之间在编教师13人的代表作，以副教授两篇、讲师一篇的原则共收录论文18篇；《树蕙集·外篇》展示了首师大哲学系十年之间毕业学生（包括本科生、硕士研究生、博士研究生和博士后）28人的代表作，以每人一篇的原则共收录论文28篇。文章呈现出我们青年学者队伍的精神风貌与科研水平。

这些青年学者大多是70后和80后，他们朝气蓬勃、意气风发，他们天真淳朴、怀抱理想，在哲学系的大家庭里共同工作、共同生活，造就了一种融洽而活跃的氛围。这是首都师范大学哲学系之福，也是中国哲学界之福。

编者
2015年12月，于昆玉河畔